POCHES ODILE JACOB

LES ÉTATS D'ÂME

DU MÊME AUTEUR
CHEZ ODILE JACOB

Chez Odile Jacob

Secrets de psys. Ce qu'il faut savoir pour aller bien (ouvrage collectif), 2011.

Le Guide de psychologie de la vie quotidienne (ouvrage collectif), 2008.

Imparfaits, libres et heureux. Pratiques de l'estime de soi, 2006.

Psychologie de la peur. Craintes, angoisses et phobies, 2004.

Vivre heureux. Psychologie du bonheur, 2003.

La Force des émotions, avec François Lelord, 2001.

L'Estime de soi, avec François Lelord, 1999 ; 2007.

Comment gérer les personnalités difficiles, avec François Lelord, 1996.

La Peur des autres. Trac, timidité et phobie sociale, avec Patrick Légeron, 1995 ; 2000.

Aux éditions du Seuil

Petits pénibles et gros casse-pieds, avec le dessinateur Muzo, 2007.

Petits complexes et grosses déprimes, avec le dessinateur Muzo, 2004.

Petites angoisses et grosses phobies, avec le dessinateur Muzo, 2002.

Aux éditions de L'Iconoclaste

De l'art du bonheur, 2006.

Retrouvez l'auteur sur les sites :

www.christopheandre.com
www.odilejacob.fr

CHRISTOPHE ANDRÉ

LES ÉTATS D'ÂME

Un apprentissage de la sérénité

Odile Jacob
poches

15, rue Soufflot, 75005 Paris

www.odilejacob.fr

ISBN : 978-2-7381-2634-4
ISSN : 1621-0654

À mon ami Matthieu Ricard,
modèle, complice, et infatigable héraut
de l'entraînement de l'esprit.

« Je me suis levé, j'ai bu un verre d'eau, et j'ai prié jusqu'à l'aube. C'était comme un grand murmure de l'âme. Cela me faisait penser à l'immense rumeur des feuillages qui précède le lever du jour. Quel jour va se lever en moi ? »

Georges Bernanos, *Journal d'un curé de campagne.*

« Seul ce qui est personnel est éternellement irréfutable. »

Nietzsche, *Ecce Homo.*

Ce livre parle des états d'âme, leur définition, leur rôle. Il raconte notre manière de les vivre et de nous en enrichir ; ou d'en souffrir.
Il souligne comment la prescience des poètes a précédé et éclairé la science des psychologues.
Il montre surtout comment nos états d'âme peuvent nous aider à aller mieux et à élargir nos horizons : à devenir plus lucides, plus sages, et même plus heureux.

Petite fille qui tombe

Toute petite déjà, tu étais sensible. Des détails te touchaient et provoquaient en toi ébranlements ou ravissements : un geste, un mot, un visage triste, le passage d'un nuage ou le bruit du vent.

Ça t'a longtemps gênée, ces glissades de l'âme. Tu aurais préféré en toi moins de sensibilité et davantage de sérénité. Tu cherchais à devenir adulte, et ces réactions de petite fille dans ta vie d'adulte t'embarrassaient. Tu ne savais pas bien quoi en faire. Tu essayais de fermer les yeux et de passer ton chemin, face à ces minuscules déchirures du quotidien. Tu sentais qu'elles pouvaient être bouleversantes mais, justement : tu n'avais pas envie d'être bouleversée.

Puis, peu à peu, tu as appris à les accueillir, ces moments qui nous touchent et nous éveillent. Et à accueillir aussi tous les états d'âme, heureux ou douloureux, qui naissent à leur contact, vivent dans leur sillage. Nos états d'âme, c'est ce qui reste en nous après que le train de la vie est passé. On peut rester alors, à écouter, regarder, ressentir. Toi tu aimes bien, finalement, rester un peu… Tu as enfin compris et accepté cela : les états d'âme sont le cœur battant de notre lien au monde. Maintenant il te semble souvent que ton âme s'est mise à exister, à respirer plus fort. Tu ne sais toujours pas ce que c'est que « ton âme », mais tu sens confusément que « ça » existe. Et tu sais aussi que ta vie peut être à la fois sensible et sereine. Tu as changé, tout doucement. Grâce à ces petits instants de rien du tout. Copeaux d'existence, plumes de vie tombées du ciel. Métamorphose silencieuse : voici le récit d'un de ces moments qui te transportent et te transforment.

Tu attends un ami, ou un bus. Tu as oublié ce que tu attendais, mais tu te souviens de l'attente. Tu revois l'endroit précis où tu te tenais, la couleur du ciel, le magasin juste de l'autre côté de la rue. Tu vois ce papa qui arrive en vélo, avec sa petite fille – elle est mignonne avec son casque en plastique, 5 ou 6 ans ? – assise sur un siège à l'arrière, bien attachée et harnachée.

Le papa descend de vélo et, pour accrocher l'antivol aux barrières, ne le tient plus que d'une main. Il se penche : le vélo bascule et tombe, avec la fillette prisonnière de son siège. Il ne l'a pas encore détachée. Tu distingues clairement son visage alors qu'elle se sent tomber, tu croises même son regard. Il te semble tout voir passer dans ses yeux : la surprise, la peur, le désespoir incrédule. Mon père, en qui j'ai plus que confiance, m'oublie, m'abandonne et me fait tomber, me *laisse* tomber ?

Le papa la relève tout de suite, elle n'a rien, elle ne s'est pas fait mal, le gros siège dont elle était prisonnière l'a totalement protégée. D'ailleurs, elle ne pleure même pas. Son père, très ennuyé, très confus, très gentil, la relève, lui prodigue quelques paroles de consolation, la détache, l'embrasse, la prend dans ses bras. Puis ils s'éloignent tous les deux. De ce qui lui est arrivé, elle ne pleure toujours pas, mais elle ne rigole pas non plus. Elle a l'air perplexe, un peu triste. En tout cas, tu as l'impression. Tu les regardes partir. Ils se tiennent par la main. Tu fixes ces deux mains qui se serrent bien fort. C'est bizarre comme ce lien te réconforte. Tu as eu peur toi aussi ?

Tu te sens dans un drôle d'état. Pas peur, non. Plus maintenant, en tout cas. D'ailleurs, tout est allé trop vite pour que tu aies le temps d'avoir peur. Et c'est maintenant une tristesse douce qui t'habite, une tristesse tranquille mais intense. Et aussi toute une petite infinité de perceptions qui t'assaille. Qu'est-ce que c'est que ces états d'âme disproportionnés ? Tu ne viens pas d'assister à l'effondrement des Twin Towers tout de même !

Tu rassembles tes esprits, et tu te dis que tu vas passer un coup de téléphone depuis ton portable pour prévenir que tu seras en retard. Mais ton bras ne t'obéit pas. Ton corps s'en fiche, de prévenir de ton retard. Ton cerveau aussi. Tout en toi te dit : laisse tomber, aucune importance, pourquoi veux-tu absolument – comme toujours – passer à *autre chose* ? Reste là, avec ça. Tes yeux cherchent encore au loin la fillette et son père qui s'éloignent et disparaissent au coin de la rue. Tu soupires. Mais qu'est-ce que tu as vu, vraiment ? Pourquoi le regard de frayeur et de détresse de la petite fille – l'espace d'une seconde – a déclenché tout ce tumulte en toi ? Tout ce tumulte en toi…

Tu réfléchis et tu commences à comprendre, ou tu crois commencer à comprendre. En tout cas, ça te rassure et ça te fait du bien de revenir sur ça. Ce que tu comprends, c'est que ce n'était pas un événement bénin, pas du tout. Tu as observé un éclair de peur. Un enfant qui se croyait en sécurité, et qui a brutalement vu que, non, il n'était pas en sécurité. Tu t'es identifiée à elle, peut-être ? Ou à son père ? Tu te dis (c'est bizarre) : c'est comme si, avec elle, c'est moi et l'humanité entière qui étions tombées, nous aussi, de ce vélo. Tu hausses les épaules dans ta tête : c'est quoi ce délire compassionnel ? Tu entends soudain ceci : « Et si elle ne lui faisait plus jamais confiance ? » Ni à lui ni à personne ? Et si cet incident microscopique était, l'air de rien, irrémédiable ?

Tu n'aimes pas cette idée. Tu essaies d'ajouter à l'image de la petite fille qui tombe celle de sa main serrant bien fort la main de son papa. C'est mieux. Tu t'aperçois que tu es en train de mal respirer. Tu amplifies alors doucement les mouvements de ton souffle. C'est mieux. C'est ça, respire, ça te fait du bien, tu es trop sensible. Tu te sens mieux, mais tu continues de te dire : « Elle est comme moi, elle n'oubliera jamais cet instant. Effroi. Et ce qu'elle en fera plus tard ? Mystère. »

Bouh ! ça commence à te peser ces cogitations. Tu as décidé de ne plus continuer d'attendre ici ton bus – oui, tu t'en souviens maintenant, tu attendais ton bus. Tu vas marcher. Tu avances, toute pleine de ce que tu viens de vivre. Tu marches, tu marches, tu respires, tu commences à songer à ce qui t'attend aujourd'hui. Tu reviens dans le vrai monde. Ou tu le quittes. Ah ! oui : téléphoner. Ton portable ! Il est où ? Dans ton sac… Tu trébuches sur un petit rebord absurde au milieu du trottoir.

Prise dans tes pensées, tu as failli tomber. Toi aussi. Tu souris. Tu repars.

PREMIÈRE PARTIE

Existences

Les états d'âme sont le cœur battant de notre lien au monde

Ce n'est pas parce que c'est impalpable que ça n'existe pas.

Ce n'est pas parce que c'est subtil que ça ne fait pas mal.

Ce n'est pas parce que c'est compliqué que c'est impossible à comprendre.

Ce n'est pas parce que les états d'âme sont tout ça à la fois, et qu'ils se dérobent à nous, que nous allons renoncer à les poursuivre.

« Les déités des eaux vives
Laissent couler leurs cheveux
Passe il faut que tu poursuives
Cette belle ombre que tu veux. »

Guillaume APOLLINAIRE,
Clotilde.

CHAPITRE PREMIER

États d'âme : pour comprendre

« Ma seule affaire, c'est d'aller par les rues pour vous persuader, jeunes et vieux, de ne vous préoccuper ni de votre corps ni de votre fortune aussi passionnément que de votre âme, pour la rendre aussi bonne que possible. »

PLATON, *Apologie de Socrate.*

Mes états d'âme, c'est quoi ?

C'est tout ce dont je prends conscience lorsque je m'extrais de mes automatismes du quotidien, lorsque je sors de l'« agir », et me laisse aller à observer ce qui se passe en moi. Le problème, c'est pour les observer : c'est que ça bouge tout le temps, un état d'âme, et c'est pour ça sans doute qu'on dit « les » états d'âme. On parle en anglais de *stream of affects* : courant, flot d'affects.

Les états d'âme, c'est l'écho en moi de ce que je suis en train de vivre, ou de ce que j'ai vécu, ou ce que je n'ai pas vécu mais que j'aurais aimé vivre, ou ce que j'espère vivre. C'est aussi tout ce qui continue de tourner dans ma tête après que je me suis dit : c'est bon, stop, arrête, n'y pense plus.

Bref, les états d'âme, c'est tout un monde.

Comprendre les états d'âme

L'idée d'état d'âme n'appartient pas au champ de la psychologie scientifique, elle s'enracine plutôt dans la poésie et le sens commun. Mais c'est pourtant une réalité psychologique : chacun comprend ce dont il s'agit. Je pense, comme psychiatre, qu'il s'agit d'un concept opérationnel et utile à mon métier, même s'il est poétique et flou ; mais mon métier de psychiatre n'est-il pas parfois, justement, poétique et flou ? À y bien réfléchir, les états d'âme ne renvoient d'ailleurs pas à une réalité floue, mais à une réalité complexe.

On pourrait définir les états d'âme en disant qu'ils sont des contenus mentaux, conscients ou inconscients, mêlant états du corps, émotions subtiles et pensées automatiques, et qui vont influencer la plupart de nos attitudes. Nous ne leur accordons en général que peu d'attention ni ne leur consacrons d'efforts, que ce soit pour les comprendre, les intégrer à notre réflexion, ou leur demander de se mettre à notre service. Heureusement, ils font tout cela d'eux-mêmes, tout seuls : leur rôle, et leur influence sur ce que nous sommes et ce que nous faisons, est immense.

Pensez à l'influence sur vous de vos cafards, de vos chagrins. Pensez à vos colères, exprimées ou non, mais si souvent disproportionnées par rapport aux événements immédiats : ne proviennent-elles pas souvent de la rumination d'états d'âme de ressentiment, de rancœur, d'humiliation, ou tout simplement de déception, d'inquiétude ? Des états d'âme remâchés depuis un bout de temps, et d'autant plus puissants que l'on n'en aura pas été conscient. Pensez aussi – les états d'âme, ce n'est pas que du tourment ! – à la force que peuvent vous donner vos élans et vos emballements, à la légèreté du corps les jours de joie, à l'élan de la bonne humeur.

Nos états d'âme sont davantage que des pensées ou des émotions : ils sont leur mélange. Aucune émotion n'est exempte de pensée, aucune pensée n'est pure de souvenir, aucun souvenir n'existe sans émotion, etc. Les états d'âme sont l'expression de ce grand mélange indissociable de tout ce qui se passe en nous et autour de nous : mélange d'émotions et de pensées, de corps et d'esprit, de dehors et de dedans, de présent et de passé. Ce mélange est évidemment aussi riche que compliqué : impur, unique, labile, toujours recommencé, jamais exactement le même. Comme les vagues de la mer…

Les états d'âme ne sont pas seulement un empilement d'idées, émotions ou sensations, mais aussi une construction originale : la fusion, la synthèse que nous effectuons automatiquement, entre le dedans (état du corps et vision du monde) et le dehors (réactivité à ce qui nous arrive : nous sommes *touchés* par les événements). Les états d'âme sont un phénomène psychique agrégateur : ils relient passé, présent et futur dans un sentiment de cohérence et de destinée. Ils sont comme le liquide d'un bain conducteur d'électricité : grâce à eux, tout s'embrase et tout s'éclaire, nous éprouvons illumination ou menace, nos souffrances s'apaisent doucement ou furieusement redoublent.

« Je m'aperçois que, sans le vouloir, je me suis mis à réfléchir sur ma vie. Je ne m'en suis pas aperçu, mais c'est ainsi. J'ai cru que je ne faisais que voir et entendre, que je n'étais rien d'autre, durant tout ce parcours oisif, qu'un réflecteur d'images reçues, un écran blanc où la réalité projetait couleurs et lumières au lieu d'ombres. Mais j'étais bien plus, sans le savoir. J'étais aussi l'âme qui se dérobe et se refuse, et cette action même d'observer[1]. » Dans ce bref passage de son magnifique *Livre de l'intranquillité*, Fernando Pessoa nous montre comment les états d'âme existent en permanence, sans intervention volontaire de notre part. Nous en avons une conscience plus ou moins claire et, en tout cas, ils sont toujours accessibles à nos efforts d'introspection. D'où leur importance dans l'idée de « vie intérieure », qui ferait comme un écho à une « vie extérieure » (même si les choses sont bien sûr un peu plus compliquées et mêlées). Nos états d'âme s'invitent dans chacune de nos activités. En remplissant un formulaire administratif, vous pensez que vous ne faites que le remplir. Mais non, il y a aussi des états d'âme plus ou moins flottants qui sont sans doute en train de prendre vie : agacement de perdre du temps avec ces paperasseries, inquiétude de ne pas faire d'erreurs, envie d'être ailleurs, peut-être même quelques souvenirs d'enfance de pénibles devoirs sur table… Comme une météo psychique, nos états d'âme sont un climat mental, beau ou morose, parfois stable sur plusieurs jours, parfois changeant plusieurs fois dans la journée…

Tout ce qui reste en nous après que le train de la vie est passé…

Autre caractéristique des états d'âme : leur rémanence. La rémanence, c'est la persistance partielle d'un phénomène après la disparition de sa cause. Par essence, les états d'âme durent au-delà des situations qui les ont justifiés ou déclenchés. Il y a aussi avec eux un fréquent effet de résurgence : leur réapparition, analysée avec mille finesses à des jours, ou des années de distance, est un des charmes des romans de Marcel Proust : « Rien qu'un moment du passé ? Beaucoup plus, peut-être ; quelque chose qui, commun à la fois au passé et au présent, est beaucoup plus essentiel qu'eux deux[2]… » Les états d'âme, c'est le sillage de nos faits et gestes, tous les interstices par lesquels notre passé, ou nos attentes, s'invite à la table du présent. C'est tout ce qui reste en nous après que le train de la vie est passé.

Pour parler de nos états d'âme nous disposons de nombreux mots : état d'esprit, humeurs, sentiments. Les Anglais parlent de *feeling*, *mood*. Dans la littérature scientifique, le terme que je préfère, le plus approchant, est celui qu'utilise le chercheur en neurosciences Antonio Damasio, qui parle de « sentiments d'arrière-plan[3] », appellation qui a le mérite de rappeler leur discrétion. Mais *états d'âme*, c'est plus joli, non ?

Il y a de nombreuses façons d'approcher ses états d'âme. Souvent, il faut s'arrêter. S'arrêter de faire ce qu'on est en train de faire : travailler, courir, pester contre le monde… Nos états d'âme sont toujours là, en bruit de fond. On s'arrête et on écoute, comme on le fait en forêt, lorsqu'on cesse de marcher et qu'on tend l'oreille : on entend alors le vent, les arbres, les oiseaux, toute la rumeur des bois. Simplement s'arrêter et observer ce qui murmure en nous est souvent suffisant, au début. Puis on veut aller un peu plus loin : alors, il nous faudra apprendre à mieux écouter et mieux observer nos états d'âme, par exemple par la méditation, dont nous parlerons, ou par l'écriture de soi, dont nous parlerons aussi. Il y a ainsi beaucoup d'apprentissages et de pratiques qui vont nous permettre de plonger dans nos états d'âme, nous apprendre à les observer, à les décomposer, pour pouvoir ensuite mieux nous y abandonner. Il existe dans la méditation zen une belle métaphore, celle de la cascade : chacun de nous peut observer ses états d'âme, tout en restant très proche de ceux-ci, à l'image du promeneur qui s'est glissé derrière la cascade, et se trouve transitoirement à l'abri entre le rocher et le torrent qui dégringole – un peu trempé, un peu tremblant, mais protégé et privilégié. Un des objectifs de la méditation dite de *pleine conscience* est ainsi de se mettre un instant sur le côté, et de voir passer ses états d'âme, les décomposer, les comprendre. Mais sans chercher à en arrêter le flot : qui songerait à couper l'eau d'une cascade ?

Subtilité et complexité des états d'âme

Lorsque j'ai questionné mes proches pour qu'ils me donnent des exemples de leurs états d'âme, ce qui leur est d'abord venu à l'esprit tournait autour de l'idée de *positif* ou de *négatif*. Exemples d'états d'âme positifs : être de bonne humeur, se sentir tranquille, détendu, « cool »… Exemples d'états d'âme négatifs : avoir le cafard, être de mauvaise humeur, se sentir soucieux…

Mais ce qui est plus typique des états d'âme, c'est le mélange, la subtilité, ce sont les états d'âme mixtes, où les éléments agréables se mélangent à des tonalités douloureuses[4].

Ainsi, dans la nostalgie, cette mixité est clairement déchiffrable : ce « regret mélancolique d'une chose révolue[5] » associe à la fois de la douceur (des souvenirs agréables) et de la douleur (de ce qu'ils soient révolus). Se souvenir, sourire, mais souffrir du souvenir… La nostalgie est suffisamment agréable pour qu'on ait envie de s'y adonner, qu'on y revienne si souvent malgré tout. En elle, la petite pointe de tristesse joue le rôle du sel dans un plat.

La déception est elle aussi typique d'un état d'âme. Elle repose sur le souvenir d'une confiance accordée, qui devrait être agréable (accorder sa confiance nous fait du bien : cela signifie que nous disposons de liens fiables) mais qui est contaminé par ce qui a causé la déception (manquement ou trahison). Il y a alors, après l'amertume, l'ébranlement : la déception n'est pas seulement une souffrance émotionnelle mais aussi une remise en question de notre vision du monde. Nous avions confiance, et cela n'est plus possible. Bizarrement (pour qui ne connaît pas les états d'âme), la déception se termine souvent par un goût doux-amer : parce qu'elle est, d'une certaine façon, une satisfaction douloureuse, une certitude (et les certitudes nous satisfont plus que les doutes) : « Je m'en doutais, j'aurais dû m'en douter… » Elle est un état d'âme qui nous procure une douleur d'abord violente, où les émotions l'emportent sur les pensées, puis traînante, lorsque la morsure de ces mêmes émotions laisse la place à de tristes visions du monde.

Autre état d'âme passionnant et complexe : la culpabilité. Un proche nous demande de l'aide, on refuse parce que cela nous complique la vie et que cela ne paraît pas si important. Notre refus est accepté sans commentaires. On voit bien qu'on a contrarié, peut-être peiné. Mais on sait que ce n'est pas non plus l'horreur, que l'autre peut se débrouiller autrement. Sauf que… Le bref échange a allumé les états d'âme de culpabilité. On se demande si on a bien fait de refuser. Si ce refus n'est pas en désaccord avec nos valeurs. Inconfort. On est triste aussi parce qu'on a le sentiment d'avoir fait souffrir, d'avoir un peu endommagé un lien important pour nous. Déception de soi, de ne pas avoir été plus disponible, plus serviable. Puis agacement ensuite de ne pouvoir être plus égoïste : zut, à la fin ! Irritation contre l'autre qui est venu nous demander ce truc : on était tranquille, avant, on n'avait rien demandé, nous ! Puis retour de remords : envie de revenir en arrière et de dire oui, pour ne pas se sentir aussi mal qu'on est en train de se sentir là. Tout à coup, sentiment de fatigue d'avoir à faire tous ces choix, à prendre toutes ces décisions. Une petite bouffée d'inquiétude : et si, moi-même, un jour, j'avais à demander de l'aide et qu'on me dise non ? Et si j'étais dans le pétrin et que personne ne m'aide ? Au bout d'un moment, on en a marre de ces ruminations, on essaie de passer à autre chose. Tu parles… Tu ne crois pas que tes états d'âme vont stopper net, comme ça, parce que tu l'as décidé ? !

Non, ils ne vont pas s'arrêter comme ça. Surtout la culpabilité, qui joue un rôle important dans notre psychisme : nous contraindre à réexaminer certaines décisions dommageables aux autres. La culpabilité interpelle notre conscience morale et nous force à réfléchir : cette souffrance que j'ai (peut-être) déclenchée, était-elle évitable ? Et comment ? Trop peu de culpabilité fait de nous des égocentriques. Mais trop nous rend maladivement sensibles. Nous rend-elle meilleurs ? J'ai tendance à le penser, mais ce n'est pas l'avis de tous. Voici ce qu'en disait Theodore Dreiser, écrivain américain et militant anticapitaliste : « La conscience ? Elle n'empêche jamais de commettre un péché. Elle empêche seulement d'en jouir en paix. » Bon, c'est toujours ça...

Et puis tous ces états d'âme sur lesquels personne n'a jamais mis de nom ! Je me souviens d'un ami qui me racontait comment, après qu'on lui eut promis une promotion à un poste professionnel prestigieux, mais harassant et délicat, il s'était trouvé à la fois excité, flatté, et inquiet. Comment nommer ce mélange ? Et ensuite, apprenant qu'il n'avait finalement pas le poste, il m'expliqua qu'il avait ressenti un second « mélange baroque d'états d'âme » (selon ses mots) : être à la fois déçu et soulagé, ça porte un nom ? Et pourtant, c'est si fréquent ! Et puis les états d'âme dans lesquels nous met la musique : cet étrange sentiment de bonheur intense et grave, de tragique apaisé, que peut nous donner le son de la viole de gambe[6], qui le nommera, pour nous aider à le partager ? Parfois personne, et c'est très bien ainsi, que des états d'âme restent *innominés*, dans ce monde où tout est recensé et balisé. Parfois, les écrivains de génie savent le faire, et leur lecture est alors une révélation : ce que nous ressentions confusément se trouve clarifié, révélé. Proust, toujours, dans l'épisode célèbre de ses couchers d'enfant inquiet : « Ma seule consolation, quand je montais me coucher, était que maman viendrait m'embrasser quand je serai dans mon lit. Mais ce bonsoir durait si peu de temps, elle redescendait si vite, que le moment où je l'entendais monter, puis où passait dans le couloir à double porte le bruit léger de sa robe de jardin en mousseline bleue, à laquelle pendaient de petits cordons de paille tressée, était pour moi un moment douloureux. Il annonçait celui qui allait le suivre, où elle m'aurait quitté, où elle serait redescendue. De sorte que ce bonsoir que j'aimais tant, j'en arrivais à souhaiter qu'il vînt le plus tard possible, à ce que se prolongeât le temps du répit où maman n'était pas encore venue[7]. » Attention extrême aux détails de l'instant présent, subtile conscience des moindres mouvements de son esprit : Proust reste l'explorateur insurpassé des états d'âme. Les écrivains ont tout compris et tout décrit bien avant les psys… Freud disait à ce propos : « Partout où je suis allé, un poète était allé avant moi[8]. »

Liens au temps : les états d'âme, c'est toute notre vie

Nos états d'âme sont profondément marqués par le lien au temps : le passé (nostalgie, mélancolie, honte, culpabilité…), le présent (fierté, satisfaction, ennui…), le futur (inquiétude, souci, confiance…).

Dans la fierté, on retrouve par exemple le bonheur lié au sentiment d'aboutissement, le souvenir des obstacles rencontrés mais surmontés (donc d'anciens états d'âme négatifs mais réexaminés à la lumière du présent), etc. Je me souviens d'un ami qui se balançait dans son hamac dans le jardin de sa maison de campagne nouvellement acquise en disant : « Je n'ai jamais été aussi heureux que maintenant, dans *mon* hamac, devant *ma* maison ! » Réactions scandalisées des invités : « Comment ? Mais tu es vraiment un affreux matérialiste !? Tu te sens plus heureux que le jour de ton mariage, ou de la naissance de tes enfants ? » Réponse embarrassée de l'ami : « Non, non, je voulais juste dire que *tout* est résumé en cet instant, dans ma maison, dans mon hamac. Tous ces instants passés ensemble, avec ma femme, mes enfants, vous tous, et cet aboutissement, qui n'a de sens que parce que tous ceux que j'aime sont là, avec moi. Et je pense aussi au bonheur qu'auront mes enfants à profiter de cette maison quand ils seront grands, et tout et tout… » Soulagement du public. Ce n'était pas qu'un bonheur de l'instant, mais aussi un bonheur d'aboutissement et de prospective. Pas qu'un bonheur égoïste, mais aussi un bonheur altruiste. Ces états d'âme de bonheur fier contenaient donc bien des choses…

Autres exemples encore… La curiosité, état d'âme du présent, est un mélange d'énergie, de confiance, d'envie de comprendre et d'agir, ici et maintenant[9]. La sérénité est une tranquillité actuelle, mais aussi un vécu de paix avec son passé, et une confiance dans les instants à venir ; d'où le fort sentiment de cohérence qui en découle, d'acceptation et de force pour affronter ce qui viendra.

Il y a aussi la conscience du temps qui passe, et du vieillissement, grande source d'états d'âme. Comme l'inquiétude : « Je suis en train de vieillir, que va-t-il m'arriver ? Ou plutôt : à quel rythme cela va-t-il m'arriver ? Dans quel état vais-je finir ? » La surprise : « Déjà ! Quel étonnement désagréable que cela m'arrive à moi ! Bien sûr, je le *savais*. Mais là, je l'*éprouve*… » La tristesse : « Quel dommage de perdre tout cela : vigueur, fraîcheur, jeunesse… » Le ressentiment : « J'ai gâché tant de moments sans les savourer à leur pleine valeur. » Mais aussi la douceur (« Tout est plus simple aujourd'hui, plus clair pour moi, plus paisible »), la curiosité (« Que vais-je donc devenir ? »), l'apaisement (« Je n'ai plus à me lancer dans des compétitions épuisantes et stressantes pour prouver ma valeur ou ma grandeur : je m'en fiche »). Tout cela en un instant, parce qu'on a senti le passage du temps dans notre vie…

Et puis il y a aussi les états d'âme que l'on regroupe sous le terme de confiance : ils s'appuient non pas seulement sur une succession de réussites et de certitudes, mais aussi sur le souvenir des douleurs et des désarrois de nos défaites passées, de la manière dont nous les avons surmontées, dont nous avons appris d'elles ; et sur l'anticipation des adversités à venir, et de notre capacité à nous y confronter. La confiance pourra être inquiète si quelque part traîne l'idée que nous *devons* sortir vainqueurs de ces confrontations ; elle sera sereine si nous acceptons à l'avance l'idée que nous ne sortirons pas forcément victorieux de tout…

L'enfance, évidemment, est un inépuisable réservoir d'états d'âme pour l'avenir : car on y filtre moins ce qui nous arrive par la rationalisation, on interpose moins de discours entre nous et les expériences de vie. On est curieux et ouvert, on vit intensément au présent : on se constitue ainsi un stock de souvenirs d'une grande intensité. Pendant de longues années, les enfants n'ont pas une conscience claire de leurs états d'âme. Puis, à un moment, cela change : les parents ont tous observé ce moment de la naissance des états d'âme chez leurs rejetons. À quoi pense ce petit garçon reniflant son doudou les yeux dans le vague ? Et celui qui, rejeté par les autres, les regarde jouer de loin dans la cour de récréation, sans même pleurer ? Ces passages où les petits passent d'émotions labiles, vite consolées, à des états d'âme plus durables. Chance ou malédiction, que cette émergence des états d'âme et cette sortie d'enfance ? Les avis divergent, voici celui de l'écrivain Éric Chevillard : « Pour certains, l'enfance est une sorte d'état maladif où ils se sentent très diminués et dont ils sortent heureusement guéris à la maturité ; pour d'autres, c'est au contraire lorsqu'elle s'achève que commence leur longue agonie[10]. » Mais on peut aussi considérer que cette aptitude à ne pas oublier et effacer, ce passage de la légèreté à la pesanteur, de la labilité à la durée, c'est une chance immense pour nous, et un enrichissement : ce sont nos états d'âme qui nous aident à transformer nos souvenirs épars en trajectoires de vie. Devenir adulte, c'est pouvoir se dire : « J'avais des souvenirs, j'ai une histoire. » Ainsi, nos états d'âme élargissent considérablement l'instant présent par des échos du passé et du futur. D'animaux du présent nous devenons des animaux de la durée. Qui rêvent d'être animaux d'éternité…

États d'âme et identité

Par nos états d'âme, nous ne réagissons pas seulement à l'événement qui les a induits, mais à ce que cet événement signifie de l'ensemble de notre vie. Il y a ainsi une remise en perspective, une inscription dans notre identité, dans notre biographie : mes états d'âme me rappellent, parfois vigoureusement, ce que cet événement signifie pour moi, avec la vie qui a été la mienne.

D'où l'importance de la mémoire dans les états d'âme. Mémoire de tout ce que nous avons traversé et vécu, et de la manière dont nous l'avons traversé. Il y a dans notre passé des empreintes prêtes à resurgir tout entières : les souvenirs personnels (c'est la mémoire dite *autobiographique*) sont typiquement des « objets mentaux » complexes, stockés dans les réseaux de notre cerveau sous forme d'états d'âme. Les flash-back (désolé pour l'anachronisme) immortalisés par Proust en sont typiques : quelque chose de confus émerge en nous, et peu à peu s'avère un mélange de contenus très complexes (sensoriels, émotionnels, psychologiques...). Les états d'âme font ainsi que l'on se souvient de moments discrets, anonymes dans nos biographies, à l'ombre des grands souvenirs, des grands moments mémorables. Mais qui sont révélateurs et essentiels pour tisser la trame de ce qu'a été notre existence. Les grands souvenirs ne sont que les décorations et les médailles : l'étoffe, le tissu, ce sont nos états d'âme. Ils sont associés à tout ce qu'on oublie volontiers, mais qui compte, qui pèse, qui nous construit ; et qui parfois ressurgit, d'un coup.

Certaines périodes de notre vie sont si riches en états d'âme qu'elles vont jouer ensuite un rôle qu'on pourrait dire démesuré (si on méconnaît l'importance des états d'âme) dans la construction de notre identité. Pas par ce qu'on y a fait, mais par l'intensité discrète et invisible de ce qu'on y a vécu : il y a les plus belles années de notre vie, et il y a les plus profondes et les plus intenses. Ce ne sont pas toujours les mêmes.

Car ce qui fait un être, ce sont peut-être moins ses actes publics que ses habitudes secrètes, moins ses intentions planifiées que ses rêveries floues. Ce sont nos états d'âme, cette part la plus secrète de nous-même, qui en est aussi la plus révélatrice. Nos proches la connaissent ou la pressentent. La vérité d'une personne réside souvent dans ses états d'âme : d'où le désagrément à ce que d'autres lisent nos journaux intimes. J'avais un jour parlé de cela avec une amie, qui me disait jeter les siens au bout d'un moment, une fois qu'elle s'était « soulagée » : par peur que ses enfants ne tombent dessus, ou d'autres personnes, plus tard, après sa mort ; elle avait l'impression que c'était une partie honteuse d'elle-même, porteuse de trop d'ombres et de *mauvaises* pensées, même sincères ; mauvaises au sens de « pouvant faire souffrir », mais aussi au sens de « pouvant altérer mon image, et l'amour et l'estime que l'on me porte ». Je me souviens de notre discussion alors, où je lui expliquai que ces journaux étaient peut-être, au contraire, non pas la part mauvaise, mais le meilleur d'elle, au sens du plus émouvant, du plus sincère, du plus fragile, du plus incertain et fluctuant : ses états d'âme en train de se construire et se dissiper. Et que ce serait bien que cette trace d'elle reste... Je me rappelle aussi cette autre amie, horrifiée par la violence et la douleur qui se dégageaient du journal intime de son fils, sur lequel elle était tombée par hasard. Elle le savait sensible et sujet à des moments de dépression. Mais là, elle était entrée par inadvertance dans l'intimité de ses états d'âme : c'était devenu palpable, et beaucoup plus impressionnant. Vertige des parents lors de leur prise de conscience des souffrances secrètes de leurs enfants...

En tant que psychiatre, j'ai un goût immodéré pour les journaux des écrivains, presque plus que pour leurs romans. Ce n'est pas que du voyeurisme (il me semble...), mais plutôt un goût pour la matière vivante, brute, non pomponnée, non préparée. D'ailleurs, je ne suis pas seul à penser ainsi. Voyez ce qu'écrivait Virginia Woolf[11] : « Je pense parfois que seule l'autobiographie relève de la littérature ; les romans sont les pelures que nous ôtons pour arriver enfin au cœur, qui est vous ou moi, rien d'autre ! »

Les états d'âme comme lien au monde

« Les rues de Vienne sont pleines de juifs qui ne sont pas là[12]. »

En une phrase, une seule, un écrivain enflamme nos états d'âme – c'est la puissance de la littérature. Ces mots évoquent les lendemains de la nuit de Cristal, en 1938, durant laquelle les militants nazis s'en prennent, en Allemagne et en Autriche, à leurs compatriotes juifs, brûlent leurs synagogues, pillent leurs magasins (après en avoir brisé les vitrines, d'où le nom de « nuit de Cristal », en référence aux éclats de verre qui jonchaient les trottoirs). Terrifiés et traumatisés, les citoyens d'origine juive se terrent alors chez eux et désertent les lieux publics : une *présence absente*[13]. Et bouleversante pour nous qui venons de lire cette simple phrase qui dit tout : états d'âme d'horreur, de honte, de colère, de tristesse...

S'intéresser à ses états d'âme, ce n'est pas seulement un truc égocentrique. L'âme se définit comme « ce qui anime les êtres sensibles », c'est-à-dire vivants. Elle nous permet d'aller au-delà de notre intelligence, ou du moins de l'entraîner dans une autre direction. Pour le philosophe André Comte-Sponville[14], nous avons « l'âme comme notre façon singulière d'habiter le monde (subjectif) et l'esprit comme façon d'habiter le vrai en nous libérant de nous-même (objectif) ». L'esprit libère et l'âme accomplit.

De fait, nos états d'âme accroissent notre intelligence de vie : ils sont la résultante de notre *réception du monde*, même dans ses micro-événements (nous verrons plus loin qu'il existe toute une science étudiant l'amorçage des états d'âme par des détails minuscules). Ainsi, des petits événements de vie ne donnent pas d'émotion forte, mais induisent des états d'âme[15]. Souvenez-vous : après avoir assisté à des petites scènes de rue – un enfant qui pleurait, un mendiant qui cuvait son vin et sa misère, un couple qui se disputait –, tout cela, si toutefois vous y avez prêté attention, a pu déclencher en vous du cafard, sans que ces événements aient un impact sur le cours de votre journée ou de votre existence. Du dehors ces événements n'ont pas eu d'impact tangible. Mais, en dedans, ils flottent toujours en vous. Qui peut savoir vers où ils vont vous conduire ?

La genèse des états d'âme est complexe. Il ne s'agit pas, ou pas seulement, de simples réactions à l'environnement : quelquefois nos états d'âme seront en accord avec ce dernier – nous serons joyeux dans les ambiances joyeuses –, mais quelquefois non – malgré la joie ambiante, la fête, nous nous sentirons mélancoliques. Alors, par cet effet de contraste, nous prendrons mieux conscience de nos états d'âme. Et mieux conscience aussi de notre différence, de notre singularité, de ce qui nous sépare des autres, à cet instant, ou peut-être durablement. Ainsi, les états d'âme peuvent nous aider à comprendre que quelque chose ne va pas en nous ou autour de nous, ou à l'inverse – n'oublions pas nos états d'âme agréables – que cela va particulièrement et étonnamment bien : comme les émotions, ils signalent une rupture de continuité dans les interactions constantes, tranquilles, prévisibles, que nous avons avec notre environnement[16]. Un détail, un petit rien : tout à coup, tout a changé…

Certes, les états d'âme ne sont pas grand-chose, et peuvent être améliorés par peu de chose : un vague cafard peut être dissipé par le coup de téléphone d'un ami, ou une balade en pleine nature. Mais est-ce vraiment si peu de chose, ce coup de fil ou cette balade ? Est-ce que nos états d'âme ne nous amènent pas à prendre conscience de la nature fondamentale de ces « petites choses » de la vie, et ne nous ouvrent pas alors les yeux sur leur essence profonde de grâces et de chances, dont les mouvements de notre âme seraient le reflet, l'alerte ? Et est-ce que nos états d'âme ne pourraient pas, aussi, nous parler de ce qui, doucement, discrètement, ne va pas ? Est-ce qu'ils ne pourraient pas exprimer notre sensibilité à de petits détails, que notre intelligence ou notre logique nous recommandent d'oublier : un ton de voix, une phrase noyée dans une conversation, un geste ou un sourire qui manquent ou sonnent faux…

Inconfortable, ce mouvement incessant et instable de nos états d'âme, comme une respiration qui ne cesse jamais ? Oui. Leur existence s'oppose à toute forme de « climatisation mentale », d'asepsie psychologique, à toute forme de fixité dans nos équilibres intérieurs. Pour le meilleur et pour le pire. Les hypersensibles et hyperémotifs aimeraient bien, parfois, en avoir moins, des états d'âme, ou des moins envahissants. On parle en anglais de personnes *moody*, mot que notre vieux terme « lunatique » traduit mal. C'est pourquoi nous disons plus prosaïquement : « Untel est sujet aux états d'âme… » Mais, d'un autre côté, nous avons tellement besoin d'eux, pour que nos vies soient de vraies vies, que nous nous en « injectons » souvent pour mieux nous sentir exister. En fréquentant l'art : musique, peinture, écriture, cinéma… En nous livrant à certains comportements « inutiles » mais importants (toutes les choses qui sont à la fois inutiles et importantes dans nos vies cachent des états d'âme…). J'avais autrefois un voisin qui tous les jours entrait dans la chambre de sa fille, partie de la maison depuis des années, pour en ouvrir les fenêtres et les volets ; peut-être faisait-il croire à son épouse que c'était pour aérer la pièce. Mais je soupçonne, ou je préfère rêver, que derrière ce rituel matérialiste se cachait le bonheur un peu triste de respirer encore l'air de la chambre de sa fille tant aimée, de voir tous les objets laissés par elle, les traces palpables de son passé, les murs entre lesquels elle avait rêvé et travaillé…

Il n'y a pas que les actes qui font une vie. Nos états d'âme donnent aussi de la densité à nos existences. Et si celles-ci se déroulent trop loin de nos états d'âme, ce qui fait de nous des humains sensibles va disparaître. Nos vies seront vides, leurs sources intérieures se tariront, nous deviendrons des « âmes mortes », ce titre surpuissant du roman de Nicolas Gogol[17].

États d'âme et états du corps

Débat de philosophes… Pour Nietzsche : « Je suis tout entier corps, et rien d'autre ; l'âme est un mot qui désigne une partie du corps. » Ce à quoi Alain répond : « L'âme, c'est ce qui refuse le corps. Par exemple ce qui refuse de fuir quand le corps tremble, ce qui refuse de frapper quand le corps s'irrite, ce qui refuse de boire quand le corps a soif, ce qui refuse d'abandonner quand le corps a horreur. » Et Gustave Thibon de renchérir, évoquant à la fois efforts et destin : « Aujourd'hui, ton corps est plus vrai que ton âme ; demain, ton âme sera plus vraie que ton corps[18]. »

En tout cas, les états d'âme se ressentent aussi dans le corps : on a le cœur lourd dans la tristesse et on se sent si léger et énergique lorsqu'on est de bonne humeur ! Il y a aussi la pesanteur et le ralentissement du spleen, la difficulté à tenir en place de l'impatience.

Les états d'âme pèsent sur le corps, mais ils sont en retour influencés par lui : nous verrons que toute forme d'activité physique – c'est aussi vrai de la lumière – tend à faciliter (légèrement) les états d'âme positifs. Les cycles chez la femme pèsent eux aussi sur ces oscillations : c'est le syndrome prémenstruel, dans lequel on retrouve, les jours précédant les règles, des modifications psychologiques telles qu'irritabilité, anxiété et labilité de l'humeur[19].

Voilà pourquoi, dans notre vie quotidienne, l'intelligence de nos états d'âme passe aussi par une intelligence du corps : l'écouter, le satisfaire, le soigner, sans excès ni obsession…

États d'âme et modes de pensée

« Il n'y a rien dans l'esprit qui n'ait été auparavant dans la sensibilité » : cette maxime empiriste (l'empirisme est ce courant philosophique qui affirme que toutes nos idées proviennent de l'expérience) rappelle que, si nous ne sommes pas de pures âmes, détachées de leur corps, nous ne sommes pas non plus de purs esprits : notre sensibilité, qui est le propre des états d'âme, va façonner nos modes de pensée. Qui vont pouvoir en retour provoquer certains états d'âme.

Comme pour le corps, les influences entre états d'âme et pensées sont réciproques. En fait, il s'agit des deux faces d'un même phénomène, comme les deux faces d'une carte à jouer. L'état d'âme est un mélange indissociable de pensées définissables et repérables, et de ressentis subjectifs plus compliqués à mettre en mots précis. Mais il est aussi une création originale : ce n'est pas parce que nous pensons telle ou telle chose que cela va être automatiquement associé à tel ou tel ressenti subjectif[20]. Un constat personnel de réussite ou d'échec ne va pas forcément entraîner des états d'âme respectivement agréables ou désagréables. Tout va se trouver très vite recomposé à partir de bien d'autres éléments de notre personnalité, de notre passé : c'est pourquoi il y a des réussites amères et des échecs apaisés.

Souvent, dans les états d'âme, les pensées sont d'abord floues, inachevées, comme des nuages qui sont poussés par le vent, s'effilochent, se décomposent et se recomposent, échappent à notre emprise. Comme nous les abandonnons à elles-mêmes, ces pensées accrochées aux états d'âme vivent leur vie, tels des enfants que les adultes oublient de surveiller, d'éduquer. C'est pour ça qu'on parle d'états d'âme, et non d'états d'esprit : c'est une pensée naturelle, sauvage, archaïque. Mais pas inutile. Ainsi, dans de nombreuses tâches, nous nous montrons plus performants sous l'effet d'une légère activation émotionnelle (il ne s'agit pas de provoquer une émotion forte, plutôt des états d'âme). Les souris de laboratoire, également, apprennent mieux leurs tâches sous l'emprise d'émotions modérées et appropriées ; et leurs performances s'effondrent si on les empêche de ressentir ces émotions, en leur sectionnant le nerf vague qui les informe sur l'état de leur corps[21].

On sait aussi que, dans ce qu'on appelle l'intuition, nous sommes informés par une perception subliminale, qui active des pensées inconscientes et des émotions subtiles. Toutes les fois où nous sentons que quelqu'un nous ment ou nous cache quelque chose, notre intuition repose en fait sur la perception inconsciente d'asymétries du visage de notre interlocuteur et de différentes petites incohérences[22]. C'est cette perception qui entraîne l'état d'âme de doute si typique alors : on se sent physiquement mal à l'aise, un peu oppressé et intellectuellement perplexe, sans argument pour contredire l'autre mais avec l'intime conviction que quelque chose ne va pas. Ce genre de doute n'est pas qu'une expérience intellectuelle : nous doutons aussi, et d'abord, dans l'inconfort de notre chair.

Synthèse : les états d'âme sont des émotions subtiles associées à des pensées vagabondes

Les émotions sont toujours au centre des états d'âme, mais le plus souvent sans l'évidence des *tendances à l'action* associées aux vécus émotionnels francs : par exemple, lorsqu'on est en colère (émotion forte), on crie et on se rapproche de l'autre (sans forcément s'en rendre compte, c'est ce que veut dire le terme « tendance à l'action »). Mais lorsqu'on est simplement irrité (état d'âme), on a plutôt envie alors de s'écarter de qui nous irrite (parce qu'on sent que c'est mieux pour ne pas envenimer à chaud le conflit). La colère nous met « hors de nous » alors que nous pouvons contrôler et masquer notre agacement.

Les états d'âme sont, eux, habités par des émotions « restées en dedans », sans la visibilité corporelle et comportementale des émotions fortes : une profonde tristesse nous plonge dans la prostration et l'immobilité, tandis que le spleen ne nous empêche pas forcément de continuer d'agir, sans que personne parfois ne se rende compte de ce qui nous habite.

Nos états d'âme sont ainsi des sortes de cousins évolués et civilisés de nos émotions, restées, elles, plus antiques et plus rustiques : ils sont pour ainsi dire des émotions subtiles. Par opposition aux grandes émotions dites « primaires », élémentaires.

Parmi les différences des états d'âme avec les émotions primaires : ils sont plus durables et moins intenses ; mais plus influents : force de ce qui est faible et discret, qu'on oublie et dont on sous-estime la puissance (comment une petite culpabilité peut nous pourrir la journée…). Et surtout ils ont un impact plus global, car ils n'existent pas seulement en réponse à une situation donnée (la « situation starter » de l'émotion forte) mais en rapport avec tout notre lien au monde.

Les états d'âme n'ont pas forcément d'objet précis comme les émotions ; pour autant ils ont quand même des sources, même si elles ne nous sont pas toujours claires. Les émotions sont en général une « réponse » à quelque chose qui nous « arrive » ; les états d'âme pas toujours[23], ils peuvent nous arriver de l'intérieur, être *autoproduits*.

Les émotions radicalisent et simplifient notre perception des événements, les états d'âme la compliquent, mais en contrepartie la rendent plus subtile.

Les émotions sont des « agitateurs sociaux », qui modifient notre relation aux autres et au monde[24] et les états d'âme plutôt des « agitateurs internes », qui modifient notre rapport à nous-même et notre vision du monde (ce qui peut, aussi, nous pousser à changer beaucoup de choses, mais plus lentement). Les émotions nous poussent plutôt vers l'action extérieure, et les états d'âme d'abord vers la réflexion intérieure.

Les états d'âme peuvent persévérer dans le sillage de fortes émotions, comme une traîne (l'état dans lequel nous sommes après une grande joie ou une grande déception…). Et ils peuvent aussi représenter le terrain qui les facilite : la morosité facilitant les coups de cafard et de tristesse. Le ressentiment préparant les flambées de colère. La panique explosant sur fond d'anxiété. Nuées avant l'orage, puis ciels de traîne…

Toutes les études montrent que notre vie émotionnelle se déroule souvent à un niveau émotionnel beaucoup plus discret qu'intense : sous forme d'états d'âme plus que d'émotions fortes. Les travaux sur le recueil de nos états intérieurs suggèrent aussi – bonne nouvelle – que les états d'âme positifs sont plus fréquents que les négatifs (alors que la gamme des émotions négatives est plus large) : environ 75 % plutôt positifs et 25 % plutôt négatifs (sur un total de 17 000 « prélèvements » d'états d'âme instantanés[25]). Nous en reparlerons bien sûr largement.

Selon ces travaux de recueil auprès de personnes en situation de « vraie vie » (les volontaires continuent leurs activités quotidiennes et doivent juste noter leurs états d'âme de l'instant quand une petite alarme résonne dans leur poche), la trame de nos journées consiste donc en un climat émotionnel assez tempéré, plutôt complexe et mélangé.

Nous passons peu de temps, finalement, sous l'emprise de fortes colères, et beaucoup plus sous celle de nos agacements. Plus de temps avec du vague à l'âme que du vrai désespoir. Plus de temps avec des petits tracas que de grosses crises d'angoisse…

Relative rareté des émotions fortes et présence plutôt d'états d'âme lors d'un recueil de 10 169 observations au hasard des moments, auprès de 226 personnes[26].

		Intensité ressentie		
		Très peu ou pas du tout	**Un peu**	**Beaucoup**
États émotionnels négatifs	Peur	73,8 %	22,6 %	3,6 %
	Tristesse	66,5 %	28,7 %	4,9 %
	Colère	74,8 %	20,0 %	5,2 %
	Dégoût	67,1 %	27,5 %	5,4 %
	Culpabilité	77,2 %	19,0 %	3,8 %
	Mépris	74,7 %	21,0 %	4,3 %
	En moyenne	**72,4 %**	**23,1 %**	**4,5 %**
États émotionnels positifs	Joie	33,4 %	47,9 %	18,7 %
	Intérêt	30,5 %	54,5 %	15,0 %
	Excitation	38,4 %	43,3 %	18,3 %
	En moyenne	**34,1 %**	**49,5 %**	**17,3 %**

États d'âme et humanité

Être humain, c'est être capable de s'interroger sur soi, sur sa cohérence, ses motivations : qui suis-je ? pourquoi suis-je là ? pourquoi je me lève le matin ? C'est ce qu'on appelle une conscience réflexive : cette exceptionnelle aptitude à se prendre soi-même pour objet de réflexion, à être capable d'auto-analyse. Plus importants encore que le pouce opposable (dont on pensait qu'il caractérisait l'humain, et avait fait sa fortune par rapport aux singes), les états d'âme : opposables à notre animalité et nos réflexes !

Les animaux ont des émotions, les humains ont en plus des états d'âme : une conscience de leurs émotions, des pensées sur ces émotions. Quoique…

Il semble que certains animaux puissent accéder à des états d'âme : les éléphants, par exemple. On a rapporté l'exemple d'une éléphante « tournant et retournant le cadavre de son petit avec sa trompe et ses pieds pendant plusieurs jours ». On peut certes parler de simples réflexes d'attachement, et de conditionnement. Mais ce n'est pas très respectueux ni compassionnel pour la pauvre maman éléphant, d'autant que d'autres exemples plus troublants existent : toujours chez les éléphants, on a observé un groupe familial qui a veillé toute la nuit auprès du cadavre d'un des leurs, tué par les braconniers ; ou encore un éléphanteau qui manipule et flaire attentivement les ossements ayant appartenu à sa mère[27]. Comment imaginer qu'alors, ces cousins animaux n'aient pas d'états d'âme ?

Disons plutôt que, parmi les animaux dotés de conscience de soi, les humains sont de loin ceux qui ont les états d'âme les plus complexes, sur lesquels ils sont capables de méditer et de s'exprimer à l'infini, au point que ces états d'âme peuvent les pousser à modifier le cours de leur existence.

C'est pourquoi *ne pas avoir d'états d'âme* revient à mettre son humanité entre parenthèses. Méfions-nous de ceux qui déclarent « ne pas avoir d'états d'âme ». D'ailleurs on ne peut pas *ne pas* en avoir. On peut juste les réprimer, les dissimuler, les refuser. On refuse alors son humanité, et on se prive de ce qu'elle nous apporte peut-être de meilleur : l'intériorité. Cette dialectique du

« ressentir » face au « comprendre », du savoir par l'expérience face au savoir par la connaissance, doit donc nous pousser à accepter, observer et aimer nos états d'âme : ne négligeons aucun moyen de connaissance et d'accès à ce monde si compliqué…

Fécondité des états d'âme

Les états d'âme me passionnent. Je m'émerveille devant la complexité de cette expérience quotidienne et souvent innommable, devant ces états d'âme qui représentent autant d'instants uniques, intimes, identitaires, intégratifs…

C'est pour cela que, dans mon travail de psychiatre, jamais je ne me suis ennuyé avec un patient. Jamais. Parfois, les plus sensibles d'entre eux redoutent de ne pas être de « bons » patients, ils me disent tout gênés : « J'ai peur de vous ennuyer avec mes petites histoires nulles. » Mais non, cela ne m'ennuie jamais ! Parce que leurs histoires sont intéressantes, qu'elles me surprennent, ou que je m'y retrouve. Il y a des jours où je suis fatigué, pas en forme, des jours où mes propres états d'âme parasitent mes capacités d'écoute. Alors je peux avoir envie de bâiller ou j'ai la paupière lourde ; mais c'est mon problème qui m'absorbe ou m'entrave, pas leur histoire qui m'ennuie. J'aime écouter les états d'âme – comme le bruit des coquillages qui reproduit la mer –, qui m'ouvrent l'esprit à un murmure plus lointain encore…

CHAPITRE 2

Douleurs et douceurs des états d'âme

« En résumé, j'aimerais avoir un message un peu positif à vous transmettre. Je n'en ai pas. Est-ce que deux messages négatifs ça vous irait ? »

Woody ALLEN, *Monologue.*

« Ça va, Faustine, tu es de bonne humeur ce matin ?

— Je déteste cette question, elle me met de mauvaise humeur ! »

C'est dit en riant, mais le papa comprend qu'il ne faut pas insister dans sa tentative d'investigation des états d'âme de sa fille adolescente : l'air de rien, la question posée est trop intrusive. Et ne respecte pas la pudeur concernant l'intimité psychologique – et la difficulté à la mettre en mots – si fréquente à cet âge. Mais l'anecdote nous montre aussi la proximité de nos deux grandes familles d'états d'âme, positifs et négatifs…

États d'âme positifs et négatifs

L'organisation de notre cerveau et de notre système nerveux nous pousse naturellement à attribuer à tout ce que nous ressentons et à tout ce qui nous arrive deux, et seulement deux, tonalités : est-ce que cette expérience est agréable (tonalité positive) ou déplaisante (tonalité négative) ?

Ce fonctionnement de nos ressentis « élémentaires » repose sur des bases évolutionnistes : au plus bas de l'échelle de ce qui est vivant et animé (paramécies, insectes), les sensations se répartissent ainsi, afin d'inciter à approcher ce qui facilite la survie, et à fuir ce qui peut la menacer. Nos états d'âme commencent comme ça !

Et les recherches en neurosciences montrent que c'est de cette manière simplifiée que notre cerveau appréhende le monde[1] : en « bon/pas bon », ou « agréable/désagréable ». Avant d'y ajouter ensuite, au fur et à mesure de la maturation de nos capacités cérébrales, des analyses de plus en plus détaillées comme « désirable/indésirable » (apparition des capacités d'anticipation), « bon souvenir/mauvais souvenir » (capacités de mémoire), etc.

Nous sommes ainsi programmés, en tant qu'animaux, pour ressentir des états d'âme positifs ou négatifs. Mais nous allons ensuite introduire, en tant qu'humains, un peu de subtilité et de complication dans l'histoire…

Plus d'états d'âme négatifs que positifs ?

« Ce qui est triste, du moins pour l'homme ordinaire, c'est que nous allons mourir, c'est que nous ne sommes pas heureux, ou si peu, ou si mal, c'est que nous tournons toujours en rond dans le même cercle, sans pouvoir en sortir[2]. » Dans son long poème philosophique *De la nature* (*De natura rerum*), l'auteur latin Lucrèce (dont on pense d'ailleurs qu'il se suicida) donne une version sombre et tourmentée de sa vision épicurienne du monde. Oui, épicurienne, car Lucrèce est un philosophe épicurien, dont l'œuvre nous rappelle que l'épicurisme n'est pas l'hédonisme simplifié que l'on croit aujourd'hui. Il a, lui aussi, une face sombre et grave. Mais Lucrèce n'est pas seul, loin de là. Tant d'autres ont pensé comme lui. Pessoa, par exemple : « La vie, pour la plupart des hommes, est une chose assommante, vécue sans qu'on y fasse attention, une chose triste entrecoupée d'entractes joyeux, quelque chose qui ressemble aux histoires drôles que l'on raconte, pendant les veillées mortuaires, pour faire passer les heures tranquilles de la nuit[3]. »

L'être humain est-il condamné à lutter toute sa vie durant contre ses tendances neurasthéniques et contre la tristesse ou le vide de l'existence ? Ou bien ces théoriciens de la souffrance, ces « mélanomanes[4] » ne sont-ils pas simplement des victimes de leurs propres tendances dépressives, des humains qui ont échoué à construire leur bonheur ? Et qui, comme chacun de nous, tendent alors de faire de leurs états d'âme personnels une vision universelle ?

Ils ont cependant, en faveur de leur position, quelques arguments à faire valoir. Par exemple, dans toutes les langues, il existe bien plus de mots pour décrire les états d'âme négatifs que les positifs[5]. Cette prédominance, dans nos mots sinon dans notre cerveau, que reflète-t-elle ? Une nécessité (c'est la théorie évolutionniste) ? Des erreurs de perception et des biais dans notre rapport au monde (c'est par exemple le fameux « effet Zeigarnik ») ? Ou le reflet d'une réalité (la vie est dure) ? Essayons d'y voir plus clair…

Plus d'états d'âme négatifs que positifs ? C'est parce qu'il faut survivre…

Les théories dites « évolutionnistes » soulignent que tout ce qui existe chez l'humain, physique ou mental, a, ou a eu, une utilité pour la survie de son espèce (et accessoirement pour la sienne propre).

Ainsi, si nous sommes placés face à un écran d'ordinateur : 1) en réponse à la question : « Avez-vous entrevu un mot ? », nous détectons beaucoup plus vite un mot négatif qu'un mot positif, lorsque tous deux sont présentés de manière subliminale (trop vite pour que nous puissions les « voir » consciemment) ; 2) en réponse à la question : « Ce mot, il était positif ou négatif ? », nous savons mieux dire, avec moins d'erreurs, si le mot était négatif (alors que, pour les positifs, les réponses ne diffèrent pas de celles que nous aurions données au hasard) ; 3) par contre, si on nous demande le sens du mot négatif que nous avons cru apercevoir, nous ne savons pas répondre (normal, ça va tout de même très vite, et ce cerveau primitif qui pilote notre détection des dangers est réfractaire à l'apprentissage de la lecture[6] !). Autrement dit, c'est un peu comme si notre cerveau était fait pour détecter les dangers avant même de les comprendre et de les analyser.

De nombreuses études retrouvent des résultats de ce type, par exemple dans notre aptitude à repérer plus rapidement dans un groupe les visages hostiles que les visages bienveillants[7].

La détection de ce qui est négatif est donc plus rapide, mais elle entraîne aussi une réaction de plus grande intensité (donc avec un impact plus fort sur nos attitudes) : si on stimule le cerveau de personnes volontaires en leur présentant des images dites « émotionnelles » (comme des visages souriants ou hostiles, des personnes nues ou des scènes de violence) ou bien « neutres » (des visages sans expression ou des objets ménagers), on obtiendra des réponses cérébrales automatiques (sous forme de potentiels électriques repérables à l'électroencéphalogramme, évidemment involontaires) plus importantes après les images émotionnelles que les images neutres. Réactions plus importantes donc, s'il y a de l'émotion et de l'état d'âme, mais aussi plus *durables* pour les stimulations émotionnelles négatives que pour les positives : pas de doute, notre cerveau a été façonné pour nous faire focaliser sur les sources d'ennuis possibles[8].

Ainsi, il semble bien que nous soyons cérébralement « câblés » pour que notre attention se porte plus vite, plus fort, plus longtemps sur les situations induisant des réactions et des émotions négatives : survie oblige. Sommes-nous donc condamnés à la dépression et à l'angoisse par la constitution même de notre machinerie cérébrale ? Peut-être, et c'est une chance, face aux situations dangereuses ou même incertaines.

Mais, ensuite, une fois le danger passé et la situation plus ou moins comprise ou réglée, il nous faudra travailler à revenir à des états d'âme plus agréables, à reconstruire notre bien-être ! Et, ce qui tombe bien alors, c'est que différents travaux montrent que notre cerveau dispose aussi de la capacité à *analyser* (non pas *détecter*, mais analyser pour comprendre) les informations positives plus rapidement que les négatives. Sans doute parce que, comme elles sont moins menaçantes, elles nécessitent moins de vigilance, et nous permettent de prendre plus de temps pour la réflexion que pour l'action (obligatoire si un danger existe). Mais aussi, selon certaines études, parce que les concepts « positifs » sont plus simples et plus originels : par exemple pour les états d'âme, on dit *heureux* et *malheureux*, mais pas *triste* et *maltriste.* L'état d'âme positif est donc souvent *premier*, le négatif est second, construit par opposition au positif. De même, il faut moins de mots pour dire « Marie est ici », que « Marie *n'est pas* ici ».

Les idées et images positives seraient alors, logiquement, plus simples à mémoriser. C'est pourquoi il semble que notre mémoire (chez la plupart d'entre nous en tout cas) stocke davantage de souvenirs à tonalité positive que négative[9]. Mais ces études concernent des volontaires sans souffrances psychiques, les choses sont un peu différentes lorsque nous souffrons de maladies anxieuses ou dépressives. Et puis, un stock de souvenirs positifs, surtout s'ils sont inconscients, ne fait pas le bonheur à lui tout seul.

Si le fait d'appartenir à l'espèce humaine nous impose un cahier des charges valorisant la surattention au négatif (et les états d'âme qui vont avec), nous avons tout de même eu une seconde chance… Un peu comme dans l'histoire de la Belle au Bois dormant : vous vous souvenez qu'après la malédiction de la sorcière (« Tu te piqueras à une quenouille et tu tomberas dans un profond sommeil pour toujours »), il restait encore une petite fée. Elle ne pouvait annuler le mauvais sort jeté (comme nos efforts ne peuvent supprimer les tendances naturelles) mais elle pouvait cependant lancer une contre-malédiction (« Oui, d'accord, mais il va y avoir un prince charmant qui te sortira de là… »). Et, pour notre histoire à nous, la fée des états d'âme, penchée sur notre berceau, a dit ainsi : « D'accord, petit humain, tes émotions te pousseront à naturellement avoir peur et à être triste, mais tu seras sauvé par tes états d'âme (si tu travailles bien sur eux…) ! »

Aptitude animale aux émotions négatives, pour réagir. Aptitude humaine aux états d'âme, pour réfléchir…

Plus d'états d'âme négatifs que positifs ? C'est l'« effet Zeigarnik »...

Nos automatismes vers le négatif peuvent aussi avoir une autre origine : celle d'un biais de mémoire, comme dans le fameux « effet Zeigarnik », un classique de la psychologie expérimentale[10]. Il s'agit de la tendance que nous avons à mieux nous rappeler (mais aussi, hélas, à davantage ruminer) une action ou une tâche si celle-ci a été interrompue. L'expérience originale de la psychologue russe Bluma Zeigarnik consistait à demander à des enfants d'effectuer au cours d'une journée une vingtaine de petits travaux (à base de pâte à modeler, perles et autres puzzles). Elle les laissait terminer la moitié des activités, mais se débrouillait pour que les autres restent inachevées. Peu après, les enfants furent priés de se souvenir de tout ce qu'ils avaient fait. Les tâches qui étaient restées inachevées étaient citées environ deux fois plus souvent que les autres. L'hypothèse de Zeigarnik était que la petite tension induite par le fait d'avoir des « choses à faire » est apaisée par leur achèvement, ce qui facilite leur oubli conscient (mais sans doute pas inconscient ; par exemple, nos succès nous servent à construire un réseau de souvenirs inconscients positifs qui nous resservira plus tard). Alors que ne pas pouvoir terminer quelque chose d'entrepris est mieux mémorisé sans doute parce que la tension des « choses à faire » n'est pas apaisée : cela associe le souvenir à une émotion négative qui en facilite le rappel à la conscience.

Nous reparlerons de cela en abordant les états d'âme d'inquiétude et d'anxiété car, chez la plupart des humains, ce pourrait être un mot d'ordre, une devise : « Achever apaise ! »

En ce qui concerne nos vies modernes, on peut d'ailleurs se demander si la multiplication infinie des interruptions, sollicitations, stimulations, si la fragmentation extrême de nos métiers et de nos activités, si tout cela ne produit pas en réalité une gigantesque succession d'interruptions et de frustrations, dont nous ne sommes même plus conscients. Mais qui font déferler sur nous ces états d'âme négatifs qui nous pèsent tant...

Plus d'états d'âme négatifs que positifs ? C'est que la vie est dure…

Dernière de nos hypothèses : nous sommes plus facilement en souffrance parce que tout simplement la vie est dure ! On sait par exemple qu'il existe un lien net entre le nombre d'événements de vie adverses et le risque de présenter une dépression[11].

Mais il y a aussi le fait suivant : on gémit et on souffre lorsque la vie est dure, mais on ne chante pas, ou pas assez fort, lorsqu'elle est tendre ! Les événements de vie et situations défavorables induisent davantage d'états d'âme négatifs que leurs équivalents favorables n'induisent d'états d'âme positifs : nous nous agaçons du chauffe-eau en panne, mais nous ne nous réjouissons pas d'avoir tous les matins notre eau chaude. Eh bien, nous devrions le faire à titre d'exercice de lucidité et de bonheur ! Là encore, de nombreux travaux valident l'existence du phénomène[12].

Il y a d'ailleurs un phénomène encore plus étonnant que l'on retrouve régulièrement dans les recherches sur les états d'âme : à la source des états d'âme négatifs, il y a en général des événements de vie stressants. Alors qu'à la source des états d'âme positifs on retrouve plus souvent soit un bon fonctionnement corporel (par exemple avoir eu une activité physique, ou avoir passé une bonne nuit), soit des interactions sociales agréables (avoir passé un bon moment avec d'autres humains), plus que des événements de vie positifs et mémorables[13]. Bien sûr, des événements favorables aident eux aussi à ressentir des états d'âme agréables, mais ils ne sont pas forcément nécessaires. Sur la durée, ce qui semble décisif, c'est plutôt que s'y ajoutent régulièrement des plaisirs physiques et sociaux.

Tendances globales associées aux états d'âme positifs ou négatifs : savourer ou surveiller, s'ouvrir ou se fermer, se dilater ou se rétracter…

Les états d'âme positifs sont liés aux attitudes d'approche, là où les négatifs incitent plutôt au retrait et à l'évitement. On retrouve là leur filiation avec les émotions, dont l'une des fonctions est de nous dicter nos premiers réflexes face à des situations dérangeantes ou soudaines. Ainsi, on éprouve des états d'âme de l'approche : intérêt, curiosité, enthousiasme ; et des états d'âme de l'évitement : agacement, mépris, dégoût, inquiétude.

Ces attitudes peuvent aussi non pas précéder, mais découler des résultats de l'approche de personnes ou de situations. Si l'approche est gratifiante ou aboutit à un succès, on ressent alors joie, plaisir, bonne humeur, qui faciliteront d'autres approches. Mais si elle aboutit à un échec ou à du désagrément, on est empli de tristesse, de déception, de ressentiment, d'aversion, qui compromettront ou freineront d'autres approches.

Les états d'âme positifs facilitent l'élargissement de notre regard sur le monde : lorsque nous sommes heureux, nous nous sentons en sécurité, nous prenons du plaisir, nous sommes prêts à regarder et admirer ce qui nous entoure. Les états d'âme négatifs, eux, nous incitent davantage à nous focaliser sur ce qui nous semble dangereux ou problématique ; et quand (comme dans l'inquiétude ou la peur) nous regardons attentivement autour de nous, ce n'est pas avec l'esprit ouvert et prêt à accueillir la beauté ou la nouveauté, mais avec l'esprit fermé et rétréci sur un seul objectif et autour d'une seule question : existe-t-il un danger, oui ou non ? Le reste ne nous intéresse alors pas. Nous surveillons le monde dans ses détails, plus que nous ne le regardons dans sa beauté[14].

Enfin, les états d'âme négatifs nous poussent à un « traitement de l'information » plutôt lent, prudent, attentif, minutieux, dit « procédural » dans le jargon des scientifiques : pas à pas et pas trop vite, comme si on marchait sur un terrain miné ! Ils nous donnent l'impression que le temps qui passe est plus long[15]. Tandis que les états d'âme positifs nous amènent à une approche du monde environnant plutôt rapide, globale et intuitive, dite « heuristique » : on gambade psychologiquement[16] !

Ces constatations psychologiques et scientifiques ont été, comme toujours, pressenties par les poètes et les philosophes. Dans son livre *La Joie spacieuse*, le philosophe Jean-Louis Chrétien souligne que « la joie nous rend plus vifs dans un plus vaste monde ». Il nous rappelle que « dès que la joie se lève, tout s'élargit », et propose cette belle image de « la joie en crue ». Il montre aussi que cette question de la joie, et de toutes les dispositions et de tous les états d'âme qui lui sont consanguins, est aussi ce qui peut nous rendre plus forts et plus lucides : « C'est seulement quand l'espace s'approfondit que le cœur se renforce, et c'est seulement quand le cœur se renforce que l'approfondissement de l'espace nous est donné à voir et à vivre[17]. »

À quoi servent les états d'âme positifs ?

Accélération, ouverture et expansion dans notre rapport au monde sont ainsi les principales conséquences des états d'âme positifs : ils sont donc adaptés aux environnements sécurisés, en paix. Nous allons maintenant aborder dans le détail quelques-unes de leurs vertus et les enseignements à en retirer pour notre quotidien.

Globalement, les états d'âme positifs nous permettent un meilleur autocontrôle : c'est-à-dire qu'ils nous aident à nous engager dans des comportements nécessitant une contrainte immédiate pour des bénéfices différés, par exemple faire des efforts aujourd'hui (régime, exercice) pour sa santé de demain[18]. C'est pour cela, en partie, que les tendances dépressives sont si souvent associées à des « comportements de santé » défaillants (davantage de consommation d'alcool, de tabac, moins d'exercice physique). Et aussi que les personnes faisant un régime alimentaire ou se sevrant de l'alcool ou du tabac sont si vulnérables aux oscillations de leurs états d'âme : de nombreuses rechutes sont liées aux coups de spleen.

Ces bénéfices des états d'âme positifs sont présents très tôt : des enfants mis de bonne humeur sont capables de faire preuve de meilleur self-control, comme d'attendre plus longtemps pour obtenir une récompense plus importante (lorsqu'on leur dit par exemple : « Je peux te donner un bonbon tout de suite ou deux dans cinq minutes, que préfères-tu[19] ? »).

Les états d'âme positifs donnent aussi davantage de discernement envers les buts à se fixer pour réussir : si on va bien dans sa tête, on réussira davantage de choses parce qu'on aura soin (inconsciemment) de s'engager de préférence dans des démarches comportant une chance raisonnable de succès[20]. Alors que les sujets englués dans des états d'âme plus douloureux risquent, lorsqu'ils ne seront pas victimes de renoncements prématurés, de faire des choix au-dessus de leurs forces ou de leurs capacités et, dans ce second cas, comme ils auront aussi tendance à être moins flexibles mentalement, ils persisteront trop longtemps.

Par ailleurs, être de bonne humeur ne nous rend pas aveugles et sourds à ce qui ne va pas ou pourrait être amélioré, et ne nous empêche pas d'évoluer. Ainsi on a montré qu'il y avait une meilleure écoute des critiques qu'on leur adressait chez les personnes mises dans une humeur positive[21]. Et dire que tant de patrons font régner une mauvaise ambiance, en croyant que trop de bien-être favoriserait du laisser-aller ! (Photocopiez-leur cette page, mais mettez-les auparavant de bonne humeur avec une ou deux bonnes blagues, si vous voulez qu'ils en tiennent compte…)

Les états d'âme positifs rendent aussi plus persuasif[22], et ils nous aident à mieux mémoriser ce qui nous est utile[23]. Dans la « vraie vie » (les études ont lieu en laboratoire), cela explique pourquoi il est important de créer une ambiance affective positive au travail, ou dans l'enseignement, si l'on veut que nos conseils soient mieux écoutés et retenus.

Nous préférons les états d'âme positifs, mais nous devons aussi savoir que, dans leur tendance à la généralisation rapide, ils peuvent nous illusionner gentiment. Ainsi, nous prenons souvent notre humeur comme source d'information : nous le sentons bien pour la tristesse, mais cela est vrai aussi pour la bonne humeur. C'est pourquoi la plupart des gens sont plus satisfaits de leur vie quand il fait soleil[24]. Car le soleil améliore notre moral : améliore-t-il pour autant notre vie ? (À y bien réfléchir, ce n'est peut-être pas si absurde.) De manière générale, les travaux de recherche confirment cette tendance à juger notre existence plus positivement après avoir été mis de bonne humeur[25]. Mais les états d'âme négatifs ont le même effet, le même pouvoir d'influence généralisatrice sur nos jugements. Par exemple, une nuit d'insomnie : si l'on interroge quelqu'un sur son état de bonheur après qu'il a passé une nuit blanche, ce ne sera en général pas terrible[26]. De même, lorsqu'on demande à des volontaires de réfléchir à un problème existentiel donné, ils vont en moyenne l'évaluer plus sérieux et préoccupant l'après-midi (alors qu'ils commencent à se sentir fatigués) que le matin[27].

Ce qui peut nous rassurer, c'est qu'une fois informés nous ne nous faisons plus « piéger » : si on nous prévient que le soleil ou que nos petits succès influencent l'évaluation de notre satisfaction existentielle, nous nous remettons à juger plus froidement (qui a dit : « Dommage ! » ?).

Mais non, c'est rassurant tout ça : nous avons, encore et toujours, le choix de peser sur nos états d'âme par le discernement...

À quoi servent nos états d'âme négatifs ?

Examinons maintenant l'impact des états d'âme négatifs, de ces « passions tristes » du philosophe Spinoza.

Nous l'avons vu, les états d'âme négatifs poussent à se focaliser sur des détails, à se noyer dans un verre d'eau ou à couper les cheveux en quatre. Ainsi, ils favorisent des comportements de vérification excessive, notamment chez les personnes déjà prédisposées à cela, minutieuses ou obsessionnelles[28]. Ils induisent aussi une tendance au ralentissement : l'un de mes patients me disait qu'il se sentait souvent « ralentriste » dans ses mauvais moments. Les états d'âme négatifs poussent, contrairement à ce que l'on croit souvent, à moins prendre soin de soi et de sa santé[29]. On rumine davantage sur sa peur de la maladie, mais on s'occupe finalement moins de sa santé que les gens plus gais.

L'induction d'états d'âme de tristesse incite, si on est alors confronté à des stimuli tentants, à s'abandonner à eux : acheter des choses inutiles, absorber des aliments ou des substances qui nous promettent un mieux-être immédiat, comme les sucres, l'alcool, le café, le tabac[30]... Mais comment expliquer alors ce qui se passe dans la dépression, où on considère classiquement que la personne n'a plus envie de rien ? Souvenez-vous, le poème de Mallarmé : « La chair est triste hélas, et j'ai lu tous les livres... » En fait, ce n'est pas toujours vrai : d'abord, l'état dépressif peut aussi être fait d'abandons à des plaisirs malsains ou peu valorisés, comme trop manger, fumer ou boire (ce qui mine au passage l'estime de soi et aggrave la dépression). Il s'agit alors d'états d'âme tristes, de pré-dépression plus que de maladie dépressive franche : la bascule vers le dégoût de tout ne s'est pas encore produite, et on peut rester attiré, justement parce qu'on va mal, par ces sources de plaisirs faciles, qui ne demandent aucun effort. Mais, ensuite, attention à l'autopunition ! Comme on sait que « c'est mal », on va se sentir coupable d'avoir bu, fumé, mangé, inutilement dépensé de l'argent. Notre entourage va parfois aussi nous le reprocher. Et on sait que l'induction de culpabilité, à un niveau conscient ou inconscient, nous rend moins indulgents avec nous-mêmes, et plus enclins à nous punir de nos transgressions[31]... C'est le danger des états d'âme négatifs : alors que la dimension d'autoréparation est fondamentale dans nos équilibres intérieurs, ils nous poussent, eux, plutôt à l'autopunition ou à l'auto-aggravation lorsque nous allons mal. Ils tendent à nous enfermer dans un cercle vicieux, dont à l'inverse les états d'âme positifs peuvent nous aider à sortir[32]. Il ne faut donc surtout pas négliger les petits plaisirs (balade ou rencontre avec des amis) lorsque nous avons le spleen. Et bien comprendre la dynamique globale de *tous* nos états d'âme...

Arithmétique des états d'âme : positif et négatif ne s'annulent pas

Contrairement à ce que l'on pense parfois, voir augmenter ses états d'âme négatifs ne prive pas forcément d'éprouver des états d'âme positifs. Et inversement, la montée des états d'âme positifs ne supprime pas toujours les négatifs. On a vu que certains états d'âme, comme la nostalgie ou la tristesse, pouvaient être mixtes. Ainsi, le lien entre états d'âme positifs et négatifs n'est pas unidimensionnel, avec d'autant plus de positif qu'il y aurait moins de négatif et inversement. Dans la figure ci-après est représentée cette vision erronée de nos états d'âme, sous la forme d'une corde que l'on pourrait tirer d'un côté ou de l'autre, avec un état de neutralité au milieu.

Modèle unidimensionnel des états d'âme

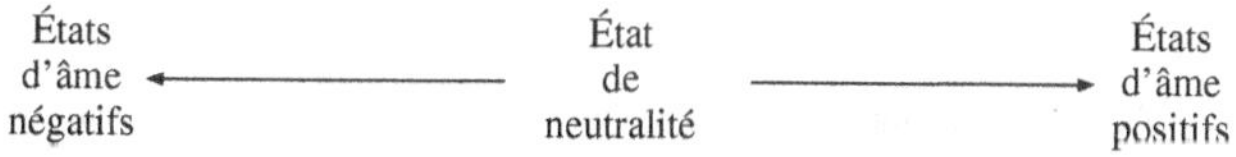

Mais, en réalité, le fonctionnement de nos états d'âme obéit à un registre plutôt bidimensionnel (comme indiqué dans notre seconde figure). Il est ainsi fréquent de se trouver dans un état où se mêlent les deux dimensions positive et négative de nos états d'âme. Par exemple, la tension liée au stress peut être à la fois excitante et usante : reposant donc sur des états d'âme négatifs et positifs également élevés. La souffrance dépressive est basée, elle, sur des états d'âme négatifs élevés et positifs bas. Les états d'âme de bien-être sont associés à un niveau élevé d'états d'âme positifs et bas d'états d'âme négatifs. Enfin, le vide de l'apathie résulte d'un bas niveau des états d'âme positifs et négatifs.

Modèle bidimensionnel des états d'âme

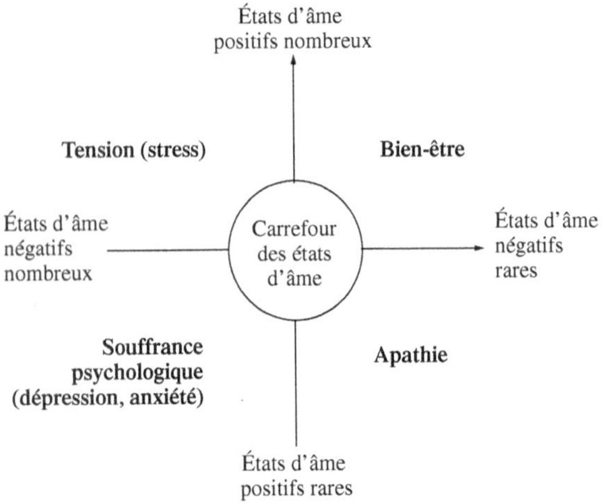

Autre remarque allant dans le sens de cette bidimensionnalité : l'absence d'états d'âme négatifs ne débouche pas forcément sur des états d'âme positifs. Quand tout va bien matériellement autour de moi, je ne me sens pas stressé ni heureux, mais tranquille (cela dit, selon les environnements dans lesquels nous évoluons, la tranquillité peut être un état d'âme tendant déjà vers le positif !). Réprimer ses états d'âme négatifs lorsqu'on nous dit : « Ne pleure pas » ne ramène pas des états d'âme positifs, ni ne fait revenir le sourire. De même, lorsque nous disons : « Ça ne va pas mal » ou : « Je n'ai pas à me plaindre », notre discours signifie que nous ne sommes pas assaillis d'états d'âme négatifs, mais pas pour autant que nous baignons dans les états d'âme positifs : il s'agit de tranquillité, pas de félicité.

Cette théorie de l'indépendance relative des états d'âme positifs et négatifs permet aussi de mieux comprendre le rôle de l'argent dans le sentiment de bonheur : il agit plus sur les états d'âme négatifs (en les limitant) que positifs. Sur la durée, l'argent limite clairement l'impact des événements de vie négatifs. On a grâce à lui moins d'états d'âme de stress et d'inquiétude matérielle notamment : lorsque notre voiture ou notre chaudière tombent en panne, on ne s'inquiète pas de ne pas avoir l'argent pour les réparer. Mais d'un autre côté, ce même argent n'augmente pas – ou pas durablement – les états d'âme positifs, peut-être parce qu'il est rare, lorsqu'on est riche, qu'on se susurre tous les matins : « Mais quel bonheur j'ai d'être riche, d'avoir plein de sous ! » L'argent ne rend pas directement heureux (ce qui est moral) mais protège du stress (ce qui n'est déjà pas si mal). J'ai bien dit du stress (c'est-à-dire des états d'âme liés à des soucis réels et actuels) mais pas forcément de l'anxiété (qui ne nécessite pas de soucis réels).

Les états d'âme positifs et négatifs sont donc relativement indépendants. Cependant, dans les zones d'activation extrême (il s'agit alors d'émotions plus que d'états d'âme), il existe entre les deux polarités positive et négative une relative incompatibilité : ainsi, trop de stress, trop longtemps, émousse peu à peu la capacité à ressentir du plaisir. Et augmente tous les états d'âme négatifs[33]. De même, alors que la tristesse (état d'âme) n'empêche pas de rester sensible à la joie, la dépression (dérèglement émotionnel sévère) ne permet plus guère de ressentir du plaisir, quel qu'il soit.

Mais notre vie quotidienne nous amène plus souvent à ressentir des états d'âme que des émotions fortes. C'est une chance : c'est plus reposant, et cela permet d'accéder à des sensations et visions plus subtiles. C'est pourquoi il est conseillé (pour les personnes que leur vie intérieure intéresse…) d'accueillir ses états d'âme sans chercher forcément à les « corriger » toujours, ni tout de suite, vers le positif. Leur coexistence en nous offre à nos vies reliefs, saveurs et contradictions : bref, de l'humanité…

Créativité et états d'âme

« Nous autres poètes, quand nous avons de la peine, au lieu de la chasser, nous lui cherchons un titre. » Ce n'est pas du Baudelaire, juste du San Antonio[34]. Mais ce n'est pas si mal vu, non ? Les états d'âme négatifs sont parfois valorisés parce qu'ils permettraient davantage de créativité. On me pose d'ailleurs souvent cette question de la créativité et de la souffrance, lorsque je fais des cours ou des conférences sur la psychologie positive ou le bonheur. Toujours l'image du bien-être qui endort, et de l'apathie des ventres pleins. Mais est-ce si simple ?

En faveur du oui, plusieurs études[35] ont montré qu'avoir été déprimé peut parfois augmenter la créativité ; mais à une – importante – condition tout de même : ne plus l'être actuellement ! Sinon il n'y a plus de créativité du tout. Il faut noter que ces études concernent les sujets normaux, pas les génies ou créateurs avérés, chez qui les choses sont sans doute différentes du fait de leurs surcapacités. Pour eux, il semble clairement exister un lien entre leur pathologie mentale (souvent, une maladie bipolaire, grande amplificatrice des états d'âme) et leur créativité. Hélas, leurs surcapacités créatives engendrent aussi des surdéséquilibres ; comme le disait un de mes patients peintre de talent (et à bonne estime de soi) : « Les fous géniaux sont encore plus fous que les fous normaux. » Mais, dans leur cas, et pour en avoir soigné ou croisé quelques-uns, mon sentiment est que leur génie n'est pas entièrement dû à leurs souffrances, mais plutôt qu'il leur a résisté. Souvent, ce n'est pas « génial *grâce* au malheur et au déséquilibre », mais « génial *malgré* le malheur et le déséquilibre[36] ».

Pour résumer : si on a été déprimé, on peut être plus créatif lorsqu'on a guéri. Si on est génial, on sera forcément plus créatif quel que soit son état. Mais pour ceux qui ne sont ni des ex-déprimés ni des génies ?

Eh bien, là, les états d'âme positifs reprennent l'avantage !

Une amusante et élégante étude l'avait montré[37]. Il s'agissait pour les volontaires de participer à un jeu vidéo consistant à aider une sympathique petite souris à sortir d'un labyrinthe. Le jeu était très simple, et la sortie facile à trouver en quelques minutes. Les sujets étaient répartis au hasard en deux groupes. Dans l'un, la motivation pour trouver la sortie du labyrinthe était d'aider la souris à fuir une chouette qui la poursuivait pour la dévorer. Dans l'autre, il s'agissait de l'aider à rejoindre un savoureux morceau de fromage. Les volontaires qui ont trouvé la sortie tout en étant poursuivis par la chouette étaient ensuite (lors d'une autre épreuve) nettement moins créatifs (d'environ 50 %) que ceux qui avaient cherché à atteindre le fromage ! Ainsi, avoir été mis dans un état d'âme légèrement négatif (fuir et faire attention), même de façon aussi minime et même sans grand enjeu, altérait ensuite la capacité à chercher des solutions, à créer des choses originales. Alors que l'induction de discrets états d'âme positifs (aider une brave souris à se régaler d'un bout de fromage) le permettait davantage.

Autre enseignement de cette expérience : faire la même chose, mais dans deux états d'esprit différents, entraîne des conséquences différentes. Les états d'âme qui accompagnent tous nos actes quotidiens ont beaucoup plus d'importance que nous ne l'imaginons. Quand on parle de « donner du sens » à ce que nous faisons, notamment nos activités ordinaires (jardiner, faire la vaisselle, lire une histoire à nos enfants, faire notre boulot, laisser notre place à une personne âgée dans le bus...), c'est là que les choses se jouent : ce que nous nous disons et ce que nous ressentons au moment où nous agissons peut décupler ou annuler la dimension bénéfique de nos actes. Nous en reparlerons.

Pour conclure sur les sujets non géniaux (la plupart d'entre nous, tout de même), beaucoup des études sur le lien entre états d'âme et créativité montrent que si les états d'âme positifs nous rendent plus flexibles[38], les négatifs nous rendent plus persévérants[39]. Et ces deux capacités sont également nécessaires à la créativité : persévérer sans s'acharner.

Ombres et lumières

Accepter et cultiver tous ses états d'âme représente une source de richesses. Il y a de grands bénéfices à accueillir en nous une certaine psychodiversité. Selon une métaphore classique en psychothérapie humaniste[40], il s'agit d'être l'échiquier plutôt que les pièces : ne pas chercher à jouer les noirs contre les blancs, le positif contre le négatif. Mais comprendre que les deux nous sont utiles. Et que, sans les deux, il n'y a pas de partie, donc pas d'intérêt.

De son côté, la philosophie bouddhiste dit qu'il existe deux sortes d'émotions : celles qui augmentent la paix de l'esprit et celles qui la diminuent. De même, un état d'âme est un problème s'il enlève à notre équilibre et à notre richesse intérieure au lieu de leur ajouter.

Car tout cela n'est pas qu'une question de positivité ou négativité : il existe des joies malsaines, des plaisirs et réjouissances toxiques, qui nous appauvrissent à long terme. Le plaisir de la vengeance, de la domination par exemple ; ou celui de la *Schadenfreude*, ce plaisir de voir les autres échouer, mélange de joie et de culpabilité[41] ; et peut-être tout simplement l'ensemble des états d'âme de fierté, si facilement contaminables par l'instinct de dominance et le besoin de supériorité.

À l'inverse, il y a des souffrances saines, qui nous ouvrent les yeux sur certaines réalités, comme celles liées à la compassion. Des souffrances qui pourraient être des antichambres d'une forme de libération de toutes les souffrances. Le bouddhisme parle ainsi du renoncement, ou de l'*esprit d'émergence* : « Parfaitement sentir à quel point on est vulnérable à la souffrance, explique le dalaï-lama, et une fois constatée cette absolue vulnérabilité [...] on peut entrevoir la possibilité pour son esprit de s'en libérer[42]. » Cet état d'âme de désenchantement, triste et douloureux dans un premier temps, est ce qui va permettre, selon les penseurs bouddhistes, de prendre conscience de la futilité qu'il y a à capitaliser sur le *Samsâra*, autrement dit le monde des illusions matérielles, ce « théâtre où l'être humain fait l'expérience de la souffrance dans l'attachement trompeur aux choses[43] ».

L'idéal, bien compréhensible, des états d'âme positifs permanents n'est donc ni réaliste ni souhaitable : il faut de l'ombre pour donner de la profondeur à la lumière. Les ombres embellissent le jour, et c'est ainsi que les lumières du soir ou du matin sont souvent plus belles et plus subtiles que celle du plein midi. La nuit aussi est belle ? Oui, mais seulement parce qu'on sait que le jour va se lever ensuite...

À chacun son travail, donc : nous l'avons vu, la vie se chargera de nous apporter son lot d'événements adverses et les états d'âme négatifs allant avec. Et c'est à nous de prendre soin de nos âmes et d'éclairer nos jours.

CHAPITRE 3

Ruminations et dérapages

> « Seul l'homme, s'arrachant à son plein lot de pain et d'air, se mésallie avec les concepts, bifurque aux chimères, se gave de cogitations... »
>
> Joseph DELTEIL, *La Fayette*.

« Il neige. La ville est complètement blanche et enterrée. [...] Il doit neiger aussi à Rasinari, sur la tombe de ma mère. La nuit dernière, j'ai vu, ce qu'on appelle vu, cette tombe et ma mère étendue dans son jeune cercueil[1]. »

Lorque Cioran, triste penseur, observe la neige qui tombe, ses états d'âme le font glisser doucement vers un enchaînement d'images et de pensées qui vont s'ajouter à ce qu'il ressent à cet instant.

Ainsi, nos états d'âme, si nous leur en laissons la place, modifient eux aussi chacun des instants de notre vie, en leur ajoutant d'incessants mouvements vers le passé, ou le futur. Ou en les enrichissant d'autres présents : comme Cioran songeant devant la neige, qu'il neige aussi, au même moment, sur la tombe de sa mère...

Les états d'âme créent un monde parallèle, un monde virtuel : richesse ou piège ?

Nos états d'âme créent en nous un écho du monde extérieur, qui peut se développer à l'infini, nous entraîner et nous happer. Sans doute que cela nous permet, souvent, de mieux l'analyser, le comprendre, le ressentir, ce monde extérieur. Ces enrichissements que permettent nos états d'âme sont alors au service de nos capacités de pensée et de réflexion.

Mais l'existence de ces états d'âme comme un écho permanent à nos expériences de vie peut aussi poser des problèmes. Par exemple s'ils déforment notre perception de la réalité, ou la remplacent. Vous souvenez-vous de l'allégorie de la caverne, de Platon ? Dans son plus célèbre dialogue, la *République*, le philosophe évoque une caverne souterraine où seraient enfermés des hommes qui n'auraient jamais vu la lumière du jour, mais ne percevraient de la réalité que les ombres projetées sur les murs de leur monde étroit et limité par le peu de clarté qu'ils reçoivent. Malgré leurs certitudes – ce qu'ils voient, ils le voient et cela existe ; mais ce n'est pas *toute* la réalité du monde –, ils vivent dans l'erreur et l'incomplétude. Ainsi, nos états d'âme risquent eux aussi de nous tromper. De nous enfermer dans un monde virtuel, qui n'est en fait qu'un *éloignement* du monde, une reconstitution, plus ou moins sous notre contrôle, certes, mais mensongère, déformée, amputée.

Ce d'autant que nos états d'âme se nourrissent d'eux-mêmes : la tristesse nous sensibilise aux choses tristes, ce qui nous rend encore plus tristes. Ils induisent aussi des comportements allant dans leur sens : le ressentiment provoque des conflits et des malentendus qui valident et réalimentent le ressentiment. Peu à peu, les états d'âme, en se développant, peuvent nous détourner du réel et nous aspirer dans leur monde. Ils peuvent alors faciliter des « sorties de réel », comme il existe des sorties de route. Ce n'est pas seulement le fait des états d'âme négatifs : dans l'euphorie, ce mélange de joie et de dilatation de l'estime de soi, il existe aussi une perte de contact, dangereuse, avec la réalité. Il existe un joli mot, dérivé du latin, pour décrire cette exaltation basée sur la boursouflure non régulée de l'ego : l'élation (un de mes professeurs de latin nous répétait souvent, pour nous rappeler à l'humilité, cette formule : « L'élation ? Hélas ! »).

Il existe aussi un effet de rémanence, dont nous avons parlé : les états d'âme durent au-delà des situations qui les ont justifiés ou déclenchés. Avec le risque d'un éternel retour auquel nous nous abandonnerions sans vigilance : nos états d'âme creusent leur sillon en nous, de manière très concrète, en activant au niveau de notre cerveau des « autoroutes synaptiques » du traitement des informations, toujours biaisé dans le même sens. Au bout d'un moment, nous avons tendance à nous appuyer à l'excès sur nos sensations internes, à prendre nos états d'âme comme information toujours valide : c'est le modèle scientifique du *mood-as-input*[2], où le ressenti subjectif nous sert de signal valide pour juger de la réalité et agir en conséquence. Cela s'appelle aussi, en français, le *raisonnement émotionnel* : si je me sens triste, c'est que la situation est triste ; si je me sens tendu, c'est qu'il y a un danger ; si je me sens en colère, c'est qu'il y a eu une offense ou une injustice… Ce n'est évidemment pas toujours le cas, et nous pouvons alors nous tromper lourdement et durablement.

Un climat mental douloureux : l'exemple de la dysphorie

En psychiatrie, le terme de *dysphorie* décrit un cocktail d'états d'âme douloureux, pénibles et plus ou moins durables. Dysphorie vient du grec *dys* (« de travers ») et *phorein* (« porter, supporter ») : ce qui est pénible à supporter. La dysphorie, c'est quand on ne peut plus *rien* supporter ; alors que l'euphorie, elle, nous permet de *tout* supporter (et cela pose alors d'autres problèmes…).

La dysphorie se positionne entre la tristesse normale (dont elle est une forme « vitaminée » par d'autres états d'âme négatifs) et la maladie dépressive (dont elle est une des voies d'entrée ou de sortie). Elle représente une forme de *flirt* dangereux avec cette même dépression. Elle n'est pas une maladie, mais un état normalement passager. Cependant, elle peut être le signe avant-coureur de l'apparition de difficultés psychologiques plus sévères, ou en représenter la traîne, la cicatrice.

La dysphorie est un mélange de tous les états d'âme désagréables pouvant nous affecter : tristesse, irritabilité, tension, inquiétude. Elle est aussi associée à une labilité de ces différents états d'âme : on peut passer rapidement de l'un à l'autre, et ainsi notre réactivité aux événements de la vie quotidienne se trouve amplifiée lors des périodes de dysphorie. Chez les femmes, la période prémenstruelle induit fréquemment de la dysphorie. L'insomnie, la fatigue et les échecs le font chez tout le monde.

La dysphorie n'est pas que désagréable intérieurement, elle perturbe aussi notre réactivité aux événements de vie. Globalement, elle nous fait réagir plus fortement à ce qui ne va pas, et plus faiblement à ce qui est favorable[3]. De ce fait, la dysphorie limite ce qu'on appelle la « capitalisation des moments positifs » : il est utile à chaque humain de se réjouir de ce qui lui arrive de bon, d'abord parce que c'est agréable, et ensuite parce qu'avoir pris le temps de savourer, de « ruminer » ses bons moments, cela en fortifie le souvenir, ce qui servira par la suite de « mémoire positive réservoir » pour mieux faire face à l'adversité.

Je compte parmi mes proches, quelques « surdoués du bonheur », dont j'ai déjà parlé dans un de mes livres sur ce thème[4]. L'un d'eux, ingénieur retraité, m'avait un jour raconté sa manière de profiter d'un pot de retrouvailles auquel il avait été invité avec ses anciens collègues de travail : « Dès que j'ai reçu la liste des participants, je me suis assis dans mon fauteuil préféré, et j'ai longuement repensé, devant chaque nom, dans le détail, à tous les bons moments que nous avions passés ensemble. Pendant la petite cérémonie, j'ai bien pris le temps d'aller parler avec chacune des personnes que j'aimais, j'ai fait l'effort de rester pleinement conscient de la chance que j'avais de les revoir toutes ensemble, une dernière fois, dans cette ambiance festive. Et après, je me suis souvenu de tous les petits gestes, les petites paroles d'amitié que nous avions échangés, de toute cette ambiance de chaleur humaine. Que de bonheurs autour d'un seul moment ! »

Les mécanismes du mal-être dans la dysphorie

Les personnes dysphoriques, par rapport à celles qui ne le sont pas, prêtent une attention prolongée aux mots négatifs qu'on leur présente (lors d'épreuves où l'on va mesurer en centièmes de seconde le temps passé sur les différents types de mots). Alors que les non-dysphoriques s'en dégagent plus vite, et surtout passent, elles, plus de temps sur les mots positifs[5]. De la même manière, on a aussi étudié dans le détail les mouvements des yeux de personnes dysphoriques à qui on montrait des images positives, négatives ou neutres. Elles ne repèrent pas forcément plus vite que les autres les images négatives, mais y restent « collées » plus longtemps[6].

Tout cela provoque une sorte de glu psychologique négative : face à tous les petits moments où nous voyons, lisons ou entendons quelque chose de négatif dans notre journée, certains d'entre nous (parfois pour d'autres raisons que de la tristesse, la dysphorie peut être amorcée par de la colère, de l'inquiétude) vont « traîner » sur ce qui ne va pas, ce qui marche mal, et peu à peu s'imprégner de choses négatives. C'est comme une tisane, une infusion aux affects négatifs. Du coup, à journée égale, ces rémanences de tristesse feront la différence : parce qu'on était englué dans des états d'âme dysphoriques, on aura le sentiment d'avoir croisé plus de problèmes que les autres, alors qu'on n'a fait que s'y attarder davantage.

Il y a aussi chez les personnes en dysphorie ce que l'on nomme des « biais d'anticipation » : leur esprit génère moins d'anticipations positives et, lorsqu'elles existent, ces anticipations ont moins d'effets agréables[7]. La dysphorie nous dissuade, en quelque sorte, de faire des projets plaisants, et d'y goûter. Alors qu'anticiper positivement des moments agréables (penser à sa soirée, son week-end, ses vacances, etc.), puiser à l'avance du réconfort dans ces évocations, fait partie de ce qui rend nos vies plaisantes.

Les chronicisations des états d'âme : pourquoi nous sommes parfois englués dans la souffrance

De nombreux processus psychologiques nous enferment ainsi dans des états d'âme désagréables ou pathologiques, dont nous n'arrivons plus à sortir.

Le plus souvent, c'est involontaire et inconscient : la plupart d'entre nous ne sommes pas clairement lucides sur le moment où nous commençons à déraper et à ruminer à l'excès nos états d'âme négatifs.

Mais, parfois, il y a une conscience plus claire que l'on est en train de se faire du mal : alors, pourquoi continue-t-on ? Et pourquoi, si souvent, avec une sombre délectation ? Là encore, il s'agit d'un « classique » dans la mixité des états d'âme : la satisfaction (même limitée) de se faire (un peu) souffrir.

Cela peut provenir – c'est presque toujours le cas – d'une habitude, répétée chez soi ou observée dans son enfance chez ses parents : le père qui rumine ses inquiétudes professionnelles durant tout le dimanche, pendant que la mère dit : « Les enfants, laissez papa tranquille, il a des soucis… »

Cela peut aussi provenir, bizarrement, du sentiment de contrôle que nous procure le fait de nous abandonner à nos états d'âme moroses : là, au moins, on connaît, on maîtrise, on est en territoire familier. Comme me disait un patient : « Ruminer, ça, je sais faire ! » Alors que, dans le reste de notre vie, c'est l'incertitude et le sentiment de ne pas tenir les rênes qui dominent. Enfin, ce bain d'états d'âme négatifs peut aussi procurer le pauvre plaisir, le *sous-plaisir*, de la morosité satisfaite (« je savais bien que je ne pouvais *que* souffrir »). On préfère avoir raison, même tristement, et ruminer son malheur, que se remonter soi-même les bretelles, et se dire : « Au lieu de faire tout ce qu'il faut pour aller mal, sors marcher pendant une heure ; si ça ne s'arrange pas, ça ne pourra pas être pire que continuer tes ruminations… »

Il y a dans la Bible un livre que je parcours souvent, et qui après des millénaires continue d'impressionner tant les lecteurs débutants que les savants exégètes[8]. C'est *L'Ecclésiaste*, ou *Qohélet*, vous vous souvenez : « Vanité des vanités. Tout est vanité et poursuite de vent... » Il s'agit d'un enchaînement de ruminations et de lamentations, de considérations sinistres sur l'existence, et de visions négativistes et nihilistes : « Qui creuse un puits, tombe dedans ; qui sape un mur, le serpent le mord. Qui lève des pierres, se blesse avec ; qui fend du bois peut se faire mal[9]... » On y entend presque les soupirs de son auteur (on attribue traditionnellement ces considérations au roi Salomon, même si les chercheurs modernes écartent l'hypothèse). Un de mes collègues s'était un jour amusé à compter les valences positives ou négatives des sentences contenues dans *L'Ecclésiaste*[10]. Son diagnostic : avec 75 % de monologues négatifs contre seulement 25 % de positifs, l'auteur, qu'il s'agisse ou non du roi Salomon, était clairement anxiodépressif !

Les ruminations : des états d'âme négatifs perpétuellement recyclés et inachevés

« Vers le cap Horn, du côté chilien, il y a une île : l'île de la Désolation. Elle m'obsède... » Cette petite note de Cioran, dans ses *Cahiers*, m'obsède, elle aussi[11]. Elle m'apparaît comme un summum d'absurdité et d'humanité dans le même temps...

Ruminer, c'est « se focaliser, de manière répétée, circulaire, stérile, sur les causes, les significations et les conséquences de nos problèmes, de notre situation, de notre état[12] ». On utilise aussi en anglais le terme de *brooding* : « couver ». Effectivement, dans la rumination, on reste inactif, assis sur ses problèmes que l'on garde bien au chaud, sous soi, en les faisant croître...

On peut d'ailleurs se poser la question du risque que peuvent représenter certaines psychothérapies « ruminogènes », se contentant d'encourager le patient à revenir inlassablement sur ce qui le tourmente ou lui pose problème, en lieu et cause de recherches plus actives de solutions ou d'acceptations. Mais ceci est une autre histoire...

On a pu montrer que, dans la rumination, la personne se focalise sur le problème et ses conséquences, et pas sur les solutions possibles, à imaginer ou à mettre en œuvre. Erreur de ciblage, erreur d'aiguillage. On perd un temps infini à ruminer sur les causes éventuelles de la maladie au lieu de chercher des remèdes[13]. D'où l'aggravation des éventuels ennuis (on pourra toujours ensuite se dire : « Je le sentais bien que j'avais raison de me faire du souci »). Ainsi, lors d'une étude conduite auprès de femmes ayant un cancer du sein, les « ruminatrices » étaient venues consulter en moyenne deux mois après les « non-ruminatrices[14] ». Elles pensaient tout le temps à leur boule dans le sein, mais n'allaient pas pour autant consulter, et continuaient juste à se faire du souci.

Il existe une importante dimension d'évitement du problème – et de l'action – dans la rumination : puisque agir pourrait nous rapprocher éventuellement d'un vrai problème – tout comme cela pourrait à l'inverse nous révéler qu'il n'y a pas de problème, ou qu'il est surmontable –, on préfère, en ruminant, ne pas savoir ! La rumination est ainsi souvent associée à la morosité et à un sentiment d'impuissance. Voici encore notre passionnant *Qohélet* : « Tous les fleuves marchent vers la mer, et la mer ne se remplit pas ; et les fleuves continuent de marcher vers leur terme. Tout est ennuyeux... »

Il y a aussi dans ces sombres raisonnements en boucle la croyance que, pour résoudre un problème, il faut y réfléchir longuement ; et que plus on y réfléchit, plus on a de chances de trouver la bonne solution. Ce qui n'est pas toujours vrai...

Il y a enfin une dimension, une obsession presque, de jugement dans la rumination (que l'on retrouve, là encore, chez *Qohélet*) : ce premier mouvement réflexe, cette tendance à porter un jugement sur les choses (bien ou mal) et à chercher des coupables ou des responsables (soi ou les autres), à percevoir les problèmes comme des fautes ou des manquements (qui a mal fait ?).

Juger, pourquoi pas ? Mais aussi : à quoi bon ? Parfois, mieux vaut ne pas juger. Et toujours : mieux vaut ne pas le faire trop vite.

Les ruminations : des « pourquoi » flous et sans fin…

Les états d'âme de la rumination ne contiennent que des longues chaînes de demi-pensées, des pensées inachevées, des bribes de pensées, qui ne s'accomplissent pas, ne vont pas au bout, car elles s'arrêtent à la porte de toute décision éventuelle : un véritable « *cogitatus interruptus* » ! Elles n'ont, finalement, pas d'autre résultat, et peut-être pas d'autre but inconscient, que de maintenir la dysphorie. La rumination est sans objectif précis, d'où le fait qu'elle ne puisse avoir de fin précise. Les états d'âme y sont perpétuellement recyclés, figés, n'évoluent pas mais reviennent sans arrêt au même point. La rumination est une soumission impuissante de notre esprit à une pensée circulaire et close : nous tournons en rond. Et nous le savons. Mais nous n'arrivons plus à reprendre le contrôle. Il va falloir attendre que quelque chose arrive : le sommeil, une distraction assez puissante ou prolongée, une rencontre, une tâche suffisamment mobilisante ou capable d'induire d'autres états d'âme suffisamment forts.

Un des éléments qui expliquent la difficulté à mettre fin aux ruminations, c'est qu'en l'absence de but précis et conscient (« trouver une solution et ne pas trop m'épuiser ni me faire de mal avec ce problème ») elles ont tendance à fonctionner sur le modèle du *raisonnement émotionnel*, dont nous avons parlé : prendre l'état émotionnel pour un bon indice de l'existence d'un problème (« si j'ai peur, c'est qu'il y a un danger ; si je suis triste, c'est qu'il y a un malheur ; si je suis inquiet, c'est qu'il y a des ennuis qui arrivent… »). Or, dans la rumination, il y a chronicisation et rémanence abusives des états d'âme négatifs et de leurs dimensions émotionnelles bien longtemps après la disparition des éventuels problèmes (si toutefois ils ont jamais existé). Si nous n'y prenons garde, nous serons piégés, et prisonniers de nos ruminations jusqu'à ce que l'épuisement, un événement intrusif, ou l'usure du temps nous en arrache…

La question centrale de la rumination, sur le fond, c'est : « Pourquoi ? »

« Pourquoi je n'ai pas pris cette décision, pourquoi j'ai eu ce geste ou ces paroles, pourquoi c'est tombé sur moi ? » Ainsi, on retrouve trois éléments en général dans les ruminations de tristesse (il y a aussi des ruminations d'inquiétude : c'est le souci, et nous en parlerons…) : 1) pourquoi je suis aussi triste ? (ruminations sur les *raisons* de ma tristesse), 2) que veut dire ma tristesse ? (ruminations sur la *signification* de ma tristesse), et 3) pourquoi je n'arrive pas à m'arracher à ma tristesse ? (ruminations sur *l'impuissance* face à ma tristesse)[15].

Puis, c'est un cycle sans fin : qu'elles trouvent ou non une réponse (et souvent il n'y en a aucune de satisfaisante), ces questions se répètent : comment ? pourquoi ? comment ? pourquoi ? comment ? pourquoi ? comment ? pourquoi ? comment ? etc.

Lorsque nous allons mal, le point de départ de ce cycle infini peut être minime : une interrogation sans réponse claire possible (« Est-ce que ça va marcher ? », « Est-ce que j'aurai ce que j'attends ? », « Est-ce que j'ai agi correctement ? ») ou une simple contrariété (« Pourquoi elle m'a dit ça ? », « Pourquoi ils m'ont fait ça ? », « Pourquoi ça n'a pas marché ? »), et le mécanisme est enclenché…

Se demander « Pourquoi ? » n'est une bonne chose que si on est capable ensuite de se dire « Stop ! ». Sinon nos pourquoi amorcent toujours un cycle sans fin, on entre dans le détail des détails, dans le pourquoi des pourquoi : enchaîner des séries de « oui, mais pourquoi ? » est ainsi un des jeux métaphysiques favoris des enfants qui rendent fous leurs parents. Nos ruminations ressemblent parfois aussi à ces disputes conjugales interminables, où on ne se demande plus : « Comment se réconcilier et éviter que ça ne revienne ? » mais : « Pourquoi tu m'as fait ou dit ça ? » La rumination comme une interminable fâcherie biblique avec notre existence : « Ô toi ma vie, pourquoi me traites-tu ainsi ? »

Par essence, la rumination étale dans le temps les soucis et événements malheureux, comme s'ils n'étaient pas déjà assez ennuyeux tels quels. Elle les dilate, les répand dans toute notre vie, le passé (« c'est parce que je n'ai pas fait ce qu'il fallait que tout cela arrive… ») et le futur (« cela va entraîner ceci et cela… »), ce qui pollue totalement l'évaluation que l'on devrait faire du problème au présent.

Sur un air de « j'aurais dû », la rumination facilite une *présence du passé* : le passé se réinvite et veut faire croire qu'il est le présent, et ce faisant il prend effectivement sa place. Et on ne vit plus, comme si on écoutait un vieux disque rayé, qui ressasserait indéfiniment le même passage, mais que l'on n'arrive plus à retirer de l'appareil, pas plus qu'on n'arrive à couper le son de ce dernier, ni à quitter la pièce.

Les ruminations : s'en méfier. Ruminer, ce n'est pas réfléchir…

En général, les ruminations sont autocentrées. Et c'est un de leurs nombreux problèmes : elles facilitent l'enfermement sur soi, et donc nous empêchent de bénéficier ou d'écouter l'avis et l'expérience des autres, qui pourraient nous aider à en sortir. Plus on aborde un problème en se focalisant sur soi (« toujours à moi que ça arrive, que vais-je devenir, personne ne peut comprendre, personne ne peut m'aider… »), plus les dégâts en termes d'induction d'états d'âme négatifs sont massifs[16]. Réfléchir avec les yeux et l'expérience des autres, leur demander aide et avis, tout cela va alléger le poids émotionnel de la réflexion sur nos problèmes. Sinon il ne s'agit pas de réflexion !

En effet, nos ruminations passent souvent inaperçues à nos propres yeux, car nous *croyons* alors réfléchir[17]. Mais la rumination n'est pas une vraie réflexion, elle est stérile, nous l'avons vu. Elle se situe souvent à un niveau général et global, non spécifique : on se pose davantage la question de savoir ce que ça signifie et pourquoi, qu'on ne se demande quelles sont les différentes parties du problème, et que faire de précis[18]. Souvent la rumination est pénible, alors on tente de s'en écarter en essayant de penser à autre chose, ou de s'occuper, mais les états d'âme négatifs restent là, en toile de fond. Du coup, on ne fait rien correctement : ni l'activité en cours ni la réflexion sur le problème. La lucidité et l'efficacité, ce serait plutôt de choisir vers quoi on s'oriente et de le faire pleinement. Mais nous savons que ce n'est pas si simple, et nous verrons que cela nécessite un entraînement. Malgré les apparences donc, rien de plus éloigné de la réflexion que la rumination ; mieux vaut carrément aller marcher, jardiner ou bricoler. Cela nous aggravera moins que de continuer à ruminer, nous permettra quelques petits états d'âme positifs, et nous rapprochera peut-être d'une solution.

Les différences entre rumination et réflexion

Rumination	Réflexion
Recherche des fautes, des erreurs, des coupables… « Qui doit être critiqué ou puni ? »	Recherche des solutions… « Comment faire maintenant ? »
En général, tendance à amplifier le problème.	Tendance à relativiser, à donner au problème son importance, sans en rajouter.
Tendance à juger.	Tentative de comprendre.
Simplifications abusives : par exemple : « Tout vient d'une seule cause. »	Prise en compte de la complexité (sans s'y noyer) : il y a en général plusieurs causes à un problème.
Plutôt tournée vers le constat, le « pourquoi ? ».	Plutôt tournée vers le futur, le « comment faire ? ».
Pas de but précis (d'où enlisement).	Le but est de résoudre le problème ou de s'en désengager.
Tendance à aborder les situations de manière générale et globale (« Malheur, malheur ! un gros problème ! »).	Tentative pour aborder les situations de manière précise et pas à pas (« Comment fragmenter mon gros souci en une succession de petits problèmes ? »).
Centrée sur le problème (« Quelle catastrophe, quel malheur, quelle erreur, quel gâchis… »).	Centrée sur la solution, la réparation, la prévention (« Que faire et comment réparer ? »).

Autre problème, notre tendance à survaloriser la rumination : dans une enquête en population générale, un tiers des personnes à qui l'on demande : « Que faites-vous lorsque vous vous sentez déprimé ? » répondent : « Je cherche pourquoi je ne suis pas en forme. » Pourquoi pas, mais en fait, souvent, ce n'est pas la meilleure voie, ou alors seulement si on cherche vraiment, et si on teste ensuite des solutions[19], au lieu de continuer à ruminer sur les raisons de sa méforme. En réalité, la meilleure question pour y voir plus clair n'est pas de commencer par les *pourquoi* mais par les *comment* : comment suis-je en train de fonctionner ? de réfléchir à l'objet de mes tourments ? comment je m'y prends – ou non – pour aller mieux ? Ce n'est qu'une fois la période des états d'âme dysphoriques passée que l'on pourra aborder la question du *pourquoi*, qui, sinon, boostée par l'humeur morose, va nous faire embrayer sur des ruminations.

On pourrait comparer la rumination à l'inflammation, un mécanisme naturel de défense et de cicatrisation de notre corps, qui a dépassé son objectif et devient lui-même une pathologie : ce qui devait n'être qu'une réflexion destinée à régler un problème devient une interminable chaîne d'états d'âme douloureux et inutiles. Dans les cas pathologiques de ruminations maladivement dépressives ou anxieuses, les médicaments (tranquillisants ou antidépresseurs) que l'on peut alors prescrire fonctionneront comme les antalgiques et les anti-inflammatoires dans les lombalgies chroniques : ils ne soignent pas la cause de la douleur, mais sont indispensables pour que cette même douleur ne devienne pas paralysante. Pour autant, ils ne remplacent pas une réflexion – pragmatique ! – sur le plus long terme : comment faire pour que le problème ne revienne pas ?

Il existe aujourd'hui des protocoles de psychothérapies cognitives ciblées sur les ruminations[20]. On y propose aux patients un travail spécifique : s'en dissocier (avec des techniques de recul envers ses pensées), les observer (apprentissage de techniques de méditation), limiter le temps consacré aux soucis (délimitation d'un *worry time*, d'un « temps de souci » pour chaque jour – mais pas plus !)... L'idée, c'est que les ruminations empêchent la cicatrisation psychologique naturelle des souffrances. Si quelque chose nous tourmente, mieux vaut y penser frontalement que le ruminer (« pourquoi cela m'est-il arrivé à moi ? ») ou le fuir (« surtout ne pas y penser »). Car nous disposons de tout ce qu'il faut pour récupérer de nos souffrances : ainsi, après un traumatisme, on sait qu'une très large majorité de personnes (plus de 80 %) ne présentent pas de symptômes maladifs de choc psychologique. Mais à condition de ne pas empêcher ces processus de cicatrisation (en ruminant ; en voulant à tout prix supprimer les pensées désagréables parce que associées au traumatisme ; en évitant les situations qui activent le souvenir...). Et même dans les situations quotidiennes moins dramatiques qui peuvent induire – ou réveiller – en nous des tendances à la rumination, nous aurons à nous inspirer des mêmes efforts : surveiller notre passage en « mode rumination », et examiner frontalement (et non en biais, comme lorsqu'on ressasse) ce qui nous tracasse...

Des brouillards aux orages : emballement des états d'âme dans les pathologies psychiques

Les états d'âme ne relèvent pas seulement d'une question de bien-être interne, ils jouent aussi un rôle important dans diverses pathologies psychiatriques, de la boulimie à l'anxiété, en passant par la dépression et les addictions. Ils peuvent être en cause avant, pendant et après ces troubles.

Avant, dans un rôle fragilisant : subir et ressasser des états d'âme douloureux sans savoir clairement qu'en faire expose à la survenue de différentes maladies psychologiques, pour peu que l'on y soit prédisposé par ailleurs.

Pendant, dans un rôle aggravant : se sentir ballotté, débordé, fragilisé par ses états d'âme, les ruminer, ne facilite pas la guérison.

Après, dans le rôle de cicatrices invisibles et de facteurs de rechute : l'instabilité des états d'âme après la maladie joue un rôle bien connu dans la survenue des récurrences. Et, hélas, la plupart des maladies psychiatriques sont des maladies récurrentes : non pas que la rechute soit une fatalité, mais il est certain que l'on croisera sur son chemin des occasions de rechute. Et que l'on aura alors à travailler pour les repousser...

Nous reparlerons plus loin, et très largement, de la notion de *cicatrices dépressives*. Mais les états d'âme douloureux sont aussi largement impliqués, par exemple, dans notre rapport à la nourriture et ses dérapages possibles. On sait que les crises de boulimie se déclenchent souvent à partir de vécus intérieurs de tristesse, d'inquiétude, de solitude ou tout simplement d'ennui et de vide[21]. L'incapacité à identifier et moduler ses états d'âme en réaction aux événements de vie est clairement l'un des principaux mécanismes de cette impuissance face à l'envie de manger (qui n'a rien à voir, évidemment, avec la faim)[22]. Les efforts personnels et les thérapies ciblés sur ces états d'âme sont efficaces pour la prévention de ces conduites boulimiques auprès des populations à risque, comme les adolescentes[23].

Mais, même si l'on ne souffre pas de boulimie (dans laquelle on se jette sur les aliments par crises), nos états d'âme interviennent bien sûr dans nos tendances au grignotage (manger en dehors des repas) ou à l'hyperphagie (trop manger lors des repas). De même, les personnes en surpoids se mettent facilement à trop manger lorsqu'elles se sentent inquiètes ou tristes. Et l'induction de stress chez les sujets au régime les pousse à enfreindre leurs résolutions[24]. Nos états d'âme douloureux ou pénibles, si nous ne les identifions pas, vont donc nous pousser inconsciemment à nous remplir. Puis, provoquer par ricochet d'autres états d'âme désagréables, alors liés à la baisse de l'estime de soi : ressentiment, honte ou dégoût de soi. Ce qui ne va rien arranger, ni pour les états d'âme ni pour la tendance à se réfugier dans la nourriture.

De manière générale, la tendance à se réfugier dans différentes substances comme le tabac, l'alcool ou le cannabis est – au départ, puis les automatismes se mettent en place et masquent ce lien – une manière de fuir des états d'âme douloureux ou simplement désagréables[25]. Mauvaise, hélas : ils ressurgiront encore plus fortement, et on sera entre-temps devenu dépendant de la substance, donc moins apte à les affronter autrement que par de nouvelles fuites… Globalement, les états d'âme négatifs sont les plus grands facilitateurs de l'envie de fumer ou de boire. Soit pour soulager ses sentiments de tension ou de désarroi ; soit qu'on les ait déjà refoulés, et que ce vide mal géré aboutisse à l'envie « venue de nulle part » de consommer la substance dont notre corps est devenu dépendant[26]. Et, comme pour la dépression, les rechutes et autres déchirures d'abstinences reposent sur l'irruption d'états d'âme mal identifiés, mal acceptés, mal régulés… C'est pourquoi, dans toutes ces pathologies de la dépendance, le travail sur les états d'âme (prise de conscience et auto-observation) va s'avérer d'une grande utilité pour le long terme.

Rappelons enfin que cela ne concerne pas que les pathologies établies ; par exemple, les états d'âme de l'adolescence, pourtant largement considérés comme normaux, ne doivent pas prendre trop d'ampleur : ils semblent dans certains cas prédire un risque accru d'épisodes dépressifs à l'âge adulte[27].

On est vulnérable par ses états d'âme mal compris, mal acceptés et mal régulés…

Pourquoi tout cela ? Pourquoi n'arrivons-nous pas à bloquer ce qui au début ressemble à de petits états d'âme négatifs anodins, mais qui va peu à peu jusqu'à nous faire vraiment mal ? Nous sommes victimes dans ces moments sensibles d'une « cascade émotionnelle[28] ». Dans ces dégringolades de tristesses, d'inquiétudes, de ressentiments, toutes nos ruminations finissent par s'emballer et par provoquer sur nous un déferlement de désarroi. Un de mes patients avait un jour comparé ça à ce qui se passe lorsqu'on fouille sur une étagère trop haut placée sans être monté sur un escabeau, et que tout nous tombe sur la tête. Ces cascades d'états d'âme douloureux qui soudain s'emballent, se retrouvent à l'origine des crises de désespoir des déprimés, des crises de panique des anxieux, des crises de ressentiment des inhibés ; et de toutes nos bouffées de désarroi.

Ces affolements prennent leur source dans notre *manque de conscience* de l'importance (voire de l'existence) de nos états d'âme. Et aussi, souvent, dans notre *manque de savoir-faire* face à eux.

Les études montrent que la plupart d'entre nous ne sont pas clairement conscients de ce qui améliore ou aggrave notre humeur, de ce qui modifie notre équilibre émotionnel[29]. Le fait de savoir, d'être informé des effets que nos états d'âme peuvent avoir chez nous, est souvent un des éléments qui nous permettent de mieux leur faire face lorsque c'est nécessaire.

Ainsi, lors d'une étude conduite auprès de volontaires, on leur demandait de lire une histoire dramatique, où le conducteur d'une voiture tuait un enfant parce qu'il était pressé et roulait trop vite, en imaginant qu'ils *étaient* ce conducteur. On leur demandait ensuite d'imaginer les états d'âme qu'ils ressentiraient alors, et de les coucher par écrit. Puis, on leur disait qu'en attendant de leur faire passer une seconde épreuve sur ce récit, dans quinze minutes (le temps pour eux de s'apaiser), on allait leur proposer une autre recherche, sur le goût. Là, on leur proposait de tester différents petits gâteaux. L'idée était d'observer le nombre de gâteaux avalés en fonction de leur malaise émotionnel. À ce moment de l'expérience, les chercheurs tenaient à la moitié des volontaires un petit discours d'avertissement : « Contrairement à ce que croient la plupart des gens, manger n'apporte pas de soulagement émotionnel... » Évidemment, les personnes que l'on avait ainsi mises en garde en attirant leur attention sur l'influence éventuelle de leurs états d'âme mangeaient en moyenne nettement moins de gâteaux que celles à qui on n'avait rien dit[30]. Comme elles avaient été informées sur le mécanisme, elles en étaient moins victimes. La plupart d'entre elles savaient pourtant déjà qu'on a tendance à trop grignoter quand on est troublé. Mais ce savoir, abstrait, était stocké quelque part dans les étagères de leur mémoire, dormant, inatteignable, inutile. Le fait que l'expérimentateur le leur ait dit avait *réveillé* ce savoir, l'avait connecté à la situation en cours et l'avait rendu opérationnel. Nous devrions pouvoir procéder ainsi par nous-mêmes : mais cela suppose de ne pas shunter la première étape, qui consiste à se dire : « Je suis troublé par cette histoire d'enfant écrasé, discrètement – je sais que ce n'est qu'une histoire et qu'une expérience de psychologie – mais réellement –, je le sens bien, dans ma tête, dans mon corps, dans mes états d'âme. » Avoir juste cette humilité et cette conscience pourrait tant nous aider…

Mais il faut pour cela un minimum de savoir-faire, et pour la lucidité envers les mouvements discrets de nos âmes, et pour savoir qu'en faire ensuite. L'aspiration à la gestion des états d'âme est sans doute une des explications à la fascination exercée par le bouddhisme sur les Occidentaux : même si le bouddhisme ne se réduit évidemment pas à cela[31], sa culture de l'*entraînement de l'esprit*, selon la formule du moine Matthieu Ricard[32] paraît à beaucoup d'entre nous une promesse de mieux-être intérieur, dont il n'existe guère d'équivalent dans nos quotidiens matérialistes. La psychothérapie réfléchit depuis quelque temps, dans le champ de la prévention des rechutes, pour aider les personnes vulnérables à développer plus de capacités pour faire face à leurs oscillations d'états d'âme : nous verrons que cela ne consiste pas seulement (surtout pas, d'ailleurs) à les « contrôler » ou les empêcher de naître ou d'exister. Mais au contraire à accepter leur existence, accepter de les côtoyer, et savoir comment les apprivoiser : parfois les écouter, et parfois ne pas les suivre.

Pas si anodins, nos états d'âme…

L'éternel retour de nos états d'âme douloureux est peut-être une réalité, mais ce qui les rend plus douloureux encore, c'est sans doute notre paresse ou notre maladresse à les accueillir et leur faire une place en nous. Tout au long de ses célèbres *Lettres à un jeune poète*, Rainer Maria Rilke aborde magnifiquement le rôle précieux, vital même à ses yeux, que nos états d'âme peuvent jouer dans nos existences. Dans la « Huitième lettre », il parle à son jeune correspondant de la tristesse : « Si notre regard portait au-delà des limites de la connaissance, et même plus loin que le halo de nos pressentiments, peut-être recueillerions-nous avec plus de confiance encore nos tristesses que nos joies. […] De grâce, demandez-vous si ces grandes tristesses n'ont pas traversé le profond de vous-même, si elles n'ont pas changé beaucoup de choses en vous, si quelque point de votre être ne s'y est pas profondément transformé. » Rilke incite ainsi son correspondant à la plus grande attention et au plus grand respect envers ses états d'âme : c'est pour lui le meilleur – le seul – moyen de vivre et de résister à ce qu'il appelle « ces maladies qui s'amoncellent dans l'être », faute d'attention et d'intelligence de notre part[33].

CHAPITRE 4

Introspections

« Je sais ce que vous allez me dire. Il faut rentrer en vous-même... Je suis rentré en moi-même plusieurs fois. Seulement, voilà, il n'y avait personne. Alors, au bout d'un moment, j'ai eu peur et je suis ressorti faire du bruit dehors pour me rassurer... »

Jean ANOUILH, *La Valse des toréadors.*

« Je marche en observant les mouvements de ma conscience. Il y a des jours où elle est comme une eau transparente, lorsqu'on voit le fond sans difficultés, et tous les mouvements des algues, et des poissons. C'est le cas aujourd'hui. Tout ce qui se passe dans ma conscience me semble clair : le bruit du vent, la couleur des arbres et du ciel, les odeurs de la forêt, les souvenirs de passés lointains (les automnes de mon enfance), comme de passés récents (mes randonnées de cet été dans les Pyrénées), les pensées de mort et de résurrection de la nature, les pensées bénignes sur le présent (l'anniversaire à venir d'une de mes filles, ce que m'a dit cette semaine un patient à l'hôpital, ce caillou dans ma chaussure gauche dont je viens de décider de ne pas l'enlever et d'accepter sa petite présence indésirable mais bénigne : "Ça te fera un exercice d'acceptation"). Tout est clair. J'observe discrètement mes états d'âme par le trou de la serrure. Non, même pas : je ne fais qu'un avec eux. Ce tumulte tranquille, ce mélange incessant de sensations, de pensées, de bribes d'émotions, tout défile dans une recomposition permanente ; ou plutôt, ce mouvement perpétuel incarne tous les visages d'un seul état d'âme de sérénité. Cette sérénité vient sans doute de ce que je ne suis alors pas troublé par des jugements intempestifs sur le côté désirable ou non de certaines de ces pensées ou sensations : je prends tout. Mais c'est facile : il n'y a rien de bien pénible en ce moment dans ma vie. Mais peut-être aussi parce que, depuis tant d'années, mon entraînement à la méditation porte – de temps en temps – ses fruits ? Une autre fois, un matin, j'étais en train d'attendre les oiseaux migrateurs depuis le poste d'observation situé dans le bois où je marche : silence, lenteur, presque rien à voir, pas de "spectacle" comme on en attend toujours dans notre monde moderne, comme au cinéma. Alors, au bout d'un moment, dans toute cette lenteur et cette douceur, naissance d'un sentiment d'unicité synchronisant tout ce qui se passe, bruits, couleurs, battements de mon cœur et pensées qui passent : lente montée d'un unique état d'âme de sérénité. Ça ne durera pas, je le sais. Mais c'est aussi bon que c'est étrange… »

États d'âme et réflexion sur soi : prise de tête ou construction de sa liberté ?

« Les états d'âme ? Mais c'est de la prise de tête, ça, non ? »

Certes, certes, ça peut l'être… Mais on peut aussi se servir de son cerveau de temps en temps pour autre chose que le travail ou les loisirs. En cette époque où plus personne n'ouvre le capot du moteur de sa voiture (on laisse ça aux spécialistes), il serait dommage que nous fassions de même avec nos âmes : ne réfléchir à soi qu'en se rendant chez un psy (j'ai l'impression que, pour certains de nos patients, les rencontres avec nous, les psychothérapeutes, représentent le seul moment où ils prennent le temps de s'interroger et de réfléchir sur eux).

Si nous n'y prenons garde, nous ne ferons fonctionner notre cerveau que pour *faire* des choses, et nous oublierons de nous sentir *être*, de nous observer en train de vivre. Du coup, nous passerons à côté de la moitié de notre vie. Pas si grave, diront certains, il restera tout de même l'autre moitié : nos actions, nos réactions aux demandes de notre environnement. Mais, en évacuant nos états d'âme, en ne leur prêtant pas attention, nous resterons de simples « machines à vivre », selon l'expression de Paul Valéry. Et un sentiment de vide, inquiétant ou attristant, nous envahira parfois, dès que nous cesserons d'agir ou de réagir.

Nous avons besoin de l'introspection, besoin de regarder au-dedans de nous-même. Certes, à trop se pencher sur soi, on peut basculer et se noyer en soi-même. Certes l'introspection seule ne suffit pas : il faut vivre aussi, et l'action et la rencontre nous apprennent et nous révèlent beaucoup sur nous. Peut-être même nous en disent-elles plus que l'introspection sur *ce que* nous sommes. Mais sans doute moins sur *comment* nous le sommes et sur *ce que cela nous fait* de l'être...

Et puis, l'exercice de l'introspection, c'est comme prendre le temps d'accorder son instrument de musique, pour mieux en jouer ensuite. Combien d'entre nous prennent soin de réaccorder régulièrement leur âme ?

Ainsi, que faisons-nous lorsque nous venons de nous disputer avec quelqu'un ? Nous nous précipitons sur le téléphone pour nous épancher auprès d'une oreille compatissante qui, n'ayant pas assisté à la scène, abondera dans notre sens. Puis, nous nous remettons à notre tâche en ruminant.

Que faisons-nous si nous bloquons à un moment dans notre travail ? Nous nous agaçons, puis nous nous levons pour nous changer les idées. Ou nous regardons nos mails, nous sortons prendre un café ou, pire, fumer une cigarette.

En agissant ainsi, nous n'avons fait que fuir nos états d'âme au lieu de les accueillir et de les examiner.

Paradoxalement, c'est à la suite de ce type de comportements que le risque de rumination, dont nous venons de parler, est le plus grand. Comme la petite plaie liée aux états d'âme n'a pas été nettoyée et mise à plat, le problème va revenir tranquillement, en arrière-plan de nos activités, sous forme de fantômes de la situation : les ruminations.

Pourquoi dans de tels instants ne prenons-nous pas le temps de respirer profondément, de nous étirer et de nous dire : « Que se passe-t-il en moi ? qu'est-ce qui ne va pas ? quel est cet inconfort en moi ? Que dois-je accepter et que puis-je changer ? » Puis, passer à autre chose et voir ce que cela donne : si les états d'âme désagréables reviennent, c'est peut-être que le travail d'introspection et de pacification reste à faire. Prendre alors le temps d'y réfléchir, maintenant, plus tard, ce soir, avec l'esprit clair.

Pourquoi ne pas prendre même l'habitude de se poser ces questions du « comment ça va là-dedans ? » plusieurs fois dans la journée ? Pourquoi ne pas prendre la température de ses états d'âme aussi régulièrement que possible ?

Sans cette gymnastique douce, nous naviguerons en permanence entre deux écueils : nous noyer dans nos états d'âme (la rumination) et refuser de nous y pencher (la fuite, qui est ici une fuite de soi).

Alors que, comme toujours, la voie à suivre est celle du milieu : une introspection tranquille mais consciente de ses limites.

États d'âme et conscience de soi

Les états d'âme sont l'expression et le siège de la conscience de soi.

La part de la sensibilité dans notre quête de l'intériorité a bien sûr été l'objet de nombreuses réflexions de la part des philosophes. Après le « Je pense donc je suis » de Descartes, il y eut l'empirisme du philosophe écossais Hume, qui insiste sur le rôle majeur des « expériences sensibles », et non de la seule connaissance abstraite et raisonnée[1]. Plus tard encore, Rousseau reprendra et développera avec génie cette idée d'une base émotionnelle et sensible de soi, qui pourrait se résumer par : « Je ressens donc je suis. »

Si on ne ressent pas, on comprend mal, on apprend mal : après l'écoute de deux histoires, nous nous souviendrons mieux de celle qui nous a marqué émotionnellement[2]. C'est pourquoi nos expériences existentielles marquantes reposent sur des états d'âme : on ne se souvient jamais de l'insipide, du non-émotionnel, du non-personnel. Ces expériences *existentielles*, ces moments où l'on se sent *existant*, correspondent, si on y réfléchit un peu, à un équilibre particulier : nous nous sentons à la fois distincts de ce qui nous entoure (suffisamment pour avoir du recul et observer) et en en faisant partie. Sentiments d'identité et d'appartenance se mêlent, intérieur et extérieur, comme dans les états d'âme.

Ce que le chercheur en neurosciences Antonio Damasio nomme le *sentiment même de soi* repose totalement sur ce qu'il appelle les « sentiments d'arrière-plan », autrement dit nos états d'âme[3] : « Ces sentiments ne se situent pas sur le devant de notre scène mentale, [...] d'une façon ou d'une autre, ces sentiments d'arrière-plan contribuent à définir notre état mental et à conférer à notre vie sa tonalité. »

Damasio cite à ce propos Malebranche : « C'est par la lumière et une idée claire que l'esprit voit les essences des choses, les nombres et l'étendue. C'est par une idée confuse ou sentiment qu'il juge de l'existence des créatures *et qu'il connaît la sienne propre*[4]. » Enfin, il souligne comment la conscience que nous avons de (et que nous accordons à) nos états internes représente un enrichissement considérable de notre pensée et nous donne un sentiment d'identité[5].

Peut-on s'observer soi-même ?

Dès qu'on se penche sur un phénomène, on le modifie. De même, la conscience que nous avons, ou nous efforçons d'avoir, de nos états d'âme les modifie : elle peut les faire durer, disparaître ou évoluer. Comme un estuaire, notre conscience est un théâtre où se mélangent le dedans et le dehors, le volontaire et l'involontaire. Un espace d'une infinie richesse et d'une infinie complexité. Et puis, dès que nous essayons d'observer un de nos états d'âme, ce n'est plus lui que nous observons, mais nous en train de l'observer. C'est comme essayer d'approcher des animaux sauvages : nous les faisons fuir. Puis, peu à peu, nous comprenons et apprenons des ruses : approcher tout doucement, sous le vent. Approcher ses états d'âme demande les mêmes patiences : développer la conscience de soi est un apprentissage.

Qui permet de comprendre qu'il existe différents niveaux de conscience de soi.

Elle peut être *rudimentaire* ou embryonnaire. C'est le cas dans les moments de notre vie où nous sommes harassés par les « choses à faire », où nous suffoquons sous les demandes de l'environnement, et ne connaissons en gros que deux états : agir et dormir. Nous sommes toujours dans l'action, ou la récupération de l'action, et nous ne connaissons alors ni introspection ni réflexion sur nous : pas le temps, pas la force, pas l'envie.

Elle peut être *claire*. Par la grâce de certains moments où nous avons le temps de nous sentir exister sans être sous l'emprise d'états émotionnels trop violents ou de pressions trop grandes de l'environnement. Mais aussi par l'entraînement régulier et le travail patient et attentif (méditation, journal intime).

Elle peut être *supérieure*. Chez certains qui ont consacré un temps important de leur vie à réfléchir et méditer. Ou chez chacun de nous lors de ce que je décrirai plus loin sous la dénomination d'*expériences d'éveil*.

Devenir expert en ses propres états d'âme…

La tradition de la connaissance et de la réflexion sur soi est ancienne. On attribue souvent la naissance de la notion moderne d'intériorité à saint Augustin, dans ses *Confessions*[6]. Pour la première fois, un homme parlait de son intériorité, de ses états d'âme et de son cheminement personnel. C'était bien sûr une œuvre de « propagande » pour la foi chrétienne, mais qui empruntait, de manière émouvante et convaincante, le chemin de l'intime. Avant Augustin, on pensait « nous » plutôt que « je ». Et quand un Socrate disait : « Connais-toi toi-même », ce n'est pas aux joies de l'introspection qu'il entendait nous éveiller, mais à la conscience que chacun doit avoir de ses limites afin de bien tenir sa place, puisqu'il ajoutait : « Sache que tu n'es pas un dieu, et conduis-toi en conséquence[7]. »

Bien plus tard, Montaigne dans ses *Essais* faisait évoluer le « jeu du je » sur un registre plus spontané et moins militant, et proposait un autoportrait au travers de ses lectures, réflexions et expériences de vie. Sans rien cacher de la difficulté de la démarche :

« Nous allons en avant à vau-l'eau, mais de rebrousser vers nous notre course, c'est un mouvement pénible[8]. » C'est vrai que l'introspection est aussi – ou devrait être – un acte de lucidité, cette dernière pouvant se définir comme : « L'amour de la vérité même si elle n'est pas aimable[9]. » Se connaître, c'est souvent se décevoir, certes. Mais ce n'est une raison ni pour se dévaloriser ni pour se fuir.

Pour nos sensibilités contemporaines, c'est bien sûr Rousseau, dans ses *Confessions*, qui fit entrer l'art de l'introspection dans son ère moderne. Voici ce qu'il en disait dans son *Discours sur les sciences et les arts*[10] : « Ô vertu ! Science sublime des âmes simples, faut-il donc tant de peines et d'appareil pour te connaître ? Tes principes ne sont-ils pas gravés dans tous les cœurs et ne suffit-il pas pour apprendre tes lois de *rentrer en soi-même et d'écouter la voix de sa conscience* dans le silence des passions ? » (C'est moi qui souligne.) Pour le très sensible Jean-Jacques, la connaissance de soi, une fois le tumulte de nos réactions immédiates apaisé, est de surcroît l'antichambre de la vertu.

Retour à l'introspection : à quels moments avons-nous régulièrement intérêt à suspendre nos actions et nos jugements pour voir ce qui se passe en nous ?

Dans les *moments de souffrance*, bien sûr, qui nous ramènent si fortement à nous. Voyez les chagrins d'amour de Guillaume Apollinaire, « conscient de sa souffrance, s'adonnant volontairement à elle pour mieux la décrire[11] ».

Dans les moments de *plénitude* : lorsque nous percevons une harmonie de nos états d'âme avec les environnements où nous nous trouvons. Par exemple lorsque nous ressentons des états d'âme joyeux dans un environnement joyeux. Nous prenons alors conscience de nos états d'âme car ils entrent en résonance et en harmonie avec ce qui nous entoure ; et cette conscience nous procure un sentiment accru d'appartenance.

Dans les moments de *dysharmonie* : lorsque nos états d'âme sont en opposition, en dissonance avec notre environnement. Par exemple, ressentir des états d'âme tristes dans un environnement joyeux. La prise de conscience de ce décalage est toujours douloureuse : « Pourquoi est-ce que je n'arrive pas à me sentir heureux durant cette fête, dans cette vie, dans ce couple, ce travail ? » Une fois de plus, c'est la mise en échec du fameux « tout pour être heureux ». Échec utile et presque réconfortant, qui nous rappelle chaque fois que le bonheur ne découle pas d'un simple empilement de circonstances favorables. Cette prise de conscience peut parfois aussi s'appuyer sur des états d'âme non pas douloureux mais de décalage et de perplexité : « Je suis bizarre, pas comme les autres, et pas comme d'habitude… »

Dans les moments d'*autonomie* enfin : lorsque, malgré l'environnement négatif, nous arrivons à nous sentir légers. Sentiment de force et étonnement que nous procurent alors ces états d'âme : comme s'ils nous étaient des imperméables, des parapluies internes à l'adversité.

Beaucoup d'entre nous ont aussi fait l'expérience d'états d'âme intenses et agréables sous l'emprise de l'alcool ou de différentes drogues qui, contrairement à ce que l'on pense parfois, peuvent aussi fonctionner comme des outils d'ouverture à soi et au monde. Évidemment, les psychiatres se penchent davantage sur les personnes que l'alcool a asservies et abîmées ; mais les psychologues devraient davantage étudier toutes les autres, qui arrivent à connaître dans l'alcool des états d'âme (certes fugitifs) de tranquillité, de bienveillance, de confiance. Des leçons peuvent-elles être tirées de nos ivresses légères ? Pourquoi ne se dit-on pas plus souvent : « Si je me sens ainsi après avoir bu, si je me sens mieux dans le même monde, c'est que la solution est en moi ; et si je pouvais reproduire ces états d'âme de légèreté et de confiance en la vie sans l'alcool ? » Ou faut-il pour certains éviter, comme dans un jeu de société, de « passer par la case alcool », et filer directement à la case « introspection » ?

Voies d'accès aux états d'âme : l'introspection

Pas facile de réfléchir sur soi : vous vous souvenez de ce que disait le personnage de Jean Anouilh, en exergue de ce chapitre… De fait, il faut simplement prendre un peu de temps pour cela.

Notre société nous incite surtout à nous distraire ou à réagir, à consommer ou à obéir aux injonctions sociales, professionnelles, familiales. Bref, à nous écarter de nous-mêmes.

Or l'introspection a besoin de temps et de lenteur : malheureusement ce sont deux denrées devenues rares et précieuses à notre époque de remplissage et de suroccupation, à notre époque de *distractions*. Étymologiquement, distraire veut dire séparer, détacher : en nous « distrayant », nous passons notre temps à ne pas être nous-mêmes.

C'est vrai que ce n'est pas si simple de réfléchir à soi : faites l'expérience. Posez ce livre, et essayez d'observer vos états d'âme pendant quelques minutes, disons cinq. Observez ce qui se passe en vous. Alors ? Ça part dans tous les sens ? Des pensées vous arrivent à propos de tout un tas d'autres choses, vous vous apercevez que vous avez un petit bourdonnement dans les oreilles, que votre dos vous fait un peu mal. Vous avez l'impression que vous êtes en train de « ne pas arriver à vous concentrer », ou pas assez pour pouvoir observer vos états d'âme. Finalement, ça vous agace ou ça vous déprime, et vous préférez revenir à la sécurité du *faire* (vite, faire quelque chose...) plutôt qu'à l'incertain de l'*être* (juste être là et voir ce qui arrive, sans attentes). C'est normal.

La plupart d'entre nous n'arrivons pas non plus spontanément à prier, à méditer, à observer vraiment une minute de silence pour penser à une personne absente ou disparue... Trop de distracteurs et surtout pas assez d'entraînement. Pourtant, nous avons plus que jamais besoin de ce travail de remise en lien avec nous-même, justement parce que nous vivons une époque de vol permanent de temps et d'attention. Besoin de prendre le temps de réfléchir à notre vie au lieu de passer à toute allure d'une activité à l'autre, besoin d'habiter notre existence au lieu de la remplir.

Ce travail est possible et fructueux. Les études nous montrent que l'examen attentif et tranquille (sans ruminer !) de ses états d'âme négatifs permet d'en adoucir les dommages[12]. Le travail d'introspection nous permet de prendre conscience aussi de toutes les petites pensées autopolluantes et stressantes que nous nous infligeons si notre humeur est négative. Cela me fait penser à la surprise de mes patients en thérapie de groupe lorsque je les interpelle aux moments où ils ont les yeux dans le vague : « Vous êtes en train d'avoir quoi comme pensées qui traversent votre esprit ? » (je ne dis pas : « Vous pensez à quoi ? » car ils ne *pensent* à rien, ils sont justes *habités* par des pensées). Surpris, ils font alors l'effort de prendre conscience de leurs états d'âme et, souvent, ils s'aperçoivent qu'ils sont en train de ruminer ; ils n'en avaient pas conscience, mais ils ruminaient ; et en général, des pensées négatives.

Je me souviens, en écrivant ces lignes, de Sylvie, une patiente d'une grande gentillesse, avec aussi de grands problèmes d'estime de soi, et qui souffrait de dépression et de phobie sociale. Lors d'un groupe de méditation pour la prévention des rechutes dépressives, nous étions en train de travailler sur la gratitude[13] : chacun avait eu à réfléchir tous les soirs de la semaine à un instant de la journée où il avait ressenti de la gratitude envers un autre humain. Elle nous avait fait sourire lorsqu'elle avait raconté qu'un jour, elle avait ressenti de la gratitude « envers l'inventeur du Coca light », qui était sa boisson favorite (tous les soirs en rentrant chez elle, elle en buvait une canette avec délices). Puis nous avions enchaîné sur autre chose. Mais je voyais bien à ses yeux dans le vague qu'elle n'était plus dans le coup. Me doutant de ce qui lui arrivait, je l'interrogeai : elle nous avoua alors qu'elle était en train de ruminer sur ce qu'elle venait de dire, qu'elle se trouvait ridicule avec son exemple du Coca light, et que les exemples de gratitude que les autres avaient proposés lui semblaient bien plus intelligents. Alors que, pour les thérapeutes et les autres patients, son exemple avait au contraire été la preuve d'une vraie réflexion et d'une sincère originalité. Mais, pendant ce temps, elle était en train de se perdre dans des états d'âme douloureux sans en avoir elle-même clairement conscience. Nous n'en étions qu'au début de la thérapie…

Voies d'accès aux états d'âme : les expériences d'éveil

J'appelle ici *éveil* des expériences qui échappent à notre contrôle, des états d'âme qui déboulent tout à coup dans notre conscience, par surprise. Il s'agit d'éveils à la vie, à ses mondes intérieurs, au travers d'états d'âme qui s'invitent en nous de manière imprévisible. Ressentir de tels moments d'éveil nécessite une pleine acceptation de l'expérience de l'instant présent. Les expériences d'éveil peuvent aussi être rétrospectives : on comprend après coup pourquoi un moment particulier a fait changer notre vision du monde, nous a bouleversés.

Les éveils sont partout : les pleurs d'un enfant, une étoile qui brille toute seule dans un ciel d'hiver, le bruit de nos pas dans une rue déserte, une vieille affiche à moitié arrachée et oubliée sur un mur…

Lorsque les personnes parlent de leurs expériences d'éveil, elles décrivent différentes sensations : comme un voile qui se déchire, qui nous empêchait de voir ; comme une porte qui s'ouvre sur une pièce voisine, et qui nous révèle de la beauté, de l'harmonie, ou des souffrances ou des fragilités insoupçonnées, chez des proches ou des humains quels qu'ils soient.

Lorsqu'elles les racontent, ce ne sont que des choses simples : un objet, un son, une lumière, un souvenir qui tout à coup nous arrêtent net. On s'immobilise intérieurement et on perçoit que quelque chose se passe, au-delà des apparences.

Lorsqu'elles les analysent, elles comprennent que ces choses simples, ces moments simples, sont reliés à de l'important, du très important : l'absence de quelqu'un qu'on aime qui nous ouvre les yeux sur l'importance de cet amour (pour les parents, aller dans la chambre d'un enfant en vacances), ou la chute d'une feuille morte qui allume en nous et la conscience de la mort et celle de l'éternité. Il ne s'agit pas dans ces éveils d'une expérience hallucinatoire ou extatique : c'est toujours le même monde, mais vu avec des yeux différents, ceux de l'âme entière. Pas seulement ceux de l'intelligence ou de l'utilitarisme. Impression alors que tout est clair, limpide.

Parfois on passe son chemin, et on ne s'en enrichit pas. Mais, d'autres fois, cela reste en nous pour toujours.

Les expériences d'éveil peuvent être subtiles ou massives. Elles sont toujours des moments d'ouverture au monde, et ont finalement à voir avec l'émerveillement dont parle Michel Edwards, poète et professeur au Collège de France[14] : « S'émerveiller nous donne l'impression, finalement, de commencer. [...] L'émerveillement, c'est aussi le pressentiment d'autre chose, la conviction d'un possible à réaliser dans le moi et dans tout ce qu'il observe. Ne voyons-nous pas tout à coup [...] qu'il existe une autre façon de vivre ? » Pour lui l'émerveillement sert à nous « révéler ce que pourrait être le monde si nous le vivions à une autre profondeur ». Nos expériences d'éveil sont ainsi autant d'émerveillements qui font irruption dans nos vies.

Nous approfondirons plus loin dans ce livre tout ce qui peut faciliter ces éveils : le lien avec la nature, la pratique régulière du recueillement (dans la ville bruyante et surpeuplée, entrer dans une église ou un lieu de culte, s'asseoir, respirer et voir ce qui vient en nous ; le refaire, évidemment, encore et encore...), apprendre à méditer.

Si nous recherchons ces éveils, il sera très important de nous libérer des influences sociales permanentes et invisibles, comme celles de la pub, qui nous a habitués insidieusement à fonctionner sur le registre du « regardez par ici, regardez par là ». Notre vie ne doit pas être une visite guidée aux mains de personnes qui veulent nous faire acheter leur pacotille inutile, ou nous vendre leurs activités de remplissage de temps. Comme dans ces circuits touristiques où les bus s'arrêtent devant les échoppes pour touristes où les vacanciers passent finalement presque plus de temps que devant les lieux qu'ils sont censés visiter et admirer. Nous reparlerons longuement et des éveils et des luttes antipollution de nos âmes.

Voies d'accès aux états d'âme : tenir un journal intime

Je l'avoue : je tiens un journal. Enfin, « journal », l'appellation est ambitieuse ; disons que j'ai toujours avec moi un petit carnet noir où j'écris le plus possible – et le plus vite possible pour ne pas voir le souvenir de mes états d'âme se dissoudre avec le temps – tout ce qui me touche ou m'intéresse. Ce ne sont pas des *pensées*, des produits aboutis et travaillés, ce sont des états d'âme, des impressions, des « choses vues et vécues », qui sont le socle et le terreau de mes éventuelles réflexions et « pensées » ultérieures (lorsqu'il y en a !). Ce sont mes rencontres avec les humains, le monde, la nature. Il y a plein de choses intéressantes dans une vie ordinaire. Toutes les anecdotes de ce livre viennent de ces carnets. J'ai une mauvaise mémoire, et je suis incapable d'inventer, de créer. Jamais je n'aurais pu être romancier : je ne sais que raconter ce que j'ai vu, entendu ou vécu.

Évidemment, j'adore me relire. C'est comme si je revivais. D'ailleurs, si je ne me relisais pas, s'il n'y avait pas ce plaisir de retrouver l'émotion de ces rencontres avec la vie, je me fatiguerais vite de tenir ces carnets. Car c'est fatigant : d'abord il faut leur consacrer du temps. Et puis c'est difficile : la mise par écrit nous force à sortir du flou. Elle nettoie aussi nos éventuelles illusions : au moment du passage à l'écrit, beaucoup d'idées qui nous paraissaient géniales tant qu'elles étaient dans notre tête s'avèrent banales une fois couchées sur le papier ; beaucoup d'inspirations qui semblaient prometteuses se révèlent surtout vagues. Le journal intime est souvent un bel antidote à la paresse intellectuelle et à la boursouflure de l'ego : il nous force à travailler, à réfléchir. À trier aussi, car tout n'est pas forcément merveilleux, dans le grand tumulte de nos états d'âme. Voici ce qu'écrivait la Néo-Zélandaise Katherine Mansfield dans un de ses romans[15] : « Réellement, je ne crois pas à l'âme humaine, je n'y ai jamais cru. J'ai la conviction que les gens sont comme des valises : remplies de choses diverses, elles sont expédiées, lancées, bousculées, flanquées à terre, perdues et retrouvées, jusqu'à ce qu'enfin l'Ultime Porteur les jette dans l'Ultime Train, et qu'elles roulent au loin dans un bruit de ferraille. »

Bon, si on reste tout de même convaincu que nos états d'âme ont du sens, un petit peu de sens, le journal intime est le poste d'observation parfait. L'écrivain américain Thoreau disait de son Journal qu'il était « le calendrier des marées de l'âme ». Et Jules Renard quant à lui rappelait que la vocation d'un journal est d'être un lieu de travail sur soi : « Il faut que notre Journal ne soit pas seulement un bavardage comme l'est trop souvent celui des Goncourt. Il faut qu'il nous serve à former notre caractère, à le rectifier sans cesse, à le remettre droit[16]. »

Le journal intime comme une autothérapie ?

Mais les journaux intimes ne concernent pas que les écrivains. Au-delà du plaisir de l'introspection, ce qui intéresse aussi les psychiatres et psychologues, c'est que de nombreuses études ont montré qu'il était bénéfique à notre santé, qu'il aidait à la pacification émotionnelle dans les moments de vie difficiles…

L'un des pionniers de l'approche scientifique des bénéfices des « écritures du moi » a été le psychologue américain James Pennebaker[17]. Une de ses premières études reposait sur un protocole très simple : il s'agissait de demander à des volontaires ne souffrant pas de difficultés psychologiques particulières d'écrire quatre jours de suite sur l'expérience la plus traumatisante de leur existence, pendant quinze minutes sans s'arrêter (cette consigne de durée était présentée comme particulièrement importante, et permettait effectivement que les sujets abordés le soient véritablement, sans distraction ni superficialité). Les participants furent séparés en deux groupes : l'un était encouragé à écrire en décrivant et en approfondissant ses états d'âme, l'autre en « relativisant » et en « dépassionnant ».

À l'issue de l'expérience, le groupe « approfondissement des états d'âme » enregistrait – par rapport au groupe « dépassionné » – des bénéfices nets sur son bien-être subjectif à moyen terme (dans les quinze jours qui suivaient) et aussi sur sa santé objective à long terme (moins de visites en moyenne chez les médecins dans l'année qui suivit l'expérience). Par contre, les effets psychologiques immédiats n'avaient pas été confortables : beaucoup des participants du groupe « approfondissement des états d'âme » disaient avoir été perturbés par cette expérience de l'« écriture de soi », tout en la jugeant très intéressante et enrichissante pour eux.

Au passage, et ceci explique sans doute cela, les auteurs furent surpris du nombre impressionnant d'événements de vie douloureux et souvent traumatiques (viols, incestes, suicides, maladies mentales, toxicomanies…) présents dans les écrits – et dans les vies – de ces étudiants de la *upper-middle class* américaine. Universalité de nos blessures et de nos souffrances…

Pennebaker conduisit ensuite de nombreux autres travaux qui confirmèrent globalement le pouvoir de l'écriture comme acte clarificateur et pacificateur de nos états d'âme douloureux, mais aussi de nos variables biologiques (améliorant des phénomènes tels que réactions immunitaires ou tension artérielle). Puis il y eut d'autres études encore, par d'autres chercheurs et d'autres équipes, validant l'intérêt de la mise par écrit de ce qui nous tourmente. Plusieurs travaux ont ainsi montré une diminution du nombre et de l'intensité des symptômes dépressifs dans des populations très variées, allant d'étudiants[18] à des femmes victimes de traumatismes sévères[19], en passant par des patients en psychothérapie, chez lesquels l'écriture potentialise les bénéfices de la thérapie[20]. Attention, il ne s'agit pas de *guérison* des maladies étudiées, mais tout de même d'amélioration sensible de l'état des personnes qui en souffrent. La cure d'écriture nécessite donc d'être associée à d'autres efforts ; mais son rôle est très intéressant. On a aussi proposé avec succès ce travail sur l'écriture de soi à des personnes ayant déjà présenté un épisode dépressif, et ayant de ce fait un réel risque de rechute[21].

Le journal intime : mode d'emploi

À partir de ces données, qui portaient au départ sur les expériences douloureuses, voire sur des traumatismes sévères, quelques règles concernant la manière de s'y prendre pour rédiger un journal peuvent être dégagées.

Tout d'abord, l'efficacité de la *writing cure* souligne une évidence : pour digérer une expérience douloureuse, il faut d'abord la reconnaître et l'accepter, pour pouvoir ensuite la raconter ou l'écrire… C'est pourquoi le déni et la « rétention émotionnelle » ont un coût si élevé en termes de dégâts sur la santé, physique ou morale. Ensuite, la mise en mots et en récit permet d'augmenter la cohérence d'événements et d'états d'âme qui sans cela auraient un goût d'inachevé. Et l'inachevé est psychotoxique, peu d'entre nous sont capables de se sentir bien avec des dossiers émotionnels refermés « non rangés » (*cf.* l'effet Zeigarnik dont nous avons parlé précédemment). D'ailleurs, les études qui comparent le fait de parler, d'écrire ou de simplement réfléchir à des expériences de vie douloureuses montrent clairement que l'écriture et la discussion font toutes deux bien mieux que la réflexion solitaire[22]. Pourquoi la « simple » réflexion est-elle souvent si peu utile ? Parce qu'elle dérape très vite vers de la rumination ! Alors qu'il est bien plus difficile de ruminer par écrit[23] : l'absurdité et la toxicité du mécanisme nous sauteraient aux yeux, alors que nous le tolérons dans notre esprit…

En effet, un des mécanismes soignants de l'écriture passe par la réorganisation de l'expérience douloureuse, qui sans cela repose sur des états d'âme souvent chaotiques et embrouillés. Nous contraindre à transcrire ces états d'âme en récit cohérent a un effet bénéfique. On peut remarquer que la discussion avec une personne proche et bienveillante peut avoir le même effet. Sauf que, dans le cas d'un échange, nous tenons davantage compte de l'autre, nous avons (en général…) le souci de ne pas l'ennuyer, ni de le heurter. De plus, notre interlocuteur intervient, et cela tantôt nous complique la tâche (s'il n'a pas compris ou s'il n'approuve pas) et tantôt nous la simplifie (s'il nous devance et nous aide à accoucher de nos états d'âme). Toujours dans ce cas de l'échange, si nous y recevons davantage de soutien, nous y avons aussi moins d'espace pour la continuité de notre parole et de notre pensée. Ce qui nous dispense parfois d'aller chercher au fond de nous-même certains états d'âme bien cachés. D'où l'immense intérêt de l'écrit solitaire, qui nous force à aller au bout de notre pensée. D'ailleurs, à ce propos, la disparition progressive des lettres au profit des appels téléphoniques et des mails ou autres SMS est en train de provoquer des modifications psychologiques considérables : l'interaction immédiate et rapide remplace l'attention approfondie. C'est peut-être bénéfique pour l'animal social en nous. Mais cela l'est sans doute moins pour l'animal mental que nous sommes aussi, et pour l'intelligence de nos états d'âme.

Revenons-en au journal. Donner de la cohérence à nos états d'âme grâce à l'écriture a donc clairement un effet thérapeutique.

Ce retour de la cohérence dans des expériences de vie subies est bénéfique, par exemple dans la dépression, où des études ont montré que plus les écrits commencent à utiliser des « joncteurs », de causalité ou de temporalité (comme : *c'est pourquoi*, *ainsi*, *donc*, *et alors*...) et des mots liés à l'introspection (comme : *j'ai compris que*, *j'ai réalisé que*...), plus cela annonce des progrès à venir[24]. Ces expressions sont en quelque sorte des indicateurs du sentiment de cohérence et d'autocompréhension retrouvé. De tels résultats avaient aussi été montrés dans l'analyse du discours spontané des patients déprimés en psychothérapie au fur et à mesure de l'avancement de leur guérison[25].

De même, une intéressante étude avait été conduite pour observer comment le travail sur l'écriture de soi modifiait subtilement les discours sociaux : les volontaires-écrivains avaient accepté de porter un petit microphone sur eux qui enregistrait pendant plusieurs jours leurs discussions, par « prélèvements » de trente secondes toutes les douze minutes. L'idée n'était pas tant de savoir *ce* qu'ils disaient, mais *comment* ils le disaient. De fait, on découvrit que, par rapport à la période « avant journal intime », le fait d'avoir travaillé à porter ses états d'âme sur le papier provoquait une fréquence accrue de mots positifs et de verbes au futur[26]. Avoir accepté nos douleurs fait de la place pour nos bonheurs, et s'être penché (transitoirement) sur soi permet de se tourner vers l'avenir.

Ce qui semble également bénéfique, c'est l'évolution des états d'âme au fur et à mesure de l'écriture, et non une vérité toute plaquée qui apparaîtrait dès le début. Dans les études, les personnes qui racontent déjà une histoire cohérente et bien construite bénéficieront moins du travail d'écriture que celles chez qui la compréhension de leurs états d'âme est au commencement imparfaite. C'est le processus de construction et de compréhension qui importe. Si tout est clair dès le début, et que des symptômes de souffrance persistent, on peut suspecter que le récit délivré par la personne repose davantage sur du prêt-à-penser protecteur que sur une introspection sincère. Les thérapeutes connaissent bien ces patients au discours bien rodé, qui donnent le sentiment de raconter leur histoire pour la centième fois. Pour aller mieux, il faut de l'introspection, pas de la récitation de certitudes.

Autre consigne importante : écrire ses états d'âme sans forcément et frénétiquement chercher à les résoudre tout de suite (« pourquoi je les ai ? comment vont-ils disparaître ? »). L'inverse de la rumination, ce n'est pas la précipitation de l'activisme, mais la réflexion lucide et tranquille. D'abord écrire, mettre à plat, comprendre ce qui s'est passé, quel impact cela a eu sur nous, être précis et honnête, sans maquiller ou masquer la vérité de nos ressentis[27].

Dans cette logique, attention aussi au style que vous utiliserez, comme l'a montré une autre étude : des volontaires sont invités à rédiger un texte après avoir été mis en échec. Deux consignes d'écriture : soit « expérientielle » (décrivez moment après moment *comment* vous vous êtes senti pendant et après la situation), soit « évaluative » (décrivez *pourquoi* vous vous sentiez comme ça). La seconde consigne aggravait tout le monde, avec davantage de pensées intrusives dans les heures qui suivaient[28].

Donc dans votre journal intime, décrivez bien ce qui s'est passé, avant de (et parfois *au lieu de*) vouloir mettre à plat les causes ; le *pourquoi*, ce sera pour plus tard, lorsque l'activation émotionnelle sera retombée…

Les études ont aussi cherché quelles sont les personnes qui bénéficient le plus de l'écriture de soi : comme souvent en psychothérapie, ce sont celles et ceux qui partent de bas. C'est l'« effet plancher » : plus la personne va mal au départ, plus le pourcentage d'amélioration apporté par un traitement donné sera fort. Il s'agit alors souvent des personnes qui en temps normal n'expriment pas leurs états d'âme et n'aiment guère ni les admettre ni s'y pencher. Autrement dit, plutôt les hommes (par rapport aux femmes). Plutôt les individus qui ressentent souvent des états d'âme hostiles : les colériques et les colériques rentrés, par rapport aux pacifiques authentiques, qui, eux, remettent en question la légitimité de leurs états d'âme d'agacement. Plutôt les alexithymiques, autrement dit les individus peu doués pour identifier et nommer leurs émotions. Et plutôt les « gros ruminateurs », par rapport aux « petits » (car tout le monde s'adonne plus ou moins à la rumination…). Chez ces derniers, l'écriture les force à regarder le problème vraiment en face, au lieu de faire tourner un ersatz de réflexion au bout duquel on ne va pas. L'effort d'écriture débloque sans doute le « *cogitatus interruptus* » typique de la rumination. Une recherche sur l'écriture des états d'âme chez les ruminateurs montrait d'ailleurs un autre bénéfice sur les comportements sociaux (en plus du mieux-être interne) : les sujets recherchaient plus facilement les vrais échanges, et non simplement des oreilles pour se plaindre[29].

Enfin, comme pour beaucoup de démarches de soin de soi, on sait l'importance des attentes, la nécessité de ne pas se livrer à l'exercice du journal intime sans conviction. En matière d'états d'âme, faire semblant ne marche pas, seule la sincérité a du sens et de l'efficacité sur notre bien-être[30]. Laisser tous les mots et tous les états d'âme venir sous la plume. En se souvenant que « les mots sont plus anciens et plus puissants que les hommes qui parlent[31] ».

L'introspection : aussi et surtout pour s'ouvrir au monde

S'appuyer sur ses états d'âme pour s'ouvrir au monde ? Évidence et nécessité.

Dans ses *Conseils spirituels*[32], Maître Eckhart, dominicain et mystique rhénan médiéval, mystérieusement mort ou disparu en 1327 sur la route d'Avignon, où il se rendait pour défendre ses thèses devant la Curie pontificale, notait : « Voudrais-tu plonger en toi-même avec toutes tes facultés intérieures et extérieures, tu parviendrais alors à un état sans images ni contrainte, sans aucune activité intérieure ou extérieure. [...] Cela ne veut pas dire qu'il faille fuir son intériorité, s'en détacher ou la renier, mais bien au contraire : il faut apprendre à agir en elle, avec elle et par elle. En sorte que l'intériorité fasse irruption dans la réalité extérieure et que cette réalité extérieure soit réintroduite dans l'intériorité, et que l'on s'habitue alors à devenir libre dans l'activité. »

Eckhart ne poussait pas à l'abandon du Monde pour approcher la Grâce, mais incitait à le côtoyer. Pour lui l'éveil spirituel passait par deux étapes : « Être parmi les choses et auprès des gens », puis « faire de toutes choses une bénédiction ». Notre travail sur les états d'âme n'aspire pas à autre chose.

DEUXIÈME PARTIE

Souffrances

Traversées et renaissances

Vivre : souffrir.

Âmes inquiètes, cœurs tristes, prisons et usures des ressentiments. Désespoirs.

Ne plus se débattre, inlassablement apprendre à laisser passer la vague, comme un nageur pas encore noyé. Accepter la souffrance, l'accueillir, oui l'accueillir, et l'observer : il y a toujours quelque part une issue de secours. Tiens bon, tiens bon, respire dans ta tête, et surtout garde les yeux ouverts.

La voilà, la sortie...

« Maintenant tu marches dans Paris tout seul parmi la foule
Des troupeaux d'autobus mugissants près de toi roulent
L'angoisse de l'amour te serre le gosier
Comme si tu ne devais plus jamais être aimé. »

Guillaume APOLLINAIRE, *Zone*.

CHAPITRE 5

États d'âme douloureux

« Outre les maux du corps dont l'âme souffre aussi,
Il y a la pensée du futur qui la ronge,
Les angoisses, les peurs, les soucis, il y a
Le remords déchirant de ses fautes passées ;
Puis sa propre folie, la perte de mémoire,
Les flots noirs de la léthargie où elle sombre... »

LUCRÈCE, *De la nature.*

« Peu après la mort de ton père, tu es venu passer quelques jours dans la maison familiale pour aider ta mère à ranger ses affaires, c'était trop dur pour elle de le faire seule.

Tu es tombé sur des tas de petits papiers qu'il accumulait dans son bureau, des petites bribes de son existence : lettres d'amis, cartes postales de lieux qu'il avait aimés, courriers de la fin de sa vie professionnelle, où il n'arrivait plus à trouver de travail, et en ressentait une grande détresse. Tu n'avais jamais perçu l'intensité de cette détresse à l'époque (tu étais lycéen), mais elle te sautait aux yeux dans les copies de ces lettres de motivation où il tentait de convaincre d'hypothétiques employeurs qui ne voulaient plus de lui : trop âgé, sans diplômes. Elle te sautait aux yeux en feuilletant ces classeurs où il archivait soigneusement ses lettres et leurs réponses, toutes négatives. Quels états d'âme avaient pu être les siens, alors que les classeurs s'épaississaient, mois après mois ? Peu à peu, ses courriers se tarirent, puis, un jour, il n'en écrivit plus. Il se mit alors à soigner sa détresse par l'alcool, ce vieux copain qui ne vous laisse jamais tomber et vous tue à petit feu.

C'était un homme prépsychologique, comme il y eut des hommes préhistoriques. Prépsychologique, on l'était souvent à son époque : *Never complain, never explain*. Ne jamais partager des états d'âme que l'on s'efforçait de toute façon de ne pas éprouver.

Tout seul dans ce bureau sombre et tranquille, où il se réfugiait, tout au bout de la maison, tu prends conscience de ses détresses et de la solitude dans laquelle il s'est enfermé à cette époque. Tu repenses aux souffrances qui viennent de croiser ta route : ces copains en train de divorcer, cette amie en train de mourir, tes enfants qui pleuraient à l'enterrement de leur grand-père, ta petite dernière, sur tes genoux pendant la messe, dont tu sentais les hoquets et les sanglots dans ton corps même, et ses larmes qui te tombaient sur les mains. Vertige simple et banal, prise de conscience des souffrances humaines. Puis peu à peu une activation de proche en proche de tes états d'âme, mémoires de souffrance, bouffées d'enfance, souvenirs de tristesse sur la plage où ta famille et toi alliez en été, tu revois de pauvres marchands de tapis avancer en pleine chaleur, écrasés sous leur marchandise, pour tenter de vendre une de leurs dérisoires carpettes. Tu ne voyais jamais personne leur en acheter, cela te hantait.

Dehors, dans le jardin, il y a un merle qui chante. »

Douleurs et souffrances

Faut-il faire une différence entre douleur et souffrance ? On désigne par douleur le point de départ, une sensation ou une impression pénible. Le mot « souffrance » est, quant à lui, plutôt utilisé pour évoquer l'impact subjectif de la douleur. Ainsi, souffrir c'est endurer, supporter une douleur.

Il y a des douleurs du corps (que tout le monde a connues, au moins à un degré minime, celles du mal de dents ou du mal de dos) et des douleurs de l'âme (pensez aux deuils et aux chagrins d'amour).

Vous me voyez venir : tandis que la douleur provient de lésions anatomiques et n'est guère discutable, les souffrances ont toutes une part (une part seulement) psychologique : les états d'âme y ont leur mot à dire. Notamment dans le cercle vicieux de la souffrance et de la douleur : la douleur pousse spontanément à se couper du monde et à se focaliser sur soi, ce qui laisse encore plus de place dans notre esprit pour la souffrance. Et la souffrance devient peu à peu une rumination de la douleur, un inlassable retour vers elle.

Une douleur est toujours de trop. Et tout ce qui permet d'éviter la douleur doit être fait, chaque fois que c'est possible : enlever le caillou de la chaussure, prendre un antalgique pour la rage de dents, de la morphine pour les métastases.

La douleur n'a pas à être supportée si elle peut être solutionnée : atténuée ou mieux, supprimée.

La douleur ne grandit pas, elle abaisse. Elle n'enrichit pas, elle rétrécit et appauvrit. Elle est une aliénation au monde qui nous entoure, elle nous emprisonne en nous-mêmes. Lutter contre la douleur consomme toute notre énergie. Nous aurions mieux à faire. La douleur démolit, fragilise au lieu de renforcer. Alphonse Daudet (oui, celui qui a écrit *La Chèvre de M. Seguin* et *Le Petit Chose*…) a consacré un ouvrage autobiographique à ses douleurs neuropathiques liées à la syphilis tertiaire qui l'emporta. Il lui donna pour titre *La Doulou* (la douleur, en provençal) et n'a pas cherché à embellir le tableau : « Ma douleur tient l'horizon, emplit tout. Passée, la phase où le mal rend meilleur, aide à comprendre ; celle aussi où il aigrit, fait grincer la voix, tous les rouages. À présent c'est une torpeur dure, stagnante, douloureuse. Indifférence à tout… »

Ötzi, Bouddha et Jésus

La médecine de notre époque nous permet de limiter beaucoup de nos douleurs, et nous souffrons moins que jadis dans nos vies quotidiennes.

Nous avons largement oublié aujourd'hui à quel point nos ancêtres avaient mal dans leur chair. À quel point la douleur était toujours là, au cœur de l'expérience humaine. L'histoire de la médecine nous montre que les humains qui nous ont précédés souffraient beaucoup : l'étude de leurs ossements montre par exemple que nombre d'entre eux étaient atteints précocement d'arthrose et de tuberculose osseuse, affections très douloureuses. Il y avait des grandes souffrances (par exemple la mort d'une majorité d'enfants et de nombreuses femmes en couches) et des petites (poux, puces, froid, inconfort). L'étude du corps d'Ötzi, ainsi que l'on nomma l'homme préhistorique retrouvé en 1991 dans les Alpes en parfait état de conservation[1], révéla qu'il était arthritique et infesté de parasites. Il avait environ une quarantaine d'années…

Les douleurs étaient si présentes que le discours longtemps dominant en Occident était de considérer la lutte contre la souffrance comme un révélateur de la force d'âme : « L'homme est un apprenti, la douleur est son maître, / Et nul ne se connaît tant qu'il n'a pas souffert[2]… »

Une de mes amies, psychiatre douée mais dépressive, à qui je demandais de ses nouvelles me dit un jour : « Bah, je souffre, comme toujours, mais tant que je souffre c'est que je suis vivante, alors… » Belle devise, ce « Je souffre, donc je suis ». Et étape importante sans doute, que celle de l'acceptation de la part inévitable de la souffrance dans nos vies. Mais elle ne doit être qu'une étape : le plus important, c'est ce que nous allons faire après…

Ce rapport à la souffrance a été un des questionnements centraux des grandes religions et des grands systèmes philosophiques. Le christianisme lui faisait jadis la part belle : Adam et Ève chassés du paradis et condamnés à la souffrance (c'est à ce moment de la Genèse que l'on trouve les expressions « Tu gagneras ton pain à la sueur de ton front », « Tu enfanteras dans la souffrance »), Jésus prenant sur lui nos péchés et souffrant pour nous jusqu'à l'agonie, les martyrs de l'Église primitive, la dimension rédemptrice de la souffrance…

Je me souviens dans mon enfance des grandes images de ces martyrs jetés aux lions que nous montraient les maîtresses lors des leçons d'histoire : je me disais, un peu honteux, que j'aurais largement préféré embrasser les pieds des dieux romains, que je trouvais d'ailleurs plutôt pittoresques, que de vivre de telles souffrances. Plus tard au collège, c'est le professeur de grec qui nous racontait l'histoire d'Épictète, le philosophe stoïcien victime d'un maître cruel, qui le soumettait à la torture. Au moment où ce maître stupide allait lui broyer la jambe, Épictète lui dit calmement : « Tu vas la casser. » Et ensuite : « Tu l'as cassée, je te l'avais dit… » Et l'histoire aussi de ce jeune Spartiate, qui avait recueilli un renardeau, et l'avait caché sous sa tunique ; surpris par ses maîtres d'école en train de gigoter, il n'avoua rien et resta impassible, alors que le renardeau était en train de lui dévorer l'estomac. Brr, j'en tremble encore et, à nouveau, je ne m'étonne plus d'avoir voulu ensuite devenir médecin. Plus grand, j'ai découvert avec étonnement que dans le bouddhisme, la place de la souffrance était tout aussi centrale que dans la culture occidentale, mais avec quelque chose de différent dans la manière d'y répondre.

L'histoire légendaire du jeune prince Siddartha Gautama nous raconte comment, échappant à l'existence dorée qui était la sienne dans le palais de son père, il découvrit au cours de quatre célèbres voyages la réalité de la condition humaine, rencontrant d'abord un homme âgé (nous allons vieillir), un malade (nous allons souffrir), un mort (nous allons mourir), puis un moine (nous pouvons agir). Après toute une vie d'aventures et de réflexion, celui qui était entretemps devenu un *bouddha* (mot sanscrit qui signifie « éveillé ») énonça ses célèbres « Quatre Nobles Vérités » : 1) la souffrance existe, 2) la souffrance peut surgir, 3) la souffrance peut cesser, 4) il existe une voie conduisant à la cessation de la souffrance[3].

Jésus et Bouddha ont tous deux voulu soulager les souffrances humaines. Jésus le fit comme un thaumaturge, un extraordinaire guérisseur et thérapeute, tandis que Bouddha le fit davantage en tant que maître et pédagogue (ce que sa longue vie – environ quatre-vingts ans – lui permit). Même si j'aime éperdument la figure de Jésus, il me semble, comme médecin, qu'à propos de la souffrance l'enseignement du Bouddha peut davantage nous aider au quotidien. On a d'ailleurs parlé à propos du bouddhisme d'une « doctrine-médecine[4] ». C'est ce qui se passe actuellement en médecine psychothérapique : une intégration de certains éléments de la tradition bouddhiste à la prise en charge des souffrances physiques et morales. Nous en reparlerons plus loin.

Travailler sur la part évitable de nos souffrances ?

Il y a évidemment deux choses essentielles dans nos souffrances : 1) leurs causes, qui ne sont pas toujours accessibles ou modifiables ; 2) le rapport que nous entretenons avec elles, qui est en partie sous notre contrôle.

Il est important pour chaque humain de bien comprendre comment nous nous organisons pour faire face aux souffrances de nos existences. Lorsque je reçois un nouveau patient, j'examine longuement avec lui ce qui a marché ou non dans ses précédentes tentatives pour alléger ses souffrances. Les médicaments ? Les efforts personnels ? Quelles attitudes adopte-t-il face à la douleur ? Se distraire ? Se lancer dans l'action ? Serrer les dents ? Je lui demande aussi parfois : quelle part de souffrance seriez-vous prêt(e) à accepter dans votre vie ? Pour montrer, suggérer, que c'est peut-être vers ça qu'on va aller, plus que vers la suppression totale et triomphante de la douleur. Mais attention : j'explique clairement qu'on va agir face à la souffrance. La souffrance qui grandit, je n'y crois guère, ou du moins je n'ai aucune leçon à délivrer là-dessus. J'ai plus souvent rencontré la souffrance qui rabougrit, qui durcit et appauvrit. Mon discours n'est donc pas : « Endurez ! » mais plutôt : « La douleur est inévitable dans nos existences. Donc une part de souffrance l'est aussi. Acceptons ça. Puis voyons comment agir sur les causes de douleur. Et limiter la part de la souffrance. » J'appelle ça : travailler sur la part évitable de nos souffrances. Cette part est parfois limitée (si j'ai une rage de dents), mais souvent importante (notamment dans les souffrances morales). Il existe dans nos épreuves une part qui nous instruit et une part qui nous détruit. N'oublions pas la première en refusant absolument de souffrir, mais n'oublions pas non plus la seconde…

Montaigne et Nietzsche

Les philosophes ont souvent eu face à la souffrance cette conviction qu'il ne fallait pas s'acharner à la supprimer tout de suite. Montaigne écrivait : « Ni la douleur ne lui est toujours à fuir, ni la volupté toujours à suivre[5]. » Et Nietzsche ajoutait : « La pire maladie des hommes provient de la façon dont ils ont combattu leurs maux. »

La lutte contre la souffrance des douleurs morales ne repose pas sur des efforts ponctuels : c'est tout un rapport au monde à repenser. Et aussi une connaissance de soi, un « entraînement de l'esprit » à travailler inlassablement, par des exercices appropriés. Nous devons avoir face à nos états d'âme de souffrance une attitude écologique : comme un jardinier ou un agriculteur qui évite les désherbants et les engrais chimiques, qui vont intoxiquer la terre et aggraver la situation plus tard, nous devons privilégier le travail sur le long terme et éviter les solutions artificielles (alcool, drogues et parfois les psychotropes s'ils ne sont pas nécessaires). Face à la souffrance, il faut penser à sa durée possible : notre vie entière ! Et aux enjeux : notre bien-être, notre lucidité, notre liberté.

Tout commence, nous le verrons, par l'acceptation. Tout comme on ne peut pas quitter un endroit où on n'a jamais accepté d'arriver, on ne peut s'écarter d'une souffrance dont on n'a pas accepté l'évidence et l'existence. Il s'agit de partir inlassablement de ce qui *est*, pas de ce qui *devrait être*. Non pas « je ne devrais pas souffrir autant, pourquoi, pourquoi ? », mais « cette souffrance est là. Je dois l'accepter. Puis, agir pour la limiter, la délayer, la dissoudre dans ma vie. Mais pour cela il me faut recommencer à vivre et non rester bloqué sur elle ». Regarder autour de soi, et se remettre en mouvement…

CHAPITRE 6

Inquiétudes

« Personne ne se frappe autant que moi, et à propos de tout. Car n'importe quoi est prétexte à tourment. Et je n'y peux rien. »

CIORAN, *Cahiers 1957-1972.*

« Pendant une bonne partie de ma vie, je me réveillai au petit matin, vers 5 ou 6 heures, déjà bouleversé par les inquiétudes à propos de ce qui allait venir : une journée à affronter. Les angoisses du lundi étaient les pires (après les spleens du dimanche soir) : une *semaine entière* à affronter ! Vite se lever, et agir, pour faire baisser l'angoisse, dissoudre le malaise dans le mouvement. Le lundi soir, déjà, ça allait mieux. Le compte à rebours vers le vendredi avait commencé, inconsciemment sans doute, dans mon esprit.

Cette solitude douloureuse de l'éveil ne m'a pas quitté même une fois marié, même avec une compagne à mes côtés : je n'allais pas la réveiller chaque matin à 5 heures pour lui parler de mes angoisses et m'entendre répondre que ce n'était pas si grave ! Je me sentais si vulnérable à ce moment de l'éveil, où l'on n'est pas encore reconnecté aux autres, aux projets, aux choses à faire, au monde ! Nous sommes alors tout seuls, tout nus dans notre condition d'humains fragiles. Comme quand un ordinateur s'allume, encore figé avant d'avoir trouvé les connexions Internet, lancé ses logiciels systèmes, ses traitements de texte, ses tableurs…

Dans ces instants terribles de l'éveil des "inquiets de la vie", comme disent mes enfants – qui ne savent pas à quel point j'en suis un –, nos protections psychologiques ne sont pas encore en place : pas encore de projets, d'anticipations, de "choses à faire", qui nous asservissent mais nous soulagent, avant de nous réangoisser un peu plus tard.

J'étais comme Sisyphe, condamné par les dieux à pousser éternellement son rocher en haut d'une montagne d'où il retombait chaque fois. Ce combat contre l'angoisse était à recommencer dans ma tête chaque matin. Mes soucis, finalement, c'était le souci de vivre.

Et pourtant, ma vie était parfaitement ordinaire : rien que des tracas normaux, des tourments bénins. Comme dans la remarque de Cioran : "Nous sommes tous des farceurs : nous survivons à nos problèmes." J'ai donc survécu. Mais quelle usure… Avec parfois des bouffées de culpabilité, et de nouvelles inquiétudes : il y a pire que toi, pense aux gens qui ont *vraiment* des problèmes, qui ont des *vrais* problèmes, pense par exemple aux gens malades. Mais, au fait, si mes éveils de personne en bonne santé sont comme ça, qu'est-ce que ce serait si j'étais vraiment malade ? Je pensais souvent à ça : que se passe-t-il lorsqu'on se réveille et que tout à coup on se *souvient* qu'on a un cancer ?

Comment vivre avec l'angoisse dans le corps et dans l'âme ? Comment s'organiser autour de ça ? Non pas *autour*, d'ailleurs, mais *avec* ça… »

Oui, comment ?

Soucis et inquiétudes

Pour comprendre l'angoisse et l'anxiété, il faut comprendre le souci. Le souci est cet « état de l'esprit qui est absorbé par un objet et que cette préoccupation inquiète ou trouble jusqu'à la souffrance morale ».

Les objets de souci, c'est exactement tout ce qui fait la vie quotidienne : la santé ou l'argent, que l'on aimerait avoir ou que l'on a, mais avec la peur de les perdre ; l'amour, l'affection, l'estime que l'on nous porte ou que l'on ne nous porte pas, ou plus ; les choses à faire, les échéances, les absences, les retards, les imprévus… Nous verrons un peu plus loin que la tendance au souci, surtout dans ses formes maladives, repose en fait sur une gigantesque intolérance à l'incertitude. La question « Que va-t-il se passer ? » déclenche instantanément des flots de ruminations inquiètes.

Ce souci ne nous laisse pas facilement de répit, ni de repos. D'où sa conséquence, l'inquiétude : être inquiet, c'est être intranquille. Cet état d'âme est largement décrit dans le chef-d'œuvre de l'écrivain portugais Fernando Pessoa *Le Livre de l'intranquillité*.

On peut remarquer que nous utilisons indifféremment, dans la langue française, le terme *souci* pour désigner la source (avoir des soucis) et le phénomène (se faire du souci). Il en est de même pour les termes *inquiétude* ou *stress*. Cette confusion est parlante : dans le souci, quelque chose de la frontière entre ce qui se passe et ce que nous en pensons se dissout, et nous pouvons confondre notre souci (état interne, vision des choses personnelle, états d'âme intimes d'insécurité) avec les soucis que la vie met en travers de notre chemin. Dans le souci, il est fréquent que nous perdions notre capacité de recul et aussi de discernement entre le « que se passe-t-il ? » et le « qu'est-ce que j'en pense ? ».

Le *souci*, comme état d'âme, est donc souvent une amplification des *soucis*, comme événements contrariants. Mais il n'est pas non plus un délire, une création *ex nihilo* : les soucis-événements existent, en général, bel et bien. Ils sont de toutes sortes…

Il y a des macrosoucis, comme les soucis sur l'avenir du monde. Un de mes patients souffrant d'une forme mineure de schizophrénie me parlait ainsi de ce qu'il nommait ses « angoisses métaphysiques ». Il me téléphonait parfois pour prendre un rendez-vous en urgence : « Mes angoisses métaphysiques sont revenues ! » Il s'inquiétait violemment de la fin du monde, du risque d'explosion du Soleil ou de guerre atomique ou d'attentats terroristes généralisés. Lorsqu'il était enfant, il avait déjà, au milieu d'inquiétudes habituelles sur la mort et l'au-delà, d'autres anticipations tourmentées sur le paradis, qui aurait pourtant pu être une idée apaisante. Malheureusement, son inquiétude enfantine faisait de cette éventuelle solution une nouvelle source de tourments : « Mais Dieu, au paradis, où est-ce qu'il va mettre tout ce monde ? » Qu'on soit serré en enfer, *basta* ! Mais au paradis…

Et puis il y a aussi des microsoucis, plutôt centrés sur notre petit univers. Nos macrosoucis sur l'état du monde n'en sont d'ailleurs souvent que l'extension : si nous avons peur d'une catastrophe planétaire, c'est que nous, et les gens que nous aimons, y serons évidemment associés[1]. Les microsoucis sont inévitables : il y a toujours dans une vie de quoi se tourmenter et aller mal. Mais on aurait tort de sourire d'eux et de les tenir pour quantité négligeable dans le décompte de nos tourments.

Comme le notait Montaigne : « La tourbe des menus maux est parfois plus oppressante que les grandes souffrances. » Et les psychothérapeutes savent bien que la répétition ou la permanence de ces petits soucis peut être usante. C'est ce que j'appelle avec mes patients « l'étau des choses à faire » : lorsqu'on se sent coincé entre toutes les choses à faire (que l'on a sous les yeux) et toutes les choses pas faites (que l'on a dans le dos, que l'on devine et pressent). Nous verrons que le soulagement, ce n'est pas – ou pas seulement – de les faire, toutes ces choses !

Nietzsche évoquait quant à lui le sentiment de « périr sous une charge que l'on ne peut ni porter ni rejeter[2] ». C'est exactement le sentiment que l'on peut avoir par rapport à ces « choses à faire » : on ne peut les rejeter (il faut bien vivre), mais on ne peut se libérer de leur emprise. Et Cioran de conclure à ce propos dans ses *Cahiers*[3] : « Des vétilles promues au rang de réalité cosmique. […] Je suis manœuvré par elles […] comme un insecte. Sentiment d'intolérable humiliation. »

Mais, finalement, peu importent la taille du souci, sa légitimité aux yeux d'autrui ou aux nôtres. De toute façon, notre esprit vole de souci en souci comme l'oiseau de branche en branche : il ne peut faire autrement. Ce qui fait le poids du souci n'est pas sa nature objective mais les états d'âme qu'il engendre. Car, même si l'inquiétude peut être améliorée par l'absence d'événements, de nécessités, de responsabilités, d'échéances, même si elle diminue en général dans les périodes de vie calmes, elle réside aussi et avant tout en nous-même : dans notre disposition à décoder et à comprendre le monde qui nous entoure comme une vaste machinerie à produire des obligations (« il faut absolument faire ça avant ce soir ») et des menaces (« si je ne le fais pas, alors... »). Et dans le sentiment exagéré de nos responsabilités en ce bas monde...

Inquiétudes et soucis comme états d'âme

L'inquiétude est un état d'âme appartenant à la famille de l'anxiété, qui lui correspond comme « émotion forte » – parfois si forte qu'elle en devient maladive. L'inquiétude, elle, comme état d'âme, est plus légère, subtile, mobile et omniprésente encore que l'anxiété.

De nombreux termes décrivent dans toutes les langues les mille et une facettes de ces états d'âme d'inquiétude : nous pouvons nous sentir tracassés, tourmentés, soucieux, inquiets, angoissés, stressés, préoccupés. Préoccupés. J'aime bien ce terme : être *pré-occupé*, c'est avoir l'esprit déjà encombré à l'avance, occupé par des soucis. Du coup, il n'y aura pas de place pour ce qu'on a à vivre, pas de place pour d'autres états d'âme, comme par exemple les bonheurs du quotidien. Ou une place limitée, ou contaminée, comme le notait Pessoa : « Dans mon cœur règne une paix angoissée[4]... »

L'inquiétude est peut-être le plus discret des états d'âme, extérieurement. Celui qui se lit le moins sur notre visage ou dans nos gestes. Qui ne nous empêche presque jamais de mener une vie normale, de rire ou de sourire. Tout en étant tourmenté comme seuls nos proches savent que nous pouvons l'être. Il y a un univers d'angoisses en chacun de nous, qui ne demande à s'éveiller qu'à la moindre occasion, ou au moindre relâchement de notre vigilance à toujours rester occupés, l'esprit absorbé par une tâche. Comme dans ce passage des *Cahiers* de Cioran où la contemplation d'une vulgaire pendule met le feu aux poudres : « Gare du Nord. Une pendule y indique les minutes : 16 h 43 – Cette minute-là, je songeai qu'elle ne reviendra jamais, qu'elle a pour toujours disparu, qu'elle a sombré dans la masse anonyme de l'irrévocable. Que la théorie de l'éternel retour me paraît futile et sans fondement. Tout disparaît pour toujours. Je ne reverrai jamais cet instant-ci. Tout est unique et sans importance[5]. »

Lorsqu'on parle des inquiétudes, il est d'usage de faire la différence entre l'angoisse et l'anxiété.

On parle en général d'angoisse pour décrire des états émotionnels violents, avec une participation intense du corps, et un sentiment de catastrophe approchante. Les crises d'angoisse que nous racontent nos patients en psychiatrie sont le plus souvent associées à une impression de mort imminente (d'où leur galopade vers les services d'urgences, car comme leur cœur tape alors très fort, ils pensent qu'il va lâcher), ou de dépersonnalisation et de déraison, l'impression de se sentir devenir fou. On est bien loin de la définition classique de l'angoisse comme une « peur sans objet » : sans menace extérieure immédiate, peut-être, mais pas sans objet !

En utilisant le terme d'anxiété, on suggère un état plus léger, plus psychologique que physique, plus existentiel (« Que vais-je devenir ? Pourrai-je faire mon boulot d'humain ? ») que vital (« Vais-je disparaître ? »). C'est pourquoi on dit souvent que l'angoisse exprime la peur de la mort, alors que l'anxiété traduit la peur – ou plutôt le souci – de vivre.

Comme tous les états d'âme, l'inquiétude habite le corps : la gorge serrée, la poitrine oppressée et la respiration raccourcie, les muscles tendus jusqu'à la douleur parfois, dans la nuque, dans le dos… Prendre soin de son corps pourra permettre de diminuer partiellement la souffrance anxieuse. Et se montrer à l'écoute de nos sensations corporelles pourra aussi nous permettre de déceler toutes les fois où nous sommes en train de passer sur le registre de l'inquiétude avant même que celle-ci ne soit apparue à notre esprit.

Les marqueurs corporels de l'inquiétude peuvent en effet nous aider à mieux en repérer la progression, passant par différents stades de montée en puissance : 1) d'abord on se sent inquiet ou intranquille ; il n'y a pas forcément de problème à notre conscience, mais on ne se *sent* pas bien, sur le registre du pas détendu, pas confiant en l'avenir, pas en sécurité ; il n'y a pas de *présence* de problème, mais *absence* de quiétude ; 2) puis, on va se sentir soucieux, *avoir* du souci ; on a déjà quelque chose en tête qui nous préoccupe, une présence de problèmes identifiés, que l'on se met à ruminer, en croyant, comme toujours, y réfléchir ; 3) on commence alors à se sentir anxieux ; le corps lui aussi participe à la fête, et nous nous sentons de plus en plus tendus, nous percevons que la sortie de route est possible ; voici l'apparition des premiers scénarios catastrophes dans le lointain de nos états d'âme, comme des gros nuages noirs qui s'approchent à l'horizon ; 4) on se sent franchement angoissé ; il nous semble perdre le contrôle et de notre corps et de notre esprit, nos états d'âme deviennent de plus en plus pénibles et incontrôlables ; nous avons envie d'appeler à l'aide…

Pourquoi sommes-nous si inquiets ?

Est-ce dû à notre long passé de proies ? Cela ne fait pas si longtemps que nous avons pris le pouvoir sur la planète en tant qu'espèce animale. Lorsque ce n'était pas nous qui mangions les autres animaux, mais eux (ou quelques-uns d'entre eux) qui se nourrissaient de nous, notre capacité à l'inquiétude était alors un gage de survie : faire attention permettait de vivre plus vieux, donc de faire plus d'enfants, à qui on apprenait d'ailleurs à bien faire attention eux aussi. Et les « pas-assez-inquiets » disparaissaient ; au moins le faisaient-ils joyeusement… C'est pour cela, disent les psychologues évolutionnistes, qu'il y a tant d'aptitudes à l'anxiété chez les humains[6] : nous sommes les descendants d'ancêtres qui survécurent grâce à l'inquiétude.

Toutefois, au-delà de nos gènes, il y a notre cerveau et notre intelligence. Nous sommes capables d'anticiper à long terme, ce qui a sans doute rendu de grands services à notre espèce (penser à faire des stocks de provisions, imaginer par où pourraient arriver les ennemis, etc.). Mais cette fonction d'anticipation, qui a pris naissance dans le désir de prévoir d'où pouvaient arriver les ennuis, contient en elle la capacité de dérapage dans une suranticipation : le souci. Ce phénomène de bascule est d'ailleurs repérable en neuro-imagerie[7] : des zones cérébrales différentes sont sollicitées au moment où on quitte l'anticipation simple (état d'âme sans trop de charge émotionnelle, et avec un sentiment de contrôle possible) pour aller vers le souci et l'inquiétude.

Les animaux anticipent, eux aussi, mais à plus court terme, par rapport à leur futur immédiat, ils restent dans le « futur du présent ». Les humains sont capables d'extensions temporelles bien plus virtuelles : ils peuvent se projeter dans le futur lointain. C'est la formule « et si... ? », tellement caractéristique des états d'âme liés à l'anxiété[8]. Et si c'était la fin du monde ? Et si plus personne ne m'aimait ? Et si je perdais mon travail ? Et si je ratais mon train ? Et si j'arrivais en retard à la séance de cinéma ?

Il y a aussi nos capacités métaphysiques. C'est ce que certains penseurs nomment l'« universalité du sentiment de détresse ontologique » : tous les humains ont des états d'âme violents sur leur identité de vivants, de mortels, de petites bestioles perdues dans le vaste univers. Rappelons que l'ontologie est l'étude de l'être en tant qu'être, par opposition à l'étude de ses apparences ou de ses attributs. C'est-à-dire : « Qui suis-je ? » (ou « Que suis-je ? ») et non pas : « Où cours-je et dans quel état j'erre ? »

Autre hypothèse philosophique : nous sommes inquiets parce que nous sommes orphelins en ce monde. Parce que « pris en lui-même, tel qu'il se présente dans l'intuition du donné, le monde est muet. Le silence du monde est probablement la source principale de l'angoisse[9]... ». Nous avons beau inlassablement bâtir des croyances et chercher du sens, nous restons inquiets car, en réalité, il n'y a rien, et nous le sentons.

Ou encore notre condition d'animaux mortels (comme les autres) mais surtout se sachant mortels (ce que les autres animaux ignorent plus ou moins). Comme le disait Woody Allen : « Depuis que l'homme sait qu'il est mortel, il a du mal à être tout à fait décontracté. » Car dans nos capacités intellectuelles figure notre conscience réflexive : nous pouvons nous observer nous-mêmes, et nous prendre pour objets de réflexions et de ruminations. Et donc savoir que nous allons mourir avant même d'être morts. Dur ensuite de ne pas se sentir intranquilles...

Enfin, et comme si tout cela ne suffisait pas, il y a des évolutions sociales qui attisent nos inquiétudes. Notre monde moderne nous a peu à peu éloignés de l'idée même de destin, nous incitant à moins de fatalisme (« Ce qui m'arrive est dû à des phénomènes qui m'échappent, divins ou naturels ») et à plus de responsabilité

(« Ce qui m'arrive dépend de moi »). Il y a eu évidemment des bénéfices à ces évolutions : globalement, nous sommes des citoyens plus actifs que jadis. Mais aussi des dérapages, avec une bascule de la responsabilité personnelle vers la culpabilité (« Si j'échoue, c'est de ma faute »).

Plusieurs études retrouvent une corrélation étroite entre sentiment de responsabilité personnelle et états d'âme inquiets[10] : se sentir responsable face à une difficulté de vie nous incite à ne pas « lâcher » le problème, et du coup à glisser plus vite vers le souci excessif et la rumination[11]. Si tant d'événements de vie nous tourmentent, c'est parce que nous pensons qu'il faut agir face à eux : c'est le « je dois le faire » des inquiets. Et lorsqu'ils n'y sont pas arrivés, ils se disent : « J'aurais dû le faire. » Tourments des soucis puis tourments des regrets.

C'est sans doute ce passage vers de plus en plus de responsabilités qui explique que l'on soit en général plus inquiet adulte qu'enfant. C'est aussi ce qui fait que les personnes habituellement anxieuses sont en général utiles aux autres : comme elles pensent aux problèmes de tout le monde, l'entourage peut se reposer et débrancher son propre logiciel à inquiétude. Puisqu'il y a quelqu'un qui prend la responsabilité des efforts pour éviter les ennuis éventuels : trouver le chemin, surveiller l'heure, etc.

Quoi qu'il en soit, certains chercheurs ont été frappés par l'augmentation des niveaux moyens d'anxiété chez les Occidentaux, par exemple les Nord-Américains[12] : en étudiant des grands échantillons de population, on s'aperçoit que le niveau d'anxiété n'a cessé de progresser entre les années 1950 et les années 1980. En matière d'anxiété, il est probable que l'environnement social et culturel soit le troisième agent causal, à côté de la génétique et des influences affectives et éducatives de l'enfance. Ce n'est donc pas seulement parce que nous sommes inquiets que le monde moderne nous fait peur, mais c'est aussi parce qu'il est menaçant – et surtout incertain – que nous nous sentons inquiets. Ce n'est pas une raison pour renoncer à maintenir malgré tout nos inquiétudes dans les limites de ce qui est raisonnable et utile : car il faut se rappeler que ce ne sont pas elles qui nous aideront à changer le monde, mais la lucidité et les actes qu'elles auront pu nous inspirer.

Voilà pourquoi, pour toutes ces raisons, il nous sera difficile de ne pas nous sentir parfois inquiets et intranquilles. Voilà pourquoi nous sommes des « êtres de peur ». Et voilà pourquoi nous avons sacrément intérêt à bien comprendre nos états d'âme d'inquiétude si nous voulons qu'ils ne prennent pas en nous toute la place.

Dynamique du souci et des inquiétudes

« Mon esprit est sans cesse en train de scanner l'avenir ! Il est comme un radar toujours en marche, cherchant à voir venir les ennuis avant qu'ils ne soient là ! », me racontait un jour un patient. Le souci est effectivement une rumination tournée vers l'avenir[13]. Il est constitué d'un enchaînement d'états d'âme négatifs et douloureux à propos de ce qui *pourrait* se passer (mais lorsqu'on est anxieux, on supprime le conditionnel et on dit « ce qui *va* se passer ») dans un futur plus ou moins proche[14]. Dans l'anticipation inquiète, on commet en quelque sorte une erreur de conjugaison : on confond de bonne foi le conditionnel avec le futur...

C'est ce qui explique pourquoi nous ne nous contentons pas de faire des prédictions, mais que nous y adhérons ensuite[15]. L'enchaînement a été bien étudié par les psychothérapeutes cognitivistes : 1) on produit en permanence des hypothèses sur les dangers éventuels à venir, 2) on prend l'hypothèse pour une certitude, 3) on réagit comme si elle était la réalité. Dans le corps et le cerveau de l'anxieux, il n'y a pas de différence entre penser à un problème et l'avoir. Si je me mets à penser à ma mort, peu à peu mon corps et mon esprit vont réagir comme si je devais mourir prochainement.

Cependant, à un moment donné, cette tension de tout notre être devient trop pénible : alors, on tente de s'en écarter, en essayant de chasser ses inquiétudes, ce qui ne marche guère[16], en pensant à autre chose, ou en se lançant dans une activité quelconque. Mais, comme cet écart signifie une moins bonne « surveillance » du problème, on y revient. Et on y revient, inlassablement.

Ce mouvement incessant d'approches et d'esquives, que l'on nomme le « flip-flap du souci », est clairement décrit dans ce passage de Woody Allen[17] : « Je crois que ma consomption empire. Mon asthme aussi. Les sifflements vont et viennent avec mon souffle, et les étourdissements se font de plus en plus fréquents. J'étouffe à en défaillir. Ma chambre ruisselle d'humidité, et j'ai des frissons continuels et des palpitations cardiaques. J'ai également remarqué que je n'ai plus de serviettes propres. Jusqu'où cela ira-t-il ? » Ou bien : « Toujours obsédé par l'idée de la mort, je médite constamment. Je ne cesse de me demander s'il existe une vie ultérieure et, s'il y en a une, peut-on m'y faire la monnaie de vingt dollars ? »

Bel exemple d'un des mécanismes de l'humour propre à l'anxiété : dès qu'on commence à trop se rapprocher de ce qui fait peur, aussitôt changer de sujet et abaisser la tension par un trait d'esprit…

Et nos ruminations d'inquiétude s'enclenchent ainsi : on a le sentiment de ne pas pouvoir contrôler le souci autrement que par la fuite (ne plus y penser ou penser à autre chose). Mais, d'un autre côté, au bout d'un moment, on n'est inconsciemment pas tranquille de laisser des problèmes non résolus derrière nous. Donc on y revient, mais c'est trop dur, donc on fuit à nouveau, etc. Et finalement, ces allers-retours nous occupent, nous distraient, mais aussi nous fatiguent et nous usent. Ce sont les « angoisses gratuites » dont parlent nos patients, épuisantes et inutiles.

Comment on s'enferme dans les états d'âme d'inquiétude : le fanatisme du pire

Tout de même ! Pourquoi ça dure, pourquoi ça recommence tout le temps, ces enchaînements de soucis ? ! Pourquoi ne tirons-nous pas les leçons de la vie ? Nous avons tous vu et vécu qu'il y a plein de fois où il ne nous a servi à rien de nous inquiéter : soit il n'y avait pas de danger, soit il n'était pas si terrible et nous avons pu survivre, soit de toute façon notre inquiétude n'a rien changé au déroulement du scénario. Il existe de nombreuses réponses à ces pourquoi…

L'inquiétude est comme l'adhésion à une foi. C'est un peu vrai de tous les états d'âme, qui tendent à nous faire adhérer à une vision du monde, mais il semble que ce soit plus net pour les états d'âme anxieux, principalement parce que nous ne faisons pas assez attention à eux : nous nous méfions beaucoup plus par exemple de nos états d'âme de colère, dont nous savons qu'ils peuvent nous conduire à commettre des dérapages ; et nous repérons plus facilement nos états d'âme de tristesse, parce qu'ils alourdissent notre corps et freinent nos actes. Mais l'anxiété, elle, s'y entend parfaitement pour nous souffler à l'oreille : « Je suis ton amie, je ne suis que de la prudence, de la lucidité, de la vigilance. Aie confiance ! Avance avec moi ! »

Pour comprendre l'inquiétude, il s'agit de connaître son credo. Voici donc la sainte trinité des anxieux : 1) le monde est plein de dangers et de menaces, 2) je suis fragile, et ceux que j'aime sont fragiles, 3) on peut survivre, ou augmenter ses chances de survie, à la seule condition de prendre toutes les précautions adéquates. Ne pas le faire est de l'inconscience.

Cette perception d'un monde dangereux implique logiquement un désir extrême d'éviter le moindre risque (c'est comme de travailler dans un labo de bactériologie : on n'y plaisante pas avec l'hygiène[18]).

Bien sûr, les bases de ce credo ne sont pas absurdes et comportent une part de vérité, mais une part seulement. Et si elles aident à la survie, elles n'aident pas à la qualité de vie. Nous allons donc avoir à les moduler : 1) c'est vrai, le monde est dangereux, mais surtout à certains moments et à certains endroits ; il y en a d'autres où nous pouvons nous sentir en sécurité, 2) c'est vrai que nous sommes fragiles, et prendre quelques précautions n'est pas inutile ; mais pas au point de prendre *toutes* les précautions possibles, et de vivre sous cloche, 3) c'est vrai que faire attention augmente nos chances de survie ; inutile cependant de transformer cela en obsession qui altérerait alors notre qualité de vie, en nous faisant survivre longuement, mais enfermés dans la cage de l'hyperprotection.

Ce qui fait aussi que notre inquiétude dure, c'est qu'on la couve, qu'on la nourrit en s'enfermant dans nos convictions.

On devient intolérant à d'autres visions du monde[19]. Quand on est englué dans des états d'âme anxieux, on tend à ressentir de la stupéfaction ou de la colère face aux joyeux, insouciants et autres optimistes : on ne les voit plus que comme des personnes à qui il *manque* quelque chose, par exemple l'intelligence ou la lucidité, mais pas comme des personnes qui ont quelque chose *en plus* que nous, par exemple l'aptitude au bonheur. On se plaît à imaginer qu'ils n'ont pas rencontré l'inquiétude, par chance (« Ils ont été bien servis par la vie »), par déni (« Ils pratiquent la politique de l'autruche ») ou par bêtise (« Ils n'ont jamais rien compris à la marche du monde »). On ne savoure pas la vie et on ne comprend pas que d'autres le fassent : « Mieux à faire que me réjouir : m'inquiéter ! plus important, plus utile ! » C'est bizarre, ce complexe de supériorité qui nous habite lorsque nous sommes sous l'emprise de nos inquiétudes. Dans ces moments, quelqu'un qui voit les choses plus paisiblement que nous est un insouciant, c'est-à-dire un inconscient ! Un pauvre incroyant, qui n'a pas compris notre chère sainte trinité…

Cioran notait ainsi[20] : « L'anxiété – ou le fanatisme du pire. » Comme souvent dans ses aphorismes, chaque mot compte : le *pire* évoque les scénarios catastrophes auxquels nous adhérons sous l'emprise de l'anxiété (toute situation non contrôlée à 100 % débouchera *sûrement* sur une catastrophe). Et le fanatisme évoque cette intolérance à la contradiction ou aux arguments de bon sens dont nous faisons alors preuve ; comme si nous *voulions* aveuglément que le pire survienne, ne serait-ce que pour confirmer nos convictions, comme des fanatiques religieux… Je me souviens d'une dame qui m'expliquait pourquoi elle avait fini par renoncer à calmer son mari qui souffrait d'une forme maladive d'anxiété (et qui ne voulait pas « venir voir le psy ») : « Tout le monde fuyait pour le laisser se calmer tout seul, ou plutôt attendre qu'il se calme avec le passage du temps. Chacun de nos arguments ne faisait que redoubler sa fureur anxieuse et sa rhétorique de fin du monde. Nos tentatives pour lui ouvrir les yeux étaient comme de l'huile sur le feu. Nous laissions alors son angoisse s'étouffer toute seule sous le propre poids de son absurdité… » Cette rigidification qui nous frappe lors des états d'âme d'inquiétude, ces certitudes négatives qui nous habitent alors, tout cela peut effectivement expliquer certaines colères inexpliquées si on nous contredit ou si on nous contrarie.

L'intime conviction que nous avons que *le souci est utile* est une autre raison qui explique la persistance et la récurrence de nos inquiétudes. Ainsi, à la question : « Pourquoi s'inquiéter ? », les populations de personnes plutôt anxieuses vont donner de nombreuses réponses : pour se motiver (« En me faisant du souci, il me semble que cela me pousse à mieux faire face »), pour trouver des solutions (« Je ne travaille bien que sous la pression »), pour se préparer au pire (« Je préfère imaginer à l'avance les ennuis pour ne pas être démuni »), pour éviter le pire (« Ça me permet de me préparer à l'avance »), pour conjurer le pire (« Si je pense au succès, ça peut me porter malheur[21] »).

Cette dernière famille de réponses nous rappelle qu'il y a aussi dans les états d'âme d'inquiétude une forme de « pensée magique », des superstitions sur le principe du « on ne sait jamais ». J'avais un jour entendu un exemple de pensée magique de la bouche de l'écrivaine Camille Laurens : « Le malheur ne frappe que si on l'oublie. Y penser tout le temps le neutralise. » Autrement dit : en me faisant du souci, j'apprivoise le mauvais œil, je l'occupe, je le piège pour qu'il n'aille pas frapper ailleurs.

D'ailleurs, ça marche ! Enfin, on a l'impression… Avec la pensée magique, à tous les coups on gagne. Si le problème arrive, si la prophétie se réalise, on peut affirmer : « Je l'avais bien dit ! » Sinon : « Ça ne veut rien dire, ça aurait pu arriver, et puis il y aura d'autres occasions ! » Et en douce, ou inconsciemment, on se chuchote à soi-même : « Si je ne m'étais pas fait du souci, la catastrophe aurait pu arriver ! » Par exemple, chez cette mère de famille anxieuse qui me raconte en consultation qu'elle n'a pas fermé l'œil tant que son fils n'est pas rentré de boîte de nuit : je suis sûr qu'elle est persuadée que sa veille inquiète a protégé son fils, je le vois dans sa manière de me raconter sa nuit blanche ! Je suis sûr qu'elle est en train de se dire : « M'endormir, c'est comme abandonner mon fils seul face au danger. Rester éveillée, c'est l'aider. » Je lui pose la question. D'après vous, que m'a-t-elle répondu ?

Des états d'âme d'inquiétude à l'anxiété constante

Il n'y a pas de limite nette entre inquiétudes « normales » et inquiétudes pathologiques. Aux deux extrêmes, ce sont bien sûr des états aussi différents que le jour et la nuit. Mais la frontière entre les deux pose les mêmes problèmes que l'aube : à quel moment précis commence le jour et se termine la nuit ?

Il existe une forme d'anxiété que les médecins appellent réactionnelle : on y réagit aux événements présents, concrets (ne pas pouvoir rembourser des dettes, avoir un proche malade). On craint les *conséquences* d'un événement *réel*, déjà survenu. Lorsque cet événement de vie est derrière nous, *résolu*, nos états d'âme d'inquiétude reculent et nous laissent en paix.

Un cran au-dessus, et nous arrivons dans des prédispositions anxieuses plus marquées : on redoute la *survenue* de certains événements *à venir* (on doit passer un examen ou un entretien d'embauche important pour nous, partir en vacances, déménager). Tout cela aura lieu, mais nous ne savons pas si cela se *passera bien*. On peut donc longuement ruminer à l'avance. Et puis, il y a l'inquiétude pour ce qui n'est pas encore arrivé, ce qui n'arrivera peut-être jamais, mais qui *pourrait* arriver (perdre son travail, tomber malade). Et, comme, pour les inquiets, « tout peut toujours arriver », c'est la vie elle-même qui est inquiétante. La sévérité de nos inquiétudes repose en partie sur ce *crescendo* de l'anticipation : souci sur ce qui est déjà là, sur ce qui arrive, sur ce qui pourrait arriver.

Tout en haut du podium, c'est toute notre personnalité, toute notre vision du monde qui est habitée par l'inquiétude[22]. « Je suis totalement colonisée par l'inquiétude », me disait une patiente. Par exemple, des automatismes existent même en dehors du ressenti douloureux du souci : la tendance à anticiper, à penser à l'instant d'après, même en vacances ; la tendance à ne pas rester en repos, ni de corps ni d'esprit. Une préoccupation constante pour l'avenir : « Que va-t-il se passer tout à l'heure ? » On ne vit pas l'instant présent, mais l'instant d'après. Ce système de pensée est supportable tant que nos vies sont réglées, calmes, prévisibles, lentes, contrôlables. Mais, si elles s'accélèrent et se compliquent, nous éprouvons de fortes bouffées d'inquiétude. À certains moments, les états d'âme anxieux deviennent tellement prédominants qu'ils se mettent à peser sur les autres états d'âme (on ne va plus ressentir par exemple que du bonheur anxieux : « Ça ne durera pas », que de la joie inquiète : « C'est génial, mais, hélas, demain les soucis recommencent »), et à les dérégler eux aussi (d'où des bouffées de colère ou de déprime qui fusent sans raison claire). À ce stade, on ne voit plus ses états d'âme anxieux comme excessifs ou indésirables, mais comme la vérité du monde.

Comme les inquiétudes sont solubles dans l'action, on peut tomber dans certaines addictions à l'action : vite bouger, faire un truc. Travailler, par exemple ! Les anxieux sont souvent performants[23], et c'est pourquoi les patrons aiment bien les collaborateurs anxieux. Mais leur réussite professionnelle ne correspond pas toujours à un épanouissement personnel (c'est ce dont nous nous apercevons en parlant aux conjoints et aux familles des anxieux…). Car l'anxiété pousse à donner priorité à la survie sur la qualité de vie. D'ailleurs, la réussite financière et sociale est souvent motivée par le seul but de se mettre en sécurité : arriver à accumuler assez d'argent pour « voir venir » (formule typique d'anxieux), et arriver à un statut assez élevé pour ne plus craindre l'avenir (c'est-à-dire, dans le langage des anxieux, le revers de fortune).

Parfois, les anxieux ont besoin de recruter des partenaires d'anxiété, et en rajoutent presque pour se sentir moins seuls à se faire du souci, comme dans cette histoire drôle que j'adore. C'est un banquier anxieux qui téléphone à son associé : « Allô ? Bon, voici les nouvelles de nos affaires : c'est simple, c'est la catastrophe ! Je n'ai pas le temps de t'en parler tout de suite. Commence à te faire du souci, j'arrive… »

Le souci comme maladie : le trouble anxieux généralisé

« La peur fait partie de mes fondements. J'ai du mal à imaginer ce que c'est que vivre hors de la question : "Là, est-ce que j'ai peur ? Et là, est-ce que je n'ai pas peur ?" Il y a dans ma vie des gens qui me semblent vivre hors de cette problématique. Je les aime, ils me font du bien, mais quelque part, ils sont pour moi des extraterrestres. Et pour eux sans doute j'en suis une aussi – malheureusement. »

L'anxiété généralisée est la maladie des soucis excessifs et incontrôlables. Pourquoi est-ce une maladie ? Parce que le souci y est constant, que les personnes n'arrivent pas à l'endiguer et souffrent de ce fait de nombreuses complications : douleurs physiques multiples, insomnies, difficultés de concentration et de mémorisation… Leur qualité de vie est nettement altérée, à peu près autant que celle des malades déprimés[24]. Ces personnes souffrent d'une réactivité émotionnelle excessive à toutes sortes de situations, et d'une dérégulation globale de l'ensemble de leurs états d'âme[25].

Il y a dans l'anxiété généralisée une vision du monde très marquée par l'omniprésence des dangers possibles. Une maman souffrant de ce trouble aura ainsi beaucoup de mal à laisser ses enfants aller seuls à l'école, car elle voit la rue comme un lieu peuplé uniquement de pédophiles et de conducteurs ivres morts. Une de mes patientes me racontait ainsi le comportement de sa mère, qui en souffrait : « Elle m'embrassait à chaque séparation comme si c'était la dernière fois. Elle mesurait mes jambes chaque semaine, pour vérifier que je n'avais pas la même maladie de hanche que ma grand-mère bretonne. Comme elle avait très peur que je me blesse, je ne courais jamais pour ne pas l'angoisser, je voyais bien que ça la mettait dans tous ses états. Comme elle était très inquiète pour mon avenir, je m'efforçais de toujours ramener de bonnes notes de l'école. J'avais parfois peur de la faire mourir de chagrin si je ne la satisfaisais pas : j'avais entendu cette expression une fois, et j'en croyais ma mère tout à fait capable, de *mourir de chagrin…* »

On retrouve aussi dans l'anxiété généralisée une mise à feu très rapide des scénarios catastrophes. Lorsqu'on est très anxieux, notre évaluation des situations se radicalise : nous perdons le sens de la nuance. L'univers se répartit alors en deux catégories : ce qui est dangereux et ce qui ne l'est pas. Dès qu'une incertitude ou un problème surviennent, nous allons directement et ardemment vers le scénario catastrophe, la pire des issues possibles. Par exemple, une panne de voiture allume instantanément une spirale de pensées – souvent subconscientes – du type : « Ce n'est pas réparable, ça va sûrement être très compliqué, très cher, il va falloir la changer, je ne vais pas avoir l'argent, en ce moment en plus j'ai absolument besoin de ma voiture, tout est fichu… » Ou bien comme dans ce récit d'un de mes patients : « C'était un matin, je n'allais pas trop mal, mes soucis étaient à un niveau normal pour moi et, tout à coup au petit déjeuner avec mon épouse, une de ses remarques sur un truc que j'avais à réparer, genre machine à laver ou lumière de la cave, et boum, bouffée d'angoisse, avec comme un cri dans ma tête : "Tu n'y arriveras pas, trop de trucs à faire, tu vas pas y arriver…" Et c'était parti, le début des spasmes anxieux, je me mets à respirer plus fort, envie de bouger, de commencer à faire un truc pour diminuer la montagne des choses à faire, et surtout pour ne pas être là sans rien faire ; je ne sais pas si ça me soulage de me jeter sur des trucs à faire mais, ce qui est sûr, c'est que sans ça, ce serait pire… Après coup, je m'aperçois que tout est faisable, que j'y arrive, que ma femme a raison avec ses arguments pour me calmer, mais je deviens un *alien* dans ces moments-là. Comme le super-héros de cinéma Hulk qui se transforme en monstre sous l'effet de la colère : moi, c'est avec l'angoisse… »

Chez ces patients, sur un fond d'inquiétudes permanentes, il existe ainsi des flambées régulières de surangoisse : réveils la nuit, montée de ruminations, spirales anxieuses à partir d'un tout petit souci. Grandes crises d'angoisse ou minicrises, affolements pénibles. Dans ces moments, on voit tous les problèmes éventuels comme possibles ou quasi certains, et on réagit émotionnellement comme s'ils étaient vrais, comme s'ils étaient là.

Une de mes patientes mère de famille avait par exemple, dans ses périodes d'aggravation, des inquiétudes sur la nourriture : « Et si on n'arrive pas à finir tout ce que j'ai acheté, si on est obligés de le jeter ? », ou à l'inverse des « Je n'en ai pas acheté assez ! » qui la réveillaient la nuit. Elle avait aussi un rapport de grande inquiétude face à son congélateur : « S'il tombe en panne et que tout soit perdu ? », et pire : « S'il tombe en panne, que tout décongèle, et soit contaminé par des bactéries, puis qu'il redémarre sans qu'on s'en soit aperçu, qu'on mange les aliments contaminés, et qu'on soit tous gravement malades ? », etc.

Les bouffées d'angoisse survenant la nuit sont souvent celles qui peuvent monter le plus haut, car on se met à ruminer sans qu'il y ait d'action possible pour se changer les idées, et comme on ne sait pas freiner les angoisses, ça part en vrille. C'est une sorte de « folie anxieuse », même si l'anxiété n'a bien sûr rien habituellement d'une folie : s'inquiéter n'est pas délirer, les problèmes qu'on envisage sont bien réels, c'est juste l'évaluation qu'on en fait qui dérape. Dans ces flambées violentes d'anxiété, tous les problèmes sont potentiellement éternels et insolubles (dureront toujours, reviendront toujours et ne connaîtront jamais de solution satisfaisante…). Évidemment, les problèmes se résolvent et on ne devient pas fou. Mais quelle usure !

Au début, les anxieux généralisés consultent plutôt leur médecin généraliste, car ce qui les gêne, ce sont les symptômes physiques (colites, douleurs de nuque, lumbagos, précordialgies…). Le souci, la souffrance psychique, ils les supportent vaillamment, ils en ont l'habitude, ils ne voient pas toujours que c'est excessif et toxique et que ça leur gâche la vie. C'est souvent leur entourage qui le supporte moins bien et les pousse à consulter. Ou alors, ils nous arrivent lorsqu'ils sont déprimés, épuisés et usés par leurs inquiétudes incessantes et disproportionnées. Beaucoup de ces grands anxieux font un jour ou l'autre un épisode dépressif[26].

La peur de ne pas pouvoir faire face

Il existe une continuité entre stress, anxiété et dépression, une progression de ces états d'âme en fonction du sentiment que nous avons (à tort ou à raison) d'être ou non capables de nous adapter à une situation donnée.

Le *stress* est une forme de réactivité inquiète à des soucis et des pressions réels, il induit des états d'âme à base de souci et de désir d'action et de performance, parfois aussi d'une petite excitation chez certaines personnes (celles qui utilisent souvent les mots « défi », ou « challenge ») : « Il faut que j'y arrive ! »

L'*anxiété* face à un problème correspond davantage à la question : « Et si je n'y arrive pas ? »

Et la *dépression* à : « Je n'y arriverai pas ! » On considère souvent que la dépression est une sorte de maladie terminale, d'aboutissement de l'usure anxieuse, de l'usure liée à des confrontations épuisantes avec le monde, ou avec notre vision du monde...

On peut remarquer que notre position, lorsque nous sommes anxieux, est en réalité à mi-chemin entre la position de « pure » anxiété, qui consisterait à en rester à la question « Et si je n'y arrive pas ? » (mais c'est impossible, le grand mouvement de l'anticipation anxieuse nous pousse à continuer ce monologue, et pas dans le sens d'une réassurance...) et la position de prédépression (« Je n'y arriverai pas ») que l'on tente de repousser en s'activant sur la situation, ou en revenant ruminer sur la position anxieuse...

Les patients souffrant d'anxiété généralisée ressentent souvent des ondes de désespoir, des états d'âme où règne la tension entre angoisse et désir de contrôle, d'une part, et désespoir et envie d'abandonner, d'autre part. Avec en prime la honte et l'incompréhension de se retrouver dans cet état.

Je me souviens d'un de mes patients cadre financier, qui avait eu un jour des ennuis administratifs. On lui avait volé sa voiture, et les voleurs commettaient régulièrement des infractions avec son véhicule. Ce qui lui valut, pendant quelques semaines, des amendes et des retraits de points, puis des menaces administratives, en partie dues à des erreurs de la machine policière et juridique, en partie dues à ses propres retards dans la gestion des innombrables déclarations et formulaires... Après de nombreux coups de téléphone, courriers et autres démarches, il dut passer une journée à aller de préfecture en préfecture (en région parisienne), entre celle de son domicile, celles des lieux où avaient été commises les infractions, bref... Et à un moment, alors qu'il faisait la queue à la préfecture de Bobigny, il avait eu des idées suicidaires qui l'avaient effrayé. Pourquoi avoir alors flirté ainsi avec le désespoir ? Mon patient était perplexe : « Tout ça était si absurde ! D'une part, j'avais sans doute la crainte – idiote mais inconciente – que l'histoire dégénère, et qu'on me jette en prison. Mais, et c'est ça qui me fait le plus peur finalement, je me demande si ce n'était pas lié au sentiment très violent, oppressant, que j'avais d'une perte de temps. Mais par rapport à quoi ? À tout ce que j'avais à faire : tondre le gazon, faire mon boulot, être avec mes enfants, réparer les volets, lire toutes les revues et livres qui s'empilent sur ma table de chevet... C'est tellement fou et absurde d'avoir des idées de suicide parce qu'on a l'impression de perdre son temps ! »

Soigner ses angoisses maladives

Bien évidemment, l'anxiété généralisée nécessite un traitement. Pas forcément médicamenteux : je me souviens d'une patiente hyperanxieuse venue me voir à Sainte-Anne pour recueillir mon avis sur son cas, et qui commença l'entretien en me disant : « Je viens vous voir parce que tous les médecins que j'ai vus voulaient me donner des médicaments ! » (Après une heure de discussion, je lui expliquai que je pensais la même chose...) Notre tentation de prescrire est grande, effectivement, car les médicaments marchent très bien dans l'anxiété. Les tranquillisants, en prise ponctuelle, sont utilisés pour éviter des pics d'angoisse trop pénibles. Les antidépresseurs dits « sérotoninergiques » (de la famille du célèbre Prozac) servent de traitement de fond, à prendre tous les jours pendant plusieurs mois, et permettent un apaisement net et durable à la plupart des patients.

Mais, dans les deux cas, l'arrêt est ensuite difficile si on n'a pas appris entre-temps à moduler ses inquiétudes autrement que par les pilules. Et puis, le sentiment qu'une part importante de nos tourments vient de notre réaction face à l'existence fait que, souvent, on aspire à autre chose que les seuls médicaments.

C'est pourquoi on recommande à peu près toujours aux personnes très anxieuses de suivre une psychothérapie : soit pour éviter les médicaments, soit pour les remplacer, soit pour en compléter l'effet, ce qui permet de baisser les doses. Les études disponibles tendent à montrer que les thérapies les plus intéressantes à long terme sont plutôt de type interactif (discussions et recommandations pour modifier ses habitudes psychologiques et comportementales), comme les thérapies cognitives et comportementales[27].

Ces psychothérapies consistent à aider le patient à appliquer dans sa vie de tous les jours le genre de conseils que nous allons aborder en cette fin de chapitre. Elles reposent sur une attitude que l'on pourrait dire « écologique » : il ne s'agit pas d'« arracher » les mauvaises idées et les états d'âme inadéquats comme on arracherait de mauvaises herbes (ou pire d'utiliser chaque fois un « désherbant à soucis », comme les médicaments ou l'alcool). Mais d'apprendre à écouter et à comprendre ses inquiétudes sans s'affoler, puis voir ce qu'on en fait, comme dans le petit exemple que voici.

C'était avec une de mes patientes qui venait d'apprendre qu'elle était enceinte. Évidemment, elle ne tarda pas à commencer à produire des soucis sur ce nouvel événement : « Et si j'aimais moins cet enfant que ma première fille ? » Ses proches avaient tenté de la rassurer (« Mais non, tu vas voir, tout ira bien »), mais évidemment ça ne marchait pas. Ce qui est souvent le cas : si on nie le problème qui oppresse les anxieux (en leur disant « mais non »), ou si on oppose à leurs convictions (« ça ira mal ») une autre conviction (« ça ira bien »), pourquoi voudriez-vous qu'ils nous croient ? Ils sont sous l'emprise de la *foi anxieuse*…

Dans la discussion que nous eûmes alors, mon objectif n'était pas de faire la même chose (puisque ça n'avait pas marché) mais au contraire de lui apprendre à respecter et écouter cette inquiétude, puis de voir qu'en faire. « C'est possible après tout que vous l'aimiez moins. Mais dites-moi pourquoi vous pensez que ça pourrait se passer comme ça ? » Du coup, la patiente se mit à vraiment réfléchir à cette question, au lieu de la juger horrible ou indésirable. Je relançai : « On peut essayer de préciser : est-ce que vous l'aimerez *moins*, ou *différemment* ? » La discussion continua sur le thème des diverses façons d'aimer ses différents enfants. « Et même si ça arrive, que vous l'aimiez moins, que se passerait-il alors ? Ça veut dire que vous la détesteriez ? Qu'elle en souffrirait horriblement ? Qu'elle se sentirait abandonnée et rejetée ? » Ce qui nous permit d'aborder le rôle du papa (leurs relations étaient alors bien compliquées) et le fait qu'elle allait, évidemment, quand même aimer cet enfant, qu'elle l'aimait déjà, d'ailleurs. Adopter une attitude intéressée et respectueuse envers les inquiétudes de nos patients leur permet à eux aussi d'adopter cette attitude, sans raideur.

Les intuitions anxieuses de ma patiente n'étaient pas du tout absurdes : effectivement, on consacre souvent moins de temps aux cadets qu'aux aînés. Et, effectivement, les puînés viennent au monde dans un temps parental déjà à partager. Alors, moins de temps = moins d'amour ? C'est possible, après tout ; en tout cas, c'est intéressant de se poser la question au lieu de vouloir à tout prix l'écarter. Mais il faut alors *tout* prendre en compte : ne pas oublier que parfois c'est une chance d'arriver en second, car on est un peu moins étouffé d'amour justement ! Ne pas oublier d'élargir son regard et d'imaginer que le deuxième enfant, même s'il reçoit – peut-être – un peu moins d'amour de sa mère, en recevra de sa grande sœur, qui l'attend impatiemment, ou de son père, qui aura du coup plus d'espace. Et ainsi de suite.

Aux dernières nouvelles, tout va bien pour cette petite deuxième (ce fut une fille) et elle ne manque pas d'amour…

Comment réguler ses états d'âme d'inquiétude…

Un de mes patients, un jour de découragement, me disait que « l'angoisse gagne toujours ». Je ne crois pas que nous soyons condamnés à ce qu'elle *gagne* toujours, mais, de fait, nous devons accepter que les états d'âme d'inquiétude soient, eux, toujours prêts à entrer dans nos vies, comme des invités indésirables. Que l'on va tout de même s'efforcer d'accueillir et d'écouter, faisant contre mauvaise fortune bon cœur. Mais on le fera d'autant mieux que l'on adoptera quelques-unes des attitudes suivantes…

Ne pas s'identifier à ses soucis

C'est une question de recul, ce fameux recul qui nous manque tant une fois que les états d'âme d'inquiétude ont commencé à prendre position en nous. Il y a un point fondamental : voir le souci comme un symptôme, se voir en train de ruminer. Il est capital de reconnaître tout de suite les démarrages de souci, comme les pompiers repèrent les débuts d'incendie : c'est plus facile d'éteindre les flammes si on les prend au début. Mais pour cela il faut avoir appris à reconnaître le souci comme une rumination stérile, et non pas comme de la réflexion utile. Lorsqu'on bascule en mode « inquiétude », on commet l'erreur de trop se tourner vers les soucis et les problèmes, et pas assez vers nos amplifications et ruminations. Erreur de focalisation...

Discuter ses inquiétudes

Par exemple en se demandant : avec quelle catégorie de problème suis-je en train de me tourmenter ? Il est intéressant de prendre l'habitude d'étalonner ses soucis, en leur donnant une note de 0 à 100. Le pire, à 100, c'est pour la plupart d'entre nous de perdre un enfant ou son conjoint. On s'aperçoit alors que beaucoup de nos soucis se situent entre 0 et 20. On va s'en occuper, bien sûr, mais dans une ambiance plus détendue. Pas avec l'impression qu'on gère une affaire gravissime.

On peut aussi tenir un « journal des infirmations » : noter toutes les fois où l'on s'est dit « Je vais rater mon avion, mon examen » et où tout s'est bien passé. Le noter vraiment, dans un petit carnet, sur notre journal. Un de mes patients avait ainsi piqué une telle crise d'angoisse coléreuse un jour où il avait cru manquer son avion (qu'il avait finalement pu prendre) qu'il avait fait encadrer sa carte d'embarquement, et l'avait suspendue dans son bureau avec la devise « plus jamais ça » ; il était seul à comprendre, mais voulait surtout ne jamais oublier la leçon.

Revenir dans le vrai monde et se débarrasser d'un certain nombre d'illusions...

Illusion 1 : Il est possible de tout contrôler, en se donnant un peu de mal.

Réalité : Non, on ne peut tout contrôler.

Illusion 2 : En s'y prenant bien, on devrait pouvoir éviter les problèmes.

Réalité : Non, les problèmes font partie de la vie.

Illusion 3 : L'incertitude ne peut déboucher que sur du danger.

Réalité : Non, beaucoup de choses incertaines se résolvent d'elles-mêmes.

Lutter contre son besoin de toujours tout contrôler

Nous nous épuisons souvent en voulant maîtriser le cours de nos vies, jusqu'à l'absurde. Dans les états d'âme anxieux, on a souvent l'illusion que le contrôle est une solution efficace, une réponse aux aléas de l'existence[28]. Mais le désir de tout placer sous contrôle a pour conséquence un sentiment épuisant de n'avoir jamais fini ce que l'on a à faire. On se condamne à être toujours débordé. Comme me le racontait un patient : « Un jour, j'ai compris que je ne m'en sortirai jamais. Que je ne pourrai plus continuer à faire face à tout. Alors j'ai pris la seule décision possible : ne plus chercher – justement – à faire face à tout ! J'ai décidé que je devais apprendre à vivre au milieu de choses *pas faites*, et à accepter que je ne les ferai jamais. Au début, c'était dur : être assis sur le canapé en écoutant de la musique, et voir tous les petits bricolages à faire dans la pièce, ou penser par association à tous ceux à faire dans la maison, ou me dire à ce moment que je n'avais pas assez aidé mes enfants à mieux comprendre leurs maths, tout ça me donnait envie de me relever, de me dire que je n'avais pas le droit d'être assis là tant que tout ça ne serait pas fini. C'est-à-dire jamais... Mais je me suis forcé : je me suis dit que j'avais le droit de me reposer un peu. Je suis donc resté assis de force dans mon canapé à écouter la musique. Peu à peu, je me suis détendu. Et j'ai continué comme ça pour plein de petits détails. Contrairement à mes prédictions d'avant, en lâchant prise de temps en temps je ne suis devenu ni clochard ni laxiste. Juste un peu plus cool... »

Ah ! les innombrables « missions à accomplir » de la pensée anxieuse ! Lorsque nous sommes anxieux, le monde n'est plus composé que de « missions à accomplir ». Du coup, vivre, tout simplement, devient un souci… et se reposer ou ne rien faire, un péché.

Accepter que le monde nous échappe

Y travailler inlassablement. Cela ne signifie pas qu'il faut se résoudre au chaos : souvent les anxieux à qui vous faites des suggestions vont prendre vos conseils pour les amener à leur point extrême afin de vous démontrer que non seulement ils ne sont pas applicables mais sont même dangereux : « Lâcher prise ? Tu veux que je me foute de tout ? Tu veux que tout le monde m'exploite ? D'accord, tu vas voir le résultat… » Mais non, il ne s'agit pas de passer d'un extrême à l'autre : nous devons juste chercher un point médian, entre le trop et le trop peu ! Juste comprendre que nous ne sommes pas tout-puissants. Que le désordre et l'incertitude sont inhérents au monde vivant et mobile auquel nous appartenons. Que si on n'apprend pas à les tolérer, on va avoir une existence drôlement fatigante.

Nous avons aussi à accepter qu'il y a plein de choses que nous ne ferons jamais ici-bas. Des petites et des grandes. Depuis les pannes que nous ne réparerons jamais jusqu'aux pays où nous n'irons jamais… Petits deuils de notre toute-puissance, de nos appétits de vie. Triste ? Oui. Mais cette tristesse sera peut-être moins pénible et plus féconde que la tension des chimères (« Tout faire ! ») que l'on couve avec énervement… En thérapie, je blague souvent mes patients à ce propos : « J'ai une bonne nouvelle : le monde sans souci dont vous rêvez existe. Et une mauvaise : ça s'appelle le paradis et ce n'est pas pour tout de suite. En attendant, on va essayer de s'arranger avec ce monde-ci, qui s'appelle la Vie… »

Comprendre son allergie à l'incertitude

En fait, nous sommes inquiétés par l'incertain. « Que va-t-il se passer maintenant ? Demain ? Que va-t-il m'arriver dans un an ? », autant de questions qui peuvent ne pas seulement provoquer des états d'âme de curiosité mais aussi d'inquiétude. On considère souvent que le souci témoigne d'une forme de refus de l'incertitude[29]. Un exemple chez notre bon vieux Woody Allen : « Qu'est-ce qui peut bien me tourmenter autant au sujet de la mort ? Probablement les horaires. » Évidence philosophique : le plus angoissant dans la mort, ce n'est pas tant la mort (qui est une certitude) que le moment de sa survenue (qui est, en général, incertain). Nous préférons remplir le vide inquiétant de l'incertitude avec des actes (fuite dans l'action) ou avec de l'anticipation (fuite dans la rumination). Les recherches dans ce domaine montrent que plus nous sommes habités par l'anxiété, plus nous devenons intolérants à l'ambigu et à l'incertain[30]. Avec les conséquences comportementales de cette intolérance à l'incertitude : le perfectionnisme, les vérifications, les difficultés à faire confiance, à déléguer, le besoin excessif de réassurance, d'informations. Tout ce qui peut diminuer la part d'incertain dans notre vie. Mais qui augmente la part de tension et de fatigue.

Face à l'intolérance à l'incertitude, se poser la question : que puis-je faire ?

Diminuer l'incertitude ou augmenter la tolérance ? Chercher à diminuer la part d'incertitude dans ma vie, c'est bien sûr possible : je peux partir en vacances toujours au même endroit (pour éviter l'incertitude de vacances ratées), aller toujours au même restaurant (pour ne pas être déçu), ne partir en week-end qu'après avoir tout planifié et verrouillé (pour éviter les mauvaises surprises), etc. Mais 1) qu'est-ce que je vais m'ennuyer !, 2) je vais toujours finir par retomber sur ces satanés imprévus, et cela va alors me faire ruminer encore plus fort (peut-être pas de l'inquiétude mais de la colère, de la déception, etc.). Tenter de maîtriser l'incertitude et tous les scénarios catastrophes possibles, c'est fatigant. Et parfois drôle pour les autres. Un couple d'amis anxieux m'a beaucoup fait rire un soir où nous étions invités chez eux, en nous racontant le concept typiquement anxieux, et que je ne connaissais pas encore, de « repas de secours ». Si on a beaucoup d'invités, ou importants, toujours prévoir un repas de secours, au cas où : 1) le premier brûlerait, serait raté, 2) un des convives n'aimerait pas ou serait allergique, 3) on renverserait le plat par terre en l'amenant à table…

Mieux vaut tout de même augmenter sa tolérance à l'incertitude ! Comment s'entraîner ? En cessant par exemple de se surprotéger, de surplanifier. On peut ainsi partir avec son conjoint en week-end sans avoir planifié où on irait dormir. Ou organiser une soirée avec des amis sans avoir préparé le repas à l'avance. Ou laisser son conjoint faire les courses à notre place (si c'est nous qui les faisons habituellement). Bien sûr, ça ne sera peut-être pas aussi bien que si nous avions tout verrouillé comme d'habitude. Et alors ? Est-ce si grave ? Ne sommes-nous pas en train de nous entraîner à supporter l'incertitude et l'imperfection ? Comment les supporter si on ne s'y confronte jamais ?

Apprendre à accepter les problèmes

Sous l'emprise de l'anxiété, on en viendrait presque à considérer que ce n'est pas normal qu'ils existent ! Qu'ils sont forcément la preuve d'une incompétence (de soi ou des autres) ou d'une anomalie. D'où une attitude négative et un perfectionnisme anxieux : plus je suis soumis à des états d'âme négatifs, plus je vais percevoir tout problème comme une menace et non comme une demande, une difficulté plus ou moins normale, en tout cas à résoudre[31]. L'existence même du problème est considérée comme anormale[32]. Sans doute en raison d'un certain pessimisme et de doutes dans la capacité à le régler (l'estime de soi défaillante est évidemment une source d'états d'âme anxieux). Mais l'ennui, c'est qu'alors le souci est centré sur le problème (car on se dit que ce n'est pas normal, on ne l'accepte pas), pas sur la solution (car pour accéder à la recherche de solution, il faut bien avoir accepté le problème et son existence). Ce que reconnaissent les patients qui ont pu faire des progrès : « Rumination n'est pas solution », « J'étais toujours soucieux, mais pas toujours efficace », « Je pensais tout le temps aux problèmes, mais mal ».

Admettre vraiment que l'adversité existe

Et lui faire une place dans notre vie. Accepter que les problèmes existent, et les considérer seulement pour ce qu'ils sont : des problèmes à régler, pas des drames inacceptables et menaçants. Un pneu crevé, des vacances ratées, un enfant qui redouble : ce sont des problèmes d'être vivant et actif, pas des drames. Je me souviens un jour, lors d'un voyage, avoir entendu un pilote d'avion offrir un petit cours de philosophie à ses passagers lors d'un retard d'une heure : « Bonjour mesdames, messieurs, c'est votre commandant de bord qui vous parle. Le retard est dû à l'appareil précédent qui avait des problèmes et que nous avons dû changer. Toutes nos excuses pour cette heure de retard. Mais mieux vaut une heure de retard dans ce monde qu'une heure d'avance dans l'autre... » Accepter les problèmes, l'adversité, c'est accepter – et préférer – la vie.

Prendre le temps de regarder ses peurs en face

Si je redoute ce qui me semble être une catastrophe, il est parfois utile, plutôt que de chercher à me rassurer (« Mais non, ça ne va pas se produire »), d'en accepter plutôt l'éventualité (« OK, ça peut se produire »), et d'en examiner alors les conséquences. Utile de se demander aussi quelle sera la portée dans quelques mois ou quelques années de ce qui nous inquiète tant aujourd'hui. Tout cela relève de la même démarche : à un moment (pas tout le temps !) ne plus chercher à se raisonner ni à se rassurer, mais se dire : « OK, et si ça arrive, il se passe quoi, et tu fais quoi ? » Et se forcer à rester concentré sur cette question, au lieu de la fuir (en pensant à autre chose) ou de la nier (en se disant « mais non »). L'exercice est évidemment plus difficile avec la grande adversité : mort ou maladie. Mais la démarche va rester la même : affronter et regarder en face. Jusqu'à avoir accepté, sincèrement, profondément, les idées suivantes (phrases que mes patients utilisent pour eux-mêmes) : « La mort fait partie de la vie », « La vie est une maladie mortelle », « Je peux mourir », « Les gens que j'aime peuvent mourir », « Et c'est bien pour ça que je vais travailler à vivre heureux ! ».

Puisque nous mourrons (c'est sûr) et souffrirons (c'est probable), le mieux n'est-il pas de suivre le conseil de l'humoriste Pierre Desproges : « Vivons heureux en attendant la mort » ? Mais il faut pour cela qu'elle ait cessé de nous obséder et de nous angoisser.

En psychothérapie cognitive[33] et existentielle[34], on va travailler ainsi sur l'évitement des images pénibles. Lorsque quelque chose est trop désagréable à voir (pensez à un animal qui vous dégoûte, ou à une scène de film d'horreur), nous détournons le regard. De même dans notre esprit : si une image est trop affreuse, nous l'écartons. Mais il faut bien mettre quelque chose à la place. Ce sera le souci. On a ainsi pu montrer que le souci est une forme d'évitement, moins pénible à supporter que des images de détresse qui tendent à s'agréger rapidement aux états d'âme d'anxiété. Cela a aussi été mesuré à partir de variables comme les battements cardiaques ou l'électroencéphalogramme : le souci cause dans notre corps une activation moins intense que les images de catastrophe que produit notre esprit lorsqu'il est inquiet[35]. Il est en quelque sorte une manière de « diluer » des peurs plus violentes pour tenter de les digérer. Mais, hélas, cela ne marche pas toujours : le souci est une protection imparfaite et il empêche en réalité l'habituation aux scénarios catastrophes virtuels. Voilà pourquoi on recommande de lui passer au-dessus en se confrontant directement à ces derniers (plutôt avec l'aide d'un thérapeute si ces scénarios sont trop douloureux).

Ces thérapies ne font, finalement, que moderniser les approches des philosophes stoïciens de l'Antiquité, qui recommandaient des exercices de méditation destinés à nous habituer à l'idée de vieillesse, de ruine, de mort et autres catastrophes. Nous avons à accepter la possibilité du drame, la proximité du tragique dans nos vies. Et vivre malgré cela : c'est la sagesse. Au lieu de ne plus vivre à cause de cela : c'est l'anxiété.

Accepter de vivre intranquilles ?

Accepter de vivre *intranquilles*, selon l'expression de Fernando Pessoa ? Oui, que faire d'autre qu'accepter une dose d'incertitude et d'adversité dans nos existences ? Et inlassablement ramener notre esprit vers le présent, comme nous le rappelle cette maxime de La Rochefoucauld : « Il vaut mieux employer notre esprit à supporter les infortunes qui nous arrivent qu'à prévoir celles qui nous peuvent arriver. » Vivre et agir au présent, donc. Être dans la vie et ses remous adverses, « comme un poisson dans l'eau. Dans la crainte perpétuelle du court-bouillon[36] ». Non, je rigole…

CHAPITRE 7

Ressentiments

> « La colère et le chagrin nous font beaucoup plus de mal que les choses mêmes dont nous nous plaignons, et qui les font naître. »
>
> MARC AURÈLE, *Pensées*.

« Quant à ma vie, elle était toujours aussi lamentable qu'au jour de ma naissance. Une seule chose avait changé : maintenant, et ce n'était jamais assez souvent, je pouvais boire de temps en temps. Boire était la seule chose qui permettait de ne pas se sentir à jamais perdu et inutile. Tout le reste n'était qu'ennuis qui ne cessaient de vous démolir petit à petit. Sans compter qu'il n'y avait rien, mais alors ce qui s'appelle rien, d'intéressant dans l'existence… Et dire qu'il va falloir continuer à vivre avec tous ces connards jusqu'au bout, pensais-je. "Nom de Dieu !" Et en plus, ils avaient tous des trous du cul ou des organes sexuels ! Et des bouches ! Et des aisselles ! Et tout ça chiait et bavardait et était aussi mortellement ennuyeux que de la merde d'âne. Les filles ? Elles étaient belles de loin, lorsque le soleil jouait dans leurs cheveux ou brillait à travers leurs robes. Mais à s'approcher d'elles et à les écouter couler de la cervelle par la bouche, on n'avait plus envie que d'aller s'enterrer sous une colline ou se cacher avec un fusil-mitrailleur pour s'en protéger[1]. »

Désolé pour la verdeur du témoignage, mais ces lignes de l'écrivain américain Charles Bukowski, extraites de son livre

Souvenirs d'un pas grand-chose, me semblaient assez parlantes pour introduire notre réflexion sur les états d'âme liés à la colère et au ressentiment. Ainsi qu'aux souffrances et aux dégâts qui leur sont si souvent associés.

L'univers du ressentiment

En réfléchissant sur le ressentiment, nous ne nous intéressons pas seulement à la colère comme crise et émotion forte, mais aussi aux états d'âme associés : ceux qui précèdent la colère et la facilitent (mauvaise humeur, hostilité) et ceux qui la suivent (rancune, haine), ceux qui l'expliquent (envie, malheur) et ceux qui la remplacent (bouderie, mépris). On a pu montrer que, la plupart du temps, colère et ressentiment sont des tentatives – médiocrement efficaces – pour réguler nos autres états d'âme douloureux[2].

Le ressentiment est ainsi une manière de ruminer sa colère et son malheur comme un long reproche au monde et aux humains qui nous entourent. On en trouve une forme atténuée dans le négativisme, cet état d'âme qui nous fait trouver nul, moche, naïf, inutile à peu près tout ce qui nous entoure. Tout comme le ressentiment est une colère qui évite d'exploser, le négativisme est un ressentiment qui évite de se fixer sur des cibles trop précises ; on éprouve du ressentiment envers des personnes données à la suite de comportements donnés, mais on éprouve du négativisme envers la vie et toute forme d'initiative humaine, d'élan, de mouvement. Surtout, que rien ne bouge car tout est critiquable !

Le ressentiment est un recyclage permanent de nos états d'âme hostiles, comme une longue colère rentrée, perpétuellement infusée, renaissant sans cesse de ses cendres tel un sinistre Phénix…

Il peut être ponctuel, chez chacun d'entre nous, en réaction à un événement de vie. Il est parfois fréquent, par exemple chez les timides, qui n'osent jamais dire ce qui les dérange ou les meurtrit, et qui donc ressassent. Comme dans cette remarque de Cioran[3] : « J'ai, presque tous les jours, des accès où j'attaque tel ou tel, en paroles, en imagination. Soliloque d'un polémiste. On dépense sa fureur comme on peut. » Il peut enfin être si régulier qu'il devient une manière de vivre le monde, comme chez les grands coléreux, qui voient bien qu'ils ne peuvent passer leur journée à hurler. Alors, lorsqu'ils ne hurlent pas, lorsqu'ils ne râlent pas, ils ruminent leur ressentiment. Et s'emprisonnent dans de pauvres vies de colères, d'amertumes et de rages.

Comme souvent, l'état d'âme est peut-être plus dangereux et délabrant que l'émotion forte : le ressentiment est parfois pire que la colère, car plus durable (parfois chronique) et moins perçu par la personne comme problématique. Ce qui est une erreur, car si notre entourage s'oppose parfois à nos colères, le plus souvent ponctuelles, il finit par fuir nos ressentiments, s'ils sont constants. Et donc, nous fuir.

Le ressentiment est une façon de diluer sa colère, de l'étaler dans le temps. Mais, du coup, d'en mettre partout dans notre vie, le mouvement naturel des états d'âme étant de s'étendre et de prendre toute la place disponible en nous… D'ailleurs, dans le ressentiment, on perd un des rares bénéfices de la colère : cette dernière nous pousse en général à l'action. Alors que le ressentiment est souvent une colère avortée, dans laquelle éructations et gesticulations intérieures remplacent discussion et explication avec les personnes concernées.

Le ressentiment partage avec la colère ses sources. Soit des frustrations, des entraves, des atteintes à son intérêt personnel : avoir été gêné, empêché (par le *mec* mal garé, la *bonne femme* qui roule trop doucement et qui ralentit au feu orange au lieu d'accélérer, les *idiots* qui me contredisent ou me coupent la parole). Soit des violations de règles, un non-respect de l'intérêt général : les *malotrus* qui laissent leur chien pisser sur les murs ou chier devant les portes, les *petits malins* qui resquillent, qui fraudent. Soit des blessures de l'estime de soi, des perceptions de rejet social : on m'a critiqué, on a dit du mal de moi, on m'a oublié…

Dans tous les cas, les choses ne se sont pas passées comme on l'attendait. Et on ne l'accepte pas. C'est toujours, avec nos états d'âme négatifs, le même problème de non-acceptation : on s'attache à ce qui devrait être plutôt qu'à ce qui est. Mais ce qui fait que les événements nous rendent hostiles et non pas tristes, c'est que nous en attribuons la responsabilité aux autres[4]. Si nous percevons nos ennuis comme liés à la malchance ou au destin, nous serons plutôt tristes ; si nous les percevons comme venant de nous-mêmes, nous aurons des états d'âme d'autodévalorisation ; mais si nous pensons qu'ils viennent des autres, alors le ressentiment surgira.

Les états d'âme de ressentiment sont en général liés à un vécu d'échec et d'impuissance à agir. Même si ce qui nous irrite n'est pas dirigé contre nous ou ne porte pas directement atteinte à nos intérêts. On a pu montrer qu'avoir été mis en échec préalablement augmentait le regard critique que nous allions ensuite porter sur les autres. Avoir été mis en échec ponctuellement, ou percevoir notre existence tout entière comme un échec, nous expose aux états d'âme de ressentiment. Parfois, la déception de soi sera la source. Il y a souvent dans nos ressentiments du ressentiment contre nous, un regret de ne pouvoir être meilleurs face aux petits agacements et aux grandes offenses. Ce que notait par exemple Jules Renard[5] : « Pourquoi êtes-vous méchant ? — Parce que je n'ai pas la force d'être bon. » Ou de façon plus amère, Cioran[6] : « Dans le pessimisme se concertent une bonté inefficace et une méchanceté inassouvie. »

Proximité du ressentiment et de la tristesse : nous l'avons dit, souvent, ce qui induit du ressentiment aurait pu induire de la tristesse. D'ailleurs, elle est presque toujours là, sous la colère. Alors pourquoi s'énerver plutôt que s'attrister ? Parce que c'est moins douloureux ? Plus efficace ? Peut-être aussi que l'on s'énerve au lieu de s'attrister lorsque les événements déclenchant le ressentiment nous paraissent inacceptables car évitables : « Ils auraient pu faire attention », « Ils pourraient faire autrement, mais ne le font pas, par négligence : ils s'en foutent, ou par mauvaise intention : ils m'en veulent. »

Il y a aussi la question de l'efficacité et de l'image sociale : le ressentiment peut nous sembler plus prometteur pour réparer les torts que nous aurions subis (beaucoup de personnes se motivent par la colère et des états d'âme de bagarreur, donc de vainqueur potentiel), alors que la tristesse nous paraît davantage un état d'âme de victime démissionnaire, de vaincu.

Le plus triste, c'est que c'est parfois vrai ! Dans des environnements compétitifs où les questions de pouvoir jouent un rôle important, la colère marche mieux que la tristesse pour s'imposer aux yeux des autres[7]. Mais attention, cela n'est vrai que si vous avez déjà un peu de pouvoir[8], sinon, les énervements de subordonnés ne sont vus que comme des manques de self-control. Alors, si notre but dans la vie, c'est de prendre le pouvoir sur les autres, continuons à cultiver des états d'âme de ressentiment, avec de temps en temps de bonnes explosions de colère. Ça marche plus ou moins dans certains milieux. Mais ce sera triste et stressant. Si notre but, par contre, est de rester un être humain, dommage de récuser ainsi le passage par la case « tristesse », qui nous rendrait plus intelligents, sensibles, lucides. Et aussi sans doute plus efficaces, nous en reparlerons.

On a tort lorsqu'on valorise la colère. Psychologiquement et médicalement. Face à quelque chose qui nous révolte, exprimer notre colère apaise certes le cœur à très court terme, parce que c'est mieux que la frustration de ne pas agir ou de ne rien dire alors que l'on se sent énervé[9]. Mais, à long terme, la colère devient toxique : on a montré depuis longtemps qu'elle augmentait le risque de mort subite, tant par accident cardiaque que de manière générale[10]. Et aussi que l'hostilité envers les autres, les colères ressenties mais non exprimées, bref tous les états d'âme de ressentiment étaient cardio-toxiques[11]. Il y a également tous les dégâts relationnels : le négativisme qui fait le vide, les énervements qui provoquent des conflits, la rancune qui empêche de pardonner et qui brise absurdement des liens. Sans parler de sa complication, de sa surinfection tôt ou tard par des états d'âme de culpabilité, de tristesse d'avoir fait souffrir un autre humain, d'avoir ajouté au malheur du monde…

Le ressentiment comme rumination

La « mauvaise humeur » ou le « mauvais poil » sont une rumination de nos états d'âme hostiles. C'est pourquoi le terme de ressentiment me paraît si adapté : dans *re-sentiment*, cette notion de réanimer inlassablement des états d'âme de colère est fondamentale. La colère elle-même (comme la plupart des émotions fortes) est trop coûteuse en énergie intérieure pour qu'on puisse se permettre de la déclencher trop souvent ou de la faire durer trop longtemps. C'est comme courir : certes, cela va plus vite que marcher, mais au bout d'un moment on est essoufflé, et il faut s'arrêter. De même, nos colères sont *obligées* de s'arrêter à un moment, car on est épuisé par elles (nos coronaires aussi...). Par contre, toutes les formes de ressentiments peuvent nous habiter bien plus longtemps, nous dévorer à petit feu.

Pema Chödrön, nonne bouddhiste, note ceci : « Si on n'entretient pas le feu de la colère ou le feu du désir véhément en se parlant à soi-même, alors ce feu n'a aucun combustible pour s'alimenter. Il atteint son maximum puis s'éteint. On dit que toute chose a un début, un milieu et une fin, mais quand on commence à blâmer autrui et à se parler à soi-même, il semble que les choses aient un début et un milieu mais pas de fin[12]. »

Différents travaux ont pu montrer que ruminer sa colère sur le mode du « pourquoi ? » : « Pourquoi on m'a fait ça ? », « Pourquoi tant de haine ? », etc., va provoquer une chronicisation du ressentiment, et une plus grande fréquence ensuite de résurgences de pensées ou souvenirs liés à l'événement initial. Il semble bien préférable, comme toujours pour éviter la rumination, de commencer par réfléchir sur le « quoi ? » et le « comment ? » : « Que s'est-il passé exactement ? », « Comment ça a démarré ? », « Comment j'ai ressenti et compris les choses ? », etc.[13].

Comme tous les états d'âme négatifs, nous l'avons vu, le ressentiment pousse à se noyer dans les détails (il m'a fait ci, elle m'a dit ça...) et à se rétracter sur soi et son seul point de vue. Des travaux ont montré que faire l'effort de réfléchir sur ce qui s'était passé en empruntant le point de vue des autres (comment quelqu'un d'extérieur aurait-il compris et décrit la situation ? et comment la ou les personnes avec qui je suis en désaccord ont-elles pu le vivre de leur côté ?) permettait une diminution du ressentiment, une moins grande fréquence des pensées et souvenirs intrusifs liés au problème, et un niveau de stress corporel moins élevé (nombreuses variables liées aux rythmes respiratoires et cardiaques notamment)[14].

Travailler ainsi sur nos ruminations hostiles est nécessaire pour en éviter les conséquences comportementales. En s'enfermant dans le ressentiment, on s'emprisonne dans une vision punitive du problème : pour que notre souffrance cesse, on rêve de pouvoir punir les coupables, ou que le destin s'en charge. On se nourrit de l'amère jubilation des fantasmes de punition. On patiente dans ce but, persuadé que, comme le dit le proverbe, « la vengeance est un plat qui se mange froid ». On se dit que notre impuissance actuelle à punir n'est que partie remise, on *attend* l'occasion de prendre sa revanche. Mais, dans une telle attente, dans un tel climat d'états d'âme hostiles, on pourrit et on bloque toute possibilité d'évolution ou de pardon. Car *on ne cherche pas des solutions mais des punitions*, on ne voit plus des interlocuteurs mais des coupables. Et plus on infuse dans le ressentiment, plus on ferme la porte à toute forme d'amélioration par la réconciliation ou l'oubli (ou plutôt que l'oubli, le retour au calme).

Par exemple, en cas de ressentiment envers un proche, on repasse en revue la personne et la relation que nous avons eue jusqu'alors avec elle, pour les reprofiler en puisant uniquement dans les éléments négatifs. Il faut bien qu'on ait des raisons de détester, pour ne pas se sentir dans le rôle du méchant, mais plutôt celui de la victime et/ou du justicier ! On n'a pas envie de pardonner, au mieux on attend des excuses. Il y a toujours une finalité de retrouvailles punitives, mais pas toujours un désir de rompre les liens. C'est pour ça qu'on dit : « Je lui en veux. » On *veut* quelque chose : faire rendre gorge, comme chez les loups, où l'animal vaincu offre symboliquement sa gorge, partie vulnérable, à l'animal vainqueur.

Le plus étonnant parfois dans l'absurdité psychologique de ces mécanismes, ce sont les ressentiments anticipés : on s'imagine à l'avance que nos interlocuteurs vont nous résister, nous refuser ce à quoi on estime avoir droit, qu'ils vont peut-être même nous agresser. Alors on se met en colère *par avance* contre eux. On se prépare, ou plutôt on se conditionne, à un conflit. Que l'on risque évidemment de provoquer en arrivant remonté et à cran dans la situation. Les timides sont souvent victimes de ces ébullitions par avance : en se préparant à demander quelque chose ou à faire quelque réclamation, ils ont tellement peur qu'on leur dise « non » qu'ils confondent leur anticipation et la réalité, et se mettent alors à déjà détester la personne qui va – sûrement, dans leurs fantasmes inquiets – leur dire ce « non ». Du coup, soit ils renoncent (par peur de leur colère), soit ils arrivent « remontés » dans la situation, font leur demande sur un ton tremblant et agressif, très surprenant pour l'interlocuteur...

Les états d'âme liés à la colère

Il y a de très nombreux états d'âme adossés à la colère : aigreur, amertume, vindicte, animosité, dépit, hostilité, rancune, courroux, agacement, énervement, exaspération, hargne, irascibilité, mécontentement, irritation, indignation... La liste est longue, ce qui en dit long aussi sur nos vies, ou plutôt sur la façon dont nous traversons nos vies. Dans le futur, si des philologues se penchent sur nos dictionnaires, ils se diront que nos existences n'étaient pas faciles. Ou que nous étions de sacrés gros râleurs ! Voici quelques-uns de ces différents cocktails à base de ressentiments...

L'amertume, cet état d'âme où l'on ressasse sa conviction d'avoir été déçu, trahi, mésestimé, incompris. Alors qu'on avait fait des efforts, accordé sa confiance, et nourri des espoirs que cela porte ses fruits. Mélange de déception, de tristesse, de ressentiment, de honte parfois. Et toujours un sentiment de sombre désillusion envers la vie et l'humanité. Là encore, ce qui explique la bascule vers l'état d'âme diffus, c'est que nous généralisons notre déception à notre vie entière, nous convoquons les fantômes de nos déceptions passées. Sinon, ce n'est pas de l'amertume que nous éprouverions, mais de la déception, un état d'âme plus simple à digérer.

Cioran, qui aimait comparer les états d'âme des différents peuples d'Europe, notait dans ses *Cahiers*[15] : « Calle de la Amargura – c'était à Valdemosa. Imagine-t-on en France une rue de l'Amertume ? Je pense aussi au Paseo de los Tristes, à Grenade. » Assumons nos amertumes, transformons-les en déceptions, en tristesses. Marchons, en bavardant avec Cioran, dans la rue de l'Amertume, pour nous rendre place de la Déception, et finir ensuite dans le jardin de la Tristesse. Là, ça ira mieux : on pourra commencer à vraiment comprendre ce qui nous arrive, et passer à autre chose : emprunter le passage de l'Acceptation, nous balader avenue de l'Action…

La bouderie : si on y réfléchit bien, elle est si étrange ! C'est une attitude qui ne peut exister que face à des personnes qui nous aiment ou nous apprécient. Et dont on pense, ou on espère, qu'elles changeront sous l'effet de notre bouderie. Face à des indifférents ou des méchants, la bouderie serait absurde et sans effet. C'est pourquoi la bouderie est par essence enfantine : seul l'enfant qui se sait aimé se permet de bouder ; pas l'enfant négligé ou battu. De même dans le couple, ou la famille, ou les groupes humains. On ne boude que parce qu'il y a, ou qu'il y a eu, de l'amour ou de l'affection ou de l'estime.

Dans la bouderie, on retrouve, comme pour l'amertume, de la tristesse et de la colère ; et peut-être plus de frustration que de déception. Mais ce qui domine, c'est le désir de punir l'autre en le privant de nous ! De le faire souffrir par notre retrait ostensible de la relation : plus de parole, ni de regard, ni bien entendu de geste positif.

Il y a souvent dans la bouderie cette délectation morose propre à tant d'états d'âme négatifs : souffrir en se faisant souffrir. Les états d'âme et attitudes de bouderie se retrouvent plus souvent chez les personnes à basse estime de soi, qui se sentent impuissantes à modifier la situation ou la relation autrement, ou qui se pensent en danger si elles prennent le risque d'un conflit ou d'explications ouvertes. Pour ne plus bouder, il nous faudra apprendre à mieux nous estimer et à mieux communiquer !

Le mépris apparaît plutôt chez les personnes à haute estime de soi, ou qui cherchent à la rehausser. Comme dans la bouderie (il y a des liens étroits, c'est une sorte de bouderie, mais de la part d'un puissant), on punit l'autre en le privant de nous. Mais avec un désir clairement affiché de briser la relation, un désir d'exclusion plus que d'agression, un désir de rejet durable plus que de punition transitoire. Et un désir aussi de s'affirmer comme supérieur[16]. Il y a de l'orgueil et du dégoût dans le mépris : un bien mauvais mélange…

Le négativisme, que nous avons rapidement évoqué, c'est la propension à décrier d'avance : tout est inutile, absurde, vain, dérisoire, stupide. Il y a dans cet état d'âme une forte dose de tristesse, associée à une petite touche de ressentiment envers l'énergie et la confiance des autres, qui nous heurte car elle nous renvoie encore plus violemment à notre passivité douloureuse. Il y a aussi dans toute forme de négativisme une composante de sabotage, de frein des initiatives, un agacement devant l'enthousiasme et la spontanéité. Dans une épigramme assassine contre l'un de ses ennemis, Piron (lui-même adversaire intellectuel de Voltaire dans le Paris du XVIIIe siècle) décrivait ainsi cette attitude : « Que fait le bouc en si joli bercail ? / Y plairait-il ? Chercherait-il à plaire ? / Non ! C'est l'eunuque au milieu du sérail. / Il n'y fait rien et nuit à qui veut faire[17]. »

Lorsqu'on s'abandonne au négativisme, c'est qu'existe en nous l'envie, par notre discours et nos mises en garde, de mettre les autres dans notre état prédépressif, de les tirer vers le bas avec nous. Évidemment on ne se le dit pas comme ça, mais certains négativismes militants (faire obstruction à des projets, systématiquement contrer les arguments des autres) ne sont rien d'autre que le désir de ne plus être seul au fond du trou.

Il est intéressant de ne pas voir le négativisme que chez les autres mais de voir aussi comment il peut exister en nous. Il y a quelques années, en réfléchissant sur mes propres tendances au négativisme, je m'étais par exemple aperçu que dans les discussions je reprenais souvent la parole avec un petit tic de langage : « non mais » ou « oui mais ». Je me suis aperçu que ces petits « mais » témoignaient évidemment d'états d'âme internes basés sur impatience, agacement, désir de rectifier le discours de l'autre. Même à toutes petites doses, en pas méchant, c'était ça : je me disais sans doute trop souvent « non » dans ma tête. Alors j'ai décidé de faire attention, de procéder à la chasse aux « oui mais » ou « non mais » inutiles. Désormais, dès que j'en repère un, je commence à examiner plus attentivement mes états d'âme : « Attention vieux, tu es en train de n'écouter que pour corriger ; écoute vraiment d'abord ; tu verras bien ensuite s'il faut continuer avec un "oui" ou un "non", mais pitié, plus de "mais". Plus ces espèces de petites pollutions subliminales qui altèrent un peu le lien avec ton interlocuteur ! » Si vous avez l'occasion de bavarder un jour avec moi, dites-moi où j'en suis dans ces efforts…

L'ironie se définit comme une manière indirecte de se moquer ou d'agresser ou de critiquer, feignant la naïveté ou la méconnaissance. « Ironie » vient du grec *eironeia* : « action d'interroger en feignant l'ignorance », procédé souvent utilisé par Socrate avec ses interlocuteurs. C'est une façon d'agresser frontale (comparée par exemple à la médisance), mais suffisamment polie et policée pour mettre l'autre dans l'embarras : s'il s'énerve, il est perdant ; s'il subit, également. Il ne peut que répondre en se plaçant sur le même terrain de la méchanceté policée. Ce qui n'est pas donné à tout le monde, et dont les ironistes abusent. Car l'usage de l'ironie lors d'un conflit en révèle la vraie nature : c'est un puissant *starter* de colère et de ressentiments chez la cible. En effet, l'ironie à la fois allume la colère et rend par avance ridicule son expression.

L'ironie est une arme. Comme le mépris, elle prend sa source dans des états d'âme où cohabitent sentiment de supériorité, et agacement condescendant envers autrui. Basée sur le désir de rabaisser et non d'améliorer, elle est relationnellement toxique dans la mesure où elle accroît les tensions et ressentiments sans rapprocher d'une recherche de solutions. Son seul avantage, pour les spectateurs, est d'être parfois drôle. Mais comme le notait Jules Renard : « L'ironie est surtout un jeu d'esprit. L'humour serait plutôt un jeu du cœur, un jeu de sensibilité. » C'est pourquoi l'humour rapproche, mais l'ironie écarte. Et témoigne d'un état d'esprit durci, et d'états d'âme négatifs, comme le souligne Stendhal en critiquant « la société française, composée d'êtres secs chez lesquels le plaisir de montrer de l'ironie étouffe le bonheur d'avoir de l'enthousiasme… ».

La rancune et la rancœur (« souvenir vif et tenace que l'on garde d'une offense, d'un mal, avec de l'hostilité et un désir de vengeance ») sont basées sur le désir de représailles et de punition : on a décidé de figer sa mémoire en bloquant la cicatrisation naturelle des blessures d'amour-propre par l'oubli, ou par la distanciation. Car se remettre à vivre permettrait à d'autres expériences de recouvrir peu à peu les souffrances de l'offense. Mais, dans la rancune, surtout lorsqu'elle arrive au stade de la haine[18], on a figé d'une certaine façon sa vie pour ne pas oublier. Et décidé aussi de peu à peu sculpter la statue d'un monstre en la personne de notre offenseur : au fur et à mesure que le temps passe, on collectionne les détails qui confirment son côté sombre. Les phases précédant les divorces (et évidemment celle du divorce lui-même) reposent par exemple sur ces lents et sinistres mécanismes, où on augmente activement son ressentiment et sa rancune envers le conjoint. Ce qui semble avoir un avantage : on n'est plus triste de se séparer. Mais qui fait beaucoup souffrir, et complique les retrouvailles ultérieures (par exemple s'il y a des enfants).

Ressentiment et vie de couple

« Est-il possible, pendant près d'un demi-siècle, de n'observer qu'un seul côté de la créature qui partage notre vie ? Se pourrait-il que nous fassions, par habitude, le tri de ses paroles et de ses gestes, ne retenant que ce qui nourrit nos griefs et entretient nos rancunes ? », se demande François Mauriac dans son roman *Le Nœud de vipères*. Eh bien oui, hélas…

La vie conjugale (et familiale) est un lieu où de nombreux ressentiments peuvent s'enraciner. Il y a tant de possibilités de frustrations et d'incompréhensions, si le nettoyage par le dialogue ou les expériences agréables vécues ensemble n'est pas fait régulièrement. Lorsqu'on vit ensemble, on croise de nombreux « carrefours du divorce », où l'on peut prendre, poussé par les vents du ressentiment, le mauvais embranchement.

Dans un couple, les conflits sont normaux. Ce qui fait la différence entre couples fonctionnels et dysfonctionnels, ce n'est pas tant leur fréquence que leur ampleur (jusqu'où montent-ils ?) et leurs conséquences (laissent-ils tout un sillage d'états d'âme de ressentiment qui va polluer la suite et freiner la réconciliation ?). Dans ces conflits pathologiques, il n'y a pas de désir de solution mais plutôt de punition, pas de recherche de collaboration mais de dominance (qui a raison ? qui mérite d'être puni ? qui doit demander pardon à l'autre ?).

Les couples qui marchent bien disposent d'une capacité à « laisser passer les orages », même si les partenaires n'ont pas réglé le problème sur le fond. Car, parfois, il y a des problèmes qui ne peuvent tout simplement pas être réglés (la belle-famille en est classiquement un). Alors on les tolère, on les recouvre avec de l'amour, de l'affection et du temps qui passe. Ou on prend soin de n'en reparler qu'à bonne distance. Entre-temps, les états d'âme positifs vécus ensemble et partagés ont adouci le ressentiment, empêché sa rumination et rendu possible un dialogue bienveillant.

Chez les couples en difficulté, en revanche, tout conflit s'envenime, et toute tentative de discuter devient elle-même une source de conflit où l'on s'agace de l'attitude du conjoint dans l'échange. L'écrivain Éric Chevillard notait ainsi[19] : « Délicate opération : vider une querelle comme on vide un poisson, sans crever la poche à fiel. » Mais souvent, la poche à fiel se crève, alors on rumine le conflit, ce qui va entraîner une « solidification » de tous les souvenirs épars de conflits. Notre mémoire va leur donner une cohérence qu'ils n'ont pas forcément, va construire là-dessus une histoire d'échec, d'incompréhension, de tromperie sur la marchandise (« ce n'est plus la personne que j'ai aimée »). Plus on y repense, plus on active la circuiterie cérébrale qui va ensuite associer à toute dispute cette histoire de relations conflictuelles à laquelle nous résumons désormais notre couple. Et, au bout d'un moment, on finit par ne plus voir l'autre que comme un agresseur, un contrarieur, par ne plus le percevoir que sous ses mauvais côtés, par ne plus avoir que des états d'âme négatifs associés à son évocation.

Comme c'est – ce qu'on oublie souvent – une grande souffrance pour nous, et que les souffrances nous replient sur notre ego, on va alors avoir un oubli total de la souffrance de l'autre. D'où les séances de thérapie de couple[20] où on demande à un des conjoints de parler de ce qu'il ressent, et seulement de ce qu'il ressent, sans juger le comportement de l'autre, sans l'accuser. Et où l'autre conjoint, à distance et parfois de dos (pour mieux se concentrer sur ces paroles), écoute sans parler. On cherche aussi dans ces thérapies à initier les couples à la communication non violente[21], à leur faire comprendre qu'il faut écouter et rassurer son interlocuteur avant de vouloir être écouté par lui. Les rudiments de cette communication non violente sont de privilégier le « je » sur le « tu » (plutôt que « ce que tu m'as fait ou dit », dire « ce que j'ai ressenti lorsque tu l'as fait ou dit »), d'exprimer son ressenti personnel au lieu d'interpréter les intentions de l'autre (« j'ai eu l'impression que... » plutôt que « tu cherches toujours à... »), de parler des comportements plutôt que porter des jugements (« tu as fait ceci » plutôt que « tu es un ou une... »), de toujours essayer de partir de faits précis et ponctuels plutôt que de généraliser (« il s'est passé ceci » plutôt que « c'est toujours pareil, depuis que je te connais, chaque fois tu... »).

Le ressentiment contre soi

Les états d'âme de colère contre soi sont un cas de figure particulier mais passionnant.

On évalue qu'au moins 10 % des colères ressenties le sont contre soi[22] ; ce chiffre peut à mon avis être très augmenté chez certaines personnes. Lorsqu'on étudie ces colères contre soi auprès de personnes tout-venant (pas forcément des patients ayant des difficultés psychologiques), on voit qu'il leur est très facile et rapide de s'en souvenir et d'en raconter[23]. On s'aperçoit également que nombre des colères jugées « déraisonnables » sont souvent des colères contre soi[24]. Comme le problème de ces colères contre soi, c'est qu'on n'a personne en face, il est fréquent qu'elles aboutissent à des coups sur des objets. Un patient colérique me racontait ainsi que, lors de vacances en Bretagne dans une petite maison de location, il se cognait plusieurs fois par jour la tête au passage de portes trop basses ; un jour, à la cinquantième bosse frontale lors d'un changement de pièce, il décocha un énorme coup de pied contre la porte en question : fracture du gros orteil. « En une seconde, j'avais plombé mon été. Après ce gros coup de colère, j'ai dû faire attention à ma mauvaise humeur. Comme me disait ma femme : "Tu t'es déjà gâché les vacances avec cette histoire, ne nous pourris pas l'ambiance maintenant ! Tu as intérêt à ne pas gémir et à ne pas râler, on te connaît"... » Car, après la colère contre soi, il y a bien sûr les ressentiments contre soi. D'où la fréquence dans tout ça des problèmes d'estime de soi, où les états d'âme de ressentiments durables contre sa personne sont très présents ; on se veut du mal, on se souhaite du mal, et parfois on se fait du mal, et on en vient à se dire, après s'être fait du mal : « C'est bien fait pour toi ! »

Dans son poème épique, *La Divine Comédie*, Dante parcourt les différents cercles de l'Enfer, où sont éternellement châtiés ceux qui ont péché. Dans le cinquième cercle, alors qu'il traverse le Styx, fleuve des enfers, il aperçoit dans la boue les colériques qui se frappent entre eux et parfois se déchirent eux-mêmes – « se tranchant par lambeaux à belles dents[25] » –, non loin des mélancoliques qui continuent de gémir comme ils gémissaient sur Terre. Dante a placé la colère non loin de la tristesse, et a évoqué le ressentiment contre soi : une marque de plus de son génie...

Maladies de la colère et des états d'âme de colère

De nombreuses pathologies sont basées sur les états d'âme de ressentiment et de colère mal régulés.

Les plus connues et les plus étudiées ces dernières années ont été les colères pathologiques, notamment sous la forme de « rages au volant », en raison des problèmes de sécurité publique qu'elles posent, en augmentant infractions, accidents, altercations et homicides[26]. La conduite automobile est effectivement une situation à risque, où le sentiment de liberté et de toute-puissance se trouve activé (par la puissance de la voiture, et parfois par l'effet excitateur d'une musique agressive écoutée à fond) alors que le conducteur se trouve confronté aux erreurs, ou tout simplement à l'*existence* des autres (conducteurs qui ne vont pas assez vite, piétons qui veulent traverser, etc.). Sans oublier les nombreuses frustrations qu'il faut endurer, à cause du code de la route, des limitations de vitesse, des embouteillages ou des difficultés pour stationner[27].

On connaît aussi la fréquence du ressentiment chez les personnes faibles et fragiles, comme les phobiques sociaux, et à un degré moindre les timides[28]. Ce ressentiment par détresse des gens fragiles est très important à aborder avec eux lors des psychothérapies. Il est la source d'un surcroît important de souffrances. Et peut éventuellement être à l'origine de fausses routes dans leurs attitudes : face à ce qu'ils croient être de l'hostilité ou du mépris ou de l'abus, ils essaient de se durcir, de faire la même chose, mais c'est un terrain sur lequel ils seront toujours perdants. Nous avons toujours à nous demander quel sentiment de fragilité est à l'origine de nos crises de mauvaise humeur...

Signalons qu'on retrouve également le rôle des colères rentrées et du ressentiment dans les conduites boulimiques, à l'origine de certaines crises de fureur alimentaire[29]. Ce qui n'a rien d'étonnant : les oscillations d'états d'âme sont au départ de nombreuses impulsions à manger, nous en avons parlé.

Enfin, il existe des « dépressions hostiles », dans lesquelles l'expression émotionnelle mise en avant est plus le ressentiment que la tristesse[30] : le symptôme de misanthropie remplace la plainte dépressive, mais avec toujours de la douleur morale en arrière-plan. Dans le deuil aussi, il y a parfois du ressentiment, pour les vivants (les gens qui ont encore leurs enfants...) ou pour la personne décédée (qui n'a pas fait ce qu'il fallait pour rester en vie). Voici le récit d'une patiente qui raconte un déjeuner avec son père déprimé qui venait de perdre son épouse : « C'était très triste, sans en avoir conscience, il était plein de haine pour les voisins, parce qu'ils vivaient heureux en couple ; pour les médecins qui avaient mal soigné (selon lui) ma mère ; pour tous les anonymes qui conduisaient mal, lui faisaient perdre son temps dans les files d'attente du supermarché voisin... Au fur et à mesure qu'il me racontait les nouvelles de son quotidien en les entrecoupant de ces bouffées de détestation, clairement liées à son propre malheur, je me sentais de plus en plus triste. Alors je lui ai dit que tout ce ressentiment lui faisait du mal. Il m'a plutôt bien écoutée, puis m'a dit que non, ça lui faisait du bien ces petites flambées de haine, et qu'il se sentait soulagé ensuite. Je n'avais pas du tout cette impression. Bizarre comme les gens s'aveuglent sur les bienfaits de la colère… » Le ressentiment sous toutes ses formes est étroitement lié à l'inaptitude au bonheur.

Colère et douleur

Une seule fois, je me suis fait insulter par une de mes filles : la plus jeune d'entre elles venait de subir une ponction lombaire à la suite de problèmes de santé. Les ponctions lombaires sont déjà une épreuve très pénible (on vous enfonce une énorme aiguille entre deux vertèbres pour retirer du liquide céphalo-rachidien), mais leurs suites le sont plus encore, car si vous n'observez pas une stricte position allongée, cela déclenche de violentes douleurs et de sévères maux de tête. J'étais en train de la prendre dans mes bras pour la déplacer doucement du salon à sa chambre, lorsque j'ai dû trop la remuer et réveiller la douleur. J'ai été submergé sous un flot d'insultes comme jamais. L'épisode est resté dans la mythologie familiale, avec notamment l'apostrophe : « Espèce de gros balourd incapable. » Trop de souffrance…

De nombreux travaux se sont penchés sur les liens très étroits entre colère et douleur[31]. Ils montrent sans surprise que les émotions et états d'âme de colère augmentent la perception de la douleur et que, inversement, toute forme de douleur facilite l'apparition du ressentiment. C'est sans doute de là que vient l'expression « écorché vif », qui rappelle l'existence de la souffrance derrière l'agressivité.

Dans le dessin animé pour enfants *Kirikou* figure une méchante sorcière, dont on découvre qu'elle est méchante justement parce qu'elle a – depuis si longtemps qu'elle l'a elle-même oublié – une énorme épine enfoncée dans le dos : tout change dès lors que le héros, le jeune Kirikou, la lui retire[32]…

On sait aussi que les tentatives pour supprimer le ressenti ou l'expression de son ressentiment rendent ensuite encore plus sensible à la douleur[33]. Si on refoule ses états d'âme, on tolère encore moins la douleur physique. Cet effet est général, mais est plus fort pour le ressentiment que pour d'autres états d'âme négatifs, comme l'anxiété. Mais, pour autant, il n'est pas recommandé de laisser libre cours à l'expression de son ressentiment : plus on se lâche, plus on va ressentir de colère et s'exposer à d'autres ultérieurement. Cela doit juste nous inciter à accepter l'expérience et le ressenti de la colère, pour en faire quelque chose d'utile et d'intéressant, pas pour agir sauvagement sous son emprise. La solution pour éviter la colère refoulée (qui est ce qu'il y a de pire), ce n'est pas la colère *défoulée*, mais le dialogue et l'explication. Après un temps de décompression, un *time-out*, disent les Américains, un temps pour sortir, respirer, voire aller courir un peu. Mais surtout pas de séance de punching-ball, ou autres manœuvres de détournement de l'hostilité prétendument défoulantes : elles ne font qu'aggraver le ressentiment et préparer le retour de la colère[34]. La *vidange émotionnelle* et la catharsis, ça ne marche pas…

Folie de la colère, sagesse de la douceur : quelques efforts utiles

Supprimer colère et ressentiment ? Hum… Il semble plus raisonnable : 1) de considérer que leur survenue est inévitable dans toute vie sociale, à moins d'être très doué ou de vivre hors du monde, 2) qu'il est possible d'apprendre à les réguler plutôt que d'espérer ne pas les ressentir, 3) que la première compétence en la matière est d'accepter de voir que derrière chacun de nos ressentiments il y a de la souffrance, et 4) d'avoir envie de moins souffrir…

Commencer par prendre et comprendre le monde tel qu'il est

Avant de changer le monde, nous avons à changer nos attentes : il est aussi vain pour la personne ressentant facilement ressentiment ou colère de vouloir un monde sans contrariétés que pour l'inquiet de vouloir un monde sans risques et sans ennuis. Nous ne pouvons faire autrement que d'accepter la psychodiversité (les gens qui ne pensent pas comme nous), l'absurde, l'inutile, le regrettable et le déplorable. Comme on accepte les orages, les orties et les frelons : face à eux, on s'organise plutôt qu'on ne s'énerve. Mais, tout de même, renoncer à mes colères, n'est-ce pas m'incliner, et renoncer à changer le monde, ses injustices, ses absurdités ? Dans son ouvrage *De la colère*, le philosophe stoïcien Sénèque répond à l'objection : « "Mais contre les ennemis, dit-on, la colère est nécessaire." Jamais elle ne l'est moins : à la guerre, les mouvements ne doivent pas être déréglés, mais ordonnés et dociles. [...] Le gladiateur aussi, c'est l'art qui le protège, c'est la colère qui l'expose. » On agit toujours mieux apaisé qu'énervé.

Avoir conscience de la naissance du ressentiment

Lorsqu'on étudie le fonctionnement psychologique des personnes chez qui il y a peu de ressentiment, on peut voir qu'elles disposent d'une sorte d'alarme psychologique qui se déclenche lorsque des pensées hostiles cherchent à faire effraction dans leur esprit. Alors, ce n'est pas la situation ou la personne externes qui sont considérées comme problématiques mais les idées agressives. Ces personnes ont conscience que le ressentiment cherche à s'immiscer en elles, et le freinent avant qu'il n'ait commencé son œuvre de distorsion de la réalité[35].

Accepter de sentir la colère et le ressentiment en soi

Paradoxalement, c'est le meilleur moyen pour ne pas être débordé par ses états d'âme hostiles. Souvenons-nous de toutes les fois où lorsqu'on nous a fait la remarque : « Ne te mets pas en colère comme ça », ou : « Ne te mets pas dans des états pareils », nous avons eu tendance à répondre : « Je NE suis PAS en colère » (mécanisme psychologique de défense nommé *déni*) ou : « C'est TOI qui me mets en colère » (autre mécanisme nommé *projection*). Faut-il qu'elle soit douloureuse ou coûteuse, cette expérience de colère, pour que nous ne voulions pas l'endosser ! Pourtant, comme pour toutes les émotions et tous les états d'âme, accepter est la première étape pour distancier. Dire alors : « Oui, c'est vrai, je me sens en colère, voici pourquoi… »

Décider d'être lent à la colère et de ne détester personne

À force d'explorer les méandres de nos motivations inconscientes, la psychologie moderne a fini par considérablement sous-estimer l'importance de nos décisions conscientes dans les processus de changement[36]. Or décider de laisser de moins en moins de place à la colère et au ressentiment dans sa vie, c'est possible. En tout cas, ce qui est possible, c'est de décider d'y travailler. En sachant que, comme dans tous les combats contre les habitudes, il y aura de nombreuses rechutes et retours de ressentiment : nous devons accepter que *ça* revienne régulièrement sans le considérer comme la preuve que c'est impossible, mais simplement que ces retours font partie du processus de changement. En France, et plus généralement dans les pays latins, les efforts à faire face à la colère ne sont guère soulignés, et il existe davantage de livres consacrés de manière plus ou moins directe à l'éloge de la colère ou au droit à la colère[37], que de manuels expliquant comment la contrôler[38]. Dans d'autres pays, la colère est prise plus au sérieux : aux États-Unis par exemple, mais aussi dans bien d'autres endroits, existent des centres de soins spécialisés et des sites Internet dédiés aux colériques qui veulent ne plus l'être[39].

Se rappeler qu'il n'y a pas de ressentiment utile

Peu à peu, apprendre à ne plus les tolérer en soi. Par exemple les colères parce qu'on a perdu son chemin lors d'une randonnée en vacances, ou en allant dîner chez des amis. Commencer par s'efforcer de sourire au lieu de s'énerver. Pour cela, planifier et anticiper la venue de l'énervement. Se dire : « C'est typiquement le genre de situation où, en cas de petit incident, je m'énerve vite. Je me calme par avance, maintenant. J'évalue tout de suite si ça vaut ou non la peine de s'énerver. J'accepte tout de suite ceci : me perdre est un événement de vie normal. » Il est vrai que maintenant, avec les GPS, on ne pourra plus utiliser ces petits incidents comme des moyens de muscler sa patience et sa sagesse. Mais, du coup, on sera encore plus démuni le jour de la panne de GPS…

Se débarrasser des mythes : il n'y a pas de « justes colères », et tous les ressentiments ne sont pas légitimes

Attention aux mythes sur la colère : aucune colère n'est bonne. En tout cas, si l'on aspire à l'équilibre intérieur, elle ne peut être tolérée que comme signal d'alarme face à un problème éventuel. Ensuite, il faut l'avoir mise en laisse avant d'agir. Aristote disait : « Elle doit donc nous servir non comme chef, mais comme soldat. » L'action est bonne ; l'action inspirée par la colère peut l'être ; mais très rarement l'action sous son emprise. Ce n'est pas être faible qu'être calme et refuser la colère. Les grands leaders de la non-violence, Gandhi, Martin Luther King, le dalaï-lama, n'étaient – ou ne sont – pas des faibles. Prenons garde de ne pas survaloriser les « justes colères », la colère est surtout un grand destructeur de lien social. On célèbre trop souvent les bénéfices de la colère par rapport à ses énormes dégâts. Cette célébration fait que les forts et les puissants se permettent trop souvent de se mettre en colère, ne freinent pas assez son éclosion, ne font pas assez d'efforts pour dialoguer autrement. Et les faibles s'en veulent de ne pas être capables de faire comme les forts… La colère donne une énergie, certes, mais toxique, polluante, coûteuse. Elle déborde et dérape à peu près toujours. Elle inflige des blessures à l'origine de nouveaux ressentiments, graines de colères et de conflits à venir.

Ne jamais banaliser la colère et le ressentiment

Après un conflit ou une montée de colère, même sourde et muette, même inexprimée, ne pas passer tout de suite à autre chose : ce serait le meilleur moyen de laisser vivre et durer des états d'âme hostiles, et d'en favoriser le retour. S'il y a eu colère, alors c'est qu'il y a eu quelque chose d'important ou de grave, objectivement ou subjectivement. Ou que je ne vais pas bien en ce moment. Tout cela mérite un peu de réflexion. Alors, je me pose, je calme mon corps, et je réfléchis. Je me demande ce qui s'est passé pour que je me mette dans cet état. Et si j'aurais pu m'y prendre autrement. Juste me poser la question et faire vraiment l'effort d'y répondre. Je me demande comment je peux me rapprocher de ce qui est important pour moi (être écouté, être respecté…) sans avoir à héberger tous ces ressentiments…

Ne pas oublier la tristesse ou la peur derrière nos états d'âme de colères

Il s'agit pour nous de bien écouter, en deçà du ressentiment, la petite voix de nos états d'âme originels. Souvent, la colère est une émotion dite secondaire, qui occulte une peur ou une tristesse qui sont en fait à l'origine de notre souffrance. La mère qui a vu son enfant traverser sans regarder et qui le gronde avant de le prendre dans ses bras, soulagée : elle a ressenti la colère alors que la peur était son premier réflexe. De même pour notre rancune lorsqu'on nous montre nos contradictions et nos erreurs : au départ il y a la déception – tristesse et désillusion – de s'être trompé. Et puis, bien sûr, à côté de la tristesse et de la peur comme sources de colère, les inquiétudes et ce qu'on nomme aujourd'hui stress. Dans ce domaine, les hommes basculent plus vite vers les états d'âme hostiles que les femmes lorsqu'ils sont soumis à des situations stressantes[40]. On les sait moins aptes à lire en eux…

Apprendre à exprimer ce qui ne va pas est un bon moyen de prévenir les ressentiments

S'affirmer, dire les choses avec calme : cela s'apprend, et on s'aperçoit que les thérapies d'affirmation de soi ont un effet « tout-terrain », se montrant capables d'améliorer nombre d'états anxieux ou dépressifs[41]. Communiquer calmement et efficacement exerce en effet un rôle régulateur de premier plan pour l'ensemble de notre vie émotionnelle. Il s'agit de ne pas renoncer à être gentil, mais de ne pas renoncer non plus à dire ce que l'on a à dire. Encore et toujours penser à la communication non violente pour exprimer ce que l'on souhaite : d'un message agressif, l'interlocuteur ne retient que l'agressivité, pas le message. Après un message jugé agressif, on juge l'autre (« Pourquoi m'a-t-il fait ça ? ») et non soi-même (« Ai-je fait ce qu'on me reproche ? » ou « Comment ai-je pu donner cette impression ? »). On réfléchit sur l'autre et non sur soi : on cherche les moyens de le faire changer, non de se changer soi-même.

Attention à ne pas amplifier son ressentiment en se montant la tête avec des proches

Souvent, lorsqu'on est irrité, on va se confier à des proches : cela consiste à leur raconter notre version des faits. Comme ils nous aiment, ils vont souvent l'accepter et donc la valider. Et ce soutien peut effectivement me calmer, et me faire alors prendre du recul : cette gorgée d'affection et d'estime me remonte le moral et, apaisant ma tristesse, apaise mon ressentiment. Mais cette écoute favorable peut aussi entraîner sa consolidation. À partir de ma version tronquée, mes proches me « croient » trop et risquent de m'enfoncer un peu plus dans une vision déformée des choses : « J'ai raison et l'autre a tort. Et il n'y a pas que moi qui le dis : mes amis le pensent aussi. » Comment alors ne pas continuer à éprouver du ressentiment ? Des travaux ont été conduits, qui confirment le phénomène de ce que l'on nomme alors la « corumination » : on ressasse avec des amis, l'amitié en sort améliorée, mais pas la lucidité ; ce sont surtout les femmes qui semblent avoir recours à ces coruminations, ou du moins, elles le reconnaissent, plus facilement[42]...

Ne pas oublier son bonheur et son équilibre intérieur

À un moment ou à un autre de mes ressentiments, me demander sincèrement : « Est-ce que je veux continuer comme ça ? Est-ce que je me sens bien dans ces états d'âme ? » Il existe une incompatibilité totale des états d'âme de colère et de ceux de bonheur. C'est d'ailleurs l'incompatibilité la plus radicale dans les jeux d'alliances subtiles des états d'âme : on peut être heureux malgré sa tristesse, ou malgré son inquiétude. Mais pas heureux et énervé. La colère dérange systématiquement l'harmonie et le lien au monde. Pour vivre heureux (ou à peu près), il est indispensable de développer une aversion pour la colère et le ressentiment. Indispensable de ressentir de plus en plus la colère comme une souffrance : c'est inconfortable, mais c'est un progrès...

Comprendre le ressentiment comme un empoisonnement et un emprisonnement

Nous devons prendre conscience que le ressentiment nous emprisonne et nous aliène : sous son emprise, nous perdons du temps de vie heureuse ou légère, en consacrant trop de notre énergie et de nos pensées à ressasser des idées de vengeance, à désirer la punition. Un psychologue américain qui a travaillé sur ce thème, Steven Hayes[43], propose de voir le ressentiment comme un hameçon sur lequel on est comme deux asticots à souffrir et à gigoter. Le premier asticot embroché, c'est nous ; le second, c'est la personne qui nous a offensé. Tant que nous avons de la détestation en nous, c'est comme si nous nous maintenions nous-même sur l'hameçon. Mais le seul moyen de nous décrocher, c'est de d'abord décrocher l'autre, autrement dit de lui pardonner, pour pouvoir à notre tour nous libérer (parce que l'autre est sur le chemin de la sortie de l'hameçon, les pêcheurs comprendront…).

La question très, très compliquée du pardon

Je me souviens d'avoir donné une conférence sur la psychologie du pardon lors d'un congrès de psychothérapie[44] : cela avait suscité de vifs débats avec quelques collègues très réticents à l'idée d'aborder la question du pardon en psychothérapie, notamment dans la prise en charge des personnes victimes d'agression. Bon nombre d'autres (dont moi) pensaient au contraire que plus la blessure a été grave, plus le pardon peut être un facteur utile pour retrouver sa liberté et son bien-être psychologiques. En tout cas, autant que vous le sachiez, l'unanimité ne règne pas concernant l'usage du pardon en psychothérapie…

Pardonner, c'est tenir une injure, une offense, pour non avenue, ne pas en garder de ressentiment, renoncer à en tirer vengeance. Le pardon est un enjeu fondamental pour toute société composée d'animaux sociaux, tels que nous autres humains : comme les souffrances, les offenses et les violences sont omniprésentes, qu'elles soient volontaires ou pas, les processus de pardon sont indispensables à la survie de l'espèce, qui va sinon se déchirer en permanence. C'est pourquoi on en trouve des prémices chez les singes sous forme de rituels de réconciliation après les conflits. L'aptitude au pardon, si importante pour éviter des représailles interminables et coûteuses, a probablement plus de trente millions d'années. Elle est un héritage partagé de l'ordre des primates, commun aux grands singes et aux humains[45]. Mais les racines du pardon sont aussi, et surtout, religieuses et sociétales[46] : l'humain a inventé la guerre, et le rôle du ressentiment dans l'histoire est plus grand qu'on ne l'imagine[47]. Mais il a aussi été capable de comprendre l'importance de faire la paix, et la nécessité de renouer des liens après la guerre. Signalons à ce propos la nécessité qu'une justice existe (régulation sociale) pour que le pardon (régulation intra- et interpersonnelle) puisse exister. Sans la justice, le pardon serait parfois une imprudence.

Le pardon n'est pas seulement un rituel d'apaisement social mais aussi (et surtout pour le sujet des états d'âme qui nous intéresse ici) un *processus d'apaisement psychologique* : faute de quoi, le ressentiment et l'incapacité à pardonner vont représenter des souffrances surajoutées à la blessure initiale. On définit en psychologie le pardon comme un « processus interindividuel par lequel un individu qui a été blessé par un autre (injustice) choisit d'abandonner le ressentiment vis-à-vis de l'autre plutôt que de se venger[48] ».

On peut remarquer qu'il existe des *pseudo-pardons*. Celui qui vient après la vengeance : « Il n'y a point d'injure qu'on ne pardonne quand on s'est vengé », disait Vauvenargues. Ou celui qui est socialement imposé par le fort au faible : « Je t'ordonne de me pardonner. »

Lorsqu'on a compris l'importance et le poids des états d'âme, on a compris aussi le coût énorme des conflits, et celui plus énorme encore des conflits chronicisés par la rumination. Et on est alors prêt à comprendre l'importance du pardon et sa valeur libératrice par rapport à ces états d'âme de ressentiment. Pas facile, car il y a autant de malentendus sur le pardon qu'il y en a sur la colère : « Pardonner, ce n'est ni oublier ni effacer ; c'est renoncer, selon les cas, à punir ou à haïr, et même, parfois, à juger », dit André Comte-Sponville. De fait, pardonner, ce n'est pas excuser, amnistier ou absoudre : dans le pardon, on ne nie pas la faute ou l'offense, mais on décide de ne plus vouloir s'en venger. Cela n'implique pas non plus de relativiser l'agression pour pouvoir pardonner. Ni de devoir se réconcilier : le pardon peut être une décision privée, non exprimée à un offenseur qu'on peut décider de ne jamais revoir par ailleurs. Ni de souhaiter recevoir des excuses : si ces dernières sont souvent bénéfiques, on peut et on doit décider de pardonner d'abord pour soi, pour se libérer soi-même de la haine. Enfin, le pardon n'est pas l'amnésie ou l'oubli : on n'oublie pas ce qui s'est passé.

Il existe, notamment chez les professionnels ayant à soigner des personnes victimes d'agressions graves (viols, prises d'otages, violences physiques) des séquences de thérapies centrées sur le pardon. Bien évidemment, le libre choix de pardonner est toujours pleinement laissé aux patients, et on ne juge pas ceux qui ne veulent pas ou ne peuvent pas pardonner : plus la souffrance a été grande, plus grande a été la violence, plus c'est difficile. Pour certains, on sent bien que le ressentiment leur sert de béquille et de motivation : il vaut mieux alors ne rien presser et attendre. Mais il faudra bien en parler un jour… Les thérapeutes pratiquant ces approches disent qu'il existe deux phases : l'une dite de « pardon décisionnel », le moment où le patient comprend qu'il est prisonnier du ressentiment et du désir de vengeance, et donc doublement victime de la violence subie ; puis une phase de « pardon émotionnel » dans laquelle il accède à une intégration profonde de la démarche de pardon, pas seulement conceptuelle ou de principe[49]. Tout comme le ressentiment transforme négativement et douloureusement la personne qui ne pardonne pas, « le pardon est un processus interne qui transforme la personne qui pardonne[50] ». Le pardon est ainsi considéré comme un outil très puissant de régulation de l'équilibre émotionnel.

Dans ce qui facilite le pardon, les études retrouvent : le fait que les offenses soient mineures[51] ; l'existence de liens empathiques ou proches avec l'offenseur[52] ; la possibilité d'identification avec l'offenseur : « J'aurais pu agir de même[53]. » De manière générale, il semble que le bien-être après avoir pardonné soit lié à la proximité avec l'offenseur[54] : autrement dit, plus nous sommes proches, plus le pardon est nécessaire et surtout bénéfique.

Dans ce qui entrave le pardon : la tendance aux ruminations[55] ; les traits habituels d'émotionnalité négative : hostiles, coléreux, névrotiques, dépressifs[56] ; le fait de percevoir le pardon comme soumission : par exemple, en milieu de travail on pardonne moins facilement aux supérieurs qu'aux collègues[57] ; le fait de souhaiter que l'offenseur se repente, ou l'envie de couper les ponts avec lui[58], qui ne facilite pas évidemment la motivation aux efforts que nécessite la difficile démarche de pardon.

« Je pardonne aisément, par la raison que je ne sais pas haïr. Il me semble que la haine est douloureuse », disait Montesquieu. Conscience du coût du ressentiment et pratique régulière du pardon : un bon alliage pour résister aux corrosions du quotidien. Si l'on a eu la chance de ne pas avoir subi d'offenses graves, il est important de considérer comme actes d'hygiène de vie la pratique ce que j'appelle les *micropardons* tout au long de notre existence et de notre quotidien : prendre pour habitude de ne pas tenir inutilement rancune, de ne pas juger trop vite les actes qui nous ont endoloris. De se défendre si nécessaire, mais seulement par des paroles et des actes dont on aura au préalable évacué le ressentiment. D'essayer de se rapprocher plutôt (puisque les offenses sont mineures) de la compassion, comme le notait le philosophe Gustave Thibon[59] : « Vu du dehors, le mal appelle le châtiment. Vu du dedans, la pitié. » Nous verrons bientôt à quel point cela pourra nous servir dans la conduite de nos états d'âme.

Changer son regard sur le monde

Il y a dans le ressentiment quelque chose qui est de l'ordre d'une fausse piste : le désir ou l'envie de punir, de faire régner l'ordre par le châtiment. S'il faut punir, alors il faut le faire sans ressentiment : c'est le rôle de la justice. Le désir de justice est peut-être une sublimation, une version acceptable du désir de vengeance, son côté civilisé. Alors, vive la sublimation !

Pour le reste, plus nous serons capables de repousser loin de nous le ressentiment, ou plutôt, plus nous serons assez lucides pour remonter à la source de nos ressentiments – bien souvent la peur ou la tristesse – et mieux ce sera et pour nous et pour la société. C'est ce que rappelait saint Thomas d'Aquin : « La colère, qui désire le mal sous la raison du bien, est un péché... »

D'ailleurs, ce n'est pas seulement repousser le ressentiment qui est intéressant, c'est créer en nous une ambiance psychologique qui le rende rare. Par exemple en s'astreignant à une discipline de l'empathie, voire de la compassion, en cherchant toujours à comprendre le point de vue des autres. Se montrer bienveillant *a priori*, et toujours avoir le souci de ne jamais oublier ni perdre de vue le bon côté éventuel des choses et des gens. Pas seulement comme un *truc*, mais comme un principe de vie.

Ce n'est pas seulement la tolérance que nous devons viser, mais la bienveillance.

Que de travail !...

CHAPITRE 8

Tristesses

« J'ai bien pensé mourir
De chagrin et d'ennui,
J'avais cessé de rire,
C'était toujours la nuit. »

Félix LECLERC,
Le Petit Bonheur.

Lorsque mes filles étaient petites, elles jouaient parfois « à la marchande », ce qui consistait à construire des petits « magasins » dans l'appartement où nous vivions. Elles montaient des stands devant la porte de leur chambre. Puis elles attendaient les clients. C'est-à-dire leur maman et moi, au mieux quelques grands-parents ou invités de passage. Nous passions deux ou trois fois leur « acheter » quelque chose, et elles étaient ravies. Tout cela les occupait pas mal de temps : sélectionner les objets, faire les étiquettes des prix, monter les stands, se faire mutuellement quelques achats, se chamailler... C'était mignon comme tout mais, bizarrement, ce jeu me faisait ressentir une sourde tristesse. J'observais leurs petits visages attendant les clients, avec en moi des états d'âme alliant attendrissement et entristement. Ces moments m'évoquaient tous les espoirs déçus qu'elles auraient à affronter dans leur vie, les entreprises vaines dans lesquelles elles s'engageraient, comme tant d'humains. Sans savoir que, dans certaines situations, dès le départ, il n'y a pas d'espoir, pas d'issue. Tout comme, dès le départ, il n'y avait pas assez de clients pour leur magasin. Mes états d'âme tristes me faisaient transposer leur situation présente dans l'avenir, ce qui est le propre des états d'âme tristes, justement : une anticipation lourde de la tristesse légère de l'instant. Je procédais à une transposition telle quelle de leur fragilité. Alors qu'elles seront peut-être banquières, et que leurs affaires seront peut-être florissantes. Mais non, sans recul sur ses états d'âme, on prend le présent et on le plaque sur l'avenir… J'ai souvent essayé de transformer ces états d'âme tristounets en états d'âme positifs : « Elles s'amusent bien, pour elles, ce sont de bons moments ; ce qu'elles attendent, c'est juste que tu fasses semblant de t'intéresser à leur marchandise, et que tu leur achètes deux ou trois trucs. » Rien à faire : pour toujours, leur image, assises derrière leurs petites boutiques de rien du tout, restera associée en moi à une douce tristesse…

Comprendre la tristesse

La tristesse, c'est « l'envahissement de la conscience par une douleur ou un malaise qui empêche de se réjouir ». Trois mots importent dans cette définition : « envahissement » (sentiment global et diffus, contaminant tout), « douleur » (tonalité pénible de faible intensité, au moins au début), et « empêchement » (de se réjouir).

Mais seul le premier mot – envahissement – est toujours vrai ; les deux autres sont sujets à variations.

La tristesse est un sentiment *envahissant*, qui occupe l'entièreté de notre âme. Quand on est triste dans sa tête, tout devient triste en nous : notre regard, notre démarche, le timbre de notre voix. Par contre, il n'est pas toujours si *douloureux* d'être triste, car il y a quelque chose de spécifique à la tristesse : la douceur. Ce qui est plutôt unique par rapport aux autres états d'âme : songez à l'inquiétude, ou l'hostilité. Se sentir inquiet ne procure jamais ce sentiment de douceur. Avoir du ressentiment non plus. Mais la tristesse, si, parfois. Enfin, la tristesse n'est pas forcément un *empêchement* au bonheur. Au contraire, il existe des bonheurs tristes, nous le verrons.

Pas si grave, donc, la tristesse ?

Oui et non…

États d'âme de la tristesse

Il y a plusieurs sortes de tristesses, une infinité : tristesses douces où l'on est comme anesthésié, voire doucement drogué ; tristesses pesantes qui nous étouffent ; tristesses de la défaite, mais aussi tristesses de certaines victoires (car il y a eu des vaincus) ; tristesses de la culpabilité, quand on a blessé tout en aimant, et tristesses de l'indifférence, quand on n'aime plus. Dire « la tristesse », c'est comme dire « les fleurs » ou « les arbres » : il reste encore tant de choses à préciser et à comprendre ! La tristesse est sans doute une des bases les plus fécondes pour notre vie intérieure, tant elle semble pouvoir donner du relief, de la douceur, du poids à tous nos autres états d'âme.

Dans ses *Cahiers*, Cioran, grand spécialiste des humeurs sombres, note : « Le cafard à tous les niveaux, du tango à l'apocalypse. Tel est mon climat habituel[1]. » Il existe ainsi de très nombreux mots désignant des états d'âme adossés à la tristesse : nostalgie, mélancolie, vague à l'âme, cafard, bourdon, abattement, morosité, chagrin. Certains, propres à une culture ou une civilisation, sont devenus universels : le spleen embrouillardé des Anglais, la saudade océanique des Portugais…

La tristesse alimente de nombreux états d'âme complexes : sentiments d'incomplétude, d'infériorité, d'inaptitude, sentiments d'imposture, de solitude, de découragement. Parfois de soulagement : après les ruptures amoureuses, quand tout était devenu tellement compliqué, on se sent à la fois triste et soulagé, comme dans la chanson de Léo Ferré, *Avec le temps* : « Et l'on se sent tout seul peut-être, mais peinard… » La tristesse devient alors un refuge : « Il s'était barricadé dans sa tristesse[2]. »

La tristesse a beaucoup à voir avec l'écoulement du temps. Temps présent : états d'âme lugubres, maussades, de morosité.

Temps passé : nostalgie, regrets, remords, culpabilité. Temps futur : découragement, perte d'espoir. Et entre passé et futur : se sentir désabusé (tristesse des espoirs et des confiances déçus) et pessimiste (tristesse de l'inutilité des efforts à venir), ce qui débouche sur la « tristesse de ne pouvoir faire de l'action la sœur du rêve[3] ».

Et puis il y a l'ennui, bien sûr, cette « douleur du temps », cette tristesse qui émerge lentement de nos vies lorsque manque la vie justement, les stimulations, les rencontres, les changements, les surprises. L'ennui comme une prétristesse, une tristesse encore sans objet et sans clarté, mais comme une tristesse à venir, qui va bientôt sortir et prendre l'air au balcon de notre âme. À propos de ces brumes de tristesse, André Comte-Sponville donne ainsi de la mélancolie une belle définition, parlant d'elle comme d'une « tristesse légère et diffuse, sans objet particulier et pour cela à peu près inconsolable[4] ».

Puis s'y ajoute un état du corps, dont on prend tout à coup conscience : « Tristesse – la fatigue qui entre dans l'âme. Fatigue : la tristesse qui entre dans la chair[5]. » Car la tristesse n'est pas qu'une douleur de l'âme, elle est aussi un état du corps. Elle commence parfois sans paroles, sans pensées, sans cause, dans le corps même : on a le cœur lourd, on soupire, on est tenté par l'immobilité, la lenteur, le repli. Certaines tristesses intenses procurent des sensations d'étouffement, de noyade. Lorsqu'on parle d'abattement, d'accablement, on décrit bien un corps qui se sent écrasé sous le poids des mauvaises nouvelles et de la douleur morale qui en découle. Fatigue des désirs, physiques ou intellectuels, comme dans le célèbre vers de Mallarmé : « La chair est triste, hélas ! et j'ai lu tous les livres. »

Les médecins savent bien que certaines fatigues sont des tristesses du corps, ou des dépressions dans lesquelles c'est le corps qui parle : « Le contraire de la dépression n'est pas le bonheur ni la joie : c'est la vitalité[6]... »

Pourquoi ces boiteries de nos âmes ?

La tristesse parce que le monde est triste ?

La tristesse serait due alors à la perte de nos illusions positives, que Cioran appelle nos « erreurs chaleureuses[7] ». On se trompe, certes, en voyant les choses plus belles qu'elles ne le sont, mais cela nous réchauffe le cœur et nous aide à vivre. Ces erreurs existent bel et bien, de nombreux travaux ont confirmé que le bien-être psychologique se nourrissait d'un certain nombre de distorsions positives de la réalité : il existe une relative « lucidité dépressive » – en réalité, une lucidité de la tristesse, car nous verrons que, dans la maladie dépressive, le jugement s'obscurcit au contraire – qui conduit souvent à une meilleure évaluation des choses telles qu'elles sont[8]. Comme le remarquait Paul Valéry : « Voir clair, c'est voir noir. »

Mais ces erreurs nous protègent de la tristesse et du désespoir que pourraient faire naître en nous la contemplation approfondie du monde tel qu'il est. Elles nous font croire que la vie est belle, le monde accueillant, et le bonheur facile. Et tant mieux, car cela nous donne le courage d'agir et nous permet paradoxalement de réaliser en partie ce désir que le monde soit beau et bon, et de faire ainsi que ces prophéties optimistes s'accomplissent. Croire permet de changer le monde. Mais il ne faut pas que les efforts s'arrêtent, ni que cesse l'illusion. Car alors, le voile se déchire.

La tristesse parce que les humains sont tristes ?

La tristesse serait-elle un état originel de l'humain ? Notre état psychologique de base, que seuls des efforts, des distractions ou des illusions nous permettraient de ne pas ressentir ? Cette vaste question de la tristesse et de ses liens à la condition humaine, à notre statut d'animal doté de raison, a été abordée par des générations de penseurs.

Écoutez la sombre voix de Pascal : « Rien n'est si insupportable à l'homme que d'être dans un plein repos, sans passions, sans affaires, sans divertissement, sans application. Il sent alors son néant, son abandon, son insuffisance, sa dépendance, son impuissance, son vide. Incontinent, il sortira du fond de son âme l'ennui, la noirceur, la tristesse, le chagrin, le dépit, le désespoir. » Le philosophe allemand Schelling parle, lui, d'une « inaltérable et profonde mélancolie », indissociable de la pensée. Et George Steiner, un penseur contemporain qu'on ne voit pas souvent sourire, parle pour sa part de la *tristesse de penser* et note : « L'existence de l'homme, la vie de l'intelligence signifie une expérience de cette mélancolie et la capacité vitale de la surmonter. [...] Nous sommes pour ainsi dire créés "attristés"[9]. »

La tristesse serait donc un abandon à notre nature profonde : nous passons de roseau pensant (selon l'expression de Pascal) à roseau penchant, et penchant plutôt vers le triste... Selon Spinoza, elle est « le passage de l'homme d'une plus grande à une moindre perfection [...] par lequel la puissance d'agir de l'homme est diminuée ou contrariée ». Là où l'inquiétude est un parasitage de l'existence, mais qui ne nous empêche pas totalement d'agir et de nous réjouir, la tristesse peut être une amputation de notre capacité à vivre. La plupart des autres états d'âme nous détournent moins de l'action : ainsi le ressentiment et l'inquiétude nous y poussent, au contraire.

Seule la tristesse fige. Les psychiatres parlent à propos de la tristesse d'une « perte de l'élan vital ». Et selon les psychologues évolutionnistes, c'est sa fonction naturelle : nous inciter à l'immobilité et au ralentissement lorsque nous avons été blessés ou endeuillés, pour nous aider à nous réparer et nous reconstruire. Mais le mécanisme naturel se dérègle souvent. C'est pourquoi il existe des tristesses plus dangereuses que d'autres. Il y a des tristesses qui nous enrichissent et d'autres qui nous amputent. Bizarrement, la tristesse peut nous élargir ou nous rétracter selon son intensité. À un degré léger, elle nous connecte au monde, mais de manière douloureuse, en nous rendant hyperempathiques et hypersensibles, très réceptifs au malheur des autres. Mais au-delà, lorsqu'on s'approche des tristesses dépressives, c'est la rétraction qui nous guette : sentiment d'impuissance d'abord, puis indifférence, puis désespérance.

La tristesse parce que nous sommes toujours en deuil de quelque chose ?

Les starters de la tristesse, ce sont bien sûr les deuils : morts (deuil des personnes), séparations (deuil du lien), échecs (deuil de son image et de ses idéaux), vieillissement (deuil de sa jeunesse), maladies (deuil de sa santé)… Il est assez facile de ne voir la vie que sous cet angle, celui d'une succession ininterrompue de deuils et de pertes.

C'est ce que voulait dire Scott Fitzgerald dès la première phrase de sa célèbre nouvelle *La Fêlure* : « Toute vie est bien entendu un processus de démolition… » L'auteur, qui connaît parfaitement le problème de la dépression, nous éclaire encore en continuant : « Mais les atteintes qui font le travail à coups d'éclat – les grandes poussées soudaines qui viennent ou semblent venir du dehors, celles dont on se souvient, auxquelles on attribue la responsabilité des choses, et dont on parle à ses amis aux instants de faiblesse, n'ont pas d'effet qui se voie tout de suite. Il existe des coups d'une autre espèce, qui viennent du dedans… »

Car, parmi ces blessures provoquant la tristesse, il n'y a pas que le deuil de ce que nous avons aimé et que la vie nous retire. Il y a aussi la tristesse de l'absence, la douleur de ce que nous n'avons jamais eu, jamais connu et que nous attendons, pourtant : l'amour, le bonheur, la douceur, la beauté, l'aventure, l'harmonie… Leur manque dans nos vies qui se fait soudainement et douloureusement sentir : c'est la tristesse du célibataire ou de l'esseulé les soirs d'hiver, alors que tout le monde rentre chez soi au chaud, rejoindre conjoint et enfants.

À bien y réfléchir, on peut se demander s'il existe finalement une seule tristesse qui soit anodine. Dans tous les cas, il faut l'écouter, sans jamais la congédier négligemment : elle nous dit presque toujours quelque chose d'intéressant sur notre vie. Mais il ne faut pas toujours la croire et lui obéir, s'affliger sur ses ordres : parfois elle est malvoyante, parfois malveillante. Parfois elle a raison (le monde est triste) et tort en même temps (ce n'est pas vrai que nous ayons nous aussi à être tristes parce que le monde est triste).

Prendre garde à la tristesse

« Prenez garde à la tristesse, c'est un vice », écrivait Flaubert, dans une de ses lettres à Guy de Maupassant. Plus menaçant encore, ce proverbe de la Bible : « Comme le ver mange le vêtement et la pourriture le bois, ainsi la tristesse de l'homme lui ronge le cœur. » Je me souviens de l'une de mes patientes qui, alors que je l'interrogeais sur ses éventuelles tendances aux ruminations tristes, me répondit un jour : « Non, non, jamais, moi je suis *anti-dépression* ! Je suis beaucoup trop fragile pour me laisser aller à la tristesse… »

La tristesse à laquelle on s'abandonne parfois serait-elle un luxe de bien-portant ? Comme ce vin que nous buvons le cœur léger parce que nous ne sommes pas (ou pas encore…) alcooliques, mais qui est une drogue dangereuse pour tant d'autres. Pourrions-nous, dans l'adversité, devenir des ivrognes de tristesse ?

La tristesse me fascine et me passionne. Comme psychiatre, j'ai peur d'elle, pour avoir vu trop de patients l'héberger et rechuter. Comme humain, je sens que c'est un risque qui me menace. Mon anxiété me submerge parfois, mais je n'ai pas l'impression (à tort peut-être) que je pourrais devenir phobique, ou durablement malade d'angoisse. Par contre, j'ai l'intuition, le pressentiment que la dépression pourrait bien un jour me frapper, si je ne prends pas garde à m'en prémunir, à me vacciner contre elle, à dresser face à elle les digues du bonheur et les efforts de l'hygiène de vie… Alors, je me fais l'observateur attentif de ses mouvements en moi, et chez les autres : ceux dont je connais bien les « marées de l'âme », mes patients ; et ceux chez qui je les observe : mes proches.

Les tristesses transitoires nous instruisent sur nous-mêmes, mais celles qui durent nous menacent : « La tristesse est moins un état qu'un passage ; le malheur, moins un passage qu'un état. […] Le malheur est une tristesse qui s'installe. La tristesse, un malheur qui passe[10]. »

Dérapages de la tristesse : existe-t-il des états prédépressifs ?

Est-ce qu'une simple tristesse, une tristesse « normale », peut nous amener doucement vers la dépression, ou du moins la précéder, l'annoncer ? C'est ce que l'on nomme des « facteurs de risque » de la dépression ; sans qu'ils représentent des condamnations à la maladie, leur existence augmente le risque qu'elle survienne.

Nous avons déjà parlé des ruminations dysphoriques : ces dernières sont incontestablement l'un de ces facteurs de risque. En suivant sur plusieurs années les personnes qui y sont souvent engluées, on montre que le risque de dépression est plus élevé chez elles[11]. Parmi les styles de pensées répétitives facilitant la bascule vers la maladie dépressive figurent bien sûr les ruminations centrées sur soi : une vision négative et ressassée de soi est un important facteur de risque[12]. Les psychothérapeutes connaissent bien ce phénomène : chez les personnes à basse estime de soi, la rumination de leurs insuffisances supposées, de leurs difficultés, de leurs échecs, induit des états d'âme de tristesse disproportionnés, les amenant souvent bien près du seuil dépressif. Il en est de même des comparaisons sociales, un des poisons de notre époque, qui les suscite et les encourage[13]. On sait que lorsqu'on a le moral fragile, durant les périodes de dysphorie, on a tendance à se comparer davantage aux autres, dans les domaines qui comptent à nos yeux, de façon souvent défavorable, et avec un impact accru sur notre tristesse[14]. Il y a aussi la dysthymie : cette « presque-dépression » chronique et à bas bruit, avec une présence permanente de symptômes dépressifs, sans que le seuil de la dépression franche soit atteint, est marquée par de nombreux états d'âme douloureux sur le registre de la tristesse et de la fatigue. Elle est considérée comme une forme de « trouble de l'humeur » par les psychiatres, et elle représente évidemment aussi un facteur de risque pour la survenue d'épisodes plus intenses, appelés alors « doubles dépressions » : sur le terrain déjà miné de la dysthymie s'ajoute un épisode dépressif plus marqué encore[15].

Attention, tout ne réside pas seulement dans notre subjectivité et nos états d'âme. L'adversité joue aussi un rôle important : on retrouve chez les personnes maladivement déprimées un plus grand nombre d'événements de vie adverses à l'origine de leurs baisses de moral[16]. Il peut s'agir d'adversités ponctuelles (deuils, chômage, divorce) ou de tracas quotidiens répétés (conditions de vie inconfortables ou précaires, mauvaises ambiances en famille ou au travail). Les seconds semblent d'ailleurs plus à même de nous faire basculer, à la longue, dans la dépression, que les premiers[17]. Ce qui est logique : dans la « grande » adversité, nous mobilisons nos ressources et notre entourage nous soutient ; face à la « petite » adversité, nous sommes moins attentifs, sur la durée, à prendre conscience de notre souffrance, et notre entourage, lui aussi, se mobilise moins. Vu l'augmentation exponentielle des cas de dépression dans le monde entier[18], au fur et à mesure de l'occidentalisation de la planète, on soupçonne aussi un lien entre dépression et monde « moderne » : plus la compétitivité est dure, plus la solidarité est faible, plus l'accent est mis sur les performances individuelles, et plus les échecs personnels sont dépressogènes[19]. Certaines études tendent à montrer que le plus gros facteur de risque dépressif dans nos sociétés contemporaines vient non pas des pertes et des deuils, mais des états d'âme liés au sentiment de déchéance, d'humiliation et d'impuissance face à des situations perçues comme bloquées et sans solution[20]. Des chercheurs ont aussi voulu observer quels étaient les symptômes qui apparaissaient chez nous en fonction des événements de vie. Ils ont montré qu'après les échecs, nous sommes plutôt victimes de ruminations, fatigue, pessimisme et culpabilité : c'est-à-dire de symptômes nous poussant à la remise en question. Et qu'après les deuils et les pertes (de liens ou de statut), nous présentions plutôt tristesse et pleurs : symptômes facilitant le lien et la consolation, la réparation sociale[21]. La nature est bien faite, jusqu'à un certain degré…

Quoi qu'il en soit, à un moment donné, la répétition et la fréquence des états d'âme de tristesse finissent par provoquer un phénomène de coagulation, de solidification : *ces états d'âme s'agrègent*, leur réunion donne un sentiment de continuité, de logique, de sinistre cohérence à notre quotidien. Les pulsations sourdes de la tristesse s'amplifient peu à peu, se synchronisent, finissent par entrer en résonance. Tout le passé, le présent, le futur se mettent maintenant à vibrer de la même douleur de vivre, de la même fatigue d'exister : extension du domaine de la tristesse à la vie entière, au monde entier. Alors arrivent la fatigue puis le dégoût de vivre. C'est la tristesse dépressive, qui commence à nous écarter de la vie. Cette simple phrase d'Anatole France : « La tristesse de la nuit lui entra dans le cœur[22] », le dit avec force et simplicité. Notre âme alors s'enténèbre doucement…

À ce moment où la dysphorie, les inquiétudes et les découragements se transforment en *douleur morale*, on est en phase de prédépression, de « menace dépressive ». Ces périodes de dérèglement global de nos états d'âme sont souvent accompagnées d'inquiétudes, de soucis, parfois aussi d'orages d'angoisses ou de désespoirs brutaux, comme ceux que raconte l'écrivain américain William Styron à propos de sa propre dépression : « Tout d'abord cela n'eut rien de vraiment inquiétant, dans la mesure où le changement était subtil, mais je constatais cependant que le décor qui m'entourait à certains moments se parait de tonalités différentes : les ombres du crépuscule semblaient plus sombres, mes matins étaient moins radieux, les promenades en forêt se faisaient moins toniques, et il y avait maintenant un moment en fin d'après-midi pendant mes heures de travail où une sorte de panique et d'angoisse me submergeait, le temps de quelques minutes à peine[23]… »

Peu à peu, notre vision du monde, et de nous dans le monde, commence à s'altérer plus durablement. Qu'avons-nous à faire ici ? Que pouvons-nous vraiment y faire ? Notre capacité à affronter le quotidien sans faire d'histoires commence à se gripper. Plus grand-chose ne résiste au pouvoir contaminant de la tristesse, même le bonheur : « Mes joies sont des tristesses latentes[24]. » Puis, c'est la contamination du passé, que l'on réexamine à la lumière sombre de la tristesse présente. On fige le passé dans une sauce sombre. On repense aux bonheurs d'autrefois, disparus ou dérisoires. On exhume des douleurs ou des fautes oubliées : « C'est à la faveur du cafard que nous nous souvenons de nos goujateries lointaines que nous avions reléguées au plus lointain, au plus bas de notre mémoire. Le cafard est l'archéologie de nos hontes[25]. » Ou bien, comme dans la tristissime chanson de Léo Ferré, *Avec le temps*, notre conscience du temps qui passe et défait tout devient plus lourde et plus présente : « Avec le temps… Avec le temps, va, tout s'en va. Même les plus chouettes souv'nirs ça t'a une de ces gueules… »

Ainsi vont les états d'âme liés à la tristesse…

Alors arrive la tentation de baisser les bras, de ne plus lutter. Il existe en psychopharmacologie une expérience de laboratoire cruelle : pour tester l'efficacité antidépressive éventuelle d'une nouvelle molécule, on place des souris dans un bocal rempli d'eau, profond et aux parois lisses, où elles ne peuvent s'accrocher, et doivent donc nager inlassablement pour ne pas se noyer. On appelle ça le « test de la nage forcée ». Une molécule est jugée intéressante si elle permet à la souris traitée de nager plus longtemps que les souris non médicamentées : au bout d'un certain temps, ces dernières, épuisées et démoralisées, cessent de nager. Les antidépresseurs, par contre, prolongent significativement le temps de nage, c'est-à-dire le temps de lutte contre le désespoir et le découragement. Nous verrons plus loin que lorsqu'on se sent épuisé de lutter, se laisser couler dans la dépression est comme un refuge…

À un moment donné, il devient très difficile de s'arracher à cette mécanique de la prédépression. C'est ce qu'une de mes patientes nommait « le cancer de la tristesse » : « C'est comme dans le cancer : notre corps fabrique des cellules cancéreuses tout le temps, mais notre immunité veille et les détruit au fur et à mesure ; puis un jour il y en a une qui passe la barrière et qui se met à proliférer. Dans la dépression, c'est pareil : nous produisons sans arrêt des pensées tristes mais, habituellement, notre esprit les intercepte, les conteste, les repousse ou les détruit ; et parfois, hélas, il n'y arrive plus, et c'est l'invasion, nous sommes débordés, cancérisés de tristesse. » Alors nous nous mettons à absorber tout ce qui existe de malheur autour de nous : « Mon cœur est comme une éponge à tristesse », disait Gide[26]. On commence à étouffer ; parlant de sa douleur morale, Styron dit ainsi : « Pour ma part, cette douleur s'apparente très étroitement à la noyade ou à la suffocation… »

Il n'est pas sûr que la dépression ne soit *qu*'une exacerbation de la tristesse. Il est possible que beaucoup de ces lentes montées asphyxiantes vers les sommets de la tristesse ne basculent pas dans la maladie dépressive (parce qu'on a la chance d'avoir eu les bons gènes ou le bon passé, ou du moins de ne pas avoir eu les pires...). Il est possible qu'elles ne restent que des tristesses extrêmes et douloureuses, sans la bascule dépressive dont nous allons maintenant parler. Mais ce qui est sûr, par contre, c'est que comprendre et moduler ces tristesses est une nécessité, que ce soit pour mieux vivre ou pour ne pas sombrer dans la dépression.

Maladie de la tristesse ? La dépression comme un enfer...

« Tous les actes de ma vie, me brosser les dents le matin et avoir des amis à dîner le soir, me demandaient désormais un effort. Je m'aperçus que depuis longtemps je n'aimais plus les gens ni les choses, mais que je continuais à faire semblant machinalement de les aimer. Je m'aperçus que même l'amour que je portais à ceux qui m'étaient le plus proches était devenu une tentative d'aimer[27]... »

La dépression... On a tant écrit sur cette affection qu'il semble qu'on en ait tout dit ! Pour les psychiatres, la dépression est une maladie et, pour en porter le diagnostic, il faut qu'un certain nombre de symptômes soient présents, presque toute la journée et presque tous les jours : l'humeur triste ; la perte d'intérêt pour ce qui nous faisait auparavant plaisir, et que nous recherchions (activités, liens avec proches et amis) ; les sentiments de dévalorisation ; les perturbations corporelles : fatigue, perte d'appétit et de sommeil ; parfois, les idées de mort. S'il n'y a que quelques-uns de ces symptômes, et de manière labile, il ne s'agit probablement pas d'une maladie dépressive. Il faudra répondre à la souffrance, mais pas forcément de manière médicalisée, pas forcément par des médicaments. Par contre, si les symptômes sont tous là, s'ils ne correspondent pas à une manière d'être habituelle, et s'ils persistent plusieurs semaines, le stade de maladie dépressive est peut-être atteint.

La dépression représente une perturbation profonde : on n'est alors plus dans les états d'âme, on n'est plus seulement dans la tristesse, mais dans une maladie, qu'il faut soigner vite et bien. Car plus on la laisse durer, plus elle reviendra vite, souvent, longtemps. Nous verrons que l'obsession actuelle des psychiatres, ce n'est plus seulement de soigner l'épisode dépressif mais aussi d'éviter les rechutes. Comment soigner ? Médicaments, thérapie, efforts personnels. Les trois ensemble sont souvent le mieux, mais pas forcément en même temps[28]. Les médicaments, s'il s'agit d'une maladie dépressive, sont à peu près indispensables (la psychothérapie à ce moment est presque impossible tant le cerveau est ralenti). Mais dès que possible, la psychothérapie doit être engagée, car c'est elle qui offre la meilleure prévention des rechutes. Quant aux efforts personnels, ils sont ce qui restera en place après l'arrêt de la thérapie.

Une fois que la dépression est là, elle tend à créer les conditions de sa durée et de son enracinement par de nombreux mécanismes dits d'« auto-entretien ». À ce moment, la dépression n'a plus besoin de causes extérieures : même si ces dernières ont cessé, la maladie se suffit à elle-même, et se nourrit d'elle-même.

Par exemple, on a montré que les personnes déprimées portaient, sans le vouloir et sans le savoir, une attention particulière aux visages tristes, qu'elles repèrent plus vite et sur lesquels elles s'attardent plus longtemps que sur les visages heureux[29]. De même, la dépression nous pousse à porter une attention prolongée aux visages en colère (par rapport à des personnes non déprimées, qui se désengagent plus vite de ces expressions désagréables : pour garder le moral, ne pas se focaliser sur les grincheux[30] !). Ces recherches ne sont pas anecdotiques : elles ont un impact sur ce qui fait qu'une journée de personne déprimée est plus déprimante ! Même si ces travaux ont été effectués en laboratoire, sur des visages apparaissant et disparaissant sur des écrans d'ordinateur, on peut supposer qu'ils ont des traductions concrètes : par exemple, en se promenant dans une foule, les personnes déprimées repèrent certainement davantage les visages tristes ou renfrognés, et regardent moins les visages souriants. Ce qui ne manque pas de renforcer leurs croyances en un monde triste et sombre, et qui n'améliore sans doute pas leurs états d'âme…

Les déprimés ont aussi besoin d'une intensité d'expression de joie plus forte pour reconnaître des émotions positives sur les visages[31]. C'est-à-dire, dans le prolongement des travaux précédents, qu'il faut des sourires très larges et très francs pour qu'ils soient repérés par la personne déprimée. Qui en verra donc moins autour d'elle, voire pas du tout, par rapport à une personne non déprimée.

Très intéressant aussi, et nous en reparlerons largement : nous disposons d'études qui montrent comment ces distorsions inconscientes sont corrigées par les médicaments antidépresseurs[32] : sous ces traitements, on se remet à mieux voir les autres sourire ! Ces études sur les micromécanismes des antidépresseurs sont passionnantes, montrant sur quels détails ces molécules ramènent nos patients vers le bien-être. Mais cela peut aussi inspirer certains efforts à conduire en psychothérapie et dans la vie quotidienne : prêter davantage attention aux visages des personnes que nous croisons dans la rue, s'attacher à savourer les visages réjouis pourraient donc faire partie des mille et une ministratégies pour restaurer ou préserver son moral. D'où cette habitude si répandue de garder avec soi ou sous les yeux des photos souriantes des personnes que l'on aime, qui a sans doute un effet favorable sur notre moral : ce sont des petites bouffées d'états d'âme positifs…

Ce qui est vrai pour les visages l'est aussi pour les mots. Alors que les personnes non déprimées ont tendance à ignorer les mots tristes et à réagir plus vite aux mots positifs, les déprimés ont la tendance inverse : ils réagissent plus vite et plus fortement aux mots tristes[33]. La même lecture, surtout d'une histoire triste, ne nous mettra pas dans le même état selon notre moral ! Lire le journal perturbera beaucoup plus les personnes dépressives, dans la mesure où la plupart des nouvelles portent sur des événements attristants ou inquiétants, plus que réjouissants. Et ce sera la même chose pour les images, que l'on regardera plus longtemps et attentivement si elles sont douloureuses[34].

Englués dans la tristesse

Beaucoup d'études confirment aussi ce dont nous avons déjà largement parlé : c'est la rumination qui est à l'origine de cette « glu pour le négatif ». Les déprimés sont « scotchés » à ce qui ne va pas, à ce qui fait souffrir, à ce qui rend triste. À leur corps défendant, bien sûr, mais scotchés quand même. Ils le ressassent inlassablement. Dans le cas des visages tristes auxquels on est devenu trop sensible, par exemple, les ruminations sont du genre : « Le monde est triste, les gens sont tristes. Et c'est très triste[35] ! » Puis, on a montré qu'au bout d'un moment, c'est l'état dépressif lui-même qui devient objet de ruminations moroses : « Je vois bien que je ne m'en sortirai jamais[36]. » Plus la tendance à ruminer est forte (même avant la survenue de la dépression), plus le risque est grand que l'épisode dépressif soit prolongé et sévère : logique[37]. En raison de l'importance de ces phénomènes dans le maintien et le retour des symptômes dépressifs, les thérapeutes cognitivistes cherchent actuellement à mettre au point des techniques spécifiquement centrées sur ce problème des ruminations maladives. C'est une des raisons qui expliquent l'irruption à première vue bizarre de la méditation dans le monde des psychothérapies scientifiques, nous en reparlerons.

Autre mécanisme inconscient de maintien dans la tristesse dépressive : on a pu montrer – cruel, comme expérience… – que face à un film comique les déprimés « s'empêchent » de sourire[38]. En filmant leurs visages, on voit que l'ébauche du sourire apparaît, puis est réprimée. Ce réflexe d'inhibition existe aussi, mais moins fortement, chez les personnes ayant été déprimées dans le passé mais ne l'étant pas actuellement. Nous n'avons pas d'explication très convaincante à cette censure de l'expression faciale des émotions positives, sinon celle qui consiste à dire que ces dernières dérangent en quelque sorte l'« équilibre dépressif » établi. Par contre, cette répression des sourires est un des microfacteurs qui contribuent à une autre donnée stable des études sur la maladie dépressive : peu à peu les personnes déprimées font le vide relationnel autour d'elles, car leur contact est moins agréable et plus pesant que celui des non-déprimées. Et là encore, c'est un facteur d'aggravation (« je fatigue tout le monde, tout le monde s'écarte de moi, je vais finir abandonné de tous »). Globalement, c'est comme si les déprimés cherchaient inconsciemment à vérifier que les autres aussi les voient négativement. C'est ainsi que, paradoxalement, les déprimés préfèrent inconsciemment fréquenter des gens qui les dégomment, parce que cela concorde avec la vision négative qu'ils ont d'eux-mêmes… On a pu montrer cela dans les couples, par exemple : ils s'intéressent surtout aux reproches de leur conjoint, plutôt qu'à leurs compliments. Mais c'est vrai également de toutes les interactions sociales. Attention pour les proches de ne pas tomber dans le piège[39].

La mémoire, elle aussi, se modifie dans la dépression. Voilà longtemps qu'on a montré qu'après avoir lu des listes de mots, les personnes déprimées se souviennent davantage des mots négatifs. Plusieurs mécanismes sont impliqués. D'abord, un effet de type « aimantation » : lorsqu'on est dans un état d'âme donné (comme la tristesse), ce sont les souvenirs associés au même état d'âme qui tendent à nous revenir plus facilement à l'esprit[40]. Il y a aussi un effet lié à la rumination : les événements bien ruminés vont donner des souvenirs plus faciles à réanimer[41]. Et aussi le fait que les déprimés, contrairement aux personnes qui vont bien, font moins d'efforts pour écarter les états d'âme négatifs de leurs flux de conscience[42]. Des entraînements spécifiques sont d'ailleurs testés pour aider les personnes dépressives à mieux contrôler ce genre de micromécanismes auto-aggravants, et les résultats en sont encourageants[43].

Ces perturbations de la mémoire sont durables. Même lorsqu'ils sont guéris et en rémission, en moyenne à neuf mois de l'épisode, les sujets déprimés ont un déficit dans la spécificité de leurs souvenirs positifs : ils y repensent de manière plus abstraite, plus distante[44]. Les bénéfices de ces souvenirs sont donc moins nets pour leur bien-être mental. De même, les déprimés ont des souvenirs plus flous et généraux : lorsqu'on leur demande d'évoquer de bons souvenirs, ils répondent des phrases vagues du genre « mes dernières vacances à la mer », ou « aller au cinéma avec des copains ». Or plus c'est précis et spécifique, plus on active les états d'âme positifs et plus on se fait du bien[45] ! S'appuyant sur ces données, on peut toujours essayer de les aider en les faisant parler – dans le détail ! – des belles choses, même si cela ne leur vient pas spontanément…

Chez les patients déprimés, on retrouve une grande fréquence d'images pénibles et de souvenirs intrusifs (c'est-à-dire faisant irruption à la conscience sans qu'on l'ait voulu). Et ces intrusions induisent de la souffrance, gênent la réflexion et maintiennent la dépression[46]. On retrouve aussi de nombreuses perturbations du sommeil dans la dépression avec, de la même manière, des irruptions oniriques très étranges ou pénibles[47]. Dans son ouvrage autobiographique *Route de nuit*, le philosophe Clément Rosset raconte ainsi les perturbations de son sommeil lors d'un épisode dépressif : « Sur l'étrangeté de certains rêves ou cauchemars, le sentiment qu'ils ne sont pas les miens, qu'ils ne me concernent en rien […]. J'ai l'impression que le facteur des rêves s'est trompé d'adresse ; autrement dit, et c'est évidemment très angoissant, que je viens de faire les rêves d'une *autre personne*. […] Il semble que le thème commun à ces rêves, dont j'ai oublié la plupart, soit le suivant : on met quelque chose au point, ça n'a aucun intérêt et ça ne peut de toute façon pas fonctionner[48]. »

La conscience des personnes déprimées est non seulement pleine de ruminations sombres, mais elle est aussi chaotique, avec l'irruption, lorsqu'on essaie de se concentrer ou de réfléchir, de pensées négatives d'autant plus indésirables qu'elles sont pénibles. D'où les problèmes de concentration que ressentent les personnes déprimées. Mais il y en a d'autres. Par exemple, la distractibilité : lorsqu'ils doivent travailler, les déprimés sont plus distraits par des stimuli annexes (bruits, interruptions, sensations corporelles) auxquels ils consacrent trop d'attention, et dont ils se souviennent mieux, en toute inutilité ; du coup, ils sont bien moins concentrés sur leur tâche principale[49]. On a pu montrer aussi qu'ils faisaient trop d'efforts pour des tâches intellectuelles simples qui n'en nécessitent pas autant[50] : ils peuvent, comme on dit, se noyer dans un verre d'eau. Quant à la « lucidité dépressive » que nous avions évoquée autour de la tristesse, elle ne s'applique pas en fait à la dépression une fois qu'elle est vraiment déclarée et installée. Non seulement les déprimés ne détectent pas mieux les erreurs que les non-déprimés, mais une fois qu'elles sont détectées et qu'il y faut réagir, ils s'en sortent moins bien, souffrant alors de lenteur et de doutes décisionnels[51].

Il y a encore de nombreux autres travaux, mais le tour d'horizon est déjà convaincant, n'est-ce pas ? La dépression est comme une noyade, face à laquelle il faut intervenir. D'abord en lançant une bouée de sauvetage : ce sont les médicaments antidépresseurs. Puis en apprenant à nager à la personne : ce sont les psychothérapies. Et en s'assurant qu'ensuite, elle ira régulièrement à la piscine faire des longueurs pour garder les bons réflexes : ce sont les « efforts antidépresseurs » à implanter dans son quotidien. Mais nous n'avons pas encore fini notre réflexion sur les rouages de la maladie dépressive…

La dépression comme déconnexion et retrait du monde…

« Quand on s'abandonne, on ne souffre pas. Quand on s'abandonne, même à la tristesse, on ne souffre plus », disait Saint-Exupéry. Lorsqu'on est épuisé de vivre, le renoncement pourrait dans un premier temps, et de l'extérieur, apparaître comme un refuge.

Mais pour ne plus souffrir, on renonce à vivre. On se résigne à une vie sans saveur pour n'avoir pu la vivre sans douleur. Hélas, cela ne marche pas, et la souffrance persiste. Certes, comme on cesse de se battre, on éprouve du coup un soulagement, au moins transitoire. On renonce, on ne fera plus d'efforts, on s'abandonne à la maladie. Mais bien vite arrivent les ruminations sur le thème « je suis tombé bien bas ». Peu à peu, d'autres souffrances s'installent : non plus celles de l'échec, du deuil, de la perte. Mais celles de la contemplation de soi dans l'impuissance ; celles de la rupture du lien social, car la dépression est une solitude ou une incompréhension ; même les proches les plus compréhensifs ou les mieux informés auront toujours tendance à attendre davantage de nous, à se dire : « Il (ou elle) doit faire un peu plus d'efforts. » Et puis, l'autre risque, c'est celui de notre lente déconnexion du monde.

Alors que la tristesse et les états d'âme associés sont au départ comme une sorte d'hypersensibilité au monde environnant, dans ses aspects sombres, la maladie dépressive altère, au-delà d'un certain stade, la réactivité émotionnelle. On a longtemps pensé qu'elle augmentait la capacité à ressentir des états d'âme négatifs et diminuait celle à ressentir des états d'âme positifs. En réalité, la première proposition est à corriger, à affiner, et ne concerne sans doute que les formes débutantes ou mineures de la dépression. Une fois que la dépression est devenue plus intense, il y a un émoussement *global* de la capacité à ressentir *toutes* les formes d'états d'âme, positifs ou négatifs. Ce qui au fond est logique : la dépression, dans sa forme maladive, est une mise en retrait pour s'économiser et se protéger des choses de la vie, que l'on n'arrive plus à affronter. Sa seule vertu, dans un premier temps, est donc qu'elle puisse avoir un effet antalgique, en nous libérant de la douleur de devoir faire face[52].

C'est alors qu'on est encore sur la crête, à la limite, que la réactivité au négatif est encore vivace. Signe que l'on est encore du côté des vivants. Lorsque la maladie dépressive, la vraie, s'installe, on bascule dans un autre univers, celui des morts-vivants. Ce que montrent aussi les études sur cette insensibilisation dépressive, c'est que le peu qui reste de réactivité à la personne déprimée est surtout centré sur sa propre personne. Les situations concernant le monde extérieur sont bien moins activantes pour ses états d'âme.

C'est comme si on perdait dans la dépression ce qui fait la grandeur de la tristesse : la capacité de compassion. La dépression ne peut donc rendre plus altruiste ou concerné par la marche du monde, au contraire. La lucidité accrue des déprimés sur ce qui ne va pas en ce bas monde ne leur donne ni la motivation ni l'énergie pour le changer. Encore une raison pour ne pas entretenir la confusion entre dépression et tristesse surmontée. Contrairement à certains discours, il n'y a pas de bienfaits de la dépression…

Cette insensibilité relative peut durer après la guérison apparente, comme une cicatrice cachée. En faisant écouter de la musique triste à des personnes qui ont déjà été déprimées dans le passé, ou en les faisant songer à des souvenirs tristes de leur vie, on s'aperçoit que moins cette induction de tristesse aura d'impact sur elles (notamment moins elle diminuera leurs émotions positives) et plus le risque de rechute sera élevé[53]. Autrement dit : si on n'arrive plus à être triste « normalement », on est encore fragile ! Car cette relative insensibilité marque déjà une rigidification du libre jeu des états d'âme : il est normal de se sentir moins heureux en écoutant de la musique triste ou en songeant à des souvenirs tristes. La paupérisation de nos états d'âme est ainsi un marqueur de fragilité ou un facteur de risque.

Voyez comment l'écrivain Pierre Guyotat raconte sa sortie de dépression : « Après la clinique, c'est l'entrée dans la dépression douce, la guérison lente : la récompense de cette traversée de la mort, c'est, au lieu du palais enchanté que l'on croit avoir gagné à la sueur de son sang mort, un monde désenchanté, sans relief ni couleur notable, des regards ternes qui ne vous voient plus, des voix toujours adressées à d'autres que vous qui revenez de trop loin, une obligation quotidienne à survivre, un cœur qui ne fait passer que du sang, du sang qui ne chauffe plus… Il faut attendre. Sans colère. S'appliquer à dormir, à se nourrir, à se laver, à se vêtir, à marcher, chaque jour : le tout, presque seul, et sans même soi-même à ses côtés : essayer par à-coups, si gauches, de reprendre du cœur. Patience, patience[54]… »

Sorties de dépression

Mais pour certains, lorsqu'on a surmonté sa dépression, on en sort un peu plus fort, comme l'affirme l'écrivain américain Andrew Solomon : « Cependant, j'ai découvert une chose que je suis bien obligé d'appeler *âme*, une partie de moi que je n'aurais pu imaginer avant qu'un jour, il y a sept ans, l'enfer ne me rende inopinément visite. Presque tous les jours, je connais des éclairs de désespoir et je me demande à chaque fois si je suis en train de perdre pied. […] Ces sentiments me font horreur mais je sais qu'ils m'ont amené à regarder la vie de plus près, à trouver des raisons de vivre et à m'y accrocher. Il m'est impossible de regretter complètement le cours qu'a pris ma vie. Chaque jour, parfois vaillamment et parfois à l'encontre de la raison, je choisis de vivre. N'est-ce pas là un bonheur rare[55] ? » Solomon ne dit pas qu'il ne pourra jamais rechuter, mais il dit que sa dépression l'a en quelque sorte enrichi et rapproché de lui-même.

Plus sombre et plus sobre, le Suédois Stig Dagerman : « Voilà ma seule consolation. Je sais que les rechutes dans le désespoir seront nombreuses et profondes, mais le souvenir du miracle de la délivrance me porte comme des ailes vers le but vertigineux : une consolation qui est plus qu'une consolation, plus haute qu'une philosophie : une raison de vivre[56]. »

Clément Rosset est plus circonspect avec l'idée de guérison : « Le plus sage est de pactiser avec le mal, au lieu d'essayer en vain de l'éradiquer, et obtenir ainsi une honorable "partie nulle" – comme au jeu d'échecs… »

Et voici ce que raconte un autre de nos *écrivains témoins* (désolé, ça fait un peu *maison témoin*, mais le terme est parlant), William Styron : « Dans l'ensemble, la grande majorité des gens qui font une dépression, même très grave, survivent et, par la suite et au moins jusqu'à la fin de leurs jours, vivent au moins aussi heureux que leurs semblables épargnés par le mal. Exception faite du caractère horrible de certains souvenirs, une dépression aiguë n'inflige que peu de blessures permanentes. Qu'un grand nombre – la moitié en fait – de ceux qui sont un jour terrassés soient condamnés à l'être de nouveau tôt ou tard est un tourment de Sisyphe ; la dépression a coutume de récidiver. Mais la plupart des victimes surmontent ces rechutes, et même les assument mieux, car psychologiquement leur expérience antérieure les a préparés à affronter l'ogre[57]. »

Peut-on comprendre comment mieux se préparer au *retour de l'ogre* ? Une fois que la vague dépressive nous a jetés, recrachés sur le rivage comme des survivants, épuisés et usés comme Guyotat, ou soulagés et éclairés comme Solomon, que faire ?

Et après la dépression ? L'éternel retour de la tristesse ?

S'appuyant sur un plus grand nombre de cas, et sans doute sur des personnes plus « ordinaires » que nos écrivains, les études scientifiques sont catégoriques : la dépression est une maladie potentiellement chronique ou plutôt récidivante, comme le cancer. Il ne suffit pas de s'en sortir, il faut ensuite faire ce qu'il faut pour éviter qu'elle ne revienne.

Les récurrences de la dépression sont fréquentes, qu'il s'agisse de rechutes (la réapparition rapide des symptômes, par exemple quelques semaines ou quelques mois après un arrêt trop précoce du traitement) ou de récidives (des retours plus tardifs, quelques années après guérison, de la maladie dépressive).

Après un épisode dépressif, on reste fragile, vis-à-vis de ce risque de récurrence, pendant quelques mois, voire quelques années : on n'est qu'en *rémission*. Les chiffres varient selon les études, mais on considère en gros qu'en l'absence d'efforts ou de traitements, 50 % des personnes qui ont fait une dépression rechuteront un jour, ce chiffre s'élevant à 70 % chez les personnes qui ont souffert de deux épisodes et à 90 % chez celles qui ont chuté trois fois ou plus[58]. Du moins ces statistiques s'appliqueront-elles si ces personnes ne réorganisent pas leur manière de vivre et de penser, et plus précisément leur rapport aux états d'âme. De quoi se motiver pour la prévention, non ?

Je me souviens que, lorsque j'étais jeune psychiatre, on voulait rassurer les déprimés en leur promettant qu'ils ne rechuteraient pas. Pendant longtemps on disait : « Voilà, c'est passé, ne vous inquiétez plus, n'y pensez plus, occupez-vous de vivre. » Et l'on voyait revenir bon nombre de ces pauvres patients, d'hospitalisation en hospitalisation. Puis les psychiatres, s'appuyant sur des études de suivi au long cours, s'aperçurent qu'on pouvait éviter ces rechutes en maintenant les patients assez longtemps sous antidépresseurs, d'un à cinq ans selon le nombre de rechutes qu'ils ont présentées auparavant, ou mieux encore en leur permettant de bénéficier de psychothérapies cognitives et comportementales[59].

On commence aussi à s'intéresser aujourd'hui à des conseils de style de vie et d'hygiène psychologique personnelle, ceux que nous allons aborder dans la prochaine partie de ce livre[60]. Vous l'avez compris : le souci actuel des soignants n'est pas seulement d'aider à guérir de la dépression, mais aussi d'en prévenir les récurrences, et même chaque fois que possible, le déclenchement chez les personnes à risque[61]. Vu la fréquence et le coût de cette maladie, c'est un enjeu majeur de santé publique.

La question des cicatrices dépressives est passionnante : la dépression a-t-elle sur le cerveau le même impact que l'infarctus sur le cœur ? Ou peut-elle disparaître sans traces et sans séquelles ? Il semble qu'il puisse exister dans un certain nombre de cas des « cicatrices neuronales » de la dépression, notamment dans le cas de dépressions sévères, prolongées et récurrentes[62]. Et que cela doit désormais inciter les médecins et soignants à encourager leurs patients déprimés à reconstruire leurs capacités cérébrales. Un peu comme en post-infarctus, il faut aider à revasculariser la zone cardiaque nécrosée. Contrairement à ce que l'on pensait jadis (vous savez, la théorie déprimante du stock de neurones acquis à la naissance et qu'on ne fait que perdre ensuite…), le cerveau est un organe qui dispose de capacités de reconstruction, ce que l'on nomme la neuroplasticité.

Différents travaux ont montré que les soins, traitement médicamenteux ou psychothérapie, peuvent « réparer » le cerveau, et corriger les microlésions éventuelles liées à la dépression. Cela ressemble un peu à ce qui se passe en cardiologie : si vous avez présenté un infarctus du myocarde, après récupération le cardiologue ne vous dit pas : « C'est réglé, nous vous avons sauvé, vous ne mourrez pas, allez en paix. » Il vous recommandera sans doute des médicaments, et aussi (cela devrait être systématique) un certain régime de vie, avec des recommandations sur l'alimentation, l'exercice physique, la gestion du stress, etc. De même nous essayons aujourd'hui de comprendre quels efforts recommander à nos patients remis de dépression. C'est le cas par exemple de psychothérapies centrées sur les petits symptômes résiduels de la dépression, les petits dysfonctionnements émotionnels, la fragilité des états d'âme[63].

Une des pistes de recherche les plus passionnantes de ces fragilités post-dépressives concerne ce que nous pourrions appeler les « blessures invisibles ». Comment déceler cette vulnérabilité persistante, alors qu'il s'agit de patients qui sont en train de s'en sortir, se sentent mieux, donnent aux questionnaires d'évaluation de la dépression des réponses souvent normales ? En utilisant des études dites de *mood-induction*, où on induit des états d'âme tristes par l'écoute d'une musique, la lecture d'un récit, ou la vision d'un film. Là, on voit apparaître, et dans les réponses aux questionnaires et dans les résultats de l'imagerie fonctionnelle cérébrale, des perturbations qui ne se manifestaient pas « au calme » : parce qu'on a activé des états d'âme tristes, on a réveillé toute une vision du monde dépressive qui n'était qu'en sommeil. Et on a montré récemment que ces petits fléchissements de l'humeur, en apparence anodins, peuvent entraîner le retour de la maladie[64]. D'où l'importance, une fois de plus, de la gestion de nos états d'âme.

On cherche aujourd'hui à mettre en évidence si certains examens peuvent permettre de prédire ce genre de risques. Après l'induction d'une humeur triste, l'activation de certaines zones cérébrales (notamment la région dite « amygdalienne ») au moment de mémoriser des mots à charge émotionnelle prédit que les mots négatifs seront rappelés plus facilement à la mémoire ensuite chez les patients à risque dépressif[65]. Il est capital de comprendre que, chez ces patients fragiles, rescapés de la dépression, la rumination dysphorique d'aujourd'hui, c'est la dépression de demain…

Après l'énumération de toutes ces données, je ne voudrais pas vous avoir assombri le moral. Les micromécanismes de sortie de la maladie dépressive sont plus compliqués qu'on ne l'imaginait. S'arracher durablement à la dépression, c'est aussi beaucoup plus d'efforts sur le long terme qu'on ne le pensait. Mais tout de même, on peut guérir et vivre heureux ensuite ! Il est étrange de noter que le moment du passage vers la guérison, lorsque les patients s'améliorent, a été finalement peu étudié d'un point de vue qualitatif. On se repose davantage soit sur des échelles quantitatives (qui mesurent la diminution du nombre de symptômes dépressifs sous l'effet des traitements), soit sur l'observation clinique (mais en général, le clinicien soulagé de la sortie du tunnel de son patient, l'incite plus à aller de l'avant qu'il ne le pousse à analyser et décortiquer les rouages de son mieux-être). Les quelques études disponibles montrent que, lors de la guérison, les croyances négatives sont toujours là et toujours actives (peut-être un peu moins fortement), mais que des processus de contrôle (mise à distance et critique notamment) les filtrent très vite. Les pensées négatives montent toujours à l'assaut de notre conscience, mais elles sont tout de suite passées au tamis de la raison et du recul[66].

Autrement dit, c'est un retour à des capacités de tristesse normale !

Le travail de psychothérapie cognitive sur les états d'âme de tristesse

Toute cette démarche de « tamisage » des états d'âme négatifs correspond assez exactement à ce qui est fait lors des psychothérapies cognitives de la dépression[67], et va s'avérer très utile en amont et en aval des épisodes dépressifs[68]. On a ainsi montré que plus les patients continuaient d'utiliser et d'appliquer les stratégies psychologiques et comportementales apprises lors de leur thérapie, mieux les gains obtenus en matière d'équilibre émotionnel se maintenaient[69].

Un des éléments principaux de ces efforts à intégrer comme manière d'être, c'est de prêter une grande attention à la manière dont nous pensons, c'est-à-dire dont nous nous parlons à nous-même. Toujours l'introspection ! La pensée dépressive et, dans une moindre mesure, la pensée triste sont comme des paroles abusives que l'on se tient en permanence à propos de soi et du monde. Comme un murmure constant que l'on n'écoute plus mais que l'on accueille inconsciemment, et qui tout doucement nous attriste, nous inquiète, nous dévalorise.

Parmi les efforts pour ne pas se faire totalement piéger, l'un des plus importants consiste donc à prêter une *attention particulière aux mots* : par exemple en définissant exactement ce qu'ils veulent dire. En thérapie, si une patiente dit qu'elle ne se sent pas *à la hauteur* dans son travail, ou en tant que *mère*, voici ce que dira le thérapeute : « Vous me dites que vous vous sentez une mauvaise mère. Je n'en sais rien personnellement, mais j'aimerais que vous me précisiez : c'est quoi une mauvaise mère ? Que fait-elle ? Que ne fait-elle pas ? Qu'est-ce qui s'applique alors dans votre cas ? » L'idée est de ne plus laisser passer des jugements partiaux déguisés en constats neutres. Et de toujours ramener le patient du jugement général aux faits précis. Pour que peu à peu la patiente devienne vigilante avec elle-même : « Je me *sens* mauvaise mère lorsque mes enfants pleurent le soir et ont des angoisses. Mais je ne *suis* pas une mauvaise mère : simplement, en ce moment, je suis moins disponible pour eux, et ils le sentent. C'est ça le problème, et c'est ça dont il faut que je m'occupe. Au lieu de me harceler et de me juger négativement. »

Autres exemples de mots qui font dresser l'oreille des thérapeutes cognitivistes : pas capable, incompétent, égoïste, fragile, incurable, grave... On demande alors au patient des explications et des précisions sur ce que ces termes signifient exactement.

Autre stratégie classique : la *réattribution de responsabilités*. Ainsi, la jeune maman ci-dessus s'attribue la responsabilité de mauvaises notes de ses enfants à l'école (« mauvaise mère »). Il est important de l'aider à partager ces responsabilités : sans les fuir, mais surtout, qu'elle ne prenne que sa part du gâteau ! Nous dessinons avec elle un grand cercle représentant une tarte, dans laquelle elle doit découper des parts : au lieu de tout prendre pour elle, nous discutons pour voir quelle serait aussi la part de son mari dans ces mauvais résultats scolaires, la part de ses enfants eux-mêmes (après tout !), celle des enseignants éventuellement, celle de la société (qui incite à moins travailler), celle de la baby-sitter s'il y a lieu. Non pour transférer les accusations excessives sur d'autres, mais pour soulager le poids des responsabilités inutiles car imaginaires, et pour montrer que s'il y a plusieurs sources au problème, alors il y a aussi plusieurs types d'actions possibles, et plus concrètes que « devenir une bonne mère » est évidemment un programme aussi intimidant que flou !

Il est également important de *réintroduire la notion de continuum* dans la pensée dépressive, selon la technique de la « règle graduée ». Cela pour éviter la vision en tout ou rien, cette distorsion appelée « raisonnement dichotomique ». Elle est à l'œuvre dès qu'on se trouve tourmenté par des états d'âme où figurent des bribes de pensées telles que : « C'est la catastrophe », « C'est de ma faute », « Je ne suis pas capable de faire ce boulot, je n'y arriverai jamais ». Le thérapeute reprend alors : « C'est quoi une catastrophe ? Et dans ce cas, ici, quel est le degré de cette "catastrophe", de 0 à 100 ? »

Beaucoup de nos pensées émises sous l'emprise d'un état d'âme négatif sont en fait des jugements radicaux, et sans nuances. Ainsi, face à une difficulté, on ne se dira pas : « C'est une difficulté et j'ai du mal à y arriver », mais plutôt : « C'est *complètement* infaisable ce truc », « Je suis *nul* », « Je n'y arriverai *jamais* », « C'est *toujours* pareil », et autres pseudo-certitudes. Réintroduire le sens de la nuance est donc capital…

Prêter attention à ses obligations cachées. Comme nous l'avons vu à propos des états d'âme de ressentiment, nous sommes toujours habités par des croyances subconscientes appartenant à une des trois familles : « Je devrais… », « Les autres devraient… », « Le monde devrait… » Parmi les croyances attristantes (il y en a des encolérantes, des inquiétantes…), il y a par exemple dans les « Je devrais » : « Toujours aller bien, toujours réussir ce que j'entreprends, toujours savoir réagir et régler les problèmes… » Dans les « Les autres devraient à mon égard » : « être fidèles, ne pas m'oublier, se montrer justes, me respecter, m'écouter, me comprendre… » Et dans les « Le monde devrait » : « être juste, cohérent, doux… » Ces croyances sont légitimes et représentent des idéaux pour la plupart des humains. Mais l'incapacité à supporter que parfois ces idéaux ne soient pas atteints peut provoquer de la souffrance en nous, sans que nous en soyons clairement conscients : même si consciemment nous savons que le monde n'est pas comme dans nos rêves, nous en rêvons cependant inconsciemment.

Que faire face aux états d'âme de tristesse ?

« Vous ne pouvez pas empêcher les oiseaux de la tristesse de voler au-dessus de vos têtes, mais vous pouvez les empêcher de faire leur nid dans vos cheveux », dit un proverbe chinois.

Réguler ses états d'âme de tristesse est un travail vital pour les personnes qui ont déjà été déprimées. Mais il est aussi recommandé aux personnes qui ne l'ont jamais été, mais qui se sentent vulnérables. Quant à ceux qui ne sont ni fragiles ni anciennement déprimés, je pense : 1) qu'ils ne sont pas si nombreux, 2) que de toute façon ils ne se seront jamais lancés dans la lecture de ce livre. Voici donc pour tous ceux qui restent quelques remarques et quelques pistes de travail personnel…

Ne pas valoriser la tristesse

Montaigne en parlait déjà dans ses *Essais* : « Je ne l'aime ni ne l'estime », « C'est une qualité toujours nuisible, toujours folle ». Mais cela a évidemment été aggravé par le romantisme, comme le notait Gide : « Notre littérature, et singulièrement la romantique, a louangé, cultivé, propagé la tristesse ; et non point cette tristesse active et résolue qui précipite l'homme aux actions les plus glorieuses ; mais une sorte d'état flasque de l'âme, qu'on appelait mélancolie, qui pâlissait avantageusement le front du poète et chargeait de nostalgie son regard. »

Prudence avec le bonheur d'être triste

Le goût de la tristesse peut être à certaines personnes fragiles, et notamment aux adolescents, comme le goût du sang. On a parfois l'impression étrange d'une autovampirisation des personnes mélancoliques, qui se coupent du monde, fonctionnent en vase clos, et barbotent dans leurs états d'âme tristes et toxiques, jamais – ou mollement – contestés ni remis en question.

Nous avons ainsi à procéder à une sorte de nettoyage et de balisage de nos états de spleen. Et comme l'arrachage des mauvaises herbes dans un jardin, ce petit travail psychologique est toujours à recommencer. Avec un de mes patients coiffeur nous avions inventé l'expression « désépaissir le vague à l'âme… ». Ce qui ne veut pas dire ne plus avoir aucun état d'âme triste, mais n'en laisser aucun s'installer durablement et prendre les commandes.

Reconnaître tout de suite en nous le passage en mode rumination

Les symptômes de la rumination sont toujours les mêmes : on a l'esprit absorbé par nos soucis ; le fait d'y penser souvent ne nous soulage pas ni ne nous amène de solutions ; cela nous conduit à être « ailleurs » pendant nos activités quotidiennes (nous ne retrouvons plus nos affaires, nous ne savons plus si nous avons bien mis cette lettre à la poste, nous n'écoutons pas nos proches qui nous parlent, etc.). Sentir que nous dérapons sur ce mode de fonctionnement psychologique est la première étape pour lutter : ne pas se lancer (ou prudemment et avec exigence) dans la question du « pourquoi suis-je si triste ? », qui va aspirer et attirer alors toutes nos insatisfactions et toutes nos limitations, tous ces manques qui traînent dans notre vie comme dans toutes les vies. Mais plutôt dans la question du « comment » : « Comment a démarré ma tristesse ? Que se passe-t-il en moi ? Comment cela pèse-t-il sur mon corps ? sur mes pensées ? » Savoir observer le flot de ses états d'âme est alors précieux et passionnant. Il s'agit d'une attitude active et féconde. Infiniment plus que les sombres ruminations sur le pourquoi…

Accepter l'imperfection

Le perfectionnisme est un danger qui nous engage dans des combats épuisants, si nous les gagnons, et déprimants lorsque nous les perdons[70]. Il joue globalement un rôle aggravant dans beaucoup de troubles psychologiques, dont la dépression[71]. Il faut accepter qu'existent dans nos vies des chantiers jamais terminés. Regardez autour de vous : tout ce qu'il reste à faire, à ranger, tous ces bricolages, toutes ces personnes à voir… Apprenez à considérer que tout cela n'est pas signe d'échec ou d'incompétence : c'est simplement que vous êtes vivant et que vous menez une vie normale.

Sinon, après l'angoisse viendra la dépression face à cette masse d'impossibilités à tout maîtriser. Vous ne verrez peu à peu autour de vous que du « pas fait, pas fait, pas fait... ». Comme Clément Rosset dans le récit de sa dépression : « Ce renâclement au moindre effort se colore souvent du sentiment paralysant qu'on n'aura de toute façon jamais le temps de faire tout ce qu'on a à faire, ni de savoir tout ce qui serait à savoir. Sentiment que j'exprime dans mon jargon par les symptômes CSH et CSS, respectivement empruntés aux expressions espagnoles *cosas sin hacer* et *cosas sin saber* : choses qui restent à faire, choses qui restent à apprendre[72]. »

L'action est un antidépresseur

On a intérêt à se bouger lorsqu'on est triste ou déprimé. Pas seulement pour « se secouer » comme nous y exhorte notre entourage. Mais parce que tous ces petits gestes du quotidien (marcher, ranger, cuisiner, s'occuper de son corps, de son environnement, s'exposer à la lumière, aux contacts sociaux...) sont antidépresseurs. À dose homéopathique mais avec un effet réel. Et surtout, l'inaction a, elle, un effet hautement toxique, tangible et rapide. Alors, même si l'effet direct de l'action est délayé, léger, retardé, au moins l'action permet-elle d'occuper la place de l'inaction non choisie, ce poison ! Pas facile si on est déprimé : alors qu'on n'aime plus cette vie, que parfois elle nous dégoûte, se contraindre à agir, c'est un peu comme nager dans une eau pleine d'algues. Tenir, vaillamment : on finira par atteindre l'eau claire...

Le remue-méninges aussi

Il commence à exister des travaux sur ce qu'on appelle la « remédiation cognitive », sorte de gym-cerveau pour les personnes présentant des tendances dépressives[73]. On a aussi montré que le fait de se trouver confronté à des idées variées et changeantes induit des états d'âme positifs, moral et énergie s'en trouvent augmentés[74] : cela s'obtient en laboratoire en vous faisant lire rapidement des successions de phrases exprimant des idées différentes, induisant une accélération de la pensée (*tachypsychie*). Et cela peut s'obtenir dans la vraie vie en participant à des discussions intéressantes, en écoutant des conférenciers maîtrisant leur sujet, des émissions de radio ou de télé intelligentes, etc. Le remue-méninges est bon pour le moral…

Attention aux mauvaises habitudes dont on ne se rend pas compte

« Le grand cafard éteint l'esprit », disait Cioran[75]. Et la vigilance. En général, la tristesse nous pousse à faire ce qui va la nourrir : rumination, repli sur soi, privation de ce qui peut nous distraire ou nous faire plaisir… Si on veut lutter, il faut reconnaître cette tendance comme un symptôme de la tristesse et non comme un besoin légitime. Surtout ne pas attendre le désir pour agir. Et ne pas attendre non plus de plaisir de ces actes au début forcés. Bref : accepter d'agir sans en avoir envie, et sans en retirer de bénéfices immédiats. On comprend que ce soit dur ! Mais c'est un moyen efficace pour réamorcer la pompe à bien-être.

Et toujours revenir vers le bonheur…

Le bonheur est le seul antidote profond et durable à la tristesse. Ou plutôt qu'un antidote, ce qui supposerait de neutraliser ou de supprimer la tristesse, ce qui n'est ni possible ni souhaitable sur la durée, le bonheur permet de composer avec elle un alliage, comme deux métaux qui se côtoient et donnent un composé original et supérieur aux deux métaux qui l'ont engendré (ainsi le bronze, alliage de cuivre et d'étain). Par exemple, la tristesse et le bonheur d'être parents : la tristesse de voir grandir, et un jour partir, ses enfants est bien réelle ; certains parents d'ailleurs s'en remettent mal. Souvent, en tant que parent, on va ressentir cette tristesse avant même que la situation du départ n'arrive. Mais si elle est acceptée et comprise, elle peut aussi ouvrir les yeux et pousser à savourer plus intelligemment le bonheur de la présence de ses enfants. À dégager davantage de temps passé avec eux *maintenant.* Leur départ, un jour, est virtuel, même s'il est certain ; il n'est pas la réalité du moment. Le bonheur de les avoir encore avec soi, lui, est réel, et il est la pleine réalité du moment. Ce bonheur de savourer une présence est ainsi rendu plus fort par son passage dans le bain de la tristesse, comme autrefois les pellicules photo dans le bain du révélateur…

Une sagesse de la tristesse ?

Existe-t-il un bon usage de la tristesse ? Dans ses *Lettres à un jeune poète*, Rainer Maria Rilke conseille à son correspondant : « Ne pas vous effrayer quand une tristesse se lève en vous. » Oui, nous pouvons nous appauvrir en refusant d'accueillir la tristesse. Tout comme nous pouvons nous fragiliser en lui faisant la part trop belle. Ce que nous apprend Rilke, c'est qu'il existe un art de s'observer triste, ce qui n'est pas la même chose que d'observer le monde en étant triste. Qu'il y a une énorme différence entre *penser* « je suis malheureux » et *observer la pensée* « je suis malheureux ». C'est l'art de regarder passer ses pensées sombres comme on regarde passer les gros nuages noirs dans le ciel.

Si on cultive patiemment cet art, alors, la tristesse pourra être une amie, qui nous rappelle doucement nos limites, nos fragilités, qui rabote nos illusions ou nos orgueils. Et qui nous chuchote doucement à l'oreille : réjouis-toi et savoure cette vie, sinon… c'est trop triste !

CHAPITRE 9

Désespoirs

> « Je ne saurai donner de justification à cette confiance en l'avenir de l'homme qui m'habite. Il est possible qu'elle ne soit pas rationnelle. Mais le désespoir, lui, est irrationnel : il ne résout aucun problème, il en crée même de nouveaux et il est par nature une souffrance. »
>
> Primo LEVI.

« Si j'étais née avec un bouton d'autodestruction [la patiente me fait alors un petit geste, désignant l'exact milieu de sa poitrine], je pense que je n'existerais plus depuis longtemps. Toutes les fois où le dégoût ou la fatigue de vivre m'ont saisie avec violence, toutes ces envies de suicide au petit matin, dès l'éveil, toutes les trahisons et les épreuves : à tous ces moments, si ce bouton avait existé, s'il m'avait suffi d'inspirer, de fermer les yeux, de sourire, soulagée que ce soit la fin, et qu'elle soit douce, s'il m'avait suffi d'appuyer pour ne plus exister… Alors, je n'existerais plus depuis longtemps. Je n'aurais même pas atteint l'âge adulte. Et finalement, il y a plein de belles choses que je n'aurais ni vues ni vécues. Quel dommage ! Mais il me semble que la tentation suicidaire est dans ma chair, que le monstre s'éveille dès que la dose de souffrance est trop forte. Si se supprimer était facile, je céderais. Mais j'ai l'impression que je ne suis pas la seule, et je suis même sûre que si tous les humains disposaient d'un tel bouton d'autodestruction sur lequel appuyer, il n'y aurait plus grand monde ici-bas… »

Les médecins et psychothérapeutes se souviennent très clairement de leurs discussions avec les patients suicidaires. Sans doute parce qu'elles sont toutes trempées dans un bain hypermnésiant d'activation émotionnelle (les émotions sont des très bons fixateurs de souvenirs). Et je me souviens très clairement de toutes (au moins de la plupart d'entre elles) mes conversations avec des suicidants. Une autre patiente me parlait un jour, avec un sourire triste et embarrassé, de son rêve d'un « kit euthanasie » : « Pour en finir facilement et sans douleur, une petite boîte avec deux pilules : une d'euphorisant pour partir dans une dernière bouffée de bonheur, et une de poison. » Elle m'avoua ce jour-là avoir essayé de se procurer sur Internet un livre sinistre et célèbre en son temps, *Suicide mode d'emploi*[1], qui fut un énorme succès de librairie, puis fut rapidement interdit car il donnait avec un luxe de détails, les moyens pour se suicider facilement et à coup sûr. Mais le prix du livre, devenu rare – plusieurs centaines d'euros – l'avait dissuadée. « J'étais prête à me suicider, mais pas à payer aussi cher ! Du coup, ça m'a fait réfléchir, l'absurdité comique de cette situation ! Et je suis toujours là… »

Les états d'âme crépusculaires autour du suicide représentent un drôle de mélange : désespoirs, fatigues de vivre et envies de mourir, idées suicidaires, mais aussi culpabilités, bouffées d'envie de vivre qui remontent, vagues espoirs qui ressuscitent, doutes affreux (« et si j'avais tort, et si tout s'arrangeait à la fin ? »), puis retour de la fatigue de vivre, des souvenirs des espoirs déçus et des souffrances subies. Nos âmes s'affolent, tout semble compliqué et insoluble. Tentation alors d'une solution parfaite, la seule qui assure que tous les problèmes vont disparaître, et pour toujours…

Pourquoi vivre ? Pourquoi mourir ?

« La vie est un restaurant petit, mauvais et cher. Et en plus, c'est trop court. »

C'est évidemment du Woody Allen. Et c'est évidemment plus profond que ça n'en a l'air : on râle, on râle mais, finalement, pour la plupart d'entre nous, après avoir souvent passé plus de temps à rouspéter qu'à célébrer, nous aurons des regrets au moment de quitter la scène. C'est toute notre ambivalence face à l'existence qu'épingle le bon Woody.

Vivre, mourir… Pourquoi se poser ces questions ? Est-ce qu'on se les pose plutôt lorsqu'on ne va pas bien ? Ou au contraire sous l'effet du bonheur ? Je me souviens d'un de mes rêves très ancien, un rêve de fin du monde : c'était l'Apocalypse, mais elle avait lieu un jour de grand beau temps, où tout le monde était en plein bonheur ; c'était bizarre et intense, une fin du monde sans convulsion ni agonie, mais soudaine alors que tout est parfait. Il y avait comme un immense écran empli de bleu ciel qui s'éteignait d'un seul coup.

Vivre ou mourir ? Nous sommes souvent mal à l'aise avec ces interrogations, ce genre de questions qu'il semble inutile de se poser. Mais ce n'est pas parce qu'il n'y a pas de réponse évidente qu'on ne gagne rien à s'interroger. Albert Camus commence son célèbre ouvrage *Le Mythe de Sisyphe* par ces phrases : « Il n'y a qu'un problème philosophique vraiment sérieux : c'est le suicide. Juger que la vie vaut ou ne vaut pas d'être vécue, c'est répondre à la question fondamentale de la philosophie. »

Pourquoi vivre ?

Il existe sur le Net le site d'une artiste[2], qui pose chaque jour à une personne rencontrée dans la rue la même question : « Pourquoi tu te lèves le matin ? » Je me souviens clairement de mon trouble le jour où elle m'interrogea, et de mes difficultés à lui répondre : je n'y avais jamais réfléchi. Je me suis dit ensuite que c'était bizarre que je n'aie jamais pris le temps d'y réfléchir comme ça, frontalement.

Alors, qu'est-ce qui nous donne la force de nous lever le matin ? Certains récusent la question, et disent que la vie, c'est la place qui nous a été assignée : alors on y reste. On peut aussi avoir de cette interrogation une approche mathématique : même si on se plaint, il y a tout de même en moyenne davantage de bons moments que de mauvais, alors « on y va et puis voilà ! ». D'autres sont plus prosaïques : même si c'est dur aujourd'hui, il va se passer quelque chose de bien tôt ou tard : on peut vivre au moins par curiosité ; on ne sait jamais, avec la vie (et pour la mort, on finira bien par savoir). Certains parmi mes patients m'ont avoué que s'ils vivent et ne se suppriment pas, c'est surtout par peur de la mort. Cette peur de la mort les sauve. Cioran a aussi quelque chose à dire là-dessus[3] : « Si par miracle la peur de la mort disparaissait, la "vie" n'aurait plus aucun moyen de défense : elle serait à la merci de notre premier caprice. » Encore le bouton d'autodestruction…

Mais finalement le cas de figure le plus fréquent, c'est qu'on ne se pose même pas la question : c'est le matin ? Eh bien, on se lève, et puis voilà. Les suicidaires nous disent qu'il vaut mieux, justement, qu'on ne se la pose pas trop. Car dès qu'on commence à trop se presser de questions semblables, le fil qui nous relie à la vie peut apparaître tout à coup bien fragile.

Pourquoi mourir ?

Comment expliquer la tentation suicidaire ? Ce n'est pas une question de lâcheté face à l'existence : nombre de personnes suicidées avaient fait preuve de courage dans leur vie.

En général on se suicide pour ne plus souffrir, ne plus faire d'efforts. On cherche la mort comme on cherche l'analgésie, le repos. On prend au pied de la lettre le dernier vœu que l'on adresse aux défunts : « Qu'il repose en paix. » On a envie de *reposer en paix*, ces deux mots de *repos* et de *paix* nous semblent magiques ; ils sont tellement plus attirants que leur contraire, que l'on subit : *s'efforcer dans la souffrance.*

De nombreuses cultures ont considéré le suicide comme légitime pour mettre fin aux souffrances ou à la perte de dignité. C'était le cas par exemple dans l'Antiquité grecque et romaine. Dans son *Portrait de Don Juan*, Marcel Jouhandeau notait à ce propos : « Il n'y a peut-être pas de suicide proprement dit : on ne se tue que parce qu'on est tellement éloigné de soi-même qu'on ne se reconnaît pas : on vise un fantôme, un fantoche, une caricature dont la promiscuité vous embarrasse ou vous déshonore. » Ce à quoi Montherlant ajoutait : « On se suicide par respect pour la vie, quand votre vie a cessé d'être digne de vous[4]. » C'est une souffrance de ne plus pouvoir vivre selon ses valeurs, de dignité, d'autonomie, de lucidité, de liberté. On veut se suicider parce qu'à un moment, l'écart est devenu trop grand entre ce que nous sommes devenus et ce que nous avons été, ou voulions être. Le suicide ressemble alors à une solution. Quant à savoir si c'est la bonne…

Car, finalement, la grande question reste de percevoir quelle est la part de subjectivité dans toutes les décisions et tous les désespoirs qui conduisent à l'autolyse. « Ce n'est pas que le suicide soit toujours de la folie. Mais, en général, ce n'est pas dans un accès de raison que l'on se tue », écrivait Voltaire[5]. La plupart des suicides suscitent un trouble lorsqu'ils sont envisagés *de l'extérieur* : combien de situations ne paraissaient « pas si désespérées »… Car il existe peut-être des suicides légitimes, ceux des personnes condamnées par une maladie dont on ne peut soulager les souffrances. Mais, dans tant d'autres cas, les idées suicidaires semblent corrélées à des états d'âme dont on se dit, à tort ou à raison, et souvent à raison, qu'ils auraient forcément évolué avec le temps. Et qu'attendre aurait suffi.

États d'âme du désespoir

Il y a comme ça des désespoirs qui entrent doucement dans nos vies, puis qui ne veulent plus ressortir. Ils prennent différentes formes selon les personnalités des individus, leurs ressources et leurs valeurs. Il y a au départ mille et une façons d'être désespéré, avant que peu à peu les ruminations ne fassent se ressembler tous les suicidaires.

Les états d'âme de désespoir sont souvent composés d'un mélange de douleur morale, de lucidité pénible (il nous semble avoir perdu les illusions positives qui nous protégeaient ou nous aveuglaient) et d'impuissance à agir pour modifier le cours de l'existence. Fitzgerald parlait de « tenir en équilibre le sentiment de la futilité de l'effort et le sentiment de la nécessité du combat ».

Il y a aussi un immense sentiment de fatigue, de perte de l'élan vital, ce mystère qui fait de nous des « machines à vivre » (selon les mots de Paul Valéry) mais qui ne marche plus. Ainsi la fatigue de vivre chez certains déprimés épuisés par des années de rechutes… Je me souviens de ce patient qui me disait : « Je n'ai plus que des *projets négatifs* : ne rien faire, ne pas sortir, ne pas avoir à faire à manger, ne pas avoir à prendre des décisions. Heureusement que je suis allé jusqu'au bout des *ne pas*, en ne me suicidant pas ! Mais à l'époque, je ne voyais le quotidien que sous forme de retraits et de dérobades. Des soustractions : j'étais incapable de pouvoir *ajouter* quoi que ce soit à ma vie… »

Il existe dans les états d'âme de désespoir des ambiances émotionnelles complexes. La tristesse, bien sûr, la tristesse extrême dont parle saint Jean de la Croix : « Nous appelons "nuit" la privation du goût dans toutes les choses. » Mais aussi parfois une sourde colère, contre soi, contre ceux qui nous ont blessés ou ne nous ont pas compris ou pas aidé, contre le monde tel qu'il est. Ou l'inquiétude, avec le sentiment d'être piégé, coincé, dans une situation sans issue ; le suicide est alors comme une fuite en avant, pour interrompre la douleur ou la terreur. Il y a ainsi au Kunsthistorisches Museum de Vienne, un petit tableau de Bruegel qui me fascine : il raconte le suicide du roi biblique Saül, alors qu'il est en train de perdre une bataille. Cerné, aux abois, ses deux fils déjà tués par l'ennemi, ayant tout perdu, il se suicide en se jetant sur son épée, dans un tout petit coin du tableau, occupé aux neuf dixièmes par le fracas de la bataille. Il meurt désespéré et affolé, dans l'indifférence du monde. Il y a aussi la honte qui habite certains suicides, parce qu'il nous semble avoir perdu la face, sombré dans la déchéance ou avoir commis le mal, comme Judas, se pendant après avoir livré Jésus. Mais cette honte est souvent le fruit de dépressions dites « mélancoliques », en fait les plus graves des dépressions, où les malades s'accusent de tous les maux et sont en proie à un véritable délire de culpabilité.

Parfois, loin de ces soubresauts de nos états d'âme, le sentiment que « la vie n'a plus de sens » se loge dans des états d'âme de vide et d'ennui, comme me le disait cette patiente : « Je suis dans un état de *malheur soft.* Je me dis souvent : si seulement ma vie pouvait s'arrêter maintenant ! » On est finalement plus souvent « poussé » vers le suicide (par nos souffrances) qu'on n'est « attiré » par lui (sinon qu'on imagine, justement, y trouver une interruption de ces souffrances).

Tentations suicidaires. Comment on devient *morituri*...

« Est-ce que tout ne serait pas plus simple si je disparaissais ? »

Les humains flirtent souvent avec le désespoir : ce sombre compagnonnage avec les idées noires est à voir comme un continuum. Il n'y a pas d'un côté les malades suicidaires, et de l'autre les bien-portants qui n'y penseraient jamais. Et entre les deux, une barrière étanche. Il est rare qu'aucune personne n'ait été au moins effleurée par des idées sur sa propre disparition volontaire. L'existence de tels états d'âme en population générale est bien plus fréquente qu'on ne le pense. Plus d'un tiers d'entre nous a eu au moins une fois dans sa vie des idées suicidaires[6]. Même si l'adolescence est à ce propos une période à risque[7], la situation n'est pas très différente chez les adultes. Par exemple, une étude auprès de sept cents étudiants avait montré que 54 % d'entre eux avaient eu des pensées suicidaires dans l'année précédente, que 2 % d'entre eux avaient commis un geste suicidaire durant la même période, et 10 % en avaient commis au moins un dans leur vie[8]. On retrouve la même fréquence d'idées suicidaires chez les personnes âgées[9].

C'est pour cela qu'il faut toujours oser poser la question de l'envie éventuelle de mourir. On apprend ça aux jeunes médecins, qui ont parfois peur en abordant le sujet de provoquer le geste, d'y faire penser le patient ; comme s'il n'y avait pas déjà pensé luimême ! Mais on peut aussi la poser à des amis et des proches qui nous inquiètent.

Il existe une gradation des idées suicidaires, qui ne sont pas toutes de la même force. Lorsqu'un psychiatre explore ces différents niveaux auprès de ses patients, il va poser des questions allant de l'idée vague et passagère (« parfois je me dis qu'il vaudrait mieux que je n'existe plus ») à la planification précise (« j'ai réfléchi précisément à la manière et au moment »). Il existe à la fois une progression qualitative (de la simple fatigue de vivre à un vrai désir de mort) et quantitative (états d'âme occasionnels que l'on peut repousser, puis idées constantes difficiles à chasser, et enfin obsessions occupant tout le champ de la conscience). Ce qui préoccupe évidemment les soignants, c'est ce moment où les idées suicidaires cristallisent et où se mettent en place la spirale suicidaire et la dynamique d'enfermement dans les idées de mort. Ce moment où l'on se met à « couver ses idées suicidaires… ».

Le retrait social et le repli sur soi jouent un rôle très important. C'est le drame de l'auto-enfermement psychologique des suicidants : une fois qu'on s'est isolé et coupé du monde, il n'y a plus d'obstacles alors aux ruminations mortifères de plus en plus violentes, parce que aucune résistance, aucune argumentation ne leur sont opposées. On instruit un procès à huis clos contre le fait de continuer de s'acharner à vivre. Un procès contre soi-même, contre sa vie, et contre la vie en général… On a alors envie de « descendre du train », comme le disait une de mes patientes, et « d'abandonner tous ces fêtards inconscients ». On a de plus en plus souvent le sentiment de ne plus appartenir au même monde, à la même espèce que les autres. Donc on n'a plus envie de se confier à eux, de solliciter ou d'écouter leurs arguments. On veut juste s'isoler pour mieux ruminer, ne pas être distrait ou contredit. Pour se convaincre que cela ne vaut pas la peine de rester en vie. Pour se faire tranquillement des reproches et dresser des bilans sombres : les ruminations et l'autocritique sont étroitement associées à l'existence et à l'intensité des idées suicidaires[10].

Ce repli sur soi et sa logique de mort sont d'autant plus regrettables, qu'étonnamment, les idées de suicide sont assez mobiles et fluctuantes dans leur intensité, lorsqu'on les étudie sur de longues périodes. Chez les sujets qui ont fait plusieurs tentatives, on retrouve ainsi une grande instabilité des états d'âme associés à une grande instabilité des idées suicidaires[11]. Et plusieurs travaux soulignent que plus la dérégulation émotionnelle est grande (oscillations fréquentes et mal contrôlées des états d'âme), plus le risque suicidaire l'est aussi[12]. C'est la rumination qui va peu à peu solidifier les idées de suicide, et les valider comme solution et soulagement[13]. Au bout d'un certain temps d'évolution, ces idées suicidaires deviennent alors plus ou moins autonomes. Comme si le virus du suicide s'était encastré dans notre esprit, et n'attendait pour se réactiver qu'un nouveau fléchissement de notre moral[14].

En toute fin de processus, on en arrive donc, à force de ruminations et d'isolement, au stade de l'idée fixe, où une seule préoccupation existe : se supprimer. On en arrive à ne plus voir dans la vie qu'un poids, comme le notait Chamfort[15] : « Vivre est une maladie, dont le sommeil nous soulage toutes les seize heures ; c'est un palliatif : la mort est le remède. » Notre vision du monde s'appauvrit alors considérablement. Nous nous sentons comme « un soleil éteint autour duquel plus rien ne gravite[16] ». On ne voit plus que deux choses autour de nous : d'une part les souffrances, partout, insolubles : d'autre part LA solution. Écoutons à nouveau William Styron[17] raconter ce moment de sa propre dépression : « À la vérité, nombre des objets qui peuplaient ma maison étaient devenus de possibles instruments pour mettre fin à mes jours ; les poutres du grenier (et dehors un ou deux érables), un moyen de me pendre, le garage, un lieu idéal pour respirer l'oxyde de carbone, la baignoire, un récipient pour recueillir le flot de sang de mes artères ouvertes. Pour moi, les couteaux de la cuisine, rangés dans leur tiroir, n'avaient qu'une raison d'être… »

Entre deux mondes…

À ce stade, on se sent étranger aux autres. On est sorti de leur monde. Parfois, personne ne l'a remarqué. Ce qui peut selon les personnes nous désoler (« finalement, que je sois là ou pas ne change rien »), ou nous conforter dans notre sentiment de solitude et de nécessité et légitimité du suicide (« mes proches ne souffriront pas bien longtemps de mon absence »). À ce moment, apparaissent des mélanges bizarres d'états d'âme, contradictoires et intenses, solitude et jubilation, effroi et sérénité, doutes et certitudes.

Il existe parfois un *switch* étrange lorsque la personne décide de se suicider : un apaisement, parfois trompeur pour l'entourage. On est alors dans l'œil du cyclone. Plusieurs études ont exploré ce calme paradoxal, lié au soulagement de se sentir proche de la délivrance[18]. On se sent partiellement délivré de la souffrance. Et, paradoxalement, on peut alors réenvisager de vivre. C'est à ce moment que des petits appels à l'aide envers l'entourage peuvent exister : comme des messagers qui ont trompé la vigilance de la détermination suicidaire, et réussi à s'échapper pour aller demander de l'aide, des renforts.

Autre paradoxe : du fait de cet apaisement, on peut redevenir sensible à de petits détails de l'existence. Ce qui ne nous apparaissait plus *que* comme un fardeau dévoile à nouveau des aspects attendrissants ou même attirants. À cet instant certains hésitent et se ravisent. La vie n'est pas alors plus facile, mais un peu de temps a passé, qui parfois suffit. Mais pas toujours.

Car on est en grand danger dans cet état qui est en réalité un état de *déconstruction* de soi, où on se sent comme un étranger à sa vie, comme à demi sorti de soi. Cela ressemble aux états de dépersonnalisation éprouvés parfois par les personnes confrontées à des situations très traumatisantes : elles assistent à la scène comme si elle arrivait à quelqu'un d'autre. Cet état de déconstruction, dans les processus suicidaires, correspond à une fuite de la souffrance, mais il est dangereux car il est une fuite dans les limbes : on ne souffre plus parce que, en réalité, on a commencé à ne plus exister.

C'est un drôle de territoire, entre tentation de la mort et regret de la vie. Comme une croisée des chemins. Chez certains, cela se produit une seule fois, lors d'une période de vie très douloureuse. Puis, c'est comme s'ils s'étaient vaccinés. Chez d'autres, il y a un retour régulier de ces ruminations vers le suicide, suivies de périodes d'envie de vivre. Mais finalement l'envie de mourir ne vient-elle pas qu'à ceux qui ont eu envie de vivre ? C'est ce que notait Tolstoï[19] : « Je ne savais pas ce que je voulais : j'avais peur de la vie, et pourtant j'en espérais quelque chose… »

Détail qui tue, détail qui sauve…

C'est dans ces moments crépusculaires, entre goût de la mort et désir de vie, que de petits détails peuvent tout changer. Souvent on comprend mal cela de l'extérieur : « Si vraiment on veut mourir, ce ne sont pas des détails comme l'absence de corde pour se pendre qui vont faire hésiter. » Pas toujours. Mais parfois si, il n'en faut pas plus.

Deux exemples… Les empoisonnements volontaires au paracétamol (un médicament contre les douleurs et fièvres) ont diminué à partir du moment où il fut vendu en plaquettes, nécessitant de faire sortir les comprimés un par un, plutôt qu'en flacon, où il suffisait d'ouvrir la bouche et de tout avaler en une seconde[20]. Avoir simplement posé des barrières antisaut sur un pont suspendu en Angleterre, où beaucoup de désespérés venaient mettre fin à leurs jours, fit diminuer instantanément et nettement le nombre de suicides, par le simple fait d'avoir compliqué le saut[21].

Ils vont se suicider autrement, avec autre chose, allez-vous dire… Eh bien non !

Dans l'étude des barrières posées sur le pont anglais, les suicidants étaient-ils par exemple allés sauter ailleurs ? Apparemment pas : les chercheurs avaient pris soin de vérifier qu'il n'y ait pas eu un phénomène de « transfert » de saut dans les régions voisines ; ni de « rebond » de suicides dans la même région, mais par d'autres moyens. Les contraindre à différer leur geste avait tout simplement permis de sauver la vie de bon nombre d'entre eux.

Autre exemple en Grande-Bretagne dans les années 1960 : le gaz de ville utilisé jusqu'alors était dérivé de la combustion du charbon et très riche en monoxyde de carbone. Parfait donc pour se suicider. Il suffisait, comme on disait alors, de « mettre la tête dans le four ». Avec environ deux mille cinq cents suicides par an, c'était le moyen favori des Anglais pour mettre fin à leurs jours. Lorsqu'on modifia la composition du gaz de ville pour qu'il ne comporte plus de monoxyde de carbone, on observa une diminution d'un tiers des suicides globaux. Du simple fait de la disparition des suicides au gaz, sans substitution donc vers d'autres modes d'autolyse ! La même chose fut observée avec le passage aux pots catalytiques sur les voitures car, autrefois, beaucoup de désespérés se suicidaient avec les gaz d'échappement de leur véhicule[22].

D'autres données encore plus précises ? En étudiant les statistiques de la police californienne, on s'aperçut que sur les cinq cent quinze personnes qui avaient été empêchées de sauter d'un célèbre pont (le Golden Gate à San Francisco) entre 1937 et 1971, seulement 6 % avaient ensuite fini par se suicider : cela avait été vérifié ultérieurement par les études de leurs certificats de décès. Et même si on incluait les morts déclarées par accident, en supposant que cela ait pu être des suicides déguisés, on ne trouvait pas plus de 10 % des anciens désespérés qui avaient disparu de mort violente. C'est certes plus que dans la population générale, mais ça veut dire tout simplement que 90 % de ceux qui avaient été arrêtés au dernier moment, alors qu'ils s'apprêtaient à sauter, avaient fini par retrouver le goût de vivre ! Ou au moins par perdre celui de mourir…

Autres chiffres américains, eux aussi très clairs : les quinze États américains où les taux de possession d'armes à feu sont les plus élevés, comparés aux six États avec les taux les plus bas, ont des chiffres de suicide par ces armes à feu trois fois plus élevés ; alors que les taux de suicide par d'autres moyens y sont comparables. Ce n'est donc pas que la vie y est plus dure, mais que les fusils y sont plus nombreux. Et qu'à portée de main, ils font basculer de l'idée au geste[23].

Si un homme après une dispute avec sa femme, à chaud, attrape un fusil et la tue, on dira : « Si le fusil n'avait pas été là, tout aurait été différent. » On ne dit pas : « Même sans fusil, il l'aurait étranglée : le désir de meurtre était en lui de toute façon. » Mais on ne raisonne pas comme ça pour le suicide : on tend à penser qu'en cas de désespoir, si le fusil n'est pas là, la personne se suicidera autrement. C'est faux le plus souvent. Malgré la force des ruminations, malgré la force du désir de mort, le fait de compliquer l'accès à la mort est efficace, et empêcher les gens de se tuer facilement et impulsivement est une forme utile de prévention du suicide.

Qu'est-ce qui va rendre vulnérable aux idées suicidaires ?

Il y a évidemment les traumatismes de l'enfance, grands pourvoyeurs de toutes les souffrances psychiatriques. Mais aussi avoir rencontré un grand nombre d'adversités dans son enfance : abus, relations pathologiques, conflits parentaux violents, psychopathologie des parents représentent des facteurs de risque pour les idées suicidaires à l'âge adulte[24].

Avoir vu des proches se suicider, ou tenter de le faire, représente également un facteur de risque ultérieur. Voici le récit d'un de mes patients : « Lorsque j'étais petit garçon, ma mère faisait souvent des tentatives de suicide, en l'absence de mon père, que son métier éloignait de la maison presque chaque semaine. Il m'arrivait de la trouver dans le coma le matin, avant de partir à l'école, et d'aller chercher le docteur du village. Nous n'avions pas le téléphone et je prenais mon vélo pour aller sonner chez lui. C'est sans doute pour ça qu'une fois adulte, j'ai longtemps été hanté par le recours au suicide face aux difficultés de mon existence. Lorsque j'étais sous pression, c'était le premier truc qui me venait à l'esprit : en finir, avoir la paix. Heureusement, je ne l'ai jamais fait. Puis ce qui m'a guéri, c'est la paternité. Non pas que je n'aie plus d'idées suicidaires, mais il me paraît évident que ce serait du gâchis : je veux voir mes enfants grandir… »

Il y a aussi les contagions suicidaires. Les mécanismes de mimétisme social fonctionnent pour l'ensemble de nos comportements, dont le suicide. Ce n'est pas un phénomène moderne : Goethe écrivit en 1787 le roman qui le rendit célèbre, *Les Souffrances du jeune Werther*, dont le héros se suicide car la femme qu'il aime a épousé un autre homme. Le roman connut un énorme succès et déclencha apparemment une vague de suicides mimétiques dans l'Europe d'alors. Nous n'avons pas les chiffres de l'époque, mais ce phénomène a été étudié de nos jours et confirmé. Lorsqu'une star se suicide, cela influence bien sûr les personnes fragiles, souffrant de difficultés psychologiques préexistantes[25] mais aussi le grand public en général, en augmentant de manière significative le nombre de gestes suicidaires dans la période qui suit[26].

Le rôle des événements de vie dans les impulsions suicidaires est lui aussi avéré. Plus on rencontre d'adversité, plus cela risque de faciliter la concrétisation de ruminations suicidaires[27]. Mais ce rôle de l'adversité est surtout important lors des premières tentatives de suicide. Ensuite, au fur et à mesure des récidives, les événements extérieurs deviennent moins importants. Et ce sont les facteurs psychologiques qui pèsent de plus en plus lourd. À un moment, les idées de suicide deviennent obsédantes, permanentes, et s'organisent peu à peu en une sorte de réflexe involontaire : penser au suicide chaque fois qu'on est coincé existentiellement et dans des états d'âme négatifs. Il s'agit alors d'idées fixes, presque détachées de la réalité, qui obéissent à un fonctionnement en tout ou rien : soit le calme et l'absence de problème et de souffrance, soit la tentation suicidaire.

Dans ces événements de vie, il y a des deuils, bien sûr, mais aussi des attentes déçues, par exemple amoureuses, ou professionnelles, etc. Dans cette série des espoirs déçus, on peut noter le taux accru de suicides après chirurgie plastique[28]. Enfin, chez les personnes âgées, le rôle de la maladie et des complications de vie pèse aussi lourd sur la tentation d'en finir[29].

Il y a deux grands facteurs aggravants à l'existence de ces événements de vie adverses : la sensation de solitude (réelle ou supposée, « personne ne peut ou ne veut me venir en aide ») et la sensation de faiblesse (« il n'y a pas d'issue possible venant de moi »). Mais les événements de vie ne font-ils pas que révéler notre faiblesse ? Cesare Pavese, écrivain italien qui se suicida, le pensait, lui qui écrivit : « On ne se tue pas par amour d'une femme. On se tue parce qu'un amour, n'importe quel amour, nous révèle dans notre nudité, notre misère, notre absence de défense, notre néant. » Puis, dans les derniers poèmes adressés à la dernière femme dont il fut amoureux : « La mort viendra et elle aura tes yeux. »

Maladies du suicide

« La dépression est une poupée russe et, dans la dernière poupée, se trouvent un couteau, une lame de rasoir, un poison, une eau profonde et un saut dans un grand trou. »

D'après ce que nous montrent ses écrits, Stig Dagerman, auteur de *Notre besoin de consolation est impossible à rassasier,* était vraisemblablement sujet à de violentes poussées de dépression. Il se suicida en 1954, à l'âge de 31 ans[30].

Il existe une spécialité de la psychiatrie nommée suicidologie, qui nous rappelle qu'il existe environ onze mille décès annuels par suicide en France, et environ cent soixante mille tentatives de suicide. Les suicidologues nous disent aussi que dans 90 % des morts par suicide, il y a une maladie mentale. Et que c'est souvent un état dépressif[31].

Plus une dépression a été longue, plus le risque d'apparition de gestes suicidaires est grand, ce qui est logique[32]. Mais attention, des études montrent qu'à intensité dépressive égale, d'autres facteurs interviennent pour pousser au suicide : notamment le chômage, l'existence d'une maladie physique, l'isolement social et les difficultés relationnelles. C'est ça qui retient (ou non) le bras au dernier moment : avoir quelque chose à quoi se raccrocher, tout à l'heure, demain, dans une semaine[33]… Là encore, de petits détails comptent, comme chez cette patiente qui me disait : « Je m'accroche à la visite de mes petits-enfants cet été : je veux les revoir et profiter encore une fois au moins… » L'automne venu, elle était sortie de sa dépression.

La dépression est étroitement liée au risque suicidaire, mais il existe sans doute une vulnérabilité supplémentaire chez les déprimés qui ont déjà commis des gestes suicidaires. Une étude française récente l'a montré : la réactivité cérébrale, observée en neuro-imagerie, de patients qui ont été déprimés mais qui ne le sont plus actuellement, montre chez ceux qui ont, en plus, une histoire de tentatives de suicide, des réactions très différentes aux visages hostiles ou souriants, témoignant globalement d'une sensibilité accrue au jugement social, et diminuée aux signaux sociaux agréables[34]. On ignore s'il s'agit de causes ou d'effets, mais les perturbations sont là, et il faut en tenir compte lorsqu'on veut aider ces personnes. Et sans doute aussi leur expliquer, pour qu'elles les comprennent mieux les mécanismes de leur fragilité.

Les récidives suicidaires comptent parmi les problèmes les plus douloureux de la psychiatrie. Cette population de patients qui accumule les récidives, et qui peu à peu déconcerte et parfois désespère entourages et soignants. Ces *obsédés du suicide* semblent déjà morts dans leur tête. Ils sont comme des transsexuels, qui se sentent prisonniers d'un corps d'un autre sexe, et qui veulent le fuir par la chirurgie. Eux se sentent prisonniers d'un corps vivant, dans une vie dont ils ne veulent plus, et qu'ils vont tout faire pour quitter. La tentation du néant est présente en eux à tout instant, il leur suffit de tendre l'oreille.

Les biologistes nous disent qu'il y a sans doute chez ces multirécidivistes obsédés par la mort un déficit cérébral spécifique avec la sérotonine (un neurotransmetteur), d'ailleurs en partie indépendant du niveau de la dépression[35]. Vivement qu'on trouve les moyens de le soulager mieux que nous n'arrivons à le faire aujourd'hui…

Je me souviens

Tout de même, je me suis retrouvé dans de drôles (façon de parler…) d'états d'âme en rédigeant ce chapitre. Avec un *retour du refoulé*, comme disent mes collègues psychanalystes, et en tout cas des tas de souvenirs sortis du placard. On n'oublie jamais les suicides qui ont croisé notre route.

Je me souviens – j'arrivais tout juste à Sainte-Anne – d'une jeune fille qui se suicida avec le Prozac que je venais de lui prescrire. Je me souviens de la rencontre avec ses parents venus à l'hôpital pour me l'annoncer et pour que je leur explique : j'étais sans doute la dernière personne à avoir parlé avec elle.

Je me souviens – j'étais interne à Toulouse – d'un médecin hospitalisé pour dépression, fermé au dialogue, au sourire froid. Il avait déjà essayé de se suicider par trois fois. Je n'ai jamais eu une semblable impression que quelqu'un m'échappait complètement, que le moindre soutien était disqualifié d'avance. Je me souviens que son épouse venait de le quitter. Je me souviens de la rencontre avec ses parents, très inquiets. Je me souviens de leur coup de téléphone pour m'annoncer la nouvelle de sa mort, quelques jours après sa sortie. Je me souviens qu'ils ont trouvé la force de me consoler.

Je me souviens de la lettre de cette mère dont la fille s'est suicidée. Elle m'avait demandé un rendez-vous quelques mois avant, je n'avais pas pu la recevoir assez vite. Bien sûr, je l'avais orientée vers des confrères, mais elle voulait me voir moi, pensant à tort que je ferais mieux que d'autres. Je me souviens d'avoir été malade de culpabilité pendant des mois.

Je me souviens de cette jeune femme qui séjournait en service de chirurgie orthopédique, et de cette matinée d'hiver ensoleillée où on m'appela pour l'examiner. J'étais alors psychiatre de liaison (cela consiste à aller dans les services de médecine voir les patients qui ont des problèmes psychiatriques). Elle s'était défenestrée quelques semaines avant. Comme je m'asseyais pour lui parler et voir ce qui n'allait pas, elle écarquilla les yeux et me dit : « Mais je te connais ! » J'écarquillai les yeux à mon tour : c'était ma meilleure copine en classe de sixième.

Je me souviens de ce patient qui testait sa pendaison future en mettant sa tête dans le lasso argentin ramené de ses vacances. Il ne l'a jamais fait.

Je me souviens des suicides de collègues médecins.

Je me souviens de ces chiffres montrant que les médecins se suicident nettement plus que les autres[36].

Je me souviens de cette collègue destinée à une brillante carrière, souffrant sans doute de maladie bipolaire, et retrouvée suicidée loin de chez elle, après avoir donné de fausses pistes à son entourage pour éviter qu'on ne la cherche trop tôt. Je me souviens de tout son service en deuil.

Je me souviens de cet ancien copain d'internat, se suicidant, des années après, dans une chambre d'un hôtel chic, cerné par des rumeurs compromettantes et qui n'y résista pas. Après avoir absorbé des médicaments bien choisis, il s'installa dans un fauteuil face à la fenêtre, et fuma un dernier cigare, avec un dernier cognac.

Je me souviens de cette amie médecin généraliste qui me raconta sa défenestration et cet étrange moment de dépersonnalisation, au moment où elle était montée sur le toit de son immeuble : comment, dans une bouffée d'hyperacuité sensorielle, elle s'était arrêtée plusieurs secondes (ou minutes, elle ne le savait pas) pour observer les détails du zinc de la toiture, écouter la rumeur des voitures et de la rue, regarder des nuages qui passaient dans le ciel, respirer l'odeur de l'air et du printemps ; puis le grand saut auquel elle survécut par miracle et par bonheur. Je me souviens de la joie que j'ai, chaque fois, de la retrouver. Vivante et souriante.

Je me souviens de ce passage de Bernanos[37] : « J'aurais bien besoin de la conversation d'un ami… au long de la Seine, sous les magnifiques grands arbres… J'ai glissé, glissé, glissé mon vieux… Jusqu'au seuil noir. Mais vous savez comme moi que la sollicitation de la mort n'est pas sans douceur. »

Je me souviens du suicide d'Achille Zavatta, clown qui ne supportait plus de vivre sous dialyse rénale.

Je me souviens du sursaut que m'inspire chaque fois le mot « suicide ».

Je me souviens qu'hier encore, je croisai dans la rue deux jeunes garçons courant vers je ne sais quel magasin, l'un disant à l'autre : « Si c'est fermé, je me suicide. » Et je me souviens que, bien qu'ils aient eu l'air en pleine forme, je me suis arrêté, je me suis retourné et j'ai regardé ce qui se passait : le magasin était ouvert. Je m'en souviens, je m'en souviens très bien : j'ai respiré…

En cas de désespoir et d'envies suicidaires

Parmi mes patients j'ai un poète maudit, un écrivain que personne ne connaît. Un artiste qui a du mal à se faire une place ici-bas. Il a pas mal de soucis psychologiques, phobie sociale, tendances dépressives et suicidaires, si on veut utiliser des diagnostics psychiatriques. Je l'ai aidé tant bien que mal à en surmonter quelques-uns. Mais récemment, au décès de sa femme, tout s'est effondré. Comme c'était juste avant les vacances d'été, où il allait être isolé, je lui ai remonté le moral de mon mieux, donné l'adresse d'un collègue de confiance qui était là cet été, et que j'ai prévenu. Et puis, la veille de mon départ, j'ai eu une inquiétude pour lui, alors je lui ai envoyé une carte postale, où je lui disais en substance : « Restez là, s'il vous plaît. Nous avons besoin de vous ici-bas, besoin de poètes qui ne servent à rien. Besoin de gens sensibles dans ce qu'on appelle parfois "un monde de brutes". Imaginez un monde sans poètes, où il n'y aurait plus que des bagarreurs, des *winners*, des banquiers. Imaginez un monde où les seules plantes qui resteraient seraient des milliers de kilomètres carrés de tomates poussant hors sol sous des bâches en plastique, ou de plantes de ce genre. Eh bien, le poète, il est comme le bout de terrain vague oublié où poussent des herbes folles et des fleurs sauvages. On se retrouve en septembre. Amicalement. »

J'ai été drôlement content de le retrouver à la rentrée. Il avait fait ce qu'il fallait pour résister.

Que peut-on faire lors des jours sombres, des jours mauvais ? On pense souvent, même parmi les médecins, qu'il n'y a pas grand-chose à faire si quelqu'un veut mourir. Cela fait soupirer les suicidologues[38] car, en réalité, il y a tout un tas de choses à faire[39]. Elles peuvent toutes paraître dérisoires face à l'enjeu. Je m'en fiche. Il suffit que l'une d'entre elles ait un effet sur quelqu'un, quelque part, pour que ce ne soit plus dérisoire du tout.

Prendre soin de ses états d'âme

Nous en avons largement parlé, les états d'âme négatifs sont très corrélés au risque suicidaire. Et donc la régulation de ses états d'âme est une mesure d'hygiène personnelle capitale pour la prévention des idées suicidaires[40]. Surtout si on est fragile. Prendre soin de soi et bien habiter sa vie va nous demander des efforts ? Et alors ? Nous n'attendons pas les caries pour nous brosser les dents. Tenons-nous moins à nos âmes qu'à nos dents ? Cioran, toujours lui, notait ainsi : « J'ai vaincu l'appétit, non l'idée, du suicide. » Si les idées de mort qui nous viennent ne trouvent plus d'écho en nous, quel progrès ! D'accord, à cette remarque presque positive il accole tout de suite un bémol : « Assagi à force de défaites[41]. » Mais tout de même…

Se méfier de soi

Très important : chez les personnes ayant des antécédents de dépression, avec ou sans antécédents d'idées de suicide, la capacité à résoudre les problèmes est normale, sauf si on induit chez elles une humeur triste. Alors, celles qui ont des antécédents d'idées suicidaires (à un niveau assez intense pour être mesuré) sont tout à coup moins capables de résoudre des problèmes, moins intelligentes face à la difficulté. Comme si la cicatrice des idées suicidaires dormantes, réveillée sous l'effet d'états d'âme négatifs, brouillait leur clarté d'esprit et leur lucidité[42].

Nous disposons de nombreux travaux sur l'association entre le sentiment d'impuissance à résoudre les problèmes et l'irruption d'idées suicidaires. Un de mes patients me racontait que, dans les périodes de sa vie où il allait mal et ne se soignait pas, la moindre anicroche pouvait lui donner des impulsions suicidaires : ne pas arriver à réparer un robinet qui fuit, ne pas trouver d'acheteur pour son appartement mis en vente, devoir passer des examens médicaux qui perturbaient son planning professionnel. Tout cela, pour peu qu'il se sente alors fatigué et débordé, pressé par le temps, avec quelques autres petits échecs qui avaient préparé le terrain, allumait la mèche des ruminations suicidaires. Sans que nous nous en rendions compte, après toute mise en échec, pour peu que celle-ci éveille des états d'âme négatifs de manière assez forte, notre intelligence tend à se gripper. Il y a notamment une altération de la mémoire de nos compétences et capacités passées, et de l'aptitude à résoudre les problèmes, qui repose largement sur la mobilisation de nos ressources passées : savoir que l'on a déjà résolu des problèmes semblables et se souvenir comment on s'y est pris[43]. Est-ce pour cela que le suicide, qui ne résout pas le problème mais le fait disparaître, apparaît alors comme une solution ?

De nombreux travaux commencent à être conduits sur ce qui se passe dans notre cerveau pour expliquer chez certains la force de ces impulsions : on retrouve chez eux des dysfonctionnements cérébraux associés aux idées suicidaires importantes[44]. Bien sûr, ces dysfonctionnements s'améliorent après traitement par antidépresseurs, mais cela montre qu'on est loin du suicide comme preuve de lucidité face au monde et ses problèmes…

Alors, répétons-le à nouveau : la prévention de ces impulsions suicidaires passe, bien en amont, par une réflexion sur notre susceptibilité aux échecs et à l'adversité. Et donc à une réflexion sur les problèmes d'estime de soi, que nous n'aborderons pas en détail ici.

Ne pas rester seul

« Où est l'ami que partout je cherche ? » : c'est le début d'un cantique célèbre[45]. Le lien social est l'un des plus grands protecteurs, et la consolation qu'il offre a sans doute plusieurs mécanismes. D'abord, le lien nous complique la mise en œuvre des intentions suicidaires, et nous savons à quel point de petits délais peuvent jouer un rôle important (c'est pourquoi les célibataires sont plus fragiles face au suicide). Il y a aussi un mécanisme d'empathie : ne pas faire souffrir ceux qui m'aiment, ne pas abandonner ceux qui ont besoin de moi. Comme un frein, peut-être, à l'orgueilleuse solitude du suicide ?

Pratiquer ou côtoyer l'humour

Humour sur soi, le monde et la vie. En voici deux petits éclairs. Woody Allen : « J'ai demandé à cette fille si elle avait des projets pour samedi soir, et elle m'a dit qu'elle avait l'intention de se suicider. Alors je lui ai demandé ce qu'elle comptait faire vendredi soir. » Éric Chevillard[46] : « Quand je me sens d'humeur maussade, je n'ai qu'à chatouiller ma fille. La brave petite ne refuse jamais de rire à ma place. »

Pourquoi l'humour nous soigne, et parfois nous sauve ? Parce que son compagnonnage régulier nous fait pratiquer le recul, nous apprend à côtoyer le tragique sans le dramatiser, et renforce nos liens avec les autres humains : rire, c'est encore meilleur à plusieurs…

Avoir la foi

La foi (mais aussi toute forme de « spiritualité sans dieu ») semble représenter une protection partielle contre les tentations suicidaires[47]. Ce phénomène ne semble pas lié à une religion particulière et il existe sans doute plusieurs mécanismes intriqués.

Certains sont internes : la foi nous offre un système de croyances sur le sens de notre vie et des épreuves que nous rencontrons, et diminue ou supprime les états d'âme d'impuissance et d'absurdité de toute forme d'effort ; elle pose des objections au geste suicidaire, qui n'est pas en général dans les intentions de notre Créateur… Mais il y a aussi des mécanismes externes : la foi incite en général au lien social (se retrouver entre croyants, au moins lors des cérémonies religieuses et souvent au-delà) ; elle pousse souvent à suivre un mode de vie qui exclut un certain nombre de facteurs de risque (pas de prise de toxiques).

Et puis, des choses qui nous dépassent. Elie Wiesel raconte dans *La Nuit*[48] une scène horrible dans un camp de concentration : les nazis ont pendu un jeune garçon, dont le corps décharné est si léger qu'il n'arrive pas à mourir. Tous les déportés ont été rassemblés devant la potence. Face à cette torture insoutenable, une voix s'élève : « Où est Dieu ? » Et une autre répond : « Il est là. »

Avec nous.

Comprendre l'impermanence

Lors d'un voyage en Inde, j'avais accompagné mon cher ami Matthieu Ricard dans l'une de ses visites à Trunshik Rinpoché, un vieux lama tibétain en exil, un des maîtres de l'actuel dalaï-lama. C'était près de Dehra Dun, dans l'Uttarakhand, région indienne des contreforts himalayens. Matthieu m'avait invité à assister à l'audience, et à parler un instant avec le lama. Comme je lui posais la question du suicide qui tourmentait l'esprit de tant de mes patients, ce dernier me répondit en évoquant le concept bouddhiste d'impermanence, et en me l'expliquant. Rien n'est appelé à durer, ni nos personnes ni nos souffrances. Comme souvent dans la philosophie bouddhiste, le concept d'impermanence est évidemment compliqué : il renvoie au « libre mouvement des phénomènes », à « la liberté propre au réel[49] ». Ce n'est pas seulement l'idée connue des Occidentaux, venue du philosophe Héraclite, qu'on « ne se baigne jamais deux fois dans la même eau », ni la connaissance intuitive que tout ce qui est vivant est appelé à disparaître, même notre désarroi et notre souffrance. Dans le suicide, nous sommes accrochés à l'idée que notre souffrance durera éternellement. Travailler régulièrement à méditer sur l'impermanence de toute chose est une manière de se rendre plus fort – ou moins faible – envers la tentation suicidaire.

En sortant de la rencontre avec le vieux lama, j'avais bizarrement une phrase en tête : « Se suicider, c'est se cramponner. » Se cramponner à des certitudes et des espoirs, même déçus, même douloureux. Le lendemain, lors d'une balade dans une ville proche, Rishikesh (où les Beatles firent une retraite agitée pendant deux mois en 1968), Matthieu s'est écarté, et s'est assis tout seul au bord du Gange, un long moment. Je n'ai jamais osé lui demander ensuite sur quoi il méditait alors. Peut-être sur l'impermanence ?

L'impermanence n'est pas quelque chose de désespérant, n'est pas un état d'âme nihiliste. Elle comporte aussi une part lumineuse et joyeuse : l'idée, notamment, que nos souffrances ne sont qu'un passage et cesseront.

Chérir le bonheur

C'est l'une des convictions du courant de la psychologie positive : avoir appris à se rendre un peu plus heureux peut être une forme de prévention contre les bouffées de désespoir. Cela sera surtout valable si l'on a travaillé de manière réaliste à son bonheur, c'est-à-dire, nous allons le voir bientôt, avoir appris à extraire le bonheur même de l'adversité ou du malheur. Le bonheur comme ressource et vaccin contre les idées de mort et le désespoir.

L'énorme question de l'espoir et du désespoir

On connaît la célèbre phrase de Cioran : « On se suicide toujours trop tard[50]. » Il va même au-delà : « Je ne vis que parce qu'il est en mon pouvoir de mourir quand bon me semblera : sans l'*idée* du suicide, je me serais tué depuis toujours[51]. » Et il précise encore : « Ne se suicident que les optimistes, les optimistes qui ne peuvent plus l'être. Les autres, n'ayant aucune raison de vivre, pourquoi en auraient-ils de mourir ? »

En fait, Cioran inverse la question du suicide : c'est peut-être la vie qui ne vaut pas la peine, alors que c'est la mort qui libère. Mais comme cette libération est une certitude, une question de temps, il n'y a plus qu'à l'attendre, sans espoirs ni illusions. Je n'ai jamais clairement compris pourquoi la lecture de Cioran me réconfortait, au lieu de me faire sombrer dans le spleen : induit-elle en nous une sorte d'effet paradoxal, d'effet paratonnerre ? En décrivant avec précision les mécanismes de nos désespoirs flous, en leur donnant une forme précise, Cioran nous permet de mieux les comprendre, de les héberger sans trembler, et finalement de les transformer.

Mais Cioran n'est-il pas trop désespéré, et sa vision ne nous pousse-t-elle pas vers un état de *calme désespoir*, selon l'expression de Thoreau ? Ne plus espérer ? Pourtant, la perte d'espoir – la certitude que l'avenir ne nous apportera aucune solution aux difficultés que nous rencontrons – semble, à première vue, un des pires prédicteurs des conduites suicidaires[52].

En fait, il existe deux façons d'agir face au désespoir.

La première est de cultiver un optimisme pratiquant (qui ajoute les actes à la pensée) et lucide (qui n'exclut pas l'existence et le pouvoir de l'adversité). En acceptant par exemple de constater et de valider le nombre de fois où nous avons survécu à nos « minidésespoirs » ! Ces minidésespoirs existent, et les exemples abondent dans nos vies : chacun de nous a survécu à des chagrins d'amour, des difficultés professionnelles, des deuils, dont il s'était dit sur le moment que c'était trop dur…

Mais il y a aussi une autre façon d'appréhender cette réflexion : essayer de se libérer de l'espoir plutôt que du désespoir. Car toute forme d'espoir nous fragilise : « Il n'y a pas d'espoir sans crainte », disait Spinoza. D'où la notion de « gai désespoir » prônée par Comte-Sponville, dans son ouvrage *Le Bonheur, désespérément* : la sérénité ne peut qu'exclure toute forme d'espoir et d'attente. Car l'espérance porte en germe la déception, l'angoisse et la dépendance. Il faut donc cultiver la liberté envers nos espoirs. Sans nihilisme, mais simplement en essayant d'habiter différemment le réel. Ce que suggère aussi Albert Camus dans les pages qu'il consacre au suicide dans son essai *Le Mythe de Sisyphe* : « Il s'agissait précédemment de savoir si la vie devait avoir un sens pour être vécue. Il apparaît ici au contraire qu'elle sera d'autant mieux vécue qu'elle n'aura pas de sens. » Pour Camus, le sentiment d'absurde et son acceptation est la clé : « Par le seul jeu de la conscience, je transforme en règle de vie ce qui était invitation à la mort » ; « Tout reprend sa place et le monde absurde renaît dans sa splendeur et sa diversité... Maintenant, il s'agit de vivre. »

Accepter l'idée même de désespoir, d'absurde, lorsqu'elle s'impose à nous. Mais sans la laisser se connecter à celle du suicide. Cela ne se décrète pas, cela s'apprend. Nous verrons que la méditation est l'un des moyens de cet apprentissage : en nous entraînant à fréquenter le vide et le néant, à ne rien attendre d'autre que vivre intensément l'instant présent, elle nous permet de ne plus craindre de marcher au bord du ravin. Nous n'avons plus peur d'être aspirés par le vide. Plus peur de tomber sans raison.

TROISIÈME PARTIE

Équilibres

L'entraînement de l'esprit

Lucidité : accepte ta fragilité mais regarde plus loin qu'elle.

Mets ton corps de bonne humeur : aide-le à trouver le calme et l'énergie.

Pacifie tes états d'âme : tiens ton esprit comme une voile dans le vent.

Et n'oublie pas que tu vis dans un drôle de monde : pense à le changer, lui aussi.

« Le jour s'en va voici que brûle
Une lampe dans la prison
Nous sommes seuls dans ma cellule
Belle clarté chère raison. »

Guillaume Apollinaire,
À la Santé.

CHAPITRE 10

Fragilités

« L'homme crie où son fer le ronge,
Et sa plaie engendre un soleil. »
Louis ARAGON.

« Si j'arrête mes efforts, je me noie. J'ai le sentiment – non : la certitude – que je ne tiens que par eux : efforts pour travailler, efforts pour sourire, efforts pour faire semblant, semblant d'aller bien, semblant d'être comme tout le monde. Efforts pour faire des efforts. Certains jours, je me sens usée de construire inlassablement des digues et des remparts contre l'irruption de la dépression, du découragement, du dégoût et de la fatigue de vivre. Bien sûr, il m'arrive parfois de ne plus y penser, de devenir inconsciente de ces efforts, et même de me sentir légère : dans ces rares moments, je suis *récompensée* de mes efforts, ça fonctionne, ça marche. Comme aux Pays-Bas : on oublie que si les digues cèdent, toute une partie du pays sera recouverte par les eaux de l'océan, qui n'attend que ça, tranquille. Il doit y avoir là-bas des gens qui inspectent les digues, d'autres qui les réparent ; et tous les autres l'oublient. Et ainsi, une partie de moi-même fait ces efforts vitaux pour que mon âme ne soit pas submergée par les flots du désespoir. Et tout le reste de moi essaie de l'oublier. Est-ce cela, la "menace dépressive" ? Mon relatif bien-être n'est-il dû qu'à mes efforts constants ? Mais si j'arrête de pédaler ? Je tombe, et tout mon petit monde d'illusions s'écroule avec moi ? Il y a des jours où je rêve de refuges. Trouver un refuge ! Dans la religion, dans ses certitudes, dans la protection d'un monastère, d'un ashram. J'ai tellement besoin de baisser la garde, de ne plus faire d'efforts, d'abandonner, de lâcher prise. Besoin d'être protégée de l'existence. Je suis maintenant fatiguée plus que jamais de ma fragilité. Et si, finalement, j'étais trop fragile pour exister ? »

Être fragile, c'est pouvoir se briser en cas d'adversité ou d'épreuves excessives. Se briser, ou du moins rester marqué par des blessures, rester éclopé, boiteux, « cabossé de la vie[1] ». Les êtres vivants se caractérisent tous par leur *vulnérabilité*, c'est-à-dire, étymologiquement, par leur aptitude à être blessés. Dans toutes les définitions du vivant figure la notion de mort : le vivant c'est ce qui peut mourir. Mais pas celle de blessure, pourtant bien plus importante pour nous qui vivons. Parce qu'une fois qu'on est mort, c'est réglé. Mais vivre douloureux, boiteux, éclopés, fragiles…

Trois avantages de la fragilité

« Un soir en sortant du travail. Je roule sur mon scooter, sous des trombes d'eau, la nuit, sur le périphérique au milieu des camions et des voitures. Je me sens comme une antilope au milieu des éléphants et des rhinocéros : tout le monde est lancé au galop, mais s'il y a un choc, c'est moi qui serai broyé. Presque chaque fois que je monte sur mon scooter, je me rappelle que j'y suis en danger de mort. J'ai peu de mérite à cette prudence et cette constance de mes pensées : presque chaque jour, j'aperçois sur le boulevard périphérique parisien un de mes semblables accidenté, les ambulances, les policiers, la moto tombée à terre. »

Le plus grand avantage de la fragilité – ou plutôt de la *conscience* de notre fragilité – *est qu'elle nous protège* des illusions de toute-puissance (« rien ne peut m'arriver ») et d'un certain nombre de croyances (« tout sera facile »). Pour les fragiles et les sensibles, au contraire, tout peut arriver, et tout sera difficile ; ils le savent très tôt, dès la cour de récréation de l'école maternelle. On a montré qu'être un enfant ou un adolescent anxieux protège des morts violentes et accidentelles jusqu'à l'âge adulte[2] : rien d'étonnant, tellement on se sent fragile ; on a peur de tout, alors on fait moins de *bêtises*, car on a, contraint et forcé, l'intelligence de la survie, ce sentiment exacerbé que l'on est vulnérable et qu'il faut prendre garde à tout, par avance et tout le temps. C'est aussi comme cela que ce qui nous fragilise peut nous enrichir : par exemple, on sait, depuis les travaux sur la psychologie de l'attachement, qu'accepter d'être affectivement dépendant d'un petit nombre de personnes (nos proches) va paradoxalement pouvoir nous donner un plus grand sentiment de liberté et d'autonomie face à l'existence[3].

La fragilité nous rend lucides, il suffit pour cela d'ouvrir les yeux : voir un enfant dormir, voir un ami vieillir, sentir le temps passer. Et tout à coup on se dit, ou plutôt on se crie : « Ne plus me comporter comme si ma vie était illimitée ! Ne plus faire comme si j'allais disposer d'autres existences ! Ne plus vivre comme si j'étais invulnérable et éternel. » Nous voilà poussés vers la sagesse par la lucidité et la fragilité. Ce que nous explique magistralement le philosophe Clément Rosset : « La joie réelle n'est autre, en effet, qu'une vision lucide, mais assumée, de la condition humaine ; la tristesse en est la même vision, mais consternée. La joie est ainsi ce que Spinoza pourrait appeler un "mode actif" de la tristesse, et réciproquement la tristesse peut être décrite comme "mode passif" de la joie[4]. »

Il y a un autre avantage à la fragilité : *elle nous ouvre au monde.* D'abord on l'a surveillé, pour assurer notre survie ; on se disait : d'où viendra le prochain coup, le prochain danger ? Puis, aujourd'hui, on a appris à regarder sans surveiller, on a gardé le goût du regard sur le monde quand le danger n'est plus là, même quand on a appris à lui faire face. Il y a alors souvent comme un heureux « effet rebond » : la sortie, peut-être transitoire, de la fragilité et de l'angoisse, est comme une aube après une nuit de maladie. On la savoure bien plus fort et bien mieux que ceux qui ont dormi sans souffrir.

Il m'a toujours semblé que le bonheur de vivre des fragiles était toujours plus profond que celui des… Des *quoi*, au fait ? C'est quoi, le contraire de fragile ? Solide ? Dur ? Fort ? Bof… Le plus intéressant, est-ce que ce n'est pas, davantage que le *contraire*, la *suite* de fragile ? Le plus intéressant, c'est ce que deviennent les personnes fragiles qui ont progressé, ce progrès ne consistant pas à avoir supprimé leur fragilité (être devenues « fortes ») mais à l'héberger, sans trop, ou trop souvent, en souffrir.

L'inégale répartition de la fragilité : l'exemple des hypersensibles

Chaque humain peut être, du fait de particularités de son histoire, hypersensible à une situation ou une stimulation données. Mais certains sont hypersensibles à presque tout : bruit, odeurs, lumière, foule, critiques, responsabilités, stress... Ces personnes globalement hypersensibles sont une population bien réelle, quoique encore peu étudiée[5]. Normal : comme toujours en psychiatrie, on étudie d'abord les difficultés qui dérangent les autres. La société est très gênée par les dépressions (on ne travaille plus, on a envie de se suicider, et parfois même, on le fait), les anorexies mentales (on horrifie tout le monde par sa maigreur), les délires (on ne respecte plus les règles). Elle est moins gênée par les phobies sociales ou les boulimies (où on a tellement honte de soi que l'on se cache et qu'on cherche à passer inaperçu, sans déranger). Et elle n'est pas du tout gênée par les hypersensibles, qui se tiennent soigneusement à l'écart de tout ce qui bouge, qui crie, qui brille et qui tapage. Et qui en plus ne sont pas malades. Juste fragiles et – tout de même – plus exposés à certains troubles.

Pour comprendre ce qu'est l'hypersensibilité, il faut comprendre que tout le monde, hypersensible ou pas, ressent un bien-être optimal lorsque la dose de stimulation de son environnement est médiane – ni trop ni trop peu – par rapport à ses capacités. Selon les personnes, cette zone optimale se situe plus ou moins haut. Nous avons tous des niveaux différents de tolérance aux environnements bruyants, aux odeurs de tabac ou de friture, à l'entassement des corps et à la proximité physique, à la chaleur, aux disputes et aux cris, au stress, etc.

Ce niveau est certes en partie lié à l'habitude : on peut s'accoutumer à ce qui nous agressait jadis, encore qu'il soit rare qu'on apprenne à l'apprécier, on ne va guère au-delà d'une certaine tolérance. Il y a aussi sans doute une question de tempérament (en grande partie inné) : on sait par exemple que les introvertis supportent en général de moins hautes doses de stimulations, sociales et autres, que les extravertis. On peut aussi le dire autrement : ils répondent plus vite, plus fort, plus douloureusement à ces stimulations ; ils se sentent plus vite fatigués et « agressés » par la vie de groupe ; ils ont besoin de davantage de temps de solitude pour récupérer.

Voici un témoignage d'une de mes patientes : « Je n'ai jamais aimé aller en discothèque, ni dans les fêtes. Je le faisais par obligation et par conformisme, jusqu'à ce que je comprenne que j'avais le droit de ne pas apprécier ça. Pourtant, j'aime les gens, j'aime rigoler. Mais justement, dans ce vacarme où on ne voit rien et où on ne peut rien dire, je n'étais pas gâtée. Longtemps, j'ai été culpabilisée par l'étiquette de "pot de chambre", ou de "rabat-joie" que certains fêtards me collaient. Mais ce n'est pas ma faute tout de même, si je préfère parler au calme à midi que dans le boucan à minuit ! C'était pareil pour mon boulot : au début, je suis allée me fourvoyer dans le marketing… Complet cauchemar pour moi que d'évoluer dans ce monde excité et factice. J'ai repris des études pour devenir sage-femme. Je suis moins bien payée, mais je respire. »

Tenir compte de ces différences de sensibilité, au lieu de les nier, nous simplifie la vie. Avoir la lucidité de se demander : « Est-ce que c'est vraiment mon truc les boîtes de nuit ? Le vin rouge ? Les conversations jusqu'à 3 heures du matin ? » Et inversement pour certains : « Est-ce que c'est vraiment mon truc les tête-à-tête feutrés ? La tisane ? Les marches solitaires-en-pleine-conscience-mais-bonnes-pour la santé ? »

Vivre sensibles

Me racontant sa vie, une patiente utilisa un jour l'expression « banalités douloureuses » : pas d'événements ni de traumatismes exceptionnels, mais simplement le lot de petites souffrances de toute vie humaine. Auxquelles elle était, à son corps défendant, plus sensible que d'autres.

Parce que, en matière de sensibilité, il n'existe pas de frontière claire entre ce qui serait normal et ce qui serait excessif, et parce que nous traversons tous des périodes où nous sommes hyperréactifs et hypersensibles (si nous manquons de sommeil, ou sommes soumis à trop de stress, etc.), la réflexion sur l'hypersensibilité comporte des éléments utiles à toute personne sensible, c'est-à-dire vivante.

L'hypersensibilité est intéressante car elle force à réfléchir aux avantages et aux inconvénients de la sensibilité : elle enlève et ajoute, interdit et permet, contraint et éclaire. Elle impose des compromis avec l'existence (difficultés avec les environnements surstimulants, compétitifs, instables, surémotionnels, comme ils le sont notamment aujourd'hui). Mais elle met aussi sur le chemin de la vie intérieure.

Il y a cependant un dilemme fréquent pour l'hypersensible, chez lequel certaines confrontations ont un coût émotionnel élevé : quand faire l'effort d'affronter, et quand avoir la lucidité de renoncer ? Vivre implique deux grandes obligations : celle de se protéger (renoncements), et celle de s'adapter (affrontements). La manière dont nous arbitrons entre ces deux obligations, dont nous tenons compte ou non de notre fragilité, conditionne une grande partie de notre vie, entre les deux grands pôles du repli et de la bagarre.

Au quotidien, pour les hypersensibles, il ne s'agit pas seulement d'un problème de surstimulations sensorielles, mais aussi d'une fragilité face à ce qu'on appelle globalement le stress (trop de pressions et d'émotions). Une grande labilité des états d'âme va s'ensuivre : de l'irritation (« C'est pas vrai, ils ne vont pas se remettre à fumer ! ») à l'abattement (« Je ne tiendrai pas le coup dans ce nouveau boulot, il y a trop de boucan dans ces bureaux en *open space* ») en passant par l'inquiétude (« Pourvu qu'il ne se mette pas en colère comme la dernière fois, je suis terrifiée par les gens qui crient »).

Si l'on examine la « chronométrie affective » des hypersensibles (l'intensité et la durée de leurs réactions émotionnelles), on s'aperçoit qu'elle est souvent explosive : les inductions et perturbations d'états d'âme sont chez eux plus faciles, plus intenses, plus durables. Comme dans la maxime des jeux Olympiques : « *Citius, altius, fortius* » (« Plus vite, plus haut, plus fort »), les états d'âme vont donc souvent plus loin chez ces personnes, qui aspireraient pourtant à une meilleure stabilité émotionnelle, à une climatisation intérieure plus efficace.

D'où le travail qu'on doit alors mener pour ne plus avoir honte de ses préférences de douceur et de demi-teintes, ou pour ne plus les vivre comme des infériorités ou des incapacités. Notre époque n'est pas idéale pour les hypersensibles, à la différence par exemple du XVIIIe siècle ou de l'époque romantique, où afficher ses états d'âme était possible ; cela s'interrompit en gros, en Occident, à l'époque victorienne, avec le culte du *Tu seras un homme mon fils*, le célèbre poème de Rudyard Kipling. Pourtant, être sensible, ce n'est pas être faible. Les « forts » croient que les sensibles sont faibles, et ils sont tout surpris quand ils découvrent que non : ils cherchent juste à être tranquilles, mais savent aussi monter au front avec une vigueur d'autant plus efficace qu'elle est inattendue…

D'autres caractéristiques de tous ordres ont été décrites chez les personnes hypersensibles : leur caractère consciencieux, leur capacité de concentration (en l'absence de distractions externes), leur aptitude à détecter des différences mineures, leur empathie, leur possibilité de rester longtemps immobiles, leur forte réactivité à la caféine, et aussi la plus grande fréquence chez elles des allergies et des rhumes des foins, etc.[6]. Cette accumulation de détails plaide en faveur de probables spécificités biologiques et cérébrales, expliquant l'hypersensibilité.

Mais les hypersensibles disposent surtout d'une vie intérieure très riche, de mondes imaginaires intenses, depuis l'enfance. Ils ont plus que les autres besoin de moments de calme pour se reconnecter à eux-mêmes, sinon ils éprouvent un sentiment d'aliénation et d'épuisement rapide. Ils ont du mal à se supporter en permanence dans les situations de groupe, et le besoin de se mettre régulièrement à l'écart : lors de vacances en famille, ils aspirent à se retrouver régulièrement tout seuls pour aller se balader, ou lire tranquillement dans leur coin. D'où la fréquence dans leurs rangs d'artistes et de poètes, qui sont à peu près tous des hypersensibles. Ce qui parfois en conduit quelques-uns jusqu'à la maladie psychique[7]. Car il existe aussi une face sombre à l'hypersensibilité : le surrisque anxieux et dépressif.

Se mettre tous sous Prozac ?

Il arrive parfois aux personnes hypersensibles de s'apercevoir, à la suite d'un épisode dépressif, que le fait d'avoir pris du Prozac ou un autre antidépresseur agissant sur la sérotonine (un neurotransmetteur impliqué dans notre équilibre mental) leur a conféré une stabilité émotionnelle accrue et des états d'âme pacifiés. Non seulement elles ne sont plus déprimées, mais elles se trouvent en fait mieux sous traitement qu'elles ne l'étaient avant leur dépression. Et ont de ce fait des réticences à l'interrompre. Même si l'idée d'aller « chimiquement mieux » ne les enchante guère.

D'où un livre *Listening to Prozac* (« En écoutant le Prozac »), traduit en français par *Le Bonheur sur ordonnance*, titre plus racoleur et moins subtil[8] qui suscita à l'époque (dans les années 1990) un grand débat sur cette molécule et les autres médicaments de sa famille chimique, les sérotoninergiques (*amplifiant l'action de la sérotonine*), plus largement régulateurs émotionnels que simplement antidépresseurs ou anxiolytiques : ces substances allaient-elles devenir des sortes de compléments alimentaires pour personnes sujettes à des états d'âme douloureux ? Ce n'était pas la première fois dans l'histoire que des psychotropes étaient perçus comme une panacée aux états d'âme douloureux : les années 1960 à 1980 avaient de leur côté connu la surconsommation de tranquillisants. Souvenez-vous de la chanson des Rolling Stones, *Mother Little Helper* : « *And though she's not really ill / There's a little yellow pill* », (« Et même si elle n'est pas vraiment malade / Il y a une petite pilule jaune... »), qui raconte comment les jeunes mères d'alors faisaient face à leur vie à coups de petits comprimés colorés, sortes d'aspirines de l'âme qui s'appelaient alors Librium ou Valium, celles d'aujourd'hui se nommant Lexomil ou Xanax. Mais les temps ont changé. Si les molécules de la famille du Prozac sont parfois prescrites sur de très longues périodes, voire à vie, c'est en fait plus souvent dans le cadre de maladies sévères, qu'elles soient anxieuses (comme les troubles obsessionnels-compulsifs) ou dépressives (dépressions récurrentes), mais pas comme « cosmétiques psychiques » : d'abord parce que c'est interdit, et ensuite parce que ces traitements peuvent tout de même avoir des effets secondaires gênants sur le long terme (par exemple sur le désir sexuel).

Si l'on écoute ces patients qui préfèrent rester sous Prozac, ils décrivent bien comment ce médicament (ou ses équivalents) agit comme un régulateur de leurs états d'âme douloureux, et comment il leur semble représenter de ce fait des moyens d'éviter les rechutes, anxieuses ou dépressives. Évidemment, on peut apprendre à réguler autrement ses états d'âme. Mais si personne ne nous l'a proposé, ni montré, ni appris ? Tous ces patients ont évidemment fait plusieurs fois la tentative d'interrompre leur traitement. Ils ont assez souvent honte d'avouer cette prise chronique et secrète à leur entourage, par crainte qu'on ne les juge autocomplaisants ou faibles. Je me souviens même d'une journaliste qui m'interrogeait sur les abus supposés de la prescription d'antidépresseurs : elle finit par m'avouer qu'elle était sous ces médicaments depuis des années, à la suite d'une dépression, et qu'elle ne voulait pas les arrêter, considérant qu'ils lui avaient permis d'éviter des tendances chroniques et paralysantes aux angoisses et au cafard. Mais il était hors de question de l'avouer dans sa rédaction. Elle me disait : « Les trois fois où j'ai essayé de l'arrêter, ça n'allait pas, je me sentais à fleur de peau, écrabouillable par n'importe quoi, comme un bernard-l'ermite sans sa coquille. Comme j'étais avant de le prendre, en fait. Sauf qu'à l'époque, je ne pouvais pas imaginer qu'on pouvait être mieux. »

La poétesse galloise Gwyneth Lewis décrit ainsi sa propre fragilité : « Depuis mon enfance, je manque d'un épiderme émotionnel. C'est bon pour mon travail d'écrivain – je ressens tout très fort – mais mauvais pour mon équilibre quotidien[9]. » Un peu plus loin dans l'entretien, Lewis précise : « Même s'il était prouvé que les antidépresseurs affectent ma créativité, je préférerais les continuer. Quand on a été un zombie pendant des mois, se remettre à écrire grâce à eux tient du miracle. Et le fait de pouvoir écrire est pour moi plus important encore que la qualité de ce que je peux écrire... » Elle sait de quoi elle parle, elle qui eut à souffrir d'épisodes dépressifs très sévères[10].

Ces personnes ont donc souvent essayé de diminuer le médicament, puis de l'arrêter. Toutes n'y parviennent pas. Dans ce cas, les conseils des psychiatres – en plus du fait de se lancer dans une psychothérapie adaptée à leurs besoins – sont de programmer la diminution lors de périodes de vie sans trop de remous prévisibles, en vacances par exemple. Et de faire ça tout doucement, en diminuant les doses de moitié sur autant de semestres qu'il y a eu d'années de traitement : par exemple, après un traitement de trois ans, prendre une demi-dose pendant un an et demi ; puis un quart de dose encore un an et demi ; puis arrêter et voir. Ma position de psychothérapeute face à ces situations ? En amont, elle est d'éviter autant que possible ces prescriptions, surtout si la personne est capable de s'engager dans une psychothérapie. Et si la prescription est nécessaire, parce qu'il y a une maladie anxieuse ou dépressive, qui va sinon faire des dégâts ? Alors, j'essaie, comme la plupart de mes confrères, de toujours éviter ce que j'appelle les « prescriptions orphelines » : ne jamais prescrire un psychotrope sans avoir pris le temps suffisant pour donner des explications sur la vulnérabilité ayant conduit à la maladie, des conseils pour la vie quotidienne, et mis en place un suivi psychothérapique. Je rappelle au patient que, dans tous les cas, ses efforts personnels sont indispensables : 1) à son amélioration, 2) au maintien de son amélioration, 3) à la possibilité de ne pas rechuter à l'arrêt de la molécule. Et je l'incite aussi à observer plus attentivement les modifications que le médicament induit chez lui : afin de pouvoir s'attacher à les reproduire après arrêt, mais par des voies – et des efforts – plus psychologiques.

Mais il est inutile de diaboliser les psychotropes plus qu'ils ne le sont déjà : ils sont bien préférables à la prise régulière d'alcool ou de cannabis. Entre deux maux... D'autre part, les études de long terme montrent qu'ils peuvent aider de manière effective les personnes qui en ont vraiment besoin. Ainsi, un suivi de patients adultes anglais sur une période de dix ans montrait que ceux qui avaient reçu – après diagnostic psychiatrique – des psychotropes vers 40 ans allaient plutôt mieux vers 50 que ceux qui n'en avaient pas eu, et ce avec les mêmes diagnostics[11]. Lapalissade ? Non pas : si vous ne pouvez pas avoir accès à la psychothérapie, situation plus fréquente qu'on ne le croit, et si vos symptômes sont avérés, prendre des médicaments adaptés, pendant un temps adapté, reste un des moyens de vous aider à court terme, et de vous donner davantage de chances d'aller bien à long terme.

Comment les médicaments modifient nos états d'âme

On a étudié dans le détail l'effet des antidépresseurs sérotoninergiques sur nos dynamiques psychologiques subtiles.

Et on s'est aperçu par exemple que ces médicaments modifiaient légèrement les traits de personnalité, en rendant les personnes moins agressives, pas seulement par leur effet antidépresseur (diminuer la douleur morale fait diminuer l'hostilité envers le monde environnant), mais aussi par un effet de réduction globale des affects négatifs. Cet effet des antidépresseurs existe tant chez les personnes qui ne sont pas, ou plus, déprimées[12], que chez les patients encore déprimés[13].

Ces médicaments peuvent aussi avoir un impact sur notre reconnaissance inconsciente des expressions faciales. Une étude chez des volontaires « sains », c'est-à-dire pas trop anxieux ni déprimés, a montré qu'ils présentaient sous traitement une moindre réactivité dans la zone des amygdales cérébrales (où transitent les informations émotionnelles) à des photos de visages exprimant des émotions franches (qui font « réagir » notre cerveau émotionnel au niveau de ces amygdales cérébrales[14]).

Les sérotoninergiques ont aussi, toujours chez des personnes « normales », un impact sur la mémoire : lorsqu'on prend ces médicaments, on se souvient plus volontiers et facilement des souvenirs positifs. Et sur la vision du monde : on porte plus facilement des jugements favorables sur des adjectifs décrivant des traits de personnalité très variés ; par exemple on juge que l'entêtement est une qualité plus qu'un défaut[15].

Il est donc logique que l'on perçoive tout en un peu plus rose : transposés dans la vie quotidienne, ces résultats de laboratoire laissent supposer que l'on voit, en se promenant dans la rue, moins de visages renfrognés, auxquels on est de toute façon moins sensible, que l'on a davantage de bons souvenirs présents à l'esprit, et que l'on est prêt à juger plus favorablement les personnes que l'on rencontre… Assez tentant, tout de même ! Bon, d'accord, ça rappelle un peu *Le Meilleur des mondes*, ce roman d'Aldous Huxley, dont les habitants se voyaient proposer un médicament – le *soma* – normalisant leurs comportements (« Avec un centicube, guéris dix sentiments… »). Et puis, nous l'avons dit, il y a tout de même pas mal d'effets secondaires à la prise de ces médicaments.

Mais, au fait : « Ces médicaments, s'ils marchent, c'est bien qu'ils corrigent un déficit biologique, non ? », nous demandent souvent nos patients. C'est bien ça le problème…

Biologie de la fragilité et de la réparation

Une importante vague de travaux a récemment étudié une population de personnes qui portent une discrète particularité génétique : un allèle court du gène codant le transporteur de la sérotonine. Il semble bien que ce soient ces personnes qui forment le gros du bataillon des hypersensibles, soit 10 à 20 % de la population environ[16]. Elles présentent notamment une réponse des amygdales cérébrales plus intense que la moyenne dans les situations à charge émotionnelle[17], réagissent aux menaces avec plus d'anxiété[18] et sont plus vulnérables de ce fait à diverses pathologies psychiques, notamment dépressives[19]. En cas de confrontation avec un événement traumatisant, les séquelles psychologiques seront plus importantes chez ces personnes[20].

Mais le plus intéressant dans ces données épidémiologiques, c'est que leur fragilité ne se transforme en maladie qu'en cas de confrontation avec des événements de vie adverses[21]. En l'absence de ces événements de vie, leur excès de vulnérabilité émotionnelle ne s'exprimera pas de manière maladive ; elles seront simplement plus sensibles que les autres, ce qui n'est pas un problème en soi. Cette interaction entre gènes et environnement, c'est ce qu'on appelle l'épigenèse, et cela nous rappelle que la génétique n'est pas, en psychiatrie, un déterminisme strict. Juste une indication de nos forces ou faiblesses éventuelles.

Et d'ailleurs, même s'ils sont confrontés à des difficultés de vie, tous les hypersensibles ne sombreront pas : il restera encore des différences entre les fragiles qui ont domestiqué leur fragilité (grâce à leur passé ou par une discipline et des efforts personnels) et ceux qui n'auront pas appris à le faire, et seront donc démunis lorsque l'adversité les secouera. Sauf si eux aussi se sont entraînés à mieux se connaître et mieux se protéger : des études sur des thérapies préventives dispensées à des personnes fragiles volontaires montrent les bénéfices de telles préparations[22].

Il n'y a pas que la « grande » adversité : on sait aussi que l'un des mécanismes en jeu dans la fragilité psychique est la réactivité émotionnelle négative excessive aux petits événements de vie du quotidien, et pas seulement aux épreuves sévères de l'existence[23]. Cette fragilité face au dérisoire est parfois un symptôme prédépressif, comme dans ce récit où Scott Fitzgerald raconte ses désarrois : « Mais à 3 heures du matin, un colis oublié prend une importance aussi tragique qu'une condamnation à mort, et le remède est sans effet – et dans la nuit véritablement noire de l'âme, il est toujours, jour après jour, 3 heures du matin[24]... » Des petits détails peuvent ainsi nous plonger dans une grande détresse, nous précipiter dans ces moments d'effondrement où l'on s'effraie soi-même...

Les hypersensibles sont-ils donc condamnés à vie à des corrections médicamenteuses de leurs fragilités à soubassement génétique ? Eh bien non !

D'abord parce qu'on sait que notre biologie cérébrale est malléable : c'est ce qu'on appelle la neuroplasticité. Toute difficulté psychologique s'ancre certes dans une réalité cérébrale biologique : lorsqu'on est déprimé ou anxieux, cela n'est pas immatériel, mais correspond à des dysfonctionnements cérébraux. Mais il n'y a pas que les difficultés : *tous* les phénomènes cérébraux reposent sur de la biologie. Agir, sentir, aimer : tout cela passe par notre circuiterie cérébrale. Apprendre à lire, à compter, à changer aussi. Tout changement régulier, tout apprentissage s'imprime peu à peu dans notre cerveau. Lorsque nous apprenons à jouer d'un instrument de musique, nous créons des connexions entre différentes zones cérébrales (cortex moteur, auditif, visuel, etc.). Et de même, lorsque nous apprenons à comprendre et réguler nos états d'âme, et les comportements et pensées qui leur sont associés. On a montré dans des études conduites auprès de personnes déprimées ou anxieuses que, grâce aux efforts effectués en psychothérapie, nous pouvions en quelque sorte réparer ou compenser les dysfonctionnements de nos neurotransmetteurs[25]. Comme le font les médicaments. Et durablement. Ce que ne font pas, ou pas toujours, les médicaments…

Nos souffrances et nos vulnérabilités, même avec une part génétique, sont à peu près toujours améliorables, et à peu près toujours « rattrapables », une fois que nous sommes arrivés à l'âge adulte, si durant cet âge adulte nous travaillons à développer nos capacités d'autocontrôle[26].

De plus, il est probable que plus les scientifiques progresseront en matière de repérages biologiques ou génétiques de ce qui nous rend sensibles et vulnérables, moins il restera de personnes pouvant se dire exemptes de toute forme de fragilité : car chaque humain l'est d'une manière ou d'une autre. Le risque de stigmatisation que certains redoutent du fait des progrès de nos connaissances sur les fragilités sera en fait annulé parce que universalisé et dilué. Comme le notait Archytas, mathématicien et philosophe, ami et maître de Platon[27] : « De la même façon qu'il est difficile de trouver un poisson sans épine [arête], ainsi l'est-il de rencontrer un homme qui n'ait pas en lui quelque chose de douloureux comme une épine. »

Se rapprocher de ce qui compte pour tous les humains

Le handicap n'est pas la fragilité : un handicap est un déficit fixe d'une fonction corporelle (être sourd ou paraplégique) ou psychique (être trisomique) qui ne reviendra plus à la normale. Un handicap pourra être compensé, mais pas réparé. Malgré cette différence, les handicaps imposent à ceux qui les hébergent un compagnonnage constant avec la fragilité et, de ce fait, les handicapés ont beaucoup à apprendre aux fragiles.

Dans un beau récit autobiographique, l'historien Jacques Sémelin raconte comment il est devenu aveugle, et nous offre de nombreuses occasions de réfléchir sur la manière de vivre la fragilité[28].

Certaines de ses anecdotes sont joyeuses : lorsqu'il court (« quand on ne voit plus, on ne court plus ») sur la plage de Noirmoutier avec sa fille de 9 ans, sans peur des obstacles. Certaines tristes : lorsque sa même petite fille, plus jeune, se jette dans ses bras depuis un muret, croyant qu'il va la retenir, alors qu'il n'a pas compris qu'elle allait sauter, et qu'elle retombe au sol et pleure. Il raconte aussi comment, aux États-Unis où on lui demande, face à sa cécité : « De quoi avez-vous besoin ? », il entend le sous-entendu : « Pour continuer de vous débrouiller tout seul » ; et il est réconforté par cette absence de commisération, et ce souci d'offrir une aide concrète à son besoin d'autonomie. Il montre comment, pour arriver à accepter sa dépendance, il ne la nie pas, mais la dilue dans la multiplication des liens : il demande beaucoup, par force, mais pas toujours aux mêmes personnes. Par exemple, ses séances de « marche-stop », comme de l'auto-stop, qui lui font rencontrer toutes sortes de gens. Et tout cela sans rien cacher du difficile et du triste de son handicap, comme ce jour où un clochard lui lance, le voyant passer : « C'est dur ! — Pas tant que ça… — Si, si, c'est dur ! » Et où il se dit que, finalement, le clochard a raison… Ou encore le jour où sa fille lui avoue : « Je n'ai pas de chance d'avoir un papa qui ne voit pas. » Son effort n'est pas de nier cette réalité et la souffrance qu'elle apporte, mais de ne pas sombrer dans des ruminations moroses à son propos. Et Sémelin de citer l'un des plus célèbres écrivains aveugles, l'Argentin Borges, parlant de sa cécité : « Ce n'est pas un "malheur total" mais un instrument de plus parmi tous ceux, si étranges, que le destin ou le hasard nous dispensent. »

Que faire d'autre que comprendre et accepter sa vulnérabilité ? Et d'accepter que des forces nous manquent ? Que des faiblesses habitent en nous ? En admettant et en accueillant notre fragilité, nous pouvons déjà éviter de mener de vains combats, et nous réserver pour ceux qui sont nécessaires. En l'acceptant, nous comprenons que nous avons besoin de trouver régulièrement refuge ailleurs : en nous retirant au calme, en faisant des retraites, en méditant, en rompant de temps en temps avec le monde...

Mais inutile d'être amer du fait de ce « cahier des charges » plus lourd pour nous que pour certains autres humains. Finalement, être fragile nous oblige simplement à faire ce qui est bon pour tout le monde, mais à le faire mieux et plus souvent : réfléchir, s'écarter de la surstimulation, se demander ce qu'on aime vraiment, ce qu'on veut vraiment faire de sa vie. D'où l'enrichissement possible, chez qui a compris cela et l'a mis en application : notre fragilité nous force – non, nous aide – à rester près de l'essentiel.

Sorties de fragilité : artistes et artisans

Dans son magnifique et troublant *Livre de l'intranquillité*, Fernando Pessoa raconte sa fragilité, son inadéquation au monde, et son retrait dans une intériorité d'hypersensible. Dans sa difficulté à côtoyer le monde des humains, il parle de « mon angoisse d'exilé chez les araignées, et la conscience subite de mon écrabouillement parmi les gens réels ». Il évoque ses états d'âme d'ennui et de vide comme des « rhumes de l'âme ». Il dépeint son retrait du monde comme « un quiétisme esthétique de la vie, grâce auquel les insultes et les humiliations, que la vie et les vivants nous infligent, ne puissent pas nous atteindre au-delà d'une périphérie méprisable de notre sensibilité, au-delà d'un extérieur lointain de notre âme consciente ». Comme tant d'autres écrivains hypersensibles, et tant d'autres artistes, Pessoa trouve dans sa vie intérieure refuge et ressource.

Mais chez ceux qui ne sont pas des artistes dotés de génie, chez les humains moins doués, comme la plupart d'entre nous ? Eh bien, nous pouvons nous contenter d'être des artisans. Pas des artistes, mais des artisans, qui utilisent aussi leurs fragilités et leurs capacités pour tenter d'aller bien, de bien faire, et si possible de faire du bien. Et aussi pour travailler tranquillement à leurs états d'âme. D'apprendre à mieux voir avec les yeux de l'âme. Comme Rainer Maria Rilke : « J'apprends à voir. Je ne sais pas pourquoi tout pénètre en moi plus profondément, et ne demeure pas où, jusqu'ici, cela prenait toujours fin. J'ai un intérieur que j'ignorais. C'est là désormais que tout trouve sa fin. Je ne sais ce qui s'y passe[29]. »

CHAPITRE 11

Le calme et l'énergie

« N'entendez-vous donc pas ce que crie la nature ?
Que veut-elle, sinon l'absence de douleur
Pour le corps, et pour l'âme un bonheur pacifié,
Délivré des soucis et guéri de la peur ? »

LUCRÈCE, *De la nature.*

Qu'est-ce qu'aller bien ?

Les professionnels de la santé disposent de définitions de ce qu'est la santé, qui peuvent nous guider dans notre réflexion sur ce qu'est « aller bien ». D'ailleurs, les évolutions mêmes de ces définitions nous donnent déjà un exemple de l'évolution historique de nos attentes en matière de bien-être.

Jadis, la santé c'était « la vie dans le silence des organes[1] » : être en bonne santé, c'était ne pas avoir de symptômes, de souffrances ou de handicaps. Aujourd'hui, on considère plus pertinente la définition de l'OMS : « La santé est un état de bien-être total, physique, social et mental de la personne ; ce n'est pas une simple absence de maladie ou d'infirmité. » Ce nouveau type d'approche de la santé montre que l'on vise ainsi davantage un sentiment de bien-être qu'une simple absence de souffrance.

Ce sentiment est global, vu l'importance du lien corps-esprit. Aller bien, c'est se sentir bien dans sa tête et dans son corps, tout simplement parce que les deux sont liés, états d'âme et états du corps. Pensez à ce qui se passe dans votre corps lorsque vous vous faites du souci (un de vos proches est très en retard et vous n'avez pas de nouvelles) et à ce qui se passe toujours dans votre corps, lorsque ce proche arrive enfin : vos états d'âme se sont successivement exprimés par de la tension puis par de la détente.

Dans le champ du bien-être, la médecine comme la psychologie modernes s'attachent aussi à la réflexion et à la recherche scientifique sur le développement des capacités à aller bien, et ne se contentent plus seulement de réparer ce qui va mal. En ce qui concerne les états d'âme, nous savons aujourd'hui qu'il ne faut pas attendre l'arrivée (ou le retour) des tendances anxieuses, dépressives ou colériques, par exemple, pour agir.

Enfin, nous avons compris et montré que le bien-être est le résultat d'ajustements permanents, le fruit d'efforts, et qu'il est un équilibre tout à fait atteignable. Quoique relativement instable…

Aussi, lorsque nous voulons « aller bien » sur la durée, nous savons que ce qu'il faut rechercher, ce n'est pas seulement un état que l'on n'atteint que dans des conditions privilégiées, à l'écart de l'action, comme aller bien en se relaxant dans un bon bain (on ne peut pas traverser la vie dans un bain moussant et une ambiance calme). Mais un état qui soit adapté à la confrontation au quotidien, un état *basal*. C'est la recherche et la culture de cet état basal qui nous intéressent.

Ce sont donc ces trois dimensions du bien-être que nous allons maintenant aborder : 1) « aller bien » comme état global, concernant donc états d'âme et états du corps ; 2) « aller bien » comme fruit d'efforts ; 3) « aller bien » comme état basal. Et, justement, quelle peut être cette base ?

La formule magique du bien-être : le calme et l'énergie

Sachant que le bien-être permanent n'est sans doute pas atteignable dans des conditions de vie normales, où nous rencontrons stress et adversité, la bonne question est sans doute : quel état de base pouvons-nous essayer de cultiver en nous ? Quel est le socle qui nous permettra de répondre au mieux aux exigences et aux déstabilisations de la vie quotidienne ? Vers quel idéal d'équilibre tendre ?

Si vous vous amusez à poser la question « c'est quoi aller bien ? » autour de vous, vous obtiendrez sans doute une grande variété de réponses (un peu comme pour la question « qu'est-ce qu'être heureux ? »). Elles iront de « ne pas être malade » (aller bien c'est ne pas aller mal) à « avoir le corps et l'esprit en paix » (aller bien c'est l'harmonie), en passant par mille et une autres options.

Une deuxième étape de votre enquête sera alors de demander aux personnes interrogées de vous décrire précisément des moments où elles ne vont pas bien, et des moments où elles vont bien. Là, vous recueillerez des données encore un peu plus éclairantes. On vous dira que quand on « va mal », c'est en général qu'on se sent : *crevé, démotivé, stressé, fatigué, énervé*... Et qu'à l'inverse, « aller bien » correspondra aux moments où on se sent : *avec la pêche, plein de jus, zen, serein, confiant*... Ces témoignages intuitifs rejoignent assez bien certains des travaux consacrés à la question, qui suggèrent aussi que l'idéal à viser et à cultiver est un mélange de calme et d'énergie[2].

Cela rappellera sans doute à certains de mes lecteurs le slogan électoral d'un ancien président de la République, François Mitterrand : « La force tranquille ». Cette formule le servit beaucoup dans sa campagne, et eut sans doute un effet subtilement rassurant pour nombre de ses électeurs : à l'époque où il arriva au pouvoir, cela faisait plusieurs décennies que la gauche était confinée dans l'opposition, et l'alliance électorale des socialistes avec les communistes inquiétait une part de l'opinion publique. Associer les mots *force* (« Nous ne sommes pas que des doux rêveurs juste utiles dans l'opposition ») et *tranquille* (« Nous ne sommes pas des révolutionnaires qui vont tout flanquer par terre et mettre le pays en désordre ») s'avéra une intuition gagnante. Elle l'est aussi pour notre bien-être.

La notion de calme évoque l'absence de trouble et d'agitation, mais sans que cela implique passivité ou retrait. C'est une présence attentive mais non agitée à notre environnement. Bien qu'état global, le calme peut se décliner dans notre corps (détente mais pas complet relâchement) et dans notre esprit (présence « observante » mais pas endormissement). Jules Renard notait ainsi dans son *Journal* : « L'idéal du calme est dans un chat assis[3]. » Apaisé mais prêt à bouger…

Quant à l'idée d'énergie, elle suppose de son côté la capacité à agir ou à envisager l'action, le sentiment qu'elle est possible et la conviction qu'elle sera concluante ou utile. De même, le sentiment global de disposer d'une énergie intérieure repose sur un versant psychologique (confiance et plaisir à l'idée de l'action) et corporel (facilité à démarrer et maintenir une activité).

Les opposés de ces notions sont pour le calme, la tension, difficulté à ressentir la paix dans son esprit et dans son corps. Et pour l'énergie, la fatigue, ce sentiment qu'il n'y a plus de ressources en nous. Tension et fatigue sont des états que chacun de nous connaît régulièrement.

Comprendre le calme et l'énergie

En combinant ces deux dimensions, calme *versus* tension, et énergie *versus* fatigue, il est possible d'assez bien décrire les différents états globaux, qu'on pourrait dire « psychosomatiques », que nous éprouvons au cours de nos journées.

Nos quatre grands états « corps-esprit »

	Calme	**Tension (pas de calme)**
Énergie	État optimal (la « force tranquille »)	Énervement
Fatigue (pas d'énergie)	Lassitude, envie de repos ou de sommeil	Épuisement crispé, mais impossibilité de repos ou de sommeil

Chez chacun de nous, ces dimensions se mêlent selon les moments pour aboutir à quatre états de base bien différents : le calme et l'énergie (qui est un optimum, du moins pour l'action) ;

le calme sans l'énergie (qui est la fatigue apaisée, par exemple au moment de s'endormir) ; la tension et l'énergie (ce qu'on pourrait appeler le stress) ; la tension sans énergie (où l'on doit se détendre avant de pouvoir se reposer).

Dans des conditions normales, en début de journée, peu après notre éveil, nous sommes en général dans un état de calme élevé et de basse énergie. Puis, au fur et à mesure de la journée, notre niveau d'énergie va osciller, mais aussi celui de notre tension : en fonction de ce qui va nous arriver, mais aussi de la manière dont nous allons prendre soin de nous, à certains moments, nous nous sentirons pleins d'énergie et plutôt calmes (optimum d'efficacité) tandis qu'à d'autres nous serons énergiques mais tendus (stress). Assez souvent, en fin de journée, notre niveau d'énergie aura baissé (apparition de la fatigue) et nous serons donc alors à la recherche de moyens pour diminuer aussi notre tension : nous détendre, en arrêtant de travailler, en retrouvant nos proches, en ralentissant nos activités. Tout cela pour nous rapprocher peu à peu de l'état nécessaire au sommeil : calme (basse tension) et fatigue (basse énergie). Alors, on pourra prendre ce qu'on nomme un « repos bien mérité »...

Ces cycles naturels peuvent être perturbés dans les difficultés psychologiques. Dans les états dépressifs par exemple, il y a un déficit chronique d'énergie : très bas dès le matin (au point qu'il est difficile de se lever, s'habiller, se laver) et augmentant peu dans la journée. Et on est toujours fatigué le soir, même sans avoir rien fait (d'où de beaux états d'âme de culpabilité). Dans les états anxieux, c'est à l'inverse un déficit de calme : la tension est souvent élevée dès le matin (c'est parfois l'angoisse qui nous éveille) et reste en général haute durant la journée, jusqu'au soir (induisant des difficultés de sommeil).

Erreurs communes à propos de la recherche de calme et d'énergie

Le rapport que nous entretenons avec ces deux dimensions de calme et d'énergie est loin d'être clair. On peut notamment signaler trois grands malentendus.

Premièrement, beaucoup de personnes tendent à confondre le sentiment subjectif de tension et d'excitation avec celui d'énergie : en buvant du café, en écoutant de la musique forte, en fumant du tabac, elles ont le sentiment d'accroître leur niveau d'énergie, mais elles augmentent aussi, parfois plus encore, leur tension. Certes, cette tension associée à l'énergie facilite elle aussi l'action, mais sur la durée, le prix à payer sera beaucoup plus lourd en termes de fatigue : on pourrait dire que la fatigue de la tension est plus douloureuse que la fatigue de l'énergie.

Or ces deux phénomènes – énergie et tension – n'ont pas forcément à être associés. On peut, et c'est évidemment préférable, ressentir de l'énergie calme. Cet état basal (que l'on peut être amené à quitter transitoirement pour demandes spécifiques de l'environnement) est le mieux adapté à nos besoins. Calme et énergie permettent d'atteindre les grands idéaux classiques de l'*action sereine* des stoïciens, ou de l'*action juste* des bouddhistes.

Deuxième grand malentendu : le calme nécessiterait un certain retrait du monde. Ce n'est qu'en partie vrai : le retrait du monde facilite certes le calme, mais on peut (et, là encore, c'est le plus intéressant) rester calme tout en restant en lien avec le monde : calme en discutant, calme en agissant... Les sportifs connaissent bien cette nécessité de rester calme durant les compétitions, pour ne pas commettre d'erreur ; mais ce calme n'est en rien un éloignement de l'action, il est au contraire le meilleur moyen de rester concentré sur elle et rien que sur elle.

Dernier malentendu : ces états ne dépendent que de ce qui m'arrive. Je reste calme si on ne m'énerve pas trop, j'ai de l'énergie si on ne m'épuise pas trop. C'est vrai pour moitié et donc faux pour le reste : nos niveaux de calme et d'énergie ne dépendent pas que de ce qui nous arrive mais aussi de ce que nous faisons (ou non) pour les accroître.

Enfin, parlons de ce qui n'est pas de l'ordre du malentendu mais de l'erreur : pour corriger nos déficits d'énergie nous absorbons des substances comme le café, qui augmente la tension autant que l'énergie. Et nous négligeons des moyens plus « bio », comme l'activité physique. Car il est possible de développer certaines activités et attitudes pour permettre au mélange le plus favorable, à la « formule magique » du bien-être, calme et énergie, de prendre plus de place dans nos journées.

L'influence des états du corps sur nos états d'âme

On pense souvent qu'un problème est un problème et que, quel que soit le moment auquel on y réfléchit, il reste le même. Eh bien, nous avons peut-être tort de raisonner ainsi.

Il existe en effet une influence des moments de la journée sur nos états d'âme. Dans une étude où on demandait à des volontaires de noter régulièrement pendant plusieurs jours leurs niveaux de calme et d'énergie à différents moments de la journée[4], on s'apercevait ainsi qu'un même problème personnel (soucis de couple, difficulté à perdre du poids…) était évalué comme plus sévère l'après-midi que le matin. Pourquoi ? Parce qu'en général, en fin de matinée, notre niveau de calme et d'énergie est optimum. Par contre, en fin de journée, nous avons davantage de tension accumulée (moins de calme), et aussi moins d'énergie (la fatigue commence à se faire sentir).

Dans la même étude, le fait de considérer son problème après avoir effectué une marche rapide de dix minutes le faisait, là encore, envisager comme moins difficile à résoudre.

Dans les deux cas, on s'apercevait que ces modifications favorables du jugement correspondaient (ce dont les participants n'avaient pas conscience) à des niveaux d'énergie et de calme plus élevés.

Par quels mécanismes ces états du corps influencent-ils nos états d'âme ? Concernant le jugement sur nos problèmes, on sait que nous avons tendance à extrapoler notre énergie future à partir de notre énergie actuelle. Donc, aux moments où nous nous sentons en pleine forme, nous anticipons que nous pourrons résoudre tout un tas de problèmes. C'est ce qui fait que nous acceptons parfois, lorsque nous sommes enthousiastes et pleins d'énergie, des projets qui vont ensuite nous paraître trop pesants une fois que la fatigue s'est installée en nous. Ou que nous les refusons s'ils nous sont proposés à des périodes où nous sommes épuisés. Si nos états du corps évoluent, nos jugements – que nous pensons souvent être seulement *rationnels* et non *biologiques* – évolueront aussi !

Ces prédictions basées sur nos sensations de l'instant (*affective forecasting*) jouent un rôle très important pour comprendre nos états d'âme reposant sur l'anxiété et l'abattement face à l'adversité : si nous nous sentons fatigué en exécutant une tâche, nous aurons plus facilement tendance à anticiper que nous n'y arriverons pas, en pensant qu'il s'agit d'une évaluation rationnelle, ce qui n'est pas le cas. C'est simplement que nous n'y arriverons pas facilement *dans l'état qui est le nôtre à l'instant présent*. De même, si nous sommes tendus, nous anticiperons inconsciemment que nous ne trouverons jamais le calme pour faire face.

Ainsi, en comprenant les oscillations de ces états de calme et d'énergie, on peut comprendre celles de la plupart de nos états d'âme, qui s'appuient sur ces deux grands états du corps. Par exemple, dans l'inquiétude, il y a de la fatigue et de la tension. Dans l'optimisme, de l'énergie et du calme…

Les choses à faire pour faciliter calme et énergie

En réfléchissant à ce chapitre, j'avais donc demandé à mes proches ce qu'ils faisaient pour aller bien. Une mère de famille me répondit, en regardant ses trois enfants : « C'est facile, pour que mes enfants aillent bien, il leur faut bien manger et bien dormir ; et il faut aussi qu'ils ne soient pas restés enfermés toute la journée devant leurs écrans de jeux... » Eh bien, c'est exactement à cette conclusion qu'en sont arrivés les chercheurs. Mais ça leur a pris un peu plus de temps, évidemment.

Aller bien nécessite de respecter nos besoins naturels : manger et dormir, cela nous paraît évident. Ces deux besoins-là, si nous ne les respectons pas, notre corps nous le signale très vite. Mais il y en a deux autres : bouger et se détendre. Nous pouvons, eux, les négliger, et nous le faisons d'autant plus que cette négligence-là ne sera pas punie rapidement, comme pour l'alimentation ou le sommeil, mais lentement : par une perturbation de nos équilibres émotionnels, et donc de nos états d'âme...

Nous allons donc aborder maintenant ces deux dimensions fondamentales de notre équilibre psychologique, et donc de la bonne respiration de nos états d'âme : l'activité physique et la pratique d'activités relaxantes.

L'exercice physique : « Mets ton corps de bonne humeur[5] ! »

On sait évidemment depuis longtemps (« *Mens sana in corpore sano* ») que le bon état du corps facilite le bon fonctionnement de l'esprit. Et de nombreux travaux confirment ces convictions[6]. Cela concerne tout le monde : personnes présentant des troubles psychiques, en ayant présenté, et aussi personnes ne souhaitant pas en présenter !

Chez les sujets sans problèmes particuliers, il existe une corrélation directe entre le nombre de pas de marche effectués chaque jour et le sentiment d'énergie et de bonne humeur[7]. Environ dix minutes de marche rapide suffisent à élever notre bien-être, et l'effet dure environ quatre-vingt-dix minutes. De manière plus fine, il semble que l'exercice augmente les états d'âme positifs et les normalise, et diminue aussi, moins nettement, les états d'âme négatifs[8]. Peut-être est-ce pour cela d'ailleurs que les bénéfices de la marche ne nous apparaissent pas de manière nette : lorsque nous allons mal (états d'âme négatifs), notre attente est que les états d'âme négatifs diminuent nettement et rapidement. C'est à cela que nous sommes attentifs, plus qu'à l'augmentation de nos états d'âme positifs, moins facile à percevoir, car plus subtile.

Chez les personnes souffrant de difficultés psychologiques[9], les bénéfices sont spectaculaires, quoique non instantanés. Nous disposons aujourd'hui de nombreuses études solides montrant que l'exercice fait aussi bien que les antidépresseurs : mais il faut pratiquer quarante-cinq minutes quatre fois par semaine pendant quatre mois. Ce qui n'est pas facile pour des personnes déprimées : d'où l'intérêt de pouvoir leur proposer dans les centres hospitaliers des groupes de gymnastique auxquels ils auraient à participer tous les jours de la semaine. Rares sont hélas les services de psychiatrie où de telles activités physiques sont prescrites aux patients ; il suffirait pourtant d'un prof de gym à temps plein et d'une salle équipée. Mais, le plus intéressant dans ces études, c'est qu'on s'aperçoit que six mois plus tard, les gens ont moins rechuté s'ils ont fait de l'exercice que s'ils ont pris un antidépresseur[10]. On a aussi montré que l'exercice améliorait les effets des antidépresseurs lorsque ces derniers étaient insuffisants : même si la dépression nécessite un traitement, il y a un effet *booster* de l'activité physique, qui permet aussi probablement de ne pas avoir à trop augmenter les doses[11]. Dans le domaine des troubles anxieux, on a également prouvé que six séances de vingt minutes d'exercice, modéré ou intensif, peu importait, amélioraient les tendances à l'inquiétude[12]. Enfin, car la liste des travaux serait encore très longue, il suffit d'une séance de trente minutes d'exercice par jour pour améliorer transitoirement, non seulement l'humeur, mais aussi les capacités intellectuelles des patients déprimés[13].

Des débats et des études sont en cours pour vérifier le mécanisme exact de ces bénéfices, et pour savoir s'il concerne toutes les populations de patients, ou seulement certaines d'entre elles : il s'agit peut-être justement des personnes qui sont spontanément le moins attirées par l'exercice[14] !

Dans un registre légèrement différent, face au syndrome dit de « fatigue chronique », qui comporte de nombreux états d'âme autour de la difficulté à agir, un programme planifié d'exercices physiques est aussi efficace (et plus économique) que la psychothérapie[15]. Ce qui confirme ce que l'on savait déjà : dans la plupart des fatigues chroniques sans explication médicale claire, ce n'est pas le repos qui doit être prescrit, mais l'activité physique !

Notons que, pour les psychothérapeutes, cela peut être une bonne idée, pour faciliter la motivation à faire de l'exercice physique chez leurs patients, de conduire certaines consultations en se baladant avec eux[16] ! En plus, d'après ce que nous venons d'évoquer, cela aidera les patients à aborder leurs difficultés avec davantage d'énergie et d'optimisme ; et les thérapeutes à rester en bonne forme et à cultiver calme et énergie auprès de leurs patients !

Concrètement, que faire ? La plupart des sociétés savantes ou des organismes de recherche aboutissent à peu près aux mêmes conclusions. Si on écoute par exemple les recommandations de notre Institut national de la santé et de la recherche médicale, l'Inserm[17] : il est conseillé, pour les adultes de 18 à 65 ans, de pratiquer une activité physique de type aérobie (marcher, trottiner, pédaler…) d'intensité modérée pendant au moins trente minutes, cinq jours par semaine. Au-delà de 65 ans, mêmes conseils mais à adapter à l'état de forme physique. Et à associer à des exercices destinés à préserver aussi la densité osseuse, la souplesse, et les capacités d'équilibre : exercices de renforcement musculaire (en travaillant contre résistance : soulever des poids, des objets, pousser, tirer, se suspendre…), exercices d'assouplissement (faire bouger doucement son cou, ses épaules, sa taille, ses hanches…), et exercices d'équilibre (marcher sur la pointe des pieds sur une ligne tracée au sol, sauter d'un plot à l'autre sur les parcours santé, ou se tenir sur un seul pied en faisant des étirements lents comme dans le taï chi). Le tout au moins deux fois par semaine pendant cinq à dix minutes pour chacun de ces trois groupes d'exercices.

Enfin, il faut savoir être patient : les effets sur les états d'âme et le moral ne se font sentir pleinement qu'après huit semaines de pratique environ, selon la plupart des études.

Ce n'est donc pas le bout du monde, cet investissement dans notre bien-être ! Pourtant, beaucoup de personnes ne le font tout simplement pas. L'enquête 2005 du Baromètre Santé montre que seulement 45,7 % des Français âgés de 15 à 74 ans ont pratiqué une activité physique soutenue plus de dix minutes durant la semaine écoulée. C'est pourtant simple et gratuit. Et en accord avec ce que nous sommes biologiquement, comme le rappelait un de mes confrères à qui je parlais de ces travaux : « Eh bien, ça ne m'étonne pas ! Nous sommes faits pour courir derrière les antilopes ou devant les lions ! »

Une dernière précision avant de vous lancer : il existe trois niveaux de mobilisation corporelle. Celui de l'*activité physique* : se bouger en menant sa vie quotidienne, par exemple en prenant les escaliers au lieu de l'ascenseur, ou ses chaussures au lieu de la voiture. Celui de l'*exercice physique*, c'est-à-dire une activité spécialement centrée sur l'amélioration de son bien-être : aller faire une promenade, faire une balade en vélo. Celui du *sport*, qui comporte un élément compétitif, de dépassement de soi ou des autres.

Pratiquer une activité sportive n'est pas nécessaire à la santé ; cela peut évidemment être bénéfique, mais cela peut aussi lui nuire, en cas d'excès ou de blessures[18]. Se remuer davantage dans la vie quotidienne est bénéfique mais parfois « pollué » par le contexte psychologique et matériel : si on court après son train, ou si on galope dans les couloirs du métro, c'est certes de l'activité physique, mais dont les bénéfices seront bien altérés par le stress ou l'agacement. Faire de l'exercice, même doucement, mais volontairement, en savourant le moment, semble la meilleure manière de bénéficier des effets que nous venons de décrire pour le plus grand nombre d'entre nous. La prise de conscience de ce que l'on fait travailler son corps, au moment où on le fait, joue un rôle très net, que l'on a retrouvé dans plusieurs études, dont nous allons parler. Donc, si on ne veut pas ou si on ne peut pas « forcer » sur son corps pour atteindre le niveau du sport, on peut aussi tout simplement intensifier sa présence mentale à l'exercice que l'on est en train d'accomplir. Il faut que le cerveau accompagne l'action…

La relaxation : pacifier le corps

Autre activité simple et gratuite (quoique nécessitant un apprentissage au départ) : la relaxation.

Pourquoi nous est-elle, elle aussi, nécessaire ?

La première raison, c'est que chacune de nos confrontations à des situations stressantes se traduit par une mise en tension musculaire discrète, tension qui a souvent tendance à ne pas revenir complètement à la normale, parce que d'autres difficultés ou d'autres tâches stressantes surviennent ensuite, et parce que notre esprit, capable de se souvenir et d'anticiper, va conserver le souci en nous-même à distance de la situation ; et penser à un problème, c'est comme l'avoir et le vivre, du moins c'est ce que croit notre corps, qui se tend et se contracte comme si nous étions réellement dans la situation.

C'est pourquoi toute méthode de relaxation va s'attacher à nous faire pratiquer de nombreux petits exercices dits de « mini-relaxation », au cours desquels le but n'est pas d'atteindre la détente complète, mais de faire « baisser la pression » et diminuer un peu la tension musculaire, cumulative tout au long de la journée. En pratique, cela consiste à prêter attention à ses états du corps, afin de percevoir assez tôt l'apparition de crispations musculaires dans les zones sensibles (en général épaules, nuque et, pour certaines personnes, mâchoires), pour pouvoir pratiquer de petits exercices de détente musculaire de ces zones. Pour celles et ceux qui ont du mal à déceler ces tensions, le plus simple est de partir du principe qu'elles auront lieu, et de prendre une ou deux minutes pour détendre son corps toutes les heures (en respirant bien profondément, en ajustant sa position, en s'étirant si possible, en remuant doucement les muscles de la nuque et des épaules). Cela peut, et doit, se pratiquer à tout moment et en tout lieu (transports en commun ou feux rouges en voiture, salles d'attente, pauses au travail...).

Une seconde raison rendant nécessaire la relaxation est que nous avons besoin de périodes de détente et de récupération prolongées. Durant les périodes de canicule, les problèmes et la dangerosité ne viennent pas seulement des températures maximales atteintes dans la journée, mais aussi du fait qu'elles ne baissent pas assez pendant la nuit, ne permettant pas aux organismes de récupérer : des journées trop chaudes et des nuits sans fraîcheur représentent le pire mélange. Il en est de même pour le stress de nos journées : il faut pouvoir s'en débarrasser le soir et la nuit, en faisant durablement et nettement baisser notre niveau de tension. Sinon, nous vivrons des expériences semblables à celle-ci : « Avant sa dépression, mon mari a connu une période de *burn-out* épouvantable. Je le voyais rentrer tous les soirs du travail épuisé et au bout du rouleau. Mais le pire, c'est qu'il n'arrivait pas à se détendre, même à la maison : il restait soucieux, absent, incapable de jouer avec les enfants, de s'intéresser à eux, de bavarder avec moi. Il regardait vaguement la télé, mais en fait ruminait les soucis de sa journée et du lendemain. Le soir, il s'endormait difficilement, se tournant et se retournant des dizaines de fois, soupirant comme s'il s'asphyxiait. La nuit, il remuait sans arrêt, faisait des sauts et des ruades dans son peu de sommeil. Bien entendu, il avait aussi des cauchemars dans lesquels il hurlait et se dressait dans le lit. Et le matin, il se réveillait déjà anxieux et tendu de partout, totalement prêt pour se refaire du souci… »

En pratique, il est souhaitable, notamment dans les périodes de tension, de pratiquer des exercices de relaxation assez approfondis et prolongés (environ dix à trente minutes) pour revenir au calme physiquement, et donc faciliter le retour au calme psychologique. Évidemment, ce n'est pas facile, car les périodes où nous avons des soucis sont aussi celles où nous manquons de temps. Mais se relaxer en fin de journée est alors une nécessité, et une activité bien plus importante que de regarder la télé ou de lire pour se distraire.

L'esprit de la relaxation est simple : lorsque le corps commence à « en rajouter » par-dessus les états d'âme, lorsque nos muscles se tendent ou que notre respiration se sent à l'étroit, alors il faut respirer, se relâcher, ramener le corps vers davantage de repos… Non pas pour supprimer la tension, mais pour la desserrer, l'apaiser, afin de pouvoir observer ce qui nous arrive : ressentir ses inquiétudes dans un corps que l'on apaise, c'est les affaiblir. Le refaire, souvent, c'est les priver peu à peu d'une de leurs sources : si la tension du corps cesse de répondre à celle de l'âme, l'extinction de la crispation sera plus rapide.

Je ne détaillerai pas ici les différents travaux ayant démontré depuis longtemps déjà les bénéfices nets de la relaxation dans l'anxiété[19], son intérêt dans la dépression[20] et aussi dans les colères récurrentes[21]. Les méthodes à utiliser sont en général fort simples, et maîtrisées par la plupart des psychothérapeutes[22]. Mais, évidemment, comme avec tous les efforts dont nous parlons ici, la régularité est seule garante de l'efficacité.

Le recours aux dopants

Nous sommes tous pareils : nous préférons les raccourcis.

Pour l'obtention des états d'énergie, les raccourcis se nomment surtout café et sucre. Pour celle du calme : tranquillisants et somnifères. Mais il y a aussi les antidépresseurs, dont nous avons parlé au chapitre précédent ; et l'alcool, le tabac, ou le cannabis, dont nous parlerons au prochain chapitre.

Commençons par le plus anodin en apparence, le sucre. La prise de sucre améliore effectivement le sentiment d'énergie sur le moment, lors de la hausse de glycémie qu'elle provoque[23], mais le problème, c'est qu'ensuite notre énergie retombe encore plus bas qu'avant. Avaler des boissons sucrées, des bonbons ou des barres chocolatées en cas de « coup de pompe » va donc s'avérer un mauvais investissement sur la durée d'une journée. On peut noter d'ailleurs que les fameux « coups de pompe » sont une belle invention des marchands de *junk food*. En partant d'un phénomène réel mais rare, l'hypoglycémie, la pub a créé chez beaucoup de personnes un automatisme de pensée : croire que nous avons souvent des coups de pompe (c'est parfois vrai), liés à l'hypoglycémie (c'est loin d'être toujours vrai, il y a plein d'autres raisons à ce sentiment subjectif), et qu'on peut solutionner en prenant une collation sucrée (ça, c'est une vraie catastrophe du point de vue des diabétologues mais aussi des psys). Le pire, c'est que prendre du sucre pour un supposé coup de pompe crée le problème au lieu de le régler : en procédant ainsi, on va préparer un vrai coup de pompe pour un peu plus tard (et qui pourra, lui, reposer sur une hypoglycémie). De plus, même s'il améliore le sentiment d'énergie, il semble que le sucre augmente aussi la tension psychique. Enfin, selon certains chercheurs, la diminution des sucres rapides dans l'alimentation pourrait favoriser la diminution des symptômes dépressifs[24].

Le *café* est évidemment un inducteur d'énergie, mais aussi de tension. Cette dernière arrive tout de suite chez les buveurs occasionnels, après des doses élevées chez les buveurs réguliers[25]. C'est pourquoi, notamment chez les anxieux, le café amoindrit la qualité du sommeil[26].

Je n'insiste pas ici sur la grande efficacité des *tranquillisants* et *somnifères* pour induire le calme nécessaire au sommeil (la plupart d'entre eux ont aussi un effet myorelaxant : ils provoquent un relâchement musculaire), ni sur le fait que cette efficacité s'érode assez vite en cas d'usage régulier (c'est l'accoutumance) : le véritable intérêt de ces molécules est donc un usage ponctuel, en réponse à des situations liées à des difficultés de vie bien précises.

Il est bien évidemment préférable de ne pas utiliser régulièrement ces diverses substances pour la régulation de nos états d'âme et états du corps. Et de nous tourner vers des stratégies plus naturelles. Le *bio* arrive aussi en psychiatrie[27] !

Habiter ses efforts

Aller bien demande donc quelques efforts. Et, évidemment, la première difficulté avec ces efforts d'activité physique et de relaxation, c'est de tenir la distance. Ce qui va nous aider sera de planifier à l'avance des moments dédiés à ces activités, et de nous y tenir : mais aussi, qu'elles soient relativement agréables pour nous[28].

Un autre point d'importance est l'état d'esprit dans lequel on pratique ces activités, comme le montrent deux études devenues des classiques.

La première portait sur un programme de gymnastique que l'on proposait à quarante-huit adultes jeunes, supervisé par des moniteurs pendant dix semaines. À la moitié d'entre eux, on avait dit que le programme était destiné à améliorer leur bien-être psychologique. À l'autre moitié, on n'avait pas parlé de ça, et juste évoqué l'impact biologique de l'exercice physique comme étant l'objet de la recherche. À la fin des dix semaines, les deux groupes avaient fait les mêmes progrès sur le plan de la condition physique, mais le groupe à qui on avait annoncé un mieux-être psychologique allait effectivement mieux sur ce plan[29].

La seconde étude portait sur quatre-vingt-quatre femmes de ménage travaillant dans de grands hôtels américains. À la moitié d'entre elles, on expliquait que leur travail, leur faisant faire pas mal d'exercice physique, correspondait aux recommandations en la matière du ministère de la Santé ; et on leur expliquait pourquoi et comment. L'autre moitié ne recevait pas d'informations particulières. On ne donnait à aucun des deux groupes de consignes pour modifier la façon de faire le ménage. Après quatre semaines, le groupe « informé » avait le sentiment d'avoir mieux fait travailler son corps, et surtout présentait une tendance à la baisse de poids (moyenne de 800 grammes), de pression sanguine, de masse graisseuse et de tour de taille[30]. Il avait suffi pour cela de leur signaler que ce qu'elles faisaient *déjà* était bon pour leur santé ! Et de prendre le temps de le leur expliquer sérieusement.

Les bénéfices de l'activité physique passent donc par deux voies : strictement organique, mais aussi psychologique. Faire de l'exercice en étant conscient que c'est bon pour notre moral et notre santé, ça le rend encore plus efficace ! Nous en reparlerons bientôt en abordant la question des activités en pleine conscience.

Ainsi, un effort habité est plus agréable et plus efficace qu'un effort vide de sens. C'est l'histoire des tailleurs de pierre, que l'on attribue souvent à Charles Péguy : au Moyen Âge, trois hommes cassent des pierres. Le premier a l'air malheureux et répond au passant qui l'interroge : « Je ne sais rien faire d'autre que ce dur métier. » Le deuxième a l'air indifférent, et dit : « Je fais mon travail pour nourrir ma famille. » Le troisième sourit en répondant : « Je participe à la construction d'une cathédrale. » Si nos modernes études disent vrai, il a dû vivre un peu plus vieux et un peu plus heureux que ses collègues…

Aller bien, mais pourquoi ?

Aller bien n'est pas un but en soi. Ou disons qu'il ne faut pas chercher à aller bien *que* pour aller bien. D'ailleurs, quelques années après avoir proposé sa célèbre définition de la santé, dont nous parlions au début de ce chapitre, l'OMS précisait : « La santé est une ressource pour la vie quotidienne, pas le but de l'existence. C'est un concept positif, qui souligne l'importance des dimensions relationnelles et personnelles, autant que les capacités physiques[31]. »

Pas le but de l'existence…

Effectivement, aller bien n'est pas une obligation. Mais si cela nous intéresse, c'est parce que ça peut nous servir à agir sur le monde. Encore et toujours notre quête de l'énergie calme : le calme pour accepter les défauts du monde (et aussi les nôtres au passage) et l'énergie pour les changer…

CHAPITRE 12

Régulation des états d'âme

« Il y a des gens, on a l'impression qu'ils ne se sont jamais servi de leur âme... »

Georges BERNANOS.

Si nous ne comprenons pas nos états d'âme, nous serons ballottés et malmenés par eux. Nous réagirons, sous leur emprise, comme des enfants. Au lieu d'être une richesse, ils seront une entrave ; au lieu de nous aider, ils vont nous embrouiller. Ce qu'on appelle maturité repose, bien plus que sur nos compétences intellectuelles, sur cette dimension émotionnelle, cette capacité à percevoir et pacifier nos mouvements intérieurs.

Pourquoi ne pas accepter nos états d'âme comme ils se présentent ?

Finalement, il s'agit de phénomènes naturels. Et ce qui est naturel est bon, non ? Pourquoi ne pas accepter le bonheur lorsqu'il vient, se résoudre au malheur s'il est là, et ne plus faire d'histoires ?

D'abord, parce que tout ce qui est naturel et spontané n'est pas bon : les impulsions agressives, les dégringolades dans le cafard ou les spirales d'inquiétude, c'est naturel dans certaines conditions, mais ce n'est pas bon pour autant. En tout cas, il n'est pas bon de s'y abandonner les yeux fermés.

Ensuite parce que sur cette base rudimentaire – accepter nos états d'âme tels qu'ils se présentent – on ne vivra qu'une vie intérieure rudimentaire. Et dépendante des événements extérieurs : s'ils sont favorables nous irons plutôt bien, et s'ils sont contraires, plutôt mal. Il n'y a là rien d'absurde, mais c'est un peu limité : on peut vivre de manière plus intéressante…

Nous allons voir que ce qui paraît être un bon rapport à nos états d'âme n'est pas de s'opposer à leur mouvement naturel, en forçant la venue du bonheur, et en refusant à tout prix d'éprouver du malheur. Mais de s'attacher à améliorer ce même mouvement naturel : moins « gaspiller » nos instants de bonheur et en faire un meilleur usage ; « écourter et alléger » le malheur. Car il existe dans nos souffrances, nous en avons parlé, une part qui nous instruit et une part qui nous détruit.

Ces compétences à la régulation de nos états d'âme sont indispensables à notre équilibre personnel car, souvent, ces derniers se bousculent dans un tumulte qui fait ressembler notre esprit à un carrefour embouteillé, dont personne ne s'occupe et où tout le monde veut passer en même temps. Résultat : ça s'empile, ça klaxonne, ça s'énerve, ça ne marche pas, on perd du temps et de l'énergie, ça pollue. Bref, c'est invivable. Que faire alors ? On continue d'agir avec ce désordre dans la tête ? Ou bien on essaie non pas de tout contrôler mais de mettre un peu d'ordre, de manière à comprendre ce qui se passe et quoi faire ?

De nombreuses métaphores sont utilisées pour expliquer de manière imagée ce que peut être la régulation des états d'âme. Il y a celle du bateau sur le fleuve : on suit le courant (nos états d'âme) mais en tenant le gouvernail pour orienter tout de même notre barque ; on pourra ainsi accoster sur une rive, afin d'explorer le territoire (états d'âme négatifs) ou sur une autre, afin de se ressourcer en provisions (états d'âme positifs). Il y a aussi celle du policier au carrefour dont nous parlions tout à l'heure : il veille à ce que les états d'âme ne stationnent pas trop longtemps au milieu du passage, que chacun puisse circuler, aller et venir, faire ce qu'il a à faire mais sans empêcher les autres. Le policier est en charge de la fluidité du trafic, du libre jeu de nos états d'âme, chacun ayant son rôle à jouer. Mais il n'interdit l'accès du carrefour de la conscience à aucun. Autre comparaison : non entretenus, nos états d'âme ressemblent à une forêt « primitive », laissée dans son état naturel : autrement dit, absolument interdite d'accès pour les humains, qui doivent renoncer à s'y balader. Il ne s'agit pas de transformer nos états d'âme en jardins à la française où tout serait balisé, tondu, coupé, mais en forêt entretenue, avec des chemins, des coupes de temps en temps, et le souci de la respecter en la rendant accessible. Une forêt, c'est beau, intéressant, quelquefois inquiétant. On essaie de ne pas s'y perdre, mais on aurait tort de ne pas s'y promener. C'est l'esprit même de la régulation des états d'âme...

Quel est l'objectif raisonnable de la régulation des états d'âme ?

Il existait jadis un état d'âme considéré comme très pernicieux dans l'Occident chrétien : celui qu'on appelait l'*acédie*, une sorte de tristesse et de démotivation qui frappait notamment les moines, et qui, d'après les descriptions que nous en ont faites les auteurs anciens, ressemblait à une forme de découragement et de démotivation dépressifs : « Le démon de l'acédie attaque le moine vers la quatrième heure, et assiège son âme jusqu'à la huitième heure. [...] Il fait que le soleil est lent à se mouvoir. [...] Il lui inspire de l'aversion pour le lieu où il est, pour son état de vie [...] l'idée qu'il n'y a personne pour le consoler... » On raconte que saint Rodolphe, pour lutter contre l'acédie, se suspendait par les bras à des cordes fixées au plafond de sa cellule et se balançait en récitant les *Psaumes*[1]. Depuis cette époque héroïque, quelques progrès ont été accomplis (même si, nous le verrons, l'association de l'activité physique et des stratégies psychologiques reste, elle, d'actualité).

Il y a trois buts principaux à la régulation des états d'âme : voir plus clair en nous, y faire régner une paix et une cohérence relatives, et donc mieux pouvoir se tourner vers le monde extérieur, sans être toujours ramené à nous-même par nos ruminations ; accéder plus souvent à des moments de bonheur ; ressentir moins de souffrances.

Prendre soin de ses états d'âme permet l'accès à une meilleure connaissance de soi et donc de mieux conduire sa vie. Nous avons besoin, pour notre équilibre personnel, de voir clair dans nos capacités, nos besoins, nos motivations, nos fragilités. C'est pourquoi comprendre et réguler les états d'âme est indispensable, en tant qu'*intelligence de soi*[2]. Sinon, tôt ou tard, la confusion intérieure aboutira à de la souffrance. Par exemple au travers du phénomène de rémanence dont nous avons parlé : la tendance pour un état d'âme négatif à persister au-delà de ce qui lui a donné naissance. La bonne régulation des états d'âme permet alors de prêter attention, pour le comprendre et l'alléger, à un état d'âme qui s'éterniserait afin qu'il ne vienne pas ensuite contaminer les suivants : par exemple, des inquiétudes ou de l'agacement au travail nous empêchant de nous réjouir en retrouvant conjoint ou enfants. Ne pas clarifier ainsi un état d'âme préoccupant, c'est un peu comme ne pas raccrocher son téléphone après une communication : la ligne sera ensuite occupée et indisponible pour d'autres appels…

Nous avons vu dans le chapitre précédent comment nous pouvions, par exemple au travers de l'exercice physique et de la relaxation, favoriser et nourrir en nous une base affective stable (calme et énergie). Nous allons maintenant réfléchir à la manière dont nous pouvons, face aux événements de vie déstabilisants, affronter certains emballements de nos états d'âme et voir comment revenir doucement à l'équilibre, tout en ayant tiré les leçons du déséquilibre traversé. *La régulation des états d'âme, c'est se poser cette question : que faire de ce que je ressens, sans vouloir le fuir ou le nier, sans vouloir le supprimer ?* Mais au contraire en l'utilisant pour comprendre et progresser.

Ma cousine préférée, que ses états d'âme font parfois souffrir, me disait alors que nous bavardions sur ce thème : « Moi, il y a des jours où j'aimerais bien les mater, mes états d'âme ! » Mais il y en a d'autres aussi, où nous devrions plutôt les savourer ; d'autres encore où il nous faudrait surtout les comprendre… Bref, réguler nos états d'âme, ce n'est pas désirer une climatisation ou une asepsie de ces derniers, mais simplement aspirer à clarifier (ce qui est confus), pacifier (ce qui est trop agité), réorienter (ce qui est parti dans une mauvaise direction). Il va s'agir, en gros, de limiter nos états d'âme négatifs (mais pas que les limiter : ne plus avoir peur aussi de leur faire une juste place), de développer, savourer et réévoquer nos états d'âme positifs (mais sans les vouloir éternels : comprendre qu'ils ne peuvent être constants). C'est ce qu'on appelle en psychologie la « balance hédonique », cette sorte d'opération arithmétique de nos états d'âme, correspondant à l'équation suivante :

$$E = 2\ EAP/1\ EAN$$

(E pour équilibre, EAP pour états d'âme positifs, et EAN pour états d'âme négatifs)

Le sentiment des chercheurs et des thérapeutes en matière d'équilibre émotionnel est que le bon ratio se situe à 2 : environ deux tiers d'états d'âme positifs pour un tiers de négatifs[3]. Ce ratio combine l'énergie des états d'âme positifs et la vigilance des négatifs. Nous avons déjà évoqué l'utilité des états d'âme négatifs : l'inquiétude qui nous ouvre les yeux, la colère qui nous pousse à agir, la tristesse qui nous force à réfléchir, le désespoir qui nous rappelle le sens de la vie. Et aussi celle des états d'âme mixtes : la culpabilité nous fait réévaluer nos comportements, la nostalgie nous pousse à apprécier le passé et à moins gaspiller les bons moments à venir. Si ces états d'âme négatifs ou mixtes ne dominent pas notre paysage émotionnel, mais sont compris et intégrés dans une majorité d'états d'âme positifs, alors notre vie intérieure sera plus féconde que dans le cas d'une domination sans partage de l'un ou l'autre des pôles négatif ou positif.

Rappelons enfin que l'équilibre de la balance émotionnelle est un des facteurs les plus puissants en matière de satisfaction existentielle, notre sentiment de bien-être sur la durée[4]. Ces données se retrouvent dans toutes les cultures aux quatre coins du globe[5]. D'où l'importance de ne pas subir mais agir en matière d'équilibre des états d'âme.

Rappels théoriques sur la régulation des états d'âme

De nombreux travaux ont été consacrés à la régulation des états d'âme, et montrent son importance dans notre bien-être global[6]. Mais ils soulignent aussi sa complexité[7]. Simplifions tout de même, pour commencer…

Globalement ces processus de régulation s'apparentent à une sorte de thermostat de chaudière : à partir du moment où vous avez programmé une température souhaitée, le thermostat compare en permanence la température actuelle avec la température programmée, et décide ou non de lancer chauffage ou climatisation.

La régulation des états d'âme ressemble à cela, en évidemment plus perfectionné[8]. On pourrait parler d'un « thymostat » (du grec *thymos* : « humeur »). À partir de l'état d'âme qui nous semble désirable à un moment donné, nous comparons avec notre ressenti actuel, et essayons de l'ajuster, en agissant soit sur la situation dans laquelle nous sommes (par exemple, si nous voulons rester calme, en quittant une pièce lors d'un conflit), soit sur nous-même (en nous disant alors : « Calme-toi »). Puis nous évaluons si cela nous a rapproché de l'état d'âme désirable, et ainsi de suite.

Ce modèle de régulation peut aussi s'appliquer aux états d'âme positifs : si être heureux est l'état de référence souhaité, nous allons alors tenter de nous en rapprocher le plus possible, par des stratégies telles que la prise de conscience accrue de nos moments de bien-être, ou en essayant de fréquenter le plus possible les situations ou les personnes qui nous font du bien, etc.

Erreurs et problèmes dans la régulation des états d'âme

Bien que la régulation de nos états d'âme soit évidemment plus subtile et compliquée, ce modèle simplifié du thermostat nous permet cependant de modéliser à quels niveaux peuvent se situer problèmes et erreurs de pilotage.

Le premier niveau est celui du choix de l'état d'âme de référence : il est donc nécessaire que nous ayons des buts clairement définis. Et ceux-ci dépendent aussi de nos valeurs et de nos choix existentiels : par exemple, désirer rester calme lors d'un conflit suppose de placer son bien-être et le respect d'autrui plus haut que la défense de ses intérêts ; souhaiter ne pas se rendre malade d'angoisse à propos d'un travail en retard implique d'avoir placé sa santé au moins aussi haut que sa réussite professionnelle ; faire le choix d'une vie heureuse nécessite un certain nombre de renoncements à d'autres formes de satisfactions (financières ou narcissiques), qui vont donner du plaisir mais pas de bonheur.

Il y a également une variation selon les personnes : de manière générale, les extravertis vont apprécier de ressentir des états d'âme plus intenses et donc plus francs que les introvertis, qui les préféreront en demi-teinte, et souvent plus mélangés. Chacun règle donc différemment son « thymostat ».

Dans tous les cas, en l'absence d'idée claire de ce que nous souhaitons obtenir, nous aurons tendance à avoir des états d'âme mélangeant tendances innées propres à tous les humains (irritation face aux frustrations, inquiétude face aux incertitudes, tristesse face aux pertes) et réflexes issus de notre histoire personnelle (nous reproduirons par exemple ce que faisaient nos parents, ou ce que certains états d'âme nous permettaient d'obtenir quand nous étions enfants : bouder pour être consolés, hurler pour être obéis). Donc, des registres un peu stéréotypés et limités…

Ce niveau dépend aussi de notre motivation à réguler nos états d'âme et tout simplement à nous intéresser à eux. On sait que prêter attention à ses états d'âme est déjà un prédicteur du bien-être émotionnel et global[9]. Les convictions que l'on a à propos de ses possibilités de changer ses émotions jouent aussi un rôle important. Dans une étude sur des étudiants que l'on suivait pendant leur première année de fac, ceux qui voyaient leurs émotions et états d'âme comme flexibles, modifiables et accessibles à leurs efforts allaient effectivement bien mieux à la fin de cette première année riche en sollicitations et nécessités d'adaptation[10]. La conviction que l'on peut s'adapter et faire face nous permet effectivement de mieux nous adapter et de mieux faire face.

Le deuxième niveau est celui de la sensibilité de notre « comparateur » et plus largement de notre perception des états d'âme et du corps. Nous avons évoqué au chapitre précédent la confusion fréquente entre excitation et énergie, qui peut inciter à reprendre du café ou à écouter de la musique plus fort pour « mieux se réveiller et être plus efficace », alors que ces stratégies vont plutôt accroître notre excitation, et même nous rendre moins performants, lorsque les tâches à effectuer seront complexes[11] : l'excitation n'aide que pour les tâches simples. De même, chez les personnes anxieuses, la confusion entre tension corporelle et malaise. Ou, chez les boulimiques, entre l'envie de manger liée aux états d'âme douloureux et la vraie faim. Ou encore, chez les pessimistes, le manque de discernement entre leur état actuel de fatigue et leur capacité à accomplir plus tard une tâche, une fois qu'ils seront reposés. Ou enfin dans la recherche d'états d'âme positifs, confondre la satisfaction de ses besoins matériels – qui ne sont que le soulagement de l'envie artificielle d'acheter quelque chose – avec le bonheur. Bref, le discernement dans ses états d'âme reste indispensable pour évaluer où l'on en est, et voir si on tient le bon cap ou non. D'où l'intérêt d'un minimum de capacités et surtout de travail introspectif.

Le troisième niveau est celui des stratégies de réparation, avec par exemple l'absence de stratégies réfléchies, ce qui va laisser la place à des stratégies réflexes, faiblement pensées, et souvent problématiques car à base d'évitements de la douleur (fuir la situation ou étouffer l'inconfort avec alcool, cannabis ou tabac).

Comment nous régulons nos états d'âme : bref survol des stratégies

Il y a évidemment une multitude de manières de réguler nos états d'âme.

Le plus souvent, nous ne sommes pas nous-mêmes très lucides sur l'existence de ces mécanismes, et de ce qui améliore ou pas nos ambiances émotionnelles internes. Un chercheur[12] comparait ainsi notre existence à celle de rats de laboratoire placés dans une immense cage comportant des centaines de leviers : appuyer sur ces leviers entraîne des conséquences tantôt favorables (avoir moins froid, à manger, de la compagnie…) et tantôt défavorables ; ces conséquences sont parfois immédiates, parfois non, etc. Les rats n'y comprendraient pas forcément grand-chose, et c'est aussi un peu ce qui nous arrive dans la vie (qui n'est pas toujours claire ni logique) si nous ne faisons pas quelques efforts d'introspection.

Une bonne façon de comprendre ces mécanismes consiste à dire qu'il y a quatre étapes principales dans nos processus de régulation : 1) la sélection et la modification des situations (choisir de se mettre dans une situation donnée, ou au contraire de la fuir) ; 2) le déploiement ou le repli de notre attention (choisir de se concentrer sur la situation ou l'expérience, ou la fuir mentalement, par la rêverie, la distraction, la rumination) ; 3) les efforts psychologiques (comprendre, réévaluer, prendre du recul) ; 4) la mise en œuvre de comportements, qui passe souvent d'ailleurs en premier par le contrôle de nos réactions ou comportements automatiquement activés par les émotions du moment (respirer au lieu de s'affoler, se détendre au lieu de se crisper, dire ce qui ne va pas au lieu de se bloquer).

Exemple de comportement automatique : le repli sur soi dans la tristesse, comme le décrit Pessoa, l'envie de se réfugier dans un « lieu de pure solitude et de refus de toutes les consolations ». Bien sûr, l'implication dans le choix des stratégies correspondant à ces quatre étapes suppose que l'on ait identifié que quelque chose se passait en nous ! Au lieu de se laisser porter par nos réflexes…

Soulignons aussi l'importance de l'état d'esprit dans lequel on pratique ces stratégies de régulation : par exemple, écouter de la musique face à des difficultés peut se faire dans des contextes bien différents. Est-ce juste pour se changer les idées et penser à autre chose ? Ou pour se détendre afin de mieux réfléchir au problème qui nous préoccupe ? Est-ce une musique gaie et stimulante destinée à nous donner un peu d'énergie pour nous attaquer à la situation ? Ou une musique triste qui va amplifier nos ruminations ?

Plus globalement, il semble que la ligne de frontière entre les stratégies généralement fructueuses et les autres passe par le préalable de l'acceptation de l'expérience même de ressentir des états d'âme, notamment désagréables : acceptons-nous ou non de ressentir tristesse, inquiétude, ressentiment et plus généralement souffrances psychologiques, *avant* de vouloir les résoudre ou les fuir ? Car le comportement automatique face aux états d'âme douloureux, c'est d'abord de les fuir…

Quelques façons de fuir ses états d'âme désagréables

Il existe toutes sortes de voies pour fuir ses expériences intérieures.

On peut réprimer ses états d'âme, essayer de ne pas les ressentir

Par exemple, si on est inquiet à propos de la santé d'un de ses proches, mais que justement cette inquiétude soit douloureuse, on peut se réfugier dans le travail. Ou refuser tout simplement d'éprouver cette inquiétude, en cherchant à se convaincre trop tôt que « ce n'est pas grave, il n'y a pas de problème, ça va s'arranger » alors qu'au fond de nous, on pense le contraire. Mais chasser ces pensées inquiètes dès qu'elles frappent à la porte de notre esprit, évidemment cela ne marche pas, et provoque même un effet rebond : les pensées et la souffrance reviennent inlassablement[13]. Dans les cas les plus extrêmes, on peut même ressentir des mécanismes de « dissociation » : si les émotions sont trop fortes – trop de peur, trop de colère –, on a le sentiment que ce qui arrive est en train d'arriver à quelqu'un d'autre, mais pas à nous ; ou qu'on est comme sorti de soi et qu'on se regarde vivre la situation « du dehors ». Ce ne sont pas des expériences délirantes, mais des mouvements automatiques de la conscience pour ne pas exploser face à la charge émotionnelle. En général donc, cela concerne plutôt les situations extrêmes (comme des traumatismes, agressions, violences). Toutefois, chez certains sujets ultrasensibles, cela peut aussi survenir tout au long de journées « normales » aux yeux des autres, mais durant lesquelles la personne trop vulnérable va ainsi décrocher fréquemment d'avec la réalité. L'écrivain Pessoa décrit de très nombreux et discrets sentiments de dépersonnalisation tout au long de son œuvre, comme dans cet instant de légère dissociation sensorielle : « J'entends, sans bien les entendre, le bruit de voix des garçons d'emballage, au fond du bureau, dans la partie où commence le magasin, et je vois sans les voir les ficelles des colis postaux qui font, avec leurs doubles nœuds, deux fois le tour des paquets en épais papier brun[14]... »

On peut essayer de transformer ses états d'âme

Dans les conflits, il est fréquent que nos peurs et nos tristesses soient recouvertes par le ressentiment, qui paraît au début un état d'âme moins douloureux et plus acceptable. Je me souviens ainsi d'une discussion approfondie avec une de mes patientes, durant laquelle nous avions abordé les irritations qu'elle ressentait envers son mari, ce qui la culpabilisait car c'était plutôt un « bon mari » : derrière son ressentiment se trouvait un mélange de tristesse (il lui avait menti, selon elle, lorsqu'il lui avait fait la cour, en se présentant comme un grand romantique, ce qu'il n'était pas tout à fait), d'inquiétude (elle ne savait pas si elle pourrait supporter de vieillir avec lui), de déception, etc. La mise à plat durant la consultation de ces états d'âme originels lui permit de soulager son agacement, et surtout lui donna davantage de pistes d'action que le ressentiment secondaire. La plupart de nos ressentiments sont ainsi des états d'âme dérivés d'autres plus enfouis : de fait, le ressentiment et les états d'âme de colère sont ceux, nous l'avons vu, qui permettent le plus facilement de focaliser le problème sur les autres personnes et donc de moins se remettre en question. Encore et toujours l'évitement de la douleur...

On peut modifier chimiquement ses états d'âme par l'alcool, le cannabis, le tabac, etc.

On sait bien sûr que l'alcool est utilisé comme moyen d'améliorer ses états d'âme, notamment chez les personnes qui ne disposent pas de motivation et de stratégies efficaces pour cela[15]. Ses mécanismes d'action sur nos états d'âme sont multiples. Par exemple, il provoque une « myopie psychologique » en rétrécissant nos capacités de vision psychique à une seule chose à la fois, et de très près, nous retirant donc toute capacité de recul et de mise en perspective : cette théorie explique que l'alcool puisse nous rendre « bêtement » joyeux, si nous démarrons notre alcoolisation sur des états d'âme positifs auxquels nous allons adhérer contre vents et marées ; il peut aussi nous rendre obstinément inconsolables si nous buvons sur de la morosité[16]. L'alcool est aussi associé à la capacité de diminuer la conscience de soi, avec notamment pour bénéfice le fait de se sentir moins concerné par différents soucis qui habituellement nous tourmenteraient[17]. Ce qui est alors recherché, c'est une sorte de « fuite de soi », d'évitement de soi, alimentée par la souffrance d'être ce qu'on est, en parallèle à la fuite du monde recherchée par l'effet myopie (si on est très myope, on ne voit que ce sur quoi on a mis son nez). D'ailleurs, les enquêtes conduites pour explorer les motivations à boire de l'alcool retrouvent systématiquement au premier rang des raisons alléguées la recherche d'effets sur les états d'âme : on cherche avant tout à « oublier les soucis » et « se sentir mieux[18] ». Évidemment, on boit davantage les jours où on se sent triste, les états d'âme négatifs sont un des grands facteurs de rechute des ex-buveurs (surtout chez les hommes, alors que les facteurs relationnels dominent chez les femmes). Mais tout ceci ne marche guère, car les études montrent aussi, hélas pour les buveurs, qu'il existe ensuite, à court terme (après dissipation des effets immédiats) et à long terme (une fois la dépendance en place), une aggravation très nette liée à l'alcool : un énorme effet rebond des états d'âme négatifs, tristesse, inquiétude, irritabilité, etc.[19].

Le tabac est lui aussi souvent utilisé en matière de régulation des états d'âme et des états du corps et, de manière générale, chez les personnes ayant des stratégies déficientes de régulation de leurs états d'âme[20]. Il permet en général aux fumeurs d'augmenter leur énergie et de diminuer leur sentiment de tension[21]. Avec, là aussi, les problèmes de toxicité physique et de dépendance que l'on connaît. De manière générale, les fumeurs semblent utiliser la prise de tabac comme un moyen de réduire leurs états d'âme négatifs et pénibles[22].

Enfin, l'usage régulier du cannabis relève des mêmes mécanismes : de plus en plus de nos jeunes patients anxieux ou subdépressifs ont recours à un ou plusieurs joints en fin de journée pour pacifier leurs états d'âme et arriver notamment à se détendre et s'endormir. Exactement comme leurs collègues de souffrance plus âgés consomment, dans le même but, leur litre de bon vin chaque soir.

Quelques données scientifiques sur la répression des états d'âme

La vraie grande question qui se pose alors est donc celle de l'accueil ou de l'évitement des états d'âme désagréables : puisqu'ils sont désagréables, pourquoi ne pas effectivement nous tourner vers autre chose en attendant qu'ils disparaissent ?

Dans la vie de tous les jours, il est parfois préférable de ne pas s'en faire, face à des situations qui auront de toute façon tendance à s'améliorer quoi que je fasse : s'il pleut le jour prévu pour un pique-nique, essayer de penser à autre chose est une façon adaptée de lutter contre ma déception et ma morosité[23]. De même, par rapport à une actualité politique ou sociale qui me tourmente, ne pas trop me surexposer aux informations faisant tourner en boucle des catastrophes sur lesquelles je ne puis agir est une stratégie logique[24]. De même, il semble que face à des adversités extrêmes, comme la perte de son conjoint, écarter au début les états d'âme trop sinistres et douloureux puisse permettre de tenir le coup psychologiquement, notamment si cette stratégie d'évitement des états d'âme négatifs est associée à un accueil et une recherche des états d'âme positifs[25] : on évite de se noyer dans la souffrance tant qu'on se sent fragile, et on n'oublie pas de vivre et de se laisser réconforter, malgré tout…

Cependant, de manière générale, les stratégies de fuite systématique, par distraction ou suppression des états d'âme négatifs (et des réalités qui les sous-tendent) sont plutôt contre-productives, et sont clairement impliquées dans la chronicisation de difficultés psychologiques multiples[26]. On a pu montrer qu'elles augmentaient les sensations de douleur physique[27], les pensées anxieuses[28] et dépressives[29], altéraient le bien-être global et relationnel[30], diminuaient la fréquence des états d'âme positifs[31]. Et que, souvent, la répression de nos contenus mentaux dérangeants entraînait un effet rebond : ils reviennent ensuite d'autant plus fortement[32]. N'en jetez plus ! Bien sûr, les sources de cette tendance à la répression de ses états d'âme viennent souvent du passé : par exemple, le fait d'avoir été élevé dans une ambiance incitant à ne pas les exprimer, ou d'avoir vécu des expériences très douloureuses, comme des violences ou abus[33]. On considère actuellement que ces tendances globales à l'évitement de l'expérience vécue ne règlent que le soulagement à court terme de la souffrance, et sont insuffisantes sur le long terme, tant pour limiter les états d'âme négatifs (il y a en général un effet rebond de ce que l'on a réprimé) que pour développer les états d'âme positifs (sur la durée, tout bonheur doit avoir compris et intégré les états d'âme négatifs).

Comment accepter et réguler ses états d'âme négatifs

On ne peut prétendre à une bonne régulation de ses états d'âme sans les accepter au préalable. Globalement, la plupart des psychothérapies scientifiques intègrent peu à peu cet objectif[34]. Il existe même tout un nouveau courant actuellement centré sur cette notion d'acceptation émotionnelle, et connu sous l'acronyme ACT : *acceptance and commitment therapy*, autrement dit les thérapies d'acceptation et d'engagement[35]. Cette dénomination rappelle à quel point l'acceptation n'a de sens que si elle précède l'action, et non si elle se substitue à elle, pour n'être alors que de la résignation.

La métaphore la plus souvent utilisée pour essayer de faire comprendre cette notion d'acceptation est de dire au patient : on ne peut pas quitter un endroit où on n'a jamais accepté d'arriver. Si je souhaite ne plus éprouver sans cesse de la tristesse ou de la colère, plutôt que de vouloir *ne pas* les ressentir lorsqu'elles se présentent, je vais plutôt avoir intérêt à accepter d'abord de pleinement et lucidement les ressentir ; « d'y aller » au lieu de les fuir ; de les éprouver, les examiner avec attention, justement lorsqu'elles se présenteront. Il me faut pour cela m'opposer à une tendance naturelle : accueillir l'agréable mais repousser le désagréable. Cette attitude purement hédonique ne peut fonctionner que pour des situations ponctuelles et limitées ; pas pour des expériences de vie complexes. Bien sûr, accueillir nos états d'âme douloureux suppose de se sentir capable d'éviter deux écueils : celui de la répression et celui de la noyade et de la submersion. Mais les enjeux sont majeurs : il y a d'une part dans l'acceptation la possibilité de voir peu à peu diminuer durablement nos souffrances. D'autre part, la possibilité de s'enrichir de nos expériences, au lieu de les traverser sans avoir voulu les ressentir, et d'en ressortir inchangé.

Il faut donc parfois cesser de vouloir rectifier nos expériences émotionnelles, ou corriger nos états d'âme. Et plutôt que de seulement vouloir changer nos états d'âme, vouloir changer *notre rapport* aux états d'âme.

Prenons l'exemple de l'ennui. Une soirée où on s'ennuie, où l'on se dit à soi-même : « Qu'est-ce que je m'ennuie ! » L'attitude de non-acceptation de l'ennui conduit à se focaliser là-dessus, à se dire que ce n'est pas normal. Qu'on n'a pas de chance. Que c'est nul.

On peut alors recouvrir cet ennui d'alcool. Pourquoi pas boire ? en effet, cela va au moins faciliter quelques états d'âme positifs, mais on ne peut pas dire que cela nous aura appris grand-chose. Et puis si on boit trop, l'ennui ressurgira, accompagné de quelques vieux copains de beuverie : tristesse, ressentiment, dégoût et fatigue de vivre…

On peut aussi se mettre à ruminer, à réanimer des souvenirs d'autres ennuis, de convictions négatives sur soi (« Je passe ma vie à m'ennuyer ici-bas »), sur les gens (« Ils sont ennuyeux, ils ne font pas d'effort pour s'intéresser à moi »), sur le monde (« Tout est creux »), etc.

On peut enfin substituer à cet ennui de la colère, contre soi (« Qu'est-ce que je suis venu faire ici ? ») ou contre les autres (« Comment peuvent-ils se croire intéressants ? »).

Tout cela ne marche pas terriblement bien, et va nous empêcher notamment : 1) de voir qu'il y a aussi peut-être des aspects amusants ou intéressants à la soirée, 2) de les provoquer et de les susciter, puisque nous resterons, si nous ne régulons pas notre ennui, dans la position de passivité induite par la rumination, attendant que les situations ou les personnes *soient* intéressantes, au lieu de contribuer à les *rendre* intéressantes. Mais comme ces ruminations activent des états d'âme de plus en plus négatifs, nous prendrons peu d'initiatives. Puis on fait la gueule ou on se replie, et alors plus rien d'intéressant de toute façon ne nous arrivera ; et même si ça *devient* intéressant, on sera dans une attitude de non-retour, de mauvaise foi et de déni…

Le seul point de départ possible est de se dire : « OK, je suis en train de m'ennuyer. Ça suffit déjà comme état d'âme contrariant, inutile d'en ajouter d'autres. Je décide de faire quoi ? Je salue poliment mes hôtes avant de partir sous un prétexte quelconque ? J'essaie une dernière fois de trouver quelqu'un de drôle ? De faire bouger cette soirée ? Ou je m'entraîne à la régulation des états d'âme en m'occupant justement de mon ennui ? Mais, quoi que je fasse, je le fais sans gémir ni bouder : mon ennui me suffit ! »

Si nous les acceptons, nos états d'âme négatifs : 1) deviennent paradoxalement moins douloureux, 2) deviennent informatifs sur les situations et nos réactions, 3) peuvent enrichir notre expérience, car ils correspondent à la vraie vie, 4) nous montrent que l'on peut survivre aux problèmes. Les attitudes d'acceptation nous incitent aussi à simplement faire ce qu'il y a de mieux à faire, sans se plaindre ni râler. On ressent et on décide de faire, ou ne pas faire, mais sans s'affliger de surcroît. Car l'acceptation est une alternative à l'évitement, pas à l'action.

En effet, on reproche parfois à cette notion d'acceptation d'encourager à une sorte de passivité, de *quiétisme new-look*. On appelait quiétisme (du latin *quies* : « quiétude, tranquillité ») un mouvement mystique chrétien du XVIIe siècle, qui encourageait la recherche d'une complète passivité, qui permettrait à l'âme de plonger en Dieu et de laisser ainsi agir Dieu en elle. Tout accepter et tout laisser venir pour élever son âme ? Ce n'est bien sûr pas le message : nous sommes ici dans le monde de la psychothérapie, dont le but est le bien-être, pas l'approche de Dieu.

D'ailleurs, ce n'est certainement pas un hasard si ces thérapies centrées sur l'acceptation ont pris naissance au sein du courant des thérapies comportementales, qui encouragent leurs patients à s'engager dans l'action. Simplement, l'idée est de favoriser un engagement dans l'action aussi lucide et clairvoyant que possible, ne négligeant rien des précieuses informations fournies par nos états d'âme. Pour éviter de tels malentendus, nous devrions peut-être choisir pour notre travail psychothérapique le terme *accueillir* ses souffrances, plutôt que les *accepter* : le mot *acceptation* est trop connecté dans nos inconscients à la notion de soumission, et semble supposer que l'on devrait accepter tout ; tandis que le mot *accueil* rappelle que nous restons actifs et discriminants en accueillant[36]. Ce qui est bien le but.

Études sur l'efficacité de l'acceptation

Les réflexions qui précèdent ne sont évidemment pas une simple vue de l'esprit ou une déclaration d'intention : de nombreuses recherches sont conduites depuis des années, tant en psychologie expérimentale (dans les laboratoires) qu'en psychologie clinique (en situations de vie).

Globalement, accepter la souffrance psychologique permet de mieux la contrôler[37]. Il existe aussi des études sur la souffrance physique, mais c'est un autre sujet, trop vaste pour que nous l'abordions ici. Signalons simplement qu'on y retrouve bien sûr les mêmes données, car l'acceptation a aussi un impact physiologique : elle permet par exemple une meilleure récupération en termes notamment de rythme cardiaque après l'évocation d'une situation personnelle douloureuse[38].

Dans le détail des mécanismes, l'acceptation ne diminue pas la fréquence des pensées désagréables, au début en tout cas, mais notre réactivité à ces pensées : elles arrivent toujours à notre esprit, mais nous avons du recul envers elles, puisque nous acceptons qu'elles soient là au lieu de nous dire « non, non, pas elles[39] ! ». L'acceptation suppose aussi d'entrer dans le détail de ce qui est douloureux, au lieu de le juger indésirable de loin : si on propose à des volontaires d'imaginer que diverses histoires désagréables leur arrivent (se disputer avec un ami, échouer à un entretien d'embauche…) selon deux modes, l'un ruminatif (« Pourquoi ça m'est arrivé ? ») et l'autre expérientiel (« Si ça m'arrivait, qu'est-ce que je ressentirais exactement, dans quel état d'âme serais-je ? »), on s'aperçoit que le second mode – proche de l'acceptation – permet un inconfort émotionnel moins grand, mais provoque aussi un effet « retard » positif : les volontaires qui ont pratiqué l'acceptation sont ensuite moins perturbés lors d'une tâche où ils sont mis en échec[40].

Nous disposons également d'études montrant l'efficacité de ces approches basées sur l'acceptation non plus seulement auprès de personnes volontaires sans pathologies avérées, mais aussi auprès de populations de patients souffrant de troubles anxieux et dépressifs[41], de boulimie[42], de troubles obsessionnels-compulsifs[43] ou de douleurs chroniques[44], etc.

Enfin, accepter, ça s'apprend : il ne faut pas seulement le comprendre et s'y décider (ce qui est une première étape indispensable), il faut ensuite un entraînement et une pratique réguliers : ainsi, une étude avait montré que les simples explications et recommandations à accepter font évidemment moins bien qu'un petit entraînement mental préalable dans la capacité à supporter des douleurs physiques minimes[45].

Comment augmenter ses états d'âme positifs

Accepter ce qui nous déplaît ne nous dispense pas, tout de même, de chercher à ressentir le plus souvent possible, des états d'âme agréables. Nous en reparlerons plus largement en fin d'ouvrage en abordant la question plus vaste du bonheur, mais voici déjà quelques pistes…

Nous avons vu comment l'*activité physique* accroissait les sensations d'énergie qui constituent le socle de nombreux états d'âme agréables, comme la confiance, la curiosité ou l'optimisme.

La règle de pratiquer une activité physique dès le matin – et parfois dès le réveil chez certains patients fragiles en période de difficultés – est souvent très utile.

Voyez par exemple le témoignage de Clément Rosset dans une période dépressive[46] : « Quant à moi je suis incapable de dire l'horreur que j'éprouve certains matins pendant une heure, au moment de quitter mon lit. Je souffre, mais d'aucune chose ; rien n'est cause de douleur dans les images, les pensées qui défilent alors que je suis mi-éveillé. Elles s'accompagnent néanmoins d'une décharge de souffrance absolument indescriptible. » Ou celui de Cioran[47] : « Depuis de longues années, le matin au réveil, à la place du cerveau, sensation d'une steppe. »

Ce que nous apprennent les travaux sur la régulation de l'humeur, c'est qu'il est souvent inutile de passer *trop* de temps dans ces moments à chercher « pourquoi » on est comme ça, ou à tenter de relativiser mentalement ses souffrances ou ses difficultés. Le plus efficace alors est probablement de se lever et de pratiquer une demi-heure de marche ou de mouvements de gymnastique. Je sais, ce n'est pas très subtil au point de vue psychothérapique, et cela prend plus de temps que la demi-seconde pour avaler un tranquillisant ! C'est en tout cas une troisième voie, entre subir la douleur ou la noyer dans les médicaments. Mais les « ruminateurs professionnels » surévaluent l'efficacité de l'activité mentale et ont tendance à mépriser un peu les solutions concrètes (ils n'essaient pas par exemple ce qu'on leur conseille, le rejetant d'un « ça ne marchera pas » au lieu de tenter « pour voir »...).

Autre point capital : le *lien social*. De bonnes capacités de régulation émotionnelle augmentent la qualité des contacts sociaux[48], ce qui est logique : on est davantage capable et désireux de se tourner vers les autres si on a réglé la question de ses états d'âme personnels. L'inverse est vrai aussi : voir des gens et *socialiser,* comme on dit en anglais, cela améliore l'humeur. Ce que l'on nomme le « partage social des émotions » a ainsi été très largement étudié[49] : le sens commun nous dit effectivement que parler de ses soucis à des proches nous fera du bien ; ce qui est effectivement le cas, notamment pour les états d'âme d'inquiétude et de tristesse[50]. Mais partager ses états d'âme positifs permet aussi d'en augmenter la portée sur notre bien-être, de les « capitaliser », comme disent les chercheurs[51].

Dans une étude amusante, on avait demandé à des volontaires de passer quelques minutes à bavarder avec des personnes inconnues de sexe opposé au leur. En évaluant leurs états d'âme avant et après l'échange, on s'apercevait que le fait d'avoir eu à rencontrer une personne étrangère avait induit un léger mieux-être. Et on retrouvait la même chose si on demandait à d'autres volontaires de bavarder quelques instants avec leur petit(e) ami(e) mais en se comportant comme si c'était leur première rencontre[52]. Les chercheurs supposaient, logiquement, que le fait de rencontrer des personnes à qui on cherche à faire bonne impression améliore légèrement nos états d'âme : socialiser satisfait un besoin de reconnaissance fondamental et nous permet de vérifier notre acceptabilité sociale. Parler pour plaire, c'est bon pour le moral…

Une autre donnée intéressante de cette étude, c'est qu'elle montrait que les personnes participant à l'expérience sous-estimaient totalement l'impact de la socialisation sur leur moral, si on leur demandait de l'évaluer à l'avance. De manière générale, cette sous-estimation du bénéfice émotionnel des situations que nous rencontrons est un classique en psychologie sociale[53] : nous surévaluons notre stabilité et notre imperméabilité à l'environnement, et nous nous voyons beaucoup plus imperturbables que nous ne le sommes ! En réalité nous sommes *perturbables*, immensément : autant le savoir et l'accepter…

S'activer et socialiser sont sans doute parmi les deux inducteurs les plus courants d'états d'âme positifs, et parmi les plus efficaces à appliquer au quotidien, de par leur simplicité de mise en œuvre. Mais il y en a aussi bien d'autres. Par exemple, *faire – et maîtriser – des choses simples*, faciles, déjà connues : cela induit une humeur positive, repérable par un sourire ou début de sourire, mesurable par électromyogramme facial sur le muscle zygomatique[54]. Bon, au bout d'un moment, on doit s'ennuyer, mais il ne faut pas sous-estimer ce petit mécanisme du « ce qui est facile est agréable et bon pour le moral ». Sans doute que l'attrait des « réussites » en jeu de cartes, ou de certains loisirs aux résultats prévisibles, vient de là. En tout cas, mieux vaut faire des choses simples et maîtrisées que ruminer ou ne rien faire, ou lancer des actions et des projets ambitieux mais avortés, au bout desquels on ne va pas.

Il faut noter que certaines stratégies ne sont pas également efficaces chez tout le monde. Et souvent, ne suffisent pas en cas de difficultés psychologiques. Dans une étude, après avoir fait visionner un film triste à trois groupes de sujets – déprimés, anciens déprimés, ou jamais déprimés –, on leur proposait de faire face aux émotions négatives suscitées par le film, notamment *en se remémorant des souvenirs agréables* : ça ne marchait bien que pour ceux qui n'avaient jamais été déprimés. Chez les anciens déprimés, cela ne donnait rien. Et cela aggravait légèrement l'humeur des déprimés[55].

L'esprit juste dans la régulation des états d'âme

Concluons. Vouloir accéder à un meilleur équilibre de ses états d'âme ne se résume bien sûr pas à une forme de « consumérisme émotionnel » qui consisterait à ne vouloir garder que les « bons » états d'âme, agréables, et à écarter méthodiquement les autres. Pour aller bien sans nous appauvrir, nous avons à accepter profondément ce que nous sommes et ce que nous ressentons. Mais sans oublier que la souffrance peut être un « appauvrisseur » encore pire que la climatisation mentale. Sans oublier non plus que la régulation des états d'âme, ce n'est pas seulement ce que nous faisons avec nos états d'âme, mais dans quel esprit et dans quel but (oublier, me calmer, progresser, mieux comprendre le monde...) nous le faisons. Sans oublier enfin qu'il n'y a pas qu'avec notre âme que nous pouvons agir sur nos états d'âme : nous pouvons aussi le faire avec notre corps, ou avec d'autres âmes, en nous appuyant sur le lien social.

Le chat écrasé

Un matin, il n'y a pas très longtemps, en allant travailler, j'aperçois un pauvre chat tout écrasé, en voie d'aplatissement complet, entre la deuxième et la troisième voie de l'autoroute que j'emprunte, qui en compte quatre. Il est raide mort, au milieu de ce qui, dans ses derniers instants, fut pour lui un enfer (peut-être est-ce aussi un enfer pour nous, mais nous ne le réalisons plus). Ce petit cadavre aplati amorce alors en moi une sacrée cascade d'états d'âme. Je repense à son affolement lorsqu'il s'est trouvé là, à la suite de je ne sais quelle absurde erreur d'orientation, ou quelle fuite éperdue. Dans cet environnement terrifiant et hostile, de béton et de graviers, sans plus rien de vivant, il a été affolé par ces monstres d'acier qui passaient en hurlant tout près de lui, bousculant des masses d'air pollué. Il aurait pu survivre en restant sur le bord du parapet, en courant le long de cette protection à la recherche d'une sortie. Mais c'était trop affreux, trop menaçant, trop inconnu : il s'est affolé et a voulu traverser, aller de l'autre côté. Certains jours, quand je suis un peu perdu dans mes états d'âme, un peu bousculé par la vie, quand je sens venir de loin l'affolement de l'inquiétude ou de certaines tristesses, j'ai l'impression que ce chat c'est moi. Et je me dis alors que travailler à rester aussi lucide que possible, ça peut sacrément rendre service. Miaou.

CHAPITRE 13

Guérir de la maladie matérialiste

« Rien de ce qu'il possédait ne l'enrichissait. »
Éric-Emmanuel SCHMITT,
Odette Toulemonde et autres histoires.

« Un samedi matin, au supermarché du coin. Peut-être fatiguée, peut-être soucieuse à cause de divers ennuis dans ma vie. Mais, ce matin-là, mes courses ne se passent pas comme d'habitude. Un mélange de vertige, de nausée et de perplexité devant la profusion de marchandises, le côté factice de tout ce qui m'entoure, la lumière artificielle, la petite musique d'ambiance. La dégoulinade de choix, impossible de trouver quelque chose *simplement*, il y a vingt mayonnaises, trente huiles d'olive, cent types de yaourts différents. Les gens laissent tomber fruits ou légumes, personne ne les ramasse, personne n'est concerné par ces aliments qui s'abîment par terre et que tout le monde écrabouille dans l'indifférence. En sortant, dans la galerie marchande, seconde vague de dépersonnalisation : j'ai l'impression de flotter en apesanteur comme une extraterrestre dans ce qui est – horreur – un véritable lieu de vie, un endroit de promenade en famille, entre copains ou pour les solitaires : sous les néons, dans le toc et le faux, dans les pièges à faire dépenser, alors qu'il fait soleil dehors, qu'on y respire de l'air et de la liberté, gratuits. Je vacille, cette impression d'un univers anormal et inhumain, mais fait pour séduire me saute tout à coup aux yeux. Et tout de suite l'embarras de m'y trouver moi-même, avec mon chariot, et de juger : après tout, moi aussi j'y suis sous ces néons, quelles que soient mes excuses (je n'y vais pas souvent, je n'ai jamais aimé ça, etc.). Surtout ne pas faire la fière, la supérieure, ne pas juger, essayer de comprendre. Pourquoi ça me met dans cet état ? Alors que les autres humains autour de moi ont l'air cool. C'est moi qui vais mal, et qui devrais aller faire la sieste ? Ou eux qui ne se rendent plus compte ? »

Non, non, ne va pas faire la sieste, garde les yeux ouverts ! Tu ne dois pas seulement *prendre soin* de tes états d'âme, mais aussi *prendre garde* : ton équilibre et ta sensibilité sont sans cesse menacés par la pollution matérialiste…

L'exemple du diabète comme maladie de société

Récemment, des collègues diabétologues avec qui je travaillais sur la psychologie des patients diabétiques me parlaient de l'épidémie d'obésité et de diabète dit « de type 2 » (forme de diabète lié à l'excès de poids) qui déferle actuellement sur le monde entier, après avoir submergé les États-Unis[1]. Il y a de nombreux facteurs à l'origine de ce fléau, dont la sédentarité, mais aussi la modification de nos habitudes alimentaires : nous mangeons trop et mal, trop de mauvaises nourritures (trop salées, trop sucrées, trop grasses), trop facilement accessibles sans efforts.

Le diabète de type 2 est donc un modèle de ce qu'on appelle les « maladies de société », des maladies favorisées par nos façons de vivre. Mais n'est-ce que le fait d'une société d'abondance ? Autrement dit, n'est-ce *que* la profusion de nourriture, son omniprésence, sa facilité d'accès qui représentent le problème ? En partie. Mais il n'y a pas que cela.

Cette société de *profusion* est aussi une société d'*incitation*. Des incitations qui sont autant de déstabilisations, car elles vont se nicher dans nos âmes. Explications…

Voici en gros ce qui se passe : 1) se nourrir est un vrai besoin ; 2) nos sociétés (ou certaines forces marchandes à l'œuvre dans nos sociétés) dérégulent ce besoin pour mieux vendre leurs produits. Elles l'amplifient et augmentent son importance : par exemple en disant aux mères qu'il faut que leurs enfants mangent bien au petit déjeuner (sous-entendu : des bonnes céréales sucrées, pas juste du pain) pour être performants à l'école ; 3) nos sociétés répondent habituellement à ce besoin en le satisfaisant au-delà du nécessaire : portions trop grosses dans les fast-foods, incitations à acheter deux pour trois, variété d'aliments trop importante[2], etc. ; 4) nos sociétés surfacilitent la satisfaction de ce besoin, en nous mettant toujours de la nourriture à portée d'œil ou de main ; 5) nos sociétés dérégulent la satisfaction de ce besoin : par des agents de sapidité qui poussent à manger plus, ou en proposant la mode des plateaux télé qui font qu'on mange sans s'en apercevoir ; 6) dans les moments où ce besoin est au repos (je n'ai pas faim), nos sociétés nous incitent à le ressentir (« un petit creux ? ») et à manger, finalement, tout le temps : avant (au cas où), pendant (parce que c'est l'heure), après (par gourmandise : c'est si bon...) ; 7) nos sociétés créent le besoin préventivement : « Ne soyez pas victime d'un coup de pompe. »

Ce n'est donc pas seulement qu'on fabrique trop de nourriture (seulement pour les pays riches) : il faut ensuite l'écouler et donc nous manipuler en ce sens. Pourquoi dérégule-t-on ainsi nos besoins vers la *junk food* ? Et pas vers des nourritures plus simples ? Parce qu'il y a plus d'argent à gagner en vendant des biscuits ou des plats cuisinés que des fruits ou des légumes, des sodas trop sucrés que de l'eau.

Ce qui s'ensuit ? Une épidémie de surpoids et de cas de diabète de type 2, avec toutes les complications possibles de la maladie (cardiaques, vasculaires, rénales, etc.). Sans doute aussi l'augmentation de certains cancers par dérégulation de la production d'insuline et activation de mécanismes inflammatoires. Mais aussi des dégâts psychologiques : boulimie, obsession des régimes (car, comme en même temps, il y a des injonctions à être mince, les gens deviennent fous). Ce qui est en jeu, c'est une dérégulation de nos états d'âme, à la suite de ces intrusions constantes dans nos esprits : dès que quelque chose ne va pas en nous, dès qu'un état d'âme désagréable passe (solitude, tension, ennui...), on peut penser à manger ; c'est facile, la nourriture nous tend les bras.

Achats compulsifs

Le phénomène est encore plus clair avec les achats compulsifs (qui consistent à décider très vite d'acheter quelque chose que l'on n'avait pas prévu d'acheter, et dont on n'a en général pas besoin). L'achat compulsif est une réponse à un état interne de malaise ou de tension, que le fait d'acheter soulage transitoirement. C'est pour cela que ces achats compulsifs peuvent devenir une addiction (comme l'alcool, le tabac, la nourriture) : on prend l'habitude de réguler nos états d'âme, notamment désagréables, par le recours à un comportement ou une substance. Comme ça soulage (pas longtemps), on recommence…

Un de mes patients me parlait ainsi du stock d'objets retrouvé chez son père décédé, qu'il achetait pour ses petits-enfants, mais ne leur avait jamais offerts : parce qu'il ne les voyait pas assez souvent, parce qu'il oubliait qu'il avait acheté ces cadeaux, et où il les avait rangés. Simplement, il les entassait, comme des impulsions d'amour : il pensait à ses petits-enfants, ils lui manquaient, alors il achetait quelque chose pour eux, ça lui faisait du bien, le temps de rêver un peu au moment où il le leur offrirait. Les âgés solitaires sont souvent victimes du téléachat : je me souviens de cette vieille dame chez qui on avait retrouvé des dizaines de colis même pas ouverts, avec notamment un appareil de musculation, un vélo elliptique, un écran plasma géant, des robots ménagers, etc. Les sourires sympathiques de ceux qui étaient ses seuls amis, les présentateurs télé, lui faisaient tellement de bien… Mais beaucoup de sujets plus jeunes, encore plus exposés à la surabondance de choses à acheter, sont aussi victimes de la « fièvre des achats[3] ».

Les études montrent évidemment que les acheteurs compulsifs sont des personnes présentant des difficultés marquées à réguler leurs émotions et états d'âme[4]. Ces personnes achètent pour diminuer leurs états d'âme négatifs (environ un tiers des achats impulsifs), mais bizarrement aussi lors de bouffées d'états d'âme positifs, de moments d'euphorie et de bonne humeur (deux tiers des cas), pour « capitaliser » sur eux et tenter de les amplifier et de les faire durer[5]. Logique, car la majorité de ces acheteurs compulsifs présentent des tendances anxieuses et dépressives marquées, et 25 à 50 % ont déjà souffert d'un épisode dépressif[6].

Mais les acheteurs compulsifs, qui dépensent inutilement pour réguler leurs états d'âme, ne sont que les pionniers, les fusibles placés aux avant-postes de ce grand pilonnage organisé sur nos états d'âme : nous en sommes tous victimes. Simplement, c'est de manière moins bruyante. Cependant, nous sommes tous malades.

La société matérialiste

Une des plus grandes menaces sur notre bien-être psychique, c'est le matérialisme effréné de nos sociétés, dont le coût, en termes de santé mentale, est aussi important que ses mécanismes sont insidieux[7].

Le matérialisme peut se définir ainsi : 1) la possession, le pouvoir et le statut social représentent les valeurs les plus importantes ; 2) on valorise l'*avoir* au lieu de l'*être*, le *faire* au lieu du *vivre*, le *montrer* au lieu du *savourer* ; 3) la consommation est présentée comme la solution à nos besoins et nos tensions.

Toute société repose forcément sur une part de matérialisme (qui comporte aussi certains bénéfices latéraux dont nous reparlerons). Mais plus encore nos sociétés contemporaines, d'abord « société de consommation » depuis les années 1960, puis « société d'hyperconsommation », selon la formule du sociologue Gilles Lipovetsky, depuis les années 1990[8]. Celle-ci se caractérise par une exploitation ultraprofessionnalisée des besoins humains, ne se contentant plus d'y répondre, mais cherchant aussi à les susciter et à en créer de nouveaux. Il s'agit donc, montre Lipovetsky, d'un « capitalisme engagé sur la voie de la stimulation perpétuelle de la demande, de la marchandisation et de la multiplication indéfinie des besoins », dont l'obsession est de « marchandiser toutes les expériences en tout lieu, à toute heure et à tout âge ». On peut y ajouter une nouvelle dimension depuis peu : le cynisme. Les données scientifiques sur les dégâts de ce type de stimulation de la consommation s'accumulent, mais les forces marchandes continuent de polluer nos âmes. Il s'agit du même scénario que celui du tabac, où les cigarettiers, parfaitement au courant du rôle cancérigène de leurs produits, continuent jusqu'au dernier moment à gagner le plus d'argent possible, en laissant des millions de morts et de malades derrière eux.

Car la seule préoccupation de ce type de capitalisme est de préserver ou augmenter l'« appétit national brut », et de stimuler la consommation, qui soutient la croissance, qui fait gagner de l'argent (aux actionnaires).

Les sociétés matérialistes ne se contentent plus de répondre à nos besoins, mais essaient inlassablement d'en créer des nouveaux. Ainsi, dans la « réclame » traditionnelle, on recommandait un produit pour satisfaire un besoin (se nourrir, se vêtir). La pub contemporaine cherche la même chose, mais va également créer des besoins qui n'existent pas (le yaourt à boire), ou associer un produit avec un contexte de vie enviable : calme, volupté, classe, distinction, popularité, amour (dont on se rapprochera en buvant telle marque de café, en s'habillant avec telle marque de vêtements[9]). Il existe dans nos sociétés des intelligences et des instances (services marketing et agences de pub) uniquement destinées à accélérer inlassablement nos envies de consommer. Ainsi, ce qu'on appelle les « bureaux de tendance », officines qui s'attachent à « déceler » les besoins et attentes du consommateur, et qui valident en fait les efforts des marques pour faire passer, en l'espace d'une année, dans la catégorie « super ringard » ce qui était « archi mode » peu avant.

La maladie matérialiste

L'impact psychologique de ces puissants mécanismes est discret, car progressif, mais palpable : en gros, nous sommes peu à peu transformés en *imbéciles impulsifs*. On pourrait appeler cette maladie de civilisation qui nous frappe la maladie PAZAS : pléthorite abrutissante zappogène autocentrée et stressante.

Nous y sommes : obèses de biens, de nourritures, d'objets ; diminués dans notre lucidité et notre liberté ; tentés de passer à autre chose dès qu'un problème survient – aller voir si j'ai un mail, ou s'il y a un truc à manger, ou faire un peu de shopping pour me changer les idées ; centrés sur nous – « je le vaux bien », « je ne dois jamais attendre ni ne rien faire », « je suis *formidable*, puisque les animateurs et les politiques me le répètent à la télé » ; et, finalement, stressés, malheureux, frustrés, dépendants, ne comprenant plus rien à nous-mêmes. Et fonçant à nouveau dans de mauvaises réponses que nous tendent les marchands : consommant pour nous soigner…

Nous devons prendre conscience que la profusion qui nous entoure est débilitante : elle diminue nos capacités intellectuelles et affectives. Elle canalise nos énergies vers de l'inutile et du stérile. Le shopping, qui est souvent la distraction favorite de beaucoup de personnes, ne nous enrichit pas en termes de développement personnel, c'est le moins qu'on puisse dire. Au contraire. Passer par exemple beaucoup de temps à chercher la « bonne affaire » et le « meilleur prix » n'est rien d'autre qu'une déperdition d'énergie pour des décisions ultérieures plus importantes[10].

Cette profusion d'objets, d'activités, de possibilités, qui ressemble à une richesse, peut en fait aboutir à une déconstruction de nos capacités mentales, par surstimulation, dispersion et vol d'attention. Le matérialisme nous empêche de pratiquer les états de concentration, de réflexion, d'intériorisation : par le zapping (choix multiples et sans efforts), par l'accès à des activités à implication intérieure nulle (jeux vidéo, musique à flots continus). Nous sommes soumis à des vols incessants de notre attention : pubs dans les lieux publics et durant les émissions télé, interruptions par mails, téléphones, SMS. La pub nous fait croire que ce sont des liens, pour nous vendre des machines à soi-disant créer du lien. Mais, à un certain stade, ce sont des chaînes de vide, les conversations au portable dans les lieux publics le montrent.

Un exemple de cette pollution invisible : la multiplication des plans à la télévision[11]. La vitesse des images, la multiplication des plans obéissent à une logique marchande (garder les téléspectateurs captifs pour préserver l'audience, c'est-à-dire les revenus liés à la pub). Il existe un mot – le zapping – pour désigner ce que craignent les chaînes, mais pas de mot pour cette multiplication des plans – le *fragmenting-stupidizing* ? C'est d'autant plus pernicieux, car ne pas nommer le mal, c'est risquer de ne pas le reconnaître. À la sortie, une simplification inutile de la pensée, et un appauvrissement ; non que le long et le complexe soient toujours plus riches, mais ils sont parfois nécessaires. Et, encore et toujours, cette sale habitude de ne pas fixer notre pensée, de ne pas muscler notre concentration. De devenir des instables psychiques, des agités du bocal, des handicapés de l'introspection et de la réflexion (un tout petit peu) approfondie.

Imbéciles impulsifs, disions-nous. Nous avons vu pourquoi *imbéciles*. Maintenant, *impulsifs*. Faire soulage, c'est un principe bien connu, nous pouvons abaisser notre niveau de tension en agissant, et nous distraire ainsi d'états d'âme désagréables. Pourquoi pas ? Mais en procédant *systématiquement* de la sorte, nous n'allons rien comprendre et rien apprendre de la vie. Juste nous soulager.

Nos tensions, nos inquiétudes, nos coups de cafard peuvent être transitoirement dissipés en *faisant* quelque chose. Comme la plupart d'entre nous ont des métiers non manuels, dans des environnements urbains, et comme acheter et manger sont devenus parmi les choses les plus faciles à faire dans nos sociétés, que peut-on *faire* avec son corps lorsqu'on se sent tendu ? Il y a certes le sport (d'où sa vogue), mais il nécessite efforts et espaces. Alors il y a surtout – le plus facile – manger et acheter. Tout nous tend les bras pour cela. Le consumérisme pousse à éviter les expériences pénibles (ne souffrez pas ! envie d'acheter ? achetez ! envie de manger ? mangez !) au lieu de les considérer comme des informations sur ce qui ne va pas dans nos vies, et devant nous inciter à autre chose que la fuite en avant, ou plutôt la fuite vers la caisse.

C'est exactement le même scénario que celui que nous décrivions pour le diabète et la nourriture : 1) états d'âme inconfortables ; 2) disponibilité d'un distracteur (manger, regarder ses mails, faire un jeu vidéo, téléphoner) ; 3) on fuit l'état d'âme pénible ; 4) on est soulagé ; 5) mais en faisant ainsi on n'a *rien compris et rien appris.*

On s'est juste rendu dépendant d'une manière de réguler ses états d'âme en achetant quelque chose, en consommant des biens. Une manière peu efficace et coûteuse de prendre soin de soi : remplir nos cerveaux de vide, nos estomacs de saletés et nos armoires d'inutilités, pour pallier les fluctuations de nos états d'âme. Mais pourquoi ça marche aussi bien ? C'est le génie du marketing et de la pub : ces métiers attirent des gens brillants, que l'on paie très bien, beaucoup mieux par exemple que des instituteurs, dont le travail est pourtant infiniment plus utile. Mais ça marche aussi parce que ces messages (« Ne vous souciez pas, achetez ça ») se nichent dans nos besoins psychologiques de « philtres d'oubli » : la vie est souvent dure, l'oublier parfois nous fait du bien. Mais ne pas vouloir le voir, qu'elle est dure, nous met en danger moral, alors que l'accepter pour l'affronter différemment peut sauver nos âmes.

La maladie matérialiste diminue nos états d'âme positifs

Toutes les études concordent : plus les traits matérialistes sont élevés chez une personne, plus son niveau de bien-être personnel est bas, et haut le risque de présenter des souffrances psychologiques. Ceci est particulièrement net chez les adolescents[12] et les étudiants[13], sans doute parce qu'il s'agit des populations les plus fragiles : les plus fortement exposées aux pressions sociales et publicitaires sur ce qu'il faut *avoir* pour *être* quelqu'un de bien, et les moins au clair avec ce qui compose une vie heureuse et intéressante. Mais tout le monde est bien évidemment concerné.

Dans une intéressante étude de suivi sur dix-neuf ans, auprès d'environ douze mille personnes, on a pu montrer que plus quelqu'un exprimait des valeurs et des objectifs matérialistes à un moment donné, plus, lorsqu'on évaluait ce qu'était devenue sa vie quelque vingt ans après, on retrouvait de dégâts en termes de qualité de vie privée et de sentiment de bonheur[14].

Ceci ne concerne pas que les pays occidentaux, mais maintenant la Terre tout entière, dans la mesure où leurs valeurs et leurs styles de vie ont conquis la planète. C'est ce que montrait une étude conduite aux États-Unis et en Corée du Sud (deux pays très matérialistes) où on interrogeait un grand nombre de personnes sur les événements satisfaisants survenus dans leur vie durant la semaine, le mois et le semestre précédents, et en les corrélant au niveau de bien-être ressenti : les Coréens réagissaient comme les Américains, c'est-à-dire que plus ces événements avaient à voir avec le matérialisme (argent, luxe, reconnaissance sociale...), moins le niveau de bien-être qui s'ensuivait était élevé, par rapport à des événements moins matérialistes (rencontres, promenades, pratique d'un loisir[15]...).

Sur le plan psychologique, la quête consumériste peut correspondre à une aspiration à davantage de sécurité matérielle, liée soit à une enfance difficile et insécurisante, soit aux valeurs matérialistes cultivées dans la famille d'où l'on vient[16]. De manière générale, nous avons tendance à devenir plus matérialistes dès qu'on nous expose à des situations d'incertitude[17]. Nous régulons ainsi nos inquiétudes par l'accrochage aux valeurs de possession et de succès, au détriment de la construction de notre bonheur, plus immatériel.

La maladie matérialiste augmente nos états d'âme négatifs

Nous disposons de nombreuses études sur le thème du *Trop de choix, trop de stress*[18].

Retournons au supermarché : un même produit (lait, chocolat noir, jus de pomme...) est systématiquement décliné en des dizaines d'options. Est-ce une chance, comme on veut nous le faire penser ? Non ! Cette profusion de choix possibles est inutilement stressante[19] : il y a suffisamment de décisions importantes à prendre dans la vie sans devoir en rajouter. Là encore, la profusion est une agression pour certains profils psychologiques (associant tendances dépressives et perfectionnisme) : une étude[20] montrait par exemple que les « maximiseurs », cherchant toujours à faire le meilleur choix dans les différentes situations de vie, se font piéger par ce genre de contextes, alors que les « non-maximiseurs » (qu'on pourrait appeler les « ça-suffit-comme-ça-t-eurs ») comprennent vite qu'il n'y a pas de *meilleur* choix, ou que, en tout cas, il faut s'arrêter au premier choix acceptable que l'on rencontre, et garder son cerveau en forme pour ce qui compte vraiment dans la vie.

À propos de cette profusion, les marques et les magasins commencent à comprendre qu'elle peut être contre-productive, car des études montrent que si les gens *disent* préférer avoir le plus grand choix possible, leurs *comportements* d'achat baissent si ce choix est trop important : par exemple, on achètera moins de confiture si on a à choisir entre vingt-quatre sortes qu'entre six[21].

Mais ce trouble du choix est lui aussi réutilisé par les marques pour vendre plus : c'est ce qu'on appelle le *branding*, le pouvoir de la marque. Le *branding* se niche dans le stress de la pléthore, dont il apparaît être un remède : « Ne stressez plus à chercher le meilleur choix, venez chez nous et achetez griffé ! » C'est juste un poison différent, et plus coûteux.

Ah, j'allais oublier : plus on a de choix pour une décision, plus on aura de regrets ensuite si le choix ne nous semble pas satisfaisant[22]. Eh oui, l'obsession de « faire le bon choix », de « ne pas se faire avoir », ça fatigue et ça use. Et tout ça pour quoi ?

Pour ressentir de nouveaux états d'âme négatifs : par exemple les frustrations des promesses de bonheur non tenues. Acheter ne rend pas plus heureux, ou pas bien longtemps. Mais cette société matérialiste nous fait croire qu'avoir atteint un objectif ouvre la porte du bonheur. Même sans que nous nous en rendions compte : par exemple, dans ces films d'amour qui s'arrêtent lorsque l'amour ou le couple vient de commencer, enfin, à se débarrasser des obstacles qui l'empêchaient ou l'entravaient. En fait c'est là que le boulot commence, et le plus dur. Alors qu'on nous fait croire que c'est fini, que l'essentiel est atteint. Mais ça ne se passe jamais comme ça dans nos vies à nous ! D'où le risque de doutes et de frustrations : « Et si ce n'était pas la bonne personne ? puisque ça ne se passe pas comme à la télé… »

Plus sérieusement, la pollution matérielle consumériste s'appuie sur des promesses de petits bonheurs montrés par la pub, qui marchent toujours de la même manière : on associe une « valeur » éternelle et légitime (se réjouir avec ses proches, ses amis, faire plaisir à quelqu'un ou à soi, passer un moment agréable) à un produit (café, voiture) qu'on veut nous vendre.

On fait ainsi lever des espoirs déçus, et on fabrique des frustrations que les personnes ne vont pas attribuer à ces manipulations mais à leur vie : elles vont alors essayer d'en changer les dimensions matérielles (déménager, trouver un nouveau boulot, un nouveau conjoint) ou psychologiques (on va chez le psy, qui tente de réparer les dégâts).

La maladie matérialiste pollue nos âmes

« Nous ne sommes pas seulement agrippés aux choses par nos mains mais aussi par notre esprit[23]. » La maladie matérialiste amoindrit ainsi, lentement et puissamment, nos capacités de régulation des états d'âme. Même les plus féconds comme la tristesse : on a pu montrer que plus une personne est triste, plus elle consomme dès lors qu'on oriente sa pensée vers des préoccupations égocentriques[24]. Alors, dans nos sociétés flattant nos ego et nous offrant une profusion de choses à acheter, le réflexe sera d'autant plus facile…

La facilité, la rapidité, la dispersion, l'opulence bloquent en nous les expériences de lenteur et de réflexion, même douloureuses : elles entravent notre sentiment d'identité, peut-être illusoire mais précieux, nos capacités de réflexion sur nous-même et de régulation de nos états d'âme. C'est alors le grand désarroi : nos états d'âme sont dispersés, déboussolés, superficiels, insatisfaits, dépendants de tous les distracteurs marchands de nos environnements. Ce n'est pas une richesse mais une pollution, un envahissement de nos esprits, et pas seulement de nos comportements de consommateurs. Cela ressemble à ce qui se passe pour les plastiques ou les pesticides : ça s'accumule doucement en nous.

Le matérialisme nous arrache à ce qui fait notre identité et notre humanité : l'alarme a été lancée par les poètes il y a longtemps. Mais on n'écoute jamais les poètes. Voici ce qu'écrivait Stefan Zweig au sujet de Rilke[25] : « Il me paraît merveilleux que nous ayons eu devant les yeux, au temps de notre jeunesse, de tels poètes. Mais je me le demande avec une secrète inquiétude : des âmes aussi totalement consacrées à l'art lyrique seront-elles possibles à notre époque, avec les conditions nouvelles de notre existence, qui arrachent les hommes à tout recueillement et les jettent hors d'eux-mêmes dans une fureur meurtrière, comme un incendie de forêt chasse les animaux de leurs profondes retraites ? »

Ou notre cher Thoreau, qui partit vivre un an dans les bois à Walden : « Je pense que notre esprit peut être sans cesse profané par le fait d'assister régulièrement à des choses triviales, de sorte que toutes nos pensées seront teintées de vulgarité[26]. » Et aussi : « Une fois que l'homme s'est procuré l'indispensable, il existe une autre alternative que celle de se procurer les superfluités ; et c'est de s'aventurer dans la vie présente[27]. »

Ou encore Nietzsche : « Toutes les institutions humaines ne sont-elles pas destinées à empêcher les hommes de sentir leur vie à cause de la dispersion constante de leurs pensées[28]. »

Et encore, tout ça, c'était au XIXe siècle. C'est sans doute à cette époque que tout a commencé à s'emballer : « Savez-vous que les femmes navajos, quand elles tissent une couverture, laissent au bout un tout petit trou, par où elles pourront retirer leur âme de leur ouvrage, sans la laisser tissée avec la laine ? Il m'a toujours semblé que l'Angleterre avait tissé son âme dans les rouages de ses industries et dans toutes les choses qu'elle a fabriquées, et qu'elle n'a jamais laissé de trou pour pouvoir l'en retirer. C'est pourquoi, maintenant, toute son âme est dans ses marchandises, et elle n'en a plus nulle part ailleurs[29]. »

Qu'auraient-ils dit de notre époque ? Les poètes et romanciers ont comme d'habitude vu le problème avant les autres. Il est là, maintenant, énorme, autour de nous et en nous. C'est, comme le notait Cioran : « Le cauchemar de l'opulence. Accumulation fantastique de tout. Une abondance qui inspire la nausée[30]… »

Gavés
mais carencés en vraies nourritures

Travailler plus : pour voir moins ses enfants, son conjoint, ses amis ?

Gagner plus : pour acheter des choses dont on n'a pas besoin ?

Mettre de la musique partout : pour oublier définitivement ce qu'est le silence ?

Dans toutes les maladies de pléthore, il y a des carences cachées : par exemple, les personnes obèses sont souvent carencées en vitamines liposolubles, en folates, en zinc[31]. Nos âmes aussi sont carencées, alors qu'elles ont l'impression d'être nourries et stimulées. Les modes de vie matérialistes provoquent un détournement des nourritures de base dont nous avons besoin.

Pas nécessaire d'être un hypersensible pour avoir besoin de silence, de calme et de réflexion : tous les humains en ont besoin. Pourtant, aujourd'hui, trouver le silence doit être un choix délibéré, une décision à prendre et surtout à imposer dans notre quotidien.

Comme nous sommes devenus obèses de la surstimulation, nous avons toujours besoin d'être occupés, de ne pas nous ennuyer : « Ne pas voir le temps passer » est devenu le critère de réussite d'un moment de loisir. Mais du coup on se sent moins exister, car c'est le sentiment de temps qui passe qui nous donne le sentiment d'exister, d'avoir une *histoire*, et pas que des *souvenirs*. Ennuyeux. Alors, pour se sentir exister, on procède à un remplissage par des états d'âme artificiels : plein de musique, plein de cinéma, plein de lectures, plein d'amusements et de distractions. Parfois factices et de mauvaise qualité : par exemple la télé, avec ses rires enregistrés et ses fausses effusions de stars qui se tombent dans les bras alors qu'elles se détestent dans la vie. Ou les jeux vidéo : les enfants – qui ont tout compris – appellent des *no life* les humains qui passent leur temps à jouer au lieu de vivre.

« L'homme a soif de vérité, mais est-ce la source qu'il cherche – ou l'abreuvoir[32] ? » Nous devons nous méfier du facile, les marchands ont compris que nous allions vers le facile. Plutôt faire l'effort d'ouvrir les yeux. Si nous prenions conscience de nos véritables besoins, et des manières de véritablement les assouvir, nous irions mieux, et nos sociétés iraient mieux.

Voici par exemple ce qu'en dit l'écrivain anglais Alain De Botton[33] : « Pourquoi, si les choses ne peuvent nous apporter le bonheur, sommes-nous si puissamment attirés par elles ? Parce que les objets matériels peuvent nous paraître susceptibles de satisfaire des besoins que nous comprenons mal. Ces objets figurent sur le plan matériel ce qu'il nous faut sur le plan psychologique. Nous avons besoin de corriger notre façon de voir, et de vivre, mais nous sommes séduits par de nouveaux objets. » C'est ce qu'Épicure appelait « les vaines opinions ». Les entreprises commerciales ont tout intérêt à fausser la hiérarchie de nos besoins (avoir plutôt qu'être), ou à s'associer fallacieusement à eux (avoir pour être). D'où nos comportements de consommation irréfléchis. Nous cherchons quelque chose et croyons le trouver dans ce qu'on nous met sous les yeux : on achète un 4 × 4 pour satisfaire notre besoin de liberté ou de reconnaissance. Un beau canapé parce que nous désirons de l'amitié et du temps pour discuter avec nos proches. Des produits de beauté très coûteux pour se sentir bien dans notre corps. Des jouets inutiles pour montrer à nos enfants que nous les aimons. Mais sommes-nous bien sûrs que ces achats vont ajouter à notre bonheur, le permettre, le faciliter ? Si c'était le contraire ? S'ils le fragilisaient ou l'empêchaient ?

Le mode de vie matérialiste fait exactement cela : il nous refile sa camelote, dans le nid de nos vrais besoins. Ce système a compris que les humains ont besoin de liens, alors il essaie de transformer les lieux de consommation en « lieux de convivialité ». On parle parfois, à propos des supermarchés et grands magasins, de « temples de la consommation ». En fait, ce ne sont pas des temples, mais des agoras, des forums. C'est pire. Au moins dans les temples ne viennent prier et communier que les fidèles ; mais tout le monde va causer au forum…

De l'animal social à l'animal commercial : la maladie matérialiste et la pollution des liens

De nombreux travaux montrent que le matérialisme est associé à des valeurs problématiques comme le succès financier, le statut social, l'obsession de l'apparence physique[34]. Pourquoi ces valeurs sont-elles problématiques ? Parce que, non contentes d'entraver le bien-être individuel, elles engendrent des déchirures et des tensions sociales majeures. Elles ne causent pas seulement un problème de mal-être psychologique, mais aussi de pollution relationnelle.

Tout d'abord, le matérialisme repose sur le culte de l'argent et de la marchandisation de tous les biens et des services. L'argent nous transforme bien plus que nous ne le pensons. Cela a été montré par exemple dans une série d'expériences[35], où on amorçait d'abord des pensées sur l'argent chez des personnes, mais sans le leur dire ouvertement : par exemple en leur demandant de compléter des phrases qui parlent d'argent, ou de classer des billets de Monopoly ; ou en les plaçant à côté d'ordinateurs où défilent en fond d'écran des images de billets de banque. On les exposait ensuite à diverses situations où on observait leurs réactions, par rapport à celles de personnes qui n'avaient pas subi ces amorçages (elles avaient par exemple manié des phrases ou des objets neutres, sans rapport à l'argent). Les « victimes de l'argent », quand on leur demandait d'approcher leur chaise de quelqu'un pour lui parler, l'approchaient moins. Quand on leur demandait de choisir un loisir, elles choisissaient davantage une activité à pratiquer seul. Placées devant une tâche difficile, elles attendaient plus longtemps avant de demander de l'aide. Quand on leur demandait de l'aide (l'expérience était conçue pour le permettre), elles y passaient en moyenne deux fois moins de temps que les non-amorcées. Et quand on leur demandait de reverser un peu de leur argent, évidemment, elles en donnaient deux fois moins… L'évocation apparemment anodine de l'argent avait suffi à modifier profondément – et sans qu'elles le réalisent – toute une série de comportements sociaux chez elles. Comme le notait le philosophe Peter Singer à ce propos[36] : « Ce serait une erreur de croire que laisser l'argent dominer tous les secteurs de l'existence n'a pas un coût… »

Évidemment, nous disposons aussi d'études sur l'instinct de possession. Dans l'une d'entre elles[37], on offrait à des volontaires des petits objets valant environ cinq dollars (tasses, stylos). Puis on organisait une sorte de vente aux enchères où chacun tentait d'acheter ou de vendre ces objets : en moyenne, les participants refusaient de payer les objets des autres plus de quatre dollars (et sous-estimaient donc leur valeur) alors qu'ils refusaient de vendre les leurs à moins de sept dollars (comme si le fait que ce soient *les leurs* en augmentait la valeur).

Le matérialisme altère donc les relations interpersonnelles[38]. Notamment parce qu'il facilite une estime de soi instable, fragile, autocentrée et dépendante de l'atteinte d'objectifs[39]. Voyez par exemple toutes ces pubs qui flattent nos ego dans le mauvais sens, en nous survalorisant, en nous motivant à bénéficier de « privilèges ». Le slogan « Être unique » est évidemment lui aussi une flatterie et un mensonge éhontés. « *Be yourself* » ne veut pas dire en langage *pub* : « Cultivez votre autonomie intellectuelle ou approfondissez votre lucidité, votre intelligence émotionnelle », mais juste : « Ne portez pas les mêmes fringues que les autres, ou portez-les avant tout le monde et abandonnez-les ensuite », etc.

Tim Kasser, professeur de psychologie spécialiste des ravages du matérialisme raconte ainsi une petite expérience qu'il fait régulièrement lors de ses cours à la fac, auprès de ses étudiants[40]. Il leur demande : « Pensez-vous être tous uniques ou tous pareils ? – Tous uniques ! – OK, tous ceux qui portent un jean, levez le doigt ! » Et 75 % des étudiants lèvent le doigt. Pour être unique, c'est un peu raté… Il aurait aussi pu dire : « Ceux qui portent du Gap », ou devant un public de cadres : « Ceux qui portent du Ralph Lauren », etc.

C'est le triomphe du marketing : nous rendre tous semblables en nous donnant à tous le sentiment d'être uniques et libres. Mais pourquoi nous fait-on croire que c'est un problème d'être comme les autres ? Ce n'est pas la différence à tout prix qu'il faut valoriser (comme le fait notre société, qui donne une prime à l'excentricité, parfois jusqu'à la provocation absurde), mais la tolérance et l'accueil de la différence, lorsqu'elle est là.

Notre pseudo-liberté matérialiste est celle de bêtes asservies. Nous sommes devenus des animaux d'élevage, ou de zoo. Nourris, gavés, soignés, mais déambulant tristement dans nos cages, névrosés. Et psychologiquement fragiles.

Les médias, qui font bien sûr partie de cette société matérialiste et en sont un des fers de lance, contribuent largement à la pollution de nos âmes. Par exemple par les séries télé[41] : les personnages de ces séries, souvent américaines, ont en général des existences trépidantes, variées, intenses, avec des trains de vie supérieurs à ceux de la moyenne des personnes qui les suivent. Un des effets de leur absorption massive, c'est l'excitation des désirs mimétiques : avoir moi aussi ce qu'ils ont, vivre moi aussi ce qu'ils vivent. Pour finir par souffrir moi aussi de ce dont ils souffrent[42] ! Car ce qui est provoqué, c'est une induction d'états d'âme d'ennui et d'insatisfaction (en comparant à sa propre existence). Ainsi contaminés, nous avons inconsciemment envie d'imiter ces modèles nuls. La tendance à imiter des modèles n'est pas un problème, c'est même une des façons par lesquelles nous pouvons apprendre et progresser. Mais les modèles qui nous sont proposés ne sont que des incarnations de ce que le matérialisme a de pire. Ils réveillent en nous des désirs mimétiques de course à la possession, des aspirations à la domination, à la compétition. Alors que nous sommes une espèce animale qui n'a vraiment pas besoin de ça, qu'on souffle sur ses instincts de dominance...

La maladie matérialiste et la pollution des lieux

La maladie matérialiste perturbe aussi nos liens à la nature. Comme le remarquait Thoreau, qui dès le XIXe siècle avait compris vers quoi se dirigeaient au grand galop l'Amérique et ses valeurs : « Si un homme marche dans la forêt par amour pour elle pendant la moitié du jour, il risque fort d'être considéré comme un tireau-flanc ; mais s'il passe toute sa journée à spéculer, à raser cette forêt et à rendre la terre chauve avant l'heure, on le tiendra pour un citoyen industrieux et entreprenant[43]. »

Plusieurs études ont montré que les personnes aliénées par les valeurs matérialistes épuisent plus vite les ressources de la terre. L'une d'entre elles détaillait comment, dans une simulation de jeu d'exploitation de forêts, les étudiants à profil matérialiste épuisaient plus vite les ressources, pour avoir voulu obtenir des gains initiaux plus importants[44]. Évidemment, les valeurs matérialistes incitent à une moins grande implication dans les comportements écologiques[45]. Bon, nous sommes dans un livre de psychologie, pas d'écologie, nous allons donc en rester là, et conclure avec cette petite remarque d'Éric Chevillard : « Voici donc à quoi se résume l'activité humaine : extraire l'or de la mine pour l'enfouir dans le jardin[46]. »

Pour un matérialisme raisonné : faut-il tuer la bête ou la tenir en laisse ?

On peut reconnaître les bons côtés d'une société matérialiste : nos conditions de vie matérielle (électricité, eau courante, salles de bains…) sont certes plus confortables et agréables que celles de nos ancêtres, certaines découvertes (tourisme) et déplacements (revoir les gens que l'on aime et qui se sont éparpillés loin de nous) sont rendus possibles, etc.

Le matérialisme n'est pas forcément critiquable *per se*, ni ce qu'il apporte : la lenteur et la concentration ne sont pas *intrinsèquement* supérieures à la vitesse et à la dispersion. Mais tout dépend des environnements : dans le nôtre, qui pousse à la possession, l'accumulation, l'accélération, la dispersion, alors la simplicité, le dépouillement, la lenteur, la concentration doivent devenir des valeurs et des pratiques, et il faut les autoproduire et les faire entrer en nos vies.

Inutile d'idéaliser le passé : les sociétés d'autrefois avaient aussi leurs défauts, elles pouvaient abrutir d'ennui et de monotonie, étouffer les individus sous les contraintes collectives (famille, voisinage, société). Mais aujourd'hui, les défauts sont inverses : surstimulation et phobie de l'ennui, survalorisation de la personne au détriment du groupe. Il nous faut donc inventer de nouvelles formes de société, au lieu de subir l'actuelle ou d'aspirer à revenir vers l'ancienne.

Et pour cela, il faut progresser intérieurement : c'est lorsque le progrès matériel va plus vite que le progrès psychologique et spirituel que les humains souffrent[47]. Lorsque les plus gros investissements des sociétés sont ceux qui sont destinés à produire plus et à faire consommer plus, sans qu'il y ait en face d'investissements destinés à accroître l'équilibre personnel des personnes, tout le monde est en danger moral. Alors, il faut lutter et grandir dans nos têtes et dans nos comportements…

Lutter par la conscience et l'intelligence de soi

Comprendre comment le matérialisme bouscule nos états d'âme va déjà représenter une aide précieuse. Cela passe souvent par des mécanismes d'activations subliminales que l'on appelle *amorçage*, ou *priming*, en anglais, et qui s'avèrent très efficaces pour influencer nos états d'âme sans que nous nous en rendions compte[48].

C'est très bizarre, l'amorçage : par exemple, on peut induire inconsciemment chez chacun de nous un sentiment d'être âgé en nous faisant compléter des phrases par des mots tels que « vieux, seul, dépendant, prudent… », ce qui nous poussera à marcher ensuite plus lentement[49]. Tout cela se passe à un niveau élémentaire, sans que l'on ait clairement conscience de ce qui nous mobilise : par exemple, les hommes trouvent plus belles les femmes rondes lorsqu'ils ont faim[50] ! Car l'amorçage peut provenir de nos états internes : si on est soi-même affamé, on juge moins sévèrement les comportements impulsifs d'autrui face à la nourriture, etc.[51].

Ce que l'on nomme le neuromarketing cherche ainsi à pousser les gens vers la consommation[52] : par exemple, on sait depuis longtemps qu'être exposé à de la musique facilite les comportements d'achat. Mais il y a des dizaines d'études comme ça : on achète davantage à manger si on fait ses courses à jeun, et moins si on les fait l'estomac plein ; le *pschiiit* d'une canette décapsulée et le bruit de la boisson pétillante versée poussent à en acheter. Et le simple fait d'afficher visiblement des panneaux « nous acceptons les cartes de crédit » pousse les visiteurs d'un magasin à acheter davantage[53]. L'exposition au mot *crédit*, sans doute…

L'amorçage, comme tous les procédés de manipulation (influencer quelqu'un sans le lui dire ouvertement), n'est pas *bon* ou *mauvais* en lui-même. Il peut ainsi être mis au service de bonnes causes : dans une expérience conduite dans des services hospitaliers, où chacun se sert librement de café ou de thé en laissant une somme d'argent dans une *honesty box* (bien nommée, n'est-ce pas ?), il suffit de placer une photographie montrant un visage au regard fixé sur la boîte pour que la quantité d'argent soit beaucoup plus importante que lorsqu'il s'agit d'une photo d'un bouquet de fleurs[54].

La clarté de conscience envers nos états d'âme augmente nos chances de sentir plus souvent que cet amorçage a eu lieu, d'en comprendre les sources et de réfléchir au *désamorçage*, au lieu de tomber dans le piège. Encore faut-il la cultiver, cette clarté : elle ne nous tombera certainement pas du ciel, dans le genre de société qui utilise de tels ressorts. C'est aussi dans notre profil de société intrusive, interruptrice, distractrice que la nécessité d'une pratique méditative est la plus élevée : pour la stabilisation de notre esprit.

Mais, en plus de tout cela, il faut aussi inlassablement se rappeler que nous sommes faibles face à l'illusion de liberté : le principe de base de toute forme de manipulation est de nous laisser chaque fois le sentiment de liberté[55]. Et la société de consommation en joue largement : on achète davantage en libre-service qu'en boutique traditionnelle (où il faut demander à un vendeur). En Suède, on a ainsi noté une augmentation de 10 % des achats d'alcool lorsque le libre-service a été introduit dans les magasins d'État autorisés à en vendre, où on était jusqu'alors tenu de demander juste ce qu'on voulait, au lieu d'être exposé aux propositions de multiples produits d'accès facile[56].

Lutter : action individuelle

Nous avons à nous libérer de deux grands maux modernes : le TMD et le TBD. TMD comme *too much disorder* : la maladie du *trop de choses*. Et TBD comme *too busy disorder* : la maladie du *trop à faire*[57]. L'antidote nous viendra du mot d'ordre historique de Thoreau : « Simplifiez ! » Plus de moins, et moins de plus ! Posséder moins, faire moins sont ainsi devenus des nécessités contemporaines.

Posséder moins d'objets, et surtout les remplacer par des expériences, remplacer les cadeaux par du temps passé ensemble. Je me souviens qu'une fois, dans un aéroport, alors que je partais pour une conférence, j'étais arrêté devant une vitrine de jouets. En quelques secondes, évidemment, ces nounours et ces poupées étaient en train d'amorcer chez moi des états d'âme à propos de mes enfants, que j'avais « abandonnés » pour aller travailler au loin, et que je ne pourrais pas embrasser ce soir-là. Tout à coup, j'ai senti en moi l'envie de leur acheter quelque chose, pas forcément pour me faire pardonner à mon retour d'être parti (quoique…) mais aussi pour apaiser ma douleur de l'instant, pour communier avec eux. Les magasins de jouets qui peuplent les aéroports incitent ainsi les cadres surmenés à acheter un jouet à leur enfant. Certes, ils satisfont leur besoin d'être heureux avec leurs enfants, et tout le monde sera content. Mais pas de la meilleure façon. Une autre façon serait de ne pas être trop souvent dans les aéroports et plus souvent avec ses enfants. Ou bien, au lieu d'acheter un nouveau jouet, de se jurer de passer le dimanche à faire du vélo ou du cerf-volant avec eux. Et le faire.

N'achetez plus, savourez !

Tous les travaux conduits sur ce thème montrent que vivre des expériences agréables pèse plus lourd dans notre sentiment de bien-être que des achats eux aussi agréables : à long terme, faire fait plus de bien qu'avoir[58], et aller écouter un concert contribuera plus à nous rendre heureux qu'acheter l'enregistrement. On sait aussi que s'absorber dans une activité que l'on maîtrise est une source importante de bien-être personnel, surtout si elle prend un caractère *autotélique*, c'est-à-dire lorsqu'elle est un but en elle-même, lorsqu'elle est sa propre finalité. Par exemple, marcher parce qu'on aime ça, et non pour aller quelque part. Jouer avec ses enfants ou leur lire une histoire parce qu'on aime ça, et pas parce qu'il faut les calmer ou les occuper.

Moins s'attacher aux objets suppose une bonne dose de vigilance consumériste. Par exemple, toujours se demander : est-ce que j'en ai vraiment envie, de ce truc ? Est-ce que j'ai vraiment besoin de l'acheter ? Est-ce que j'ai vraiment envie de manger, de me resservir à manger ? D'allumer la télé ? la radio ? De prendre cette revue pour la lire ? Ou bien est-ce que ce sont juste des réflexes, des habitudes, ou pire : des réponses aux amorçages dont je suis la cible tout au long de la journée ? Comment savoir ? En attendant un peu, en laissant se décanter mon éventuel désir ; en luttant contre le réflexe « *omnia illico* » (« tout, tout de suite ») implanté en nous par le matérialisme.

On peut aussi faire des exercices de non-consommation : aller dans une grande surface d'alimentation après un bon repas, s'exposer à cette profusion de nourriture et se demander ce qu'on aurait acheté à jeun. Dans la croisade contre les achats d'impulsion, boycotter systématiquement tout ce qui est placé près des caisses ou en tête de gondole dans les magasins. Boycotter aussi les marques qui font de la pub envahissante, ou de la pub polluante, véhiculant des valeurs destructrices (flatter les ego, l'impulsivité, l'appétit de privilèges). Se dire à voix haute : « Je n'achèterai jamais ça ! »

Pratiquer des retraites dans des lieux de spiritualité, comme des monastères ou des ashrams, permet aussi une forte expérience de vie simplifiée et de recalibrage sur l'essentiel. Car, dans tous les cas, la difficulté est bien sûr la même que pour toute forme de résolution : passer de l'intention à l'expérience. Puis de l'expérience à la pratique régulière[59].

Concernant le TBD, le *trop à faire*, la logique est la même : alors que, pendant longtemps, les manuels de « gestion du temps » cherchaient à nous aider à faire davantage en moins de temps, le mouvement est devenu aujourd'hui inverse : si vous avez la sensation de manquer de temps, ce n'est pas seulement que vous vous y prenez mal (ce qui est possible), mais peut-être aussi que vous avez *réellement* trop de choses à faire ! Nous devons comprendre qu'un des facteurs de bien-être les plus puissants qui soient est le sentiment d'avoir du temps devant soi, pour faire ce qu'on aime faire, ou ne rien faire du tout.

Lutter : action sociale et politique

Étienne de La Boétie, ami cher de Montaigne, dans son traité *La Servitude volontaire*[60], nous rappelle que c'est le consentement des asservis et non seulement la puissance du tyran qui fonde la tyrannie. La question de l'engagement « politique » au sens large se pose aussi dans la préservation de nos états d'âme face à l'intrusion consumériste.

Nous pouvons décider de juger nos femmes et hommes politiques sur leurs prises de position matérialistes. Nous pouvons discuter avec les enseignants et directeurs des écoles de nos enfants pour essayer de ne pas y inviter la société de consommation : pourquoi trouve-t-on de plus en plus souvent des télévisions sous les préaux ? Pourquoi y procède-t-on parfois à des distributions de jouets inutiles à Noël ? Est-ce le rôle de l'école d'aller elle aussi dans le sens du consumérisme ? Nous pouvons aussi nous interroger sur la question de savoir pourquoi les métiers les mieux payés – c'est-à-dire dans une société matérialiste, les mieux valorisés – sont souvent les plus toxiques socialement. Les plus rétribués ne sont pas les inventeurs, les ingénieurs, les soignants, les enseignants. Mais les publicitaires, les créatifs du marketing, les banquiers d'affaires, les *traders*… Les personnes qui les pratiquent ne sont pas en cause : nos choix professionnels sont le fruit du hasard et de la nécessité, bien plus souvent qu'ils ne reflètent l'ensemble de nos valeurs. Mais ces métiers ne créent pas de biens ou de bonheur : seulement des inégalités et de l'instabilité. D'ailleurs, parmi les médecins, quels sont ceux qui ont les plus bas revenus ? Généralistes, pédiatres et psychiatres : le lien social, l'enfance et les états d'âme. Vous avez dit symptomatique ?

Un autre exemple caractéristique de l'intrication du social, du politique et du psychologique concerne les débats sur l'ouverture des commerces le dimanche. Une ouverture généralisée irait dans le sens d'un matérialisme accru : nombre de temps de loisirs et de vie de famille se passeraient ainsi autour d'activités consuméristes. Le « repos dominical » des chrétiens n'a pas qu'une portée religieuse : ses bénéfices sont aussi sociaux et psychologiques. De son côté la communauté juive encourage ses membres à respecter le repos hebdomadaire du shabbat : pas de travail, de commerce, de télé, d'ordinateur, de téléphone, etc. Mais, au contraire, à ce moment, se tourner vers le lien social et la famille (et bien sûr, prier). Cela relève du commandement religieux, mais aussi du bon sens et du bien-être. L'islam a une position différente puisque, pour les musulmans, le vendredi (qui signifie en arabe *réunion, rassemblement*) est un jour de prières intensifiées, plus qu'une journée de repos obligatoire.

La dimension politique des rapports à entretenir avec le matérialisme est de plus en plus discutée au sein même des communautés scientifiques et soignantes qui s'intéressent aux notions de bonheur et de bien-être, ceci notamment depuis les travaux de Daniel Kahneman, prix Nobel d'économie en 2002 pour ses travaux sur le rôle des facteurs psychologiques dans les décisions économiques[61]. Ainsi la récente discussion autour de la notion de PNB, produit national brut (production de richesses) comme indicateur du niveau de progrès d'un pays : on s'aperçoit depuis longtemps maintenant que la progression du PNB ne s'accompagne plus d'une progression du BNB, ou bonheur national brut, concept très sérieusement lancé par le Bhoutan à l'ONU[62].

Il existe tout un courant britannique, rattaché au New Labour (parti de Tony Blair, redevenu après son départ le Parti travailliste, situé au centre gauche), qui manifeste le désir de corriger les effets psychologiques négatifs du capitalisme : ces réformistes modérés s'intéressent à des questions négligées par la gauche traditionnelle[63].

Ainsi Richard Layard, économiste qui fut conseiller de Blair, frappé par les taux de pathologie psychiatrique dans la population occidentale, pousse à des mesures politiques pour introduire une prise en compte du bien-être psychologique dans les décisions politiques et économiques[64]. Pour lui, la montée des attitudes individualistes, l'érosion de la confiance dans autrui, la tolérance sociale envers les comportements « malhonnêtes » (si on trouve un portefeuille, garder l'argent) sont plus élevées dans les sociétés où l'indice de bonheur collectif est le plus bas[65]. Pour Layard, inciter les gens à travailler davantage est une absurdité et dégrade le niveau de bonheur collectif. Les gains de productivité se paient très cher ensuite en matière de maladies psychiques et de désintégration familiale puis sociale. Il pousse lui aussi à établir des indices de type « bonheur national brut ».

Richard Sennett, enseignant, comme Layard, à la London School of Economics, en arrive à des conclusions proches : nous devons repenser le travail en prenant en compte ses capacités de nuisance sur l'individu, et encourager ainsi la stabilisation du parcours professionnel, l'extension du service public, la revalorisation du travail artisanal et manuel.

Enfin, Richard Wilkinson, médecin et épidémiologiste à Nottingham, insiste, lui, sur les effets psychotoxiques de l'inégalité sociale : plus une société est inégalitaire, plus ses membres sont malades. Même en corrigeant les effets matériels de cette inégalité (les pauvres mangent moins bien, ont moins accès aux soins, etc.), même en ne tenant pas compte dans les calculs des personnes exclues du système de santé et vivant en dessous du seuil de pauvreté, les sociétés basées sur le *gagnant-perdant* (comme les États-Unis et la Grande-Bretagne, adeptes de l'ultralibéralisme) sont hautement toxiques pour la santé physique et mentale de leurs citoyens. De par les mêmes mécanismes que ceux soulignés par Layard : affaiblissement des liens sociaux, moindre confiance dans les autres, diminution des comportements d'entraide, diminution du sentiment de sécurité…

Aux âmes et aux armes, citoyens ?

Sourire un peu, quand même…

Bon, vous l'avez compris, ce sujet du matérialisme est un véritable enjeu pour nos équilibres personnels, et me mobilise beaucoup. Mais inutile d'adopter une attitude trop puriste et intégriste : nous sommes tous des consommateurs, et contents de l'être à certains moments. Et, comme nous l'avons évoqué, il n'y a pas *que* du mauvais dans la société de consommation. On peut se laisser aller, de temps en temps, à quelque achat d'impulsion, à quelque consommation inutile. « Ouh là là !, me disait un copain après avoir lu ce chapitre, tu devrais tout de même rajouter qu'on peut se lâcher de temps en temps, manger des trucs sucrés et acheter une promo absurde placée en tête de gondole. Sinon, la vie n'est pas drôle quand tout est sous contrôle ! » C'est d'accord. Mais vérifions bien les proportions : un zeste de consumérisme à diluer dans une bonne base de liberté et de défiance envers le matérialisme. Et non l'inverse.

Paléolithiques

Un de mes écrivains préférés, Joseph Delteil, a publié un petit livre intitulé *La Cuisine paléolithique* en 1964, soit il y a près de cinquante ans[66]. C'était l'ère du matérialisme naissant et confiant dans sa capacité à créer des lendemains meilleurs. Delteil, petit papy à l'œil vif et à la vieille veste de velours élimée et rapiécée, qui vivait joyeusement de peu près de Montpellier, y écrivait, étonnamment prophétique : « La civilisation moderne, voilà l'ennemi. C'est l'ère de la caricature, le triomphe de l'artifice. Une tentative pour remplacer l'homme en chair et en os par l'homme robot. Tout est frelaté, pollué, truqué, toute la nature dénaturée. Voyez ces paysages métallurgiques, l'atmosphère des villes corrompues (les poumons couleur de Louvre), les airs et leurs oiseaux empestés d'insecticides, les poissons empoisonnés jusqu'au fond des océans par les déchets nucléaires, partout la levée des substances cancérigènes, la vitesse hallucinante, le tintamarre infernal, le grand affolement des nerfs, des cœurs, des âmes, à la chaîne, à la chaîne vous dis-je… telle est la vie industrielle, la vie atomique. Le grand crime de l'homme moderne ! oui ceci n'est qu'un cri : Au feu ! Au fou ! À l'assassin ! »

Un autre de mes auteurs favoris, Louis-René Des Forêts[67] écrivait quant à lui : « La surabondance n'a rien à voir avec la fertilité. »

Rien à rajouter.

QUATRIÈME PARTIE

Éveils

Aller plus loin

Tu vas continuer, maintenant.

Maintenant tu as compris et accepté que ta vie se passe ici, à cet instant précis.

Que tu dois t'aimer, que tu peux aimer les autres, et être aimé d'eux, sans trembler ni t'agripper.

Que le bonheur est tragique, intermittent et indispensable.

Que tu peux parfois être sage et parfois non.

Tu peux y aller.

Tranquille.

« Oiseau tranquille au vol inverse oiseau
Qui nidifie en l'air
À la limite où brille déjà ma mémoire
Baisse ta deuxième paupière
Ni à cause du soleil ni à cause de la terre
Mais pour ce feu oblong dont l'intensité ira s'augmentant
Au point qu'il deviendra un jour l'unique lumière

Un jour
Un jour je m'attendais moi-même
Je me disais Guillaume il est temps que tu viennes
Pour que je sache enfin celui-là que je suis. »

Guillaume APOLLINAIRE, *Cortège*.

CHAPITRE 14

La vie en pleine conscience

« Quelqu'un avec personne dedans... »
Romain GARY.

Une expérience d'éveil. Un jour, il y a quelques années, lors d'un congrès de psychiatrie. Nous sommes en train de travailler avec plusieurs collègues autour d'un projet de création d'un diplôme universitaire. Le congrès a été bien chargé, je commence à ressentir après quelques jours une certaine fatigue, une lassitude de parler et d'écouter, de baigner dans la psychiatrie. À un moment, je relève la tête pour jeter un œil par la grande verrière qui nous amène la lumière. Dehors, il y a un beau soleil d'hiver, qui me paraît d'autant plus merveilleux que je suis coincé au congrès, dans ces salles et ces halls pleins de monde, de mouvements et de tumulte. Je n'ai plus envie d'être là, et encore moins envie de me lancer dans ce projet de diplôme universitaire, même s'il sera utile aux étudiants et valorisant pour ses créateurs. Une phrase de l'écrivain américain Thoreau éclate dans ma tête : « C'est dans les bois que j'aimerais trouver l'homme. » C'est fini. De ce moment, je suis habité par une irrépressible envie de quitter cet endroit d'artifices (lumières électriques, annonces au micro, escaliers roulants...) et d'aller marcher dans les bois. Je m'entends annoncer que je me retire du projet. L'intensité de la lumière m'a sauvé : je pars, je quitte le congrès, et je vais – pour de vrai – marcher dans les bois avec une impression étrange et un peu absurde de renaissance.

C'était une période où je méditais beaucoup. J'essaie de le faire régulièrement, mais il y a des moments où la méditation prend davantage de place, parce que j'ai davantage de temps ou que j'en ai davantage besoin. À ces moments, je suis alors hypersensible à l'intensité du moment présent. Je deviens capable de placer en compétition des besoins qui raisonnablement ne devraient pas l'être. Comment comparer l'importance de certains engagements professionnels avec une simple marche dans les bois ? Eh bien, dans ces périodes, cela ne me paraît pas du tout incongru de le faire. Et le plus curieux c'est que je regrette rarement (jamais, en fait, mais c'est peut-être aussi que je ne *veux* pas regretter) ce genre de décision. Parce que finalement elles n'ont rien d'un coup de tête, et rien d'impulsif : juste une évidence qui incubait et qui éclate au grand jour. Aménager dans sa vie des temps pour marcher tout seul dans les bois est aussi important qu'y construire des projets et des succès professionnels.

Mais comment rester, le plus souvent possible, conscients de ce dont nous avons besoin ?

Comment ne pas passer à côté ?

Souvent, nous passons à côté de nos vies

Si souvent, il nous arrive de ne pas être dans ce qu'on fait ! D'être à côté…

À côté de nos bonheurs. Tous ces dimanches où on pense au lundi et où on ne profite pas du repos et de ses proches. Puis ces lundis où l'on regrette de ne pas avoir savouré son repos, et où du coup on n'est pas disponible pour ce qu'on a à faire ; alors on le fait avec difficulté et sans plaisir. Ce qui entraîne des retards, des complications, du déplaisir, et de nouveaux états d'âme désagréables.

À côté des petites choses pas importantes. Toutes les fois où on n'écoute pas ce qu'on nous dit, où l'on est absent, ailleurs. Toutes les fois où l'on ne sait plus où on a rangé quelque chose. Toutes les fois où on est allé quelque part sans y penser, en « pilotage automatique ». On arrive et on s'aperçoit qu'on a marché ou conduit dans un état second, dans un autre univers : pas dans la réalité mais dans nos états d'âme.

À côté des moments importants. Combien de mariages, de cérémonies, de « grands moments » traversés dans un état second, où on se focalise sur tout sauf sur l'essentiel : l'instant présent. Parce que notre esprit est encombré de tant de choses et de soucis que l'on n'est capable ni de contrôler ni d'écarter.

Par moments, c'est presque toute notre vie qui prend l'habitude de s'écouler comme ça, hors de nous, à côté de nous, devant nous. Et nous suivons en trottinant derrière, en essayant de ramasser les morceaux, et d'en faire une construction cohérente après coup, en recollant souvenirs, photos, et réflexions éparses. Nous sommes victimes de la rémanence : l'instant d'avant dévore l'instant présent. Ou de l'anticipation et de l'inquiétude : l'instant d'après occupe nos pensées. L'instant présent n'existe plus : noyé dans le néant.

Mais passer à côté du présent, est-ce que ce n'est pas passer à côté de sa vie ?

Comment nous passons à côté de nos vies

Il y a tant de façons de fuir notre vie et de ne pas être présent à l'instant.

On peut se réfugier dans des actions inutiles ou utiles, devenir alors des « prisonniers de l'action » : plutôt que de s'arrêter pour réfléchir et ressentir, toujours faire quelque chose. Bien sûr qu'il faut dans nos vies faire et agir. Mais sommes-nous bien conscients de tous ces moments où faire c'est fuir ? De ces moments où nous nous lançons dans des actions non pour construire mais pour éviter d'éprouver ? On peut fuir aussi dans des projets d'action, et devenir des « enchaînés des choses à faire » : toujours penser à plus tard, à après, à demain. Et en arriver à appliquer jusqu'à l'absurde cette phrase de je ne sais plus qui (il doit y avoir des dizaines de célébrités qui ont dit ça, et l'ensemble des humains l'a pensé) : la vie, c'est ce qui s'écoule pendant que vous faites des choses inutiles.

On peut se réfugier, aussi, dans des ruminations ou des rêveries ou des espoirs, vivre entortillé dans nos chimères et nos attentes, sans jamais sortir prendre l'air dans la vie légère ; légère parce que sans attente justement, sans intention autre que ressentir et observer ce que c'est que d'être vivant et présent.

On peut se réfugier dans les certitudes. Toujours juger, et décider ce qui est bien et ce qui est mal, chez nous et chez les autres, dans notre maison et dans la société. Bref, se rigidifier, devenir des machines à juger. En voulant toujours faire entrer nos perceptions et nos expériences dans des cases, en les modifiant et en les déformant, nous empêcherons la réalité de nous atteindre, de nous bousculer, de nous changer. Tout ce qui est différent ou surprenant, nous le rejetterons en le jugeant : « Ça existe, certes, mais c'est méprisable, dénué d'intérêt, inutile. » Certes, ça fait du bien : la réalité, c'est souvent ce qui nous dérange. Mais ça appauvrit, aussi : la réalité, c'est ce qui nous nourrit.

On peut – parce que la vie, c'est compliqué, on n'y comprend rien, et en plus ça fait souvent mal –, *on peut être trop centré sur soi*, et pas assez sur ce qui se passe tout autour de nous. Dans une discussion ne pas écouter l'autre parce qu'on se dit qu'il a tort, ou qu'on se concentre trop fort sur ce qu'on veut lui dire et lui faire entendre, nous qui avons raison. Ne voir que nos souffrances et nos misères et oublier qu'elles sont en général celles de tous les humains ou presque. Ne porter sur les autres qu'un regard de comparaison (« Je suis mieux ? Je suis pire ? ») qui nous ramène toujours à nous, c'est-à-dire « un misérable petit tas de secrets », selon la formule d'André Malraux.

On peut être victime de vols répétés de conscience. Notre époque est caractérisée par les « vols d'attention » : les interruptions de la publicité, des coups de téléphone, des SMS ou des mails, mais aussi l'habitude de la « disponibilité », devenue une valeur moderne. L'indisponibilité et le retrait peuvent certes poser des problèmes, mais être toujours prêt à tout interrompre pour répondre à toute forme de sollicitation, n'est-ce pas aussi absurde ? Cela peut aboutir en tout cas à la fragmentation de nos capacités attentionnelles : la possibilité de « zapper » si quelque chose ne nous convient pas et de nous changer ainsi les idées va finalement conduire à ne plus avoir d'idées du tout. Nous en avons parlé, ces démolitions constantes de nos capacités attentionnelles induisent une perturbation de nos équilibres intérieurs et de nos états d'âme, qui finit par nous être nocive.

On peut refuser de laisser faire la vie. Et s'enfermer dans un problème, ou pseudo-problème, et ne pas vouloir lâcher prise tant qu'on ne l'a pas résolu. Nous appelons cela la « persévérance névrotique », ce qui est un terme psychologique assez explicite. En voici un petit exemple donné par un psychologue de mes amis dans son livre sur la conscience, justement[1] : chercher ses clés pendant deux minutes est un comportement adapté ; les chercher pendant deux heures l'est beaucoup moins. Et les chercher toute la journée ne l'est plus du tout. Il vaut mieux alors accepter qu'on les a perdues, laisser faire le temps ou s'orienter vers une autre solution que continuer de chercher. Nous transformons ainsi nombre de difficultés qui devraient rester bénignes en grands problèmes existentiels. Ces clés perdues deviennent l'incarnation transitoire de ma malchance et de ma destinée d'humain malheureux et victime d'un destin contraire. Mais la vie peut continuer, même si nous n'avons pas réglé tous nos problèmes !

Et puis, nous l'avons vu, on peut vouloir simplement refuser la douleur de certains moments de vie. Refuser d'éprouver l'expérience de la souffrance, ou du désagréable, simplement. Alors, face aux états d'âme pénibles, on peut réagir comme un chirurgien : pour supprimer le problème on découpe large et on enlève tout. Pour ne pas ressentir cette tristesse ou cette inquiétude en moi lorsque je me laisse un peu aller, ou lorsque je ne fais rien, j'évite de me laisser aller, ou de ne rien faire. Pour ne pas ressentir le désagréable, je m'efforce de ne plus *rien* ressentir du tout. Je me blinde, je me durcis. Je me prive du goût de la vie parce qu'il a été, autrefois, amer.

Ces fuites ne changeront pas nos existences, si toutefois elles doivent l'être. Elles nous feront juste patienter, *tenir*, jusqu'à la mort – certains pessimistes diront que ce n'est déjà pas si mal – ou jusqu'à une explosion ultérieure, une crise, une dépression. Pas présents, pas conscients, comment pourrions-nous alors être heureux ? Au mieux, être parfois soulagés, satisfaits, pas trop malheureux…

Conséquences : « Cette vie que tu vis, ce n'est qu'une vie morte »

La liste des maux est longue. Avoir le sentiment récurrent de ne pas être en phase avec sa vie, pas « bien dans sa vie ». Être parasité par l'intuition qu'on serait mieux ailleurs, mais sans savoir vraiment si on y serait mieux (et même : en sachant bien que non, on ne serait pas mieux ailleurs). Avoir toujours envie de *s'évader* : mais c'est nous-mêmes qui nous sommes enfermés en nous-mêmes ! Nous ne ferons que déplacer ailleurs notre cage. Fitzgerald disait à ce propos : « La célèbre "Évasion" ou "la fuite loin de tout" est une excursion dans un piège. » Avoir l'impression de ne jamais être à sa place, de ne pas arriver à la trouver. Et finir par se demander s'il en existe une pour nous.

Être habité, si souvent, par des états d'âme d'ennui, d'incomplétude, d'insatisfaction. Avoir des sentiments de vide. Mener les « existences de calme désespoir » dont parlait Thoreau. Être souvent plongé dans la morosité, dans les cafards liés à un quotidien dont on ne voit pas l'intérêt, dans la grisaille.

Se noyer dans des souffrances diffuses. Des douleurs morales réelles, mais sans causes claires ou nettes. Les plus difficiles à aider en psychothérapie. Peut-être que la psychanalyse est la seule à pouvoir les améliorer, si son principe en est accepté par la personne : dans l'analyse on ne sait pas où on va, ni comment, ni si on sera soulagé à la sortie. Même si, parfois, la psychanalyse noie au contraire les personnes en elles-mêmes. Même si parfois on a l'impression que c'est juste le temps passé qui a apporté le soulagement, lorsqu'il est venu ; et qu'il s'agit, davantage que d'une libération, d'une usure et d'une érosion des douleurs. Mais bon, c'est tout de même un soulagement...

Se sentir submergé. Par des ondes de désespoir, des crises d'angoisse, des bouffées de colère, venues du fond de nous, c'est-à-dire d'on ne sait où. Puis ça passe, mais on n'a pas bien compris pourquoi, et on sent bien que rien n'a été vraiment résolu. On en sort juste soulagé, avec le sentiment flou qu'une prochaine vague va arriver et à nouveau nous recouvrir, nous étouffer. Alors, nous nous débattrons, nous fuirons dans l'action, le travail, l'alcool, ou d'autres choses qui nous calment ou détournent notre attention. Puis ça recommencera encore et encore. Nous mènerons une existence de Sisyphe, pas tranquille et pas content d'être vivant, finalement.

On peut aussi perdre son efficacité, son rendement au travail, ou dans sa capacité à faire face aux problèmes quotidiens, et à les régler. Mais au regard de tout ce que nous venons d'évoquer plus haut, on s'en fiche un peu de l'efficacité, non ? En tout cas, on ne va pas en faire une valeur absolue, de cette efficacité sans âme et sans joie : nous préférerions une efficacité qui incarne et reflète notre plaisir de vivre, notre contentement d'être quelque chose plutôt que rien, d'être vivant plutôt que mort.

Car le pire, c'est la vie sans conscience. Et le pire de ce pire : les moments de prise de conscience d'une vie sans conscience. La modernité l'aggrave, mais il s'agit en réalité d'une éternelle difficulté de la vie humaine, et c'est pour cela que les vers du poète romain Lucrèce, contemporain de Spartacus, résonnent encore en nous : « Cette vie que tu vis, ce n'est qu'une vie morte[2]. » Tout comme résonnent en nous ces mots du contemporain Éric Chevillard, lorsqu'il parle de ces « jours pour rien », ces jours « où les nerfs ne sont pas dans les prises, où je peine à soulever une aile. Au soir, avant de s'évanouir à son tour, mon ombre signe pour moi d'une croix la feuille de présence[3] ». Pourquoi ne sommes-nous pas présents, pourquoi ne vivons-nous pas plus conscients ? Pourquoi tous ces états d'âme amers, comme autant de réveils et de retours de manivelle liés au sentiment de mener une vie vide ?

Comment prendre conscience ?

Souvent nous prenons conscience de ce qui est important pour nous au travers des crises qui surviennent dans nos vies. Ces crises qui nous mettent par terre, qui bousculent nos habitudes et nos certitudes. Ce sont des « crises de marre » : marre de ce boulot, de cette vie, de cette famille, de cette société. Ou des « crises de sens », comme des « arrêts de la vie[4] ». On se dit : « À quoi ça sert tout ça ? », « Ce n'est pas comme ça que je voyais ma vie ». On a des bouffées d'angoisse, ou de déprime, ou de colère. Suivies d'états d'âme d'amertume et d'incomplétude, de perplexité, ou de nausées existentielles. En écoutant mieux et plus tôt nos états d'âme, aurions-nous pu éviter et ces souffrances et ces tentations d'y réagir par l'extrême ? Souvent, on pense qu'il aurait fallu mieux réfléchir et comprendre : mais c'est tellement compliqué, la vie !

Comment savoir si on a bien fait de faire tel ou tel choix de vie ? Parfois, il vaudra mieux essayer de le sentir que de le savoir : mais pour le *sentir*, il faut habiter complètement la réalité. Pour savoir, par exemple, si on est bien en couple avec quelqu'un, il faudra être vraiment en couple avec ce quelqu'un. Et pas avec la personne qu'on aimerait que ce quelqu'un soit, en se disant toujours : « Pourquoi il (ou elle) n'est pas différent(e) ? » Une fois qu'on aura vraiment fait l'expérience de l'acceptation de l'autre, alors on pourra mieux décider si c'est cette vie que l'on souhaite ou pas, avec cette personne ou pas. Ou encore décider qu'il est possible qu'elle change, et faire ce qu'il faut pour.

Accepter ce qui est, habiter le réel ; puis décider et agir. Mais pas : refuser ce qui est, rêver de ce qui n'est pas, fuir le réel ; puis souffrir et subir ou agir de manière absurde et impulsive.

Prendre conscience par la maladie. La maladie parle-t-elle ? Est-ce qu'elle dit quelque chose de notre vie ? Beaucoup de discours et de théories veulent expliquer nos maladies par nos malaises existentiels[5]. Et beaucoup de recherches portent actuellement sur ce rapport corps-esprit. Ce lien existe incontestablement, mais nous n'en sommes qu'au début d'une véritable compréhension de ce qu'il est vraiment. Inutile de trop fantasmer en attendant. Cependant il y a toujours quelque chose d'important : même si la maladie n'est pas *que* la conséquence d'une mauvaise gestion de son existence et de ses états d'âme, elle peut être un révélateur et un accélérateur de prise de conscience de ce qui ne va pas dans nos existences. Dans les maladies graves, « mettant en jeu le pronostic vital », comme disent les médecins, là où les patients disent : « J'ai failli y passer » (cancers, leucémies), on reconsidère tout à coup la manière dont on a conduit jusque-là notre vie, dont on a considéré et établi nos priorités. Dans ces moments-là, la maladie ne nous *apprend* rien, du moins rien de nouveau. Simplement, elle nous révèle des choses que nous savions déjà : qu'il est important de profiter de l'existence tant qu'elle nous est donnée, qu'il n'y a rien de plus important que de voir les gens qu'on aime, etc. La maladie ne fait que nous ouvrir les yeux sur tout cela. C'est déjà gigantesque.

On peut aussi ouvrir les yeux de manière moins douloureuse, au travers d'événements de vie simples et naturels : avoir des enfants, voyager, rencontrer, aimer… Ces moments de vie répétés, acceptés, savourés, nous aident à comprendre ce qui importe, non pas de manière intellectuelle, mais expérientielle. Ils ouvrent notre conscience, la décadenassent. Et l'éveillent à ce qui est fondamental.

Et parfois, des instants encore plus simples, déchirent le voile de manière encore plus radicale. Comme des évidences douces et brutales à la fois…

Expériences d'éveil

C'est un trajet dans un train morose, un jour de pluie. On bouquinait, tranquille, on pensait à ce qui allait suivre. Et, tout à coup, des états d'âme bizarres, d'inadéquation ou de tristesse, des états d'âme qui nous disent que ce que nous sommes en train de vivre n'est peut-être pas tout à fait normal, tout à fait banal. Un petit chuchotement en nous : « Qu'est-ce que tu fais là ? » Puis un autre : « Laisse tomber, reprends ta lecture. » On s'apprête à retourner aux inutilités qui nous occupaient l'esprit, mais le premier chuchotement revient : « Eh, toi, je te parle ! Qu'est-ce que tu fais là ? » Alors on arrête de se fuir pour s'écouter et réfléchir.

Un jour de septembre, une feuille de platane qui tombe avec une grâce inexorable, dans un tourbillon irrégulier – vingt centimètres à droite, brusque virage et dix centimètres à gauche, un demi-tour plutôt lent, une volte rapide – mais harmonieux. Elle est morte. Je m'arrête pour observer sa chute. Elle passe devant mon nez, frôle mon cœur et tombe juste dans mes deux mains, qui se sont ouvertes seules. Pourquoi suis-je arraché à mes pensées par une feuille ? Pourquoi suis-je touché et bouleversé ? Pourquoi ce sentiment d'harmonie, cette impression que tout est en place ? Plus tard un ami me dira que j'aurais aussi pu y voir un sale présage, celui de la mort de toutes choses dont la mienne. Mais non, c'est presque le contraire. La feuille qui tombait me donnait un sentiment d'éternité de toutes choses.

Tu marches dans un jardin public, un matin d'hiver, en allant à ton travail, avec tes soucis de santé. Tu croises deux femmes qui courent en bavardant, gaiement, l'air en pleine santé. Tu es soudain submergée sous le déferlement de tes états d'âme : envie (« elles sont en bonne santé, elles »), irritation (« deux femmes au foyer qui n'ont rien d'autre à faire que s'occuper d'aller bien »), tristesse (« si seulement je pouvais ne pas être malade »), inquiétude (« comment ça va finir ? »). Tout commence à tourner en boucle, mais tu continues à marcher, à respirer l'air froid, à t'imprégner des odeurs du parc et de la ville, toutes mélangées. Tu ne cherches pas à lutter contre tes états d'âme mais tu attends juste qu'ils passent. Et tout s'éloigne sans que tu comprennes ni pourquoi ni comment. La paix est revenue, juste parce que tu es toi-même revenue habiter l'instant présent.

Le glas qui sonne à l'église voisine, un jour où je travaille à mon bureau. Dong… Dong… Toutes les cinq secondes. Quelqu'un est mort. Comment continuer de travailler ? S'arrêter quelques minutes, se lever. Respirer, se sentir vivant, penser à la personne morte. Sinon, où est notre humanité ? Vagues souvenirs de ces théories qui rappellent que la culture humaine prend naissance dans le culte rendu aux morts[6]. Je pense à ce jour où un hominidé, une maman sans doute, pose quelques fleurs dans les mains de son enfant mort, avant de recouvrir son corps de feuilles. À cet instant, il est devenu humain. Il respire encore en moi en ce moment où je suis debout derrière ma chaise, tout bizarre, en train de respirer un peu plus fort, de regarder par la fenêtre le ciel de mars qui change à chaque minute, et de penser à cette personne morte que je ne connaîtrai jamais. Je me souviens du roman d'Ernest Hemingway *Pour qui sonne le glas*. Et de la phrase en exergue : « N'envoie jamais demander pour qui sonne le glas : il sonne pour toi. » Elle fut écrite par le poète anglais John Donne, et la phrase qui la précède est : « La mort de tout homme me diminue, parce que j'appartiens au genre humain[7]... »

Tu salues une amie qui s'en va en taxi, sous la pluie. Tu te sens tout à coup touchée par la densité de l'instant, totalement dans le présent. Tu entends tous les bruits de la rue, tu sens toutes les gouttes de pluie, tu vois tout sans rien freiner ni filtrer par pensées ou jugements. Tu es juste en train de saluer cette amie qui part. Tu observes son visage qui te sourit derrière la vitre criblée de gouttes de pluie, tu espères que tout ira bien. Le temps s'écoule au ralenti. Tu sens brutalement l'immense fragilité de nos existences, l'immense importance des liens et de l'affection. Tu as envie de courir après le taxi pour l'embrasser et la saluer encore, mieux que tu ne l'as fait. Mais tu ne te sens pas inquiète ni mélancolique. Tu as juste compris quelque chose. Que tu vas peut-être oublier dans les cinq minutes qui suivent, tant tu sais que la journée sera chargée. Mais tu es tranquille, car la trace posée en toi par cet instant est indélébile. Tu le sais.

À l'hôpital. Je fouille dans la poubelle des secrétaires, où j'ai jeté l'enveloppe d'un courrier de patient. Après l'avoir lu dans mon bureau, je me suis aperçu qu'il n'y avait pas d'adresse sur la lettre, qui demande une consultation. Les patients distraits ou perturbés font parfois ça. Vite, récupérer cette adresse sur l'enveloppe, impossible de laisser ce courrier triste sans réponse ! Je fouille, je remue, je retourne les vieux papiers, un ou deux mouchoirs jetables, des gobelets de café un peu collants. Pfff... Il y a plein d'enveloppes, évidemment, mais où est la mienne ? Les infirmières et secrétaires se moquent gentiment de moi, plongé dans la poubelle. Ça me fait rire aussi, mais je me sens parfaitement à ma place en train de faire ça. Bizarrement, j'entends une petite voix qui me dit : « Tout est OK, tu fais exactement ton boulot, et tu es exactement à ta place, à farfouiller dans les poubelles de la souffrance ; cherche encore un peu. »

Tu penses à Pascal et à son *Mémorial*, ces notes fiévreuses qu'il portait toujours sur lui et qu'on a retrouvées après sa mort dans la doublure de son vêtement. Tu penses à ce moment de feu et de foi qu'il a connu, le lundi 23 novembre 1654, « entre 10 heures et demie du soir jusques environ minuit et demi ». Frappé par la grâce, « "Dieu d'Abraham, Dieu d'Isaac, Dieu de Jacob", non des philosophes et des savants. » Pas de cogitations ni de réflexions, mais une révélation, « Certitude. Certitude. Sentiment. Joie. Paix. » Pascal qui tombe à genoux sous la violence de ce qu'il est en train de vivre et de comprendre. « Joie, joie, joie, pleurs de joie. » Qui palpite et qui comprend, « Renonciation totale et douce. »

Je me souviens du choc à ma première lecture de la *Lettre de Lord Chandos*, célèbre nouvelle de l'écrivain autrichien Hugo von Hofmannsthal, qui raconte l'histoire d'un homme expliquant à un ami (le philosophe Francis Bacon) pourquoi il s'est retiré du monde, a renoncé à écrire et plus encore. « Toute l'existence m'apparaissait autrefois, dans une sorte d'ivresse continuelle, comme une grande unité… » « Depuis lors, je mène une existence que vous aurez du mal à concevoir, je le crains, tant elle se déroule hors de l'esprit, sans une pensée. […] Il ne m'est pas aisé d'esquisser pour vous de quoi sont faits ces moments heureux ; les mots une fois de plus m'abandonnent. […] Un arrosoir, une herse à l'abandon dans un champ, un chien au soleil, un cimetière misérable, un infirme, une petite maison de paysan, tout cela peut devenir le réceptacle de mes révélations […], la source de ce ravissement énigmatique, silencieux, sans limite. » Tant d'analyses ont été faites à l'infini sur la portée de ce texte (notamment l'incapacité du langage à traduire la complexité de toute forme d'expérience) qu'il est certainement, comme pour Pascal, réducteur de n'en extraire que ces quelques mots. Mais ils disent tant, et avec tant de force !

Comprendre les expériences d'éveil (leçons des éveils)

Ils sont si importants, ces instants où nous sortons du cadre, où nous quittons, doucement ou brutalement, les automatismes et habitudes où nous étions engagés ! Ils sont comme des sorties de route, comme on le dit pour les voitures : nous quittons le chemin de ce qui était prévu : ce sont les expériences d'éveil. Nous étions endormis ou assoupis par le ronron du prévisible ou de l'habituel. En réalité nous étions absents à nous-mêmes et à la vie. Et nous voilà arrachés à cette rassurante et prévisible monotonie.

De telles expériences sont plus ou moins communes dans nos vies. Mais nous risquons ne pas leur prêter attention. Elles nécessitent d'avoir laissé de la place à sa vulnérabilité, de l'espace pour sa réceptivité. Elles ne surviennent pas si on a tout verrouillé, tout cadenassé, tout rempli derrière des possessions, des préoccupations, des obligations, des actions.

En général, les éléments de l'éveil sont les suivants : un état spécial de réceptivité (pour diverses raisons : fatigue, spleen, sérénité...), un détail qui survient lors d'une expérience de vie ordinaire, et alors l'impression qu'il se passe quelque chose de spécial et d'indicible, quelque chose qui est à la fois le problème et la solution, la question et la réponse, et même quelque chose au-delà de tout ça. Mais ce quelque chose est d'abord inutilisable tel quel. Parce qu'il n'est pas explicite ; clair mais pas explicite : l'éveil ne nous dit pas que faire, mais qu'il faut – ou qu'il faudra – faire quelque chose. Ou ne rien faire, au contraire. Inutilisable aussi, au début, parce que l'expérience d'éveil n'est pas forcément transposable en mots. Et si c'est une phrase qui fait irruption à notre conscience (certaines expériences d'éveil ressemblent à un cri que « quelque chose » pousse en nous), elle mettra longtemps à être comprise dans toutes ses dimensions. L'expérience d'éveil est un éclair d'intuition. Elle s'accompagne d'une secousse physique parfois, il peut y avoir une participation du corps : on peut se sentir léger, ou lourd, différent de ce que nous étions un instant avant. On ressent presque toujours une modification de l'écoulement du temps : immobilité du temps perçu, comme un ralenti psychologique.

Le poète Christian Bobin parle ainsi d'« un état de bouleversement calme[8] ». Il s'agit d'un état où les extrêmes se mêlent sans difficulté, lucidité et perplexité, légèreté et sentiment de profondeur. Impression de révélation. Mais, en réalité, on va mettre des jours et des semaines à tout comprendre, tout démêler. Parfois, toute une vie.

Les expériences d'éveil existent dans toutes les traditions : elles sont appelées Satori (éveil à la connaissance de la vérité, regard intuitif au cœur des choses) dans le bouddhisme zen, qui les considère comme un état transitoire par rapport au Nirvana. Les chrétiens parlent quant à eux d'Épiphanie, et y voient une manifestation divine, nous révélant quelque chose qui était caché. Dans le bouddhisme[9], l'Éveil désigne l'état atteint par la personne qui s'est libérée des obscurcissements passionnels et intellectuels, qui connaît la nature impermanente de la réalité et fait l'expérience de l'état de tranquillité, grâce à l'extinction des passions et à l'élimination de leurs causes. L'existence d'expériences d'éveil dans toutes les traditions montre l'universalité de ce phénomène psychologique, qui engendre une multiplicité d'explications, souvent en lien avec le mysticisme (qui est une approche expérientielle, et non rationnelle, du divin). Voici ce qu'en dit André Comte-Sponville[10] : « Le mystique, c'est celui qui voit la vérité face à face : il n'est plus séparé du réel par le discours (c'est ce que j'appelle le silence), ni par le manque (ce que j'appelle la plénitude), ni par le temps (ce que j'appelle l'éternité), ni enfin par lui-même (ce que j'appelle la simplicité, l'Annata des bouddhistes). »

Les expériences d'éveil sont ainsi des expériences de libération et d'accès à une autre dimension que celle du quotidien, ou peut-être à la seule dimension du quotidien : l'intensité de l'instant présent.

La consolation de l'instant présent, face à toutes les détresses…

Nous avons en général le sentiment que les expériences d'éveil sont des ouvertures, des envolées, des décollages. Mais elles sont aussi – et surtout ? – des atterrissages. Elles nous ramènent à l'important de nos vies : nous sentir vivants, ou mortels, nous sentir seuls ou aimés. Elles nous ramènent à la beauté, ou à la violence. Au sens ou à l'absurde de nos existences.

Et, par ce mouvement qu'elles nous imposent vers l'important, elles peuvent être plus encore : on peut parfois s'extraire du malheur par l'exposition à la grâce. Ou plutôt que « s'en extraire », se trouver suspendu à la grâce et surplomber alors nos douleurs.

Je parlais un jour de ces éveils à un ami, qui me raconta comment un quintette à cordes de Mozart (K593) lui avait fait cet effet, un matin de spleen : « En l'écoutant, tout s'est désagrégé autour de moi. Le spleen a disparu. Hallucinant. » Une autre amie me parlant de ce qui lui était arrivé à la mort de son père : « Lorsque j'ai compris qu'il allait mourir, j'ai eu besoin d'écouter l'air "Casta diva" de l'opéra de Bellini, *Norma*. Et j'ai eu cette impression d'éveil dont tu me parles, de perturbation et de soulagement à la fois. Puis, je n'ai plus arrêté d'entendre cette mélodie en moi, jusqu'à sa mort, chaque fois que je me sentais malheureuse. Elle ne chassait pas ma peine, mais me la rendait supportable. Me rappelait sans doute qu'il s'agissait d'une histoire de vie et de mort, donc d'une histoire à *accepter*. » Je me rappelle avoir lu un jour cette phrase de Pascal Quignard : « Seule la musique peut aller au fond de la douleur. » Et ce que Cioran en disait : « Elle nous aide à être un peu mieux malheureux[11]. » C'est-à-dire qu'elle peut éclairer notre expérience du malheur ou de la douleur, la rendre plus douce ou plus lucide.

Mais, spleens ou deuils, il s'agit là de souffrances « ordinaires », qui touchent tout être humain. Il y a aussi des expériences hors du commun, qui montrent que l'éveil ne nécessite pas, c'est alors le moins que l'on puisse dire, d'environnement privilégié…

C'est le psychiatre autrichien Victor Frankl, rescapé des camps de concentration, qui raconte[12] : « Il arrivait, tel soir où nous étions couchés sur le sol en terre battue de la baraque, morts de fatigue après le travail de la journée, nos gamelles de soupe entre les mains, que, tout d'un coup, un camarade entre en courant, pour nous supplier de sortir sur la place d'appel, uniquement pour ne pas manquer, malgré notre épuisement et malgré le froid du dehors, un merveilleux coucher du soleil… » C'est l'écrivain russe Evguénia Guinzbourg qui évoque un souvenir du Goulag, alors qu'on l'a fait sortir de sa détention pour la conduire au tribunal politique où elle sera peut-être condamnée à mort : « Par-delà les fenêtres se dressent de grands arbres sombres ; j'entends avec émotion le murmure secret et frais des feuilles. Je crois l'entendre pour la première fois. Que ce bruissement des feuilles me touche ! »

La solution de la pleine conscience

Comment ces expériences peuvent-elles naître en nous, que ce soit dans des moments de drame, ou de simplicité ? Et comment peuvent-elles tout simplement exister ? Les éveils ne peuvent évidemment se déclencher sur commande. Ils nécessitent un état mental particulier, une capacité à garder notre esprit ouvert à tout ce qui nous entoure et tout ce qui existe, et pas seulement à ce qui nous préoccupe, à ce qui se pose devant nos yeux ou notre esprit. En psychothérapie, on appelle cet état la *pleine conscience*. On peut s'en rapprocher par l'apprentissage de la méditation dite justement « de pleine conscience ». Peu avant son départ pour Auschwitz, Etty Hillesum écrivit ceci : « Je me garderai de suspendre au jour présent comme autant de poids les angoisses que m'inspire l'avenir. Et cela demande un certain entraînement[13]… » Résumé lumineux de ce vers quoi nous nous efforçons…

La pleine conscience consiste à être présent à l'expérience du moment que nous sommes en train de vivre, sans filtre (on accepte ce qui vient), sans jugement (on ne cherche pas si c'est bien ou mal, désirable ou non), et sans attente (on ne souhaite pas que quelque chose arrive ou se passe).

La pleine conscience est donc une simple présence – *juste être là* –, mais si difficile à atteindre… En général notre attention n'est que partiellement consacrée à ce que nous sommes en train de vivre. Et nous faisons des efforts pour nous concentrer sur certains points (qui nous semblent alors importants) plutôt que sur d'autres (que nous jugeons secondaires). Lorsque Evguénia Guinzbourg est touchée par le murmure des grands arbres sous le vent, elle pourrait considérer que c'est secondaire par rapport à la gravité de sa situation : elle va peut-être être condamnée à mort. Mais non, elle est en pleine conscience, et le murmure des arbres est à cet instant précis ce qui est le plus important à son esprit. Fuite d'une situation trop douloureuse ? *Mécanisme de défense*, comme diraient les psychanalystes ? Je ne pense pas. Plutôt lucidité infinie. C'est que la pleine conscience peut aussi être comprise comme le niveau supérieur de l'acceptation : une sagesse intégrative, qui replace le détail dans son tout. Au moment où je vais peut-être mourir, qui peut dire s'il n'est pas suprêmement important d'écouter une dernière fois le murmure du vent ?

En psychologie, la conscience est le mélange de l'éveil (cette disponibilité pour toutes les stimulations de l'environnement qui nous arrivent) et de l'attention (la capacité de se focaliser sur un aspect de ce qui se passe). La pleine conscience est donc une intégration optimale de cela : présence, mais intense, et disponibilité, mais à tout. On aurait pu aussi l'appeler « plein éveil ».

Elle n'est pas une forme de passivité et d'acceptation aveugle : elle permet d'habiter le présent, mais avec souplesse, en étant dans la possibilité de se désengager, si on le choisit, et en tout cas, en en étant conscient.

Les capacités de pleine conscience sont présentes chez chaque humain. Elles dépendent sans doute d'aptitudes naturelles à la concentration et à l'ouverture (les deux devant être liées et synchrones), mais elles peuvent aussi s'acquérir ou se développer par l'entraînement. Jusqu'à présent, cet entraînement était peu valorisé en Occident, où l'on donne plutôt priorité à l'action et à l'interventionnisme systématique. Chez nous, l'admiration pour les sages est moins grande que l'admiration pour les vainqueurs.

Apprendre à méditer ?

En notre époque de mondialisation, la psychothérapie n'échappe pas au grand brassage des idées et des systèmes. Les pratiques méditatives ont certes été de toutes les époques et de toutes les cultures, mais ce qu'on nomme méditation en Occident correspond davantage à une réflexion approfondie et plutôt rationnelle, là où l'Orient est plus souvent tourné vers des pratiques contemplatives, nous l'avons vu en parlant des expériences d'éveil[14].

La méditation de pleine conscience, telle qu'on l'utilise en psychiatrie, en psychologie ou en médecine, est sans doute le premier exemple clair de *world therapy* (comme en cuisine ou en musique) : elle associe des bases de méditation bouddhiste à des éléments de gestion du stress ou de thérapie cognitive plus clairement occidentaux[15].

Ce type de démarche psychothérapique, « laïcisé » et épuré de ses éléments religieux, n'a pas pour but de nous conduire à l'éveil pour la beauté de l'expérience, mais pour nous aider à apprendre à affronter différemment nos souffrances. Pour aider les patients à pacifier leurs états d'âme et à surmonter diverses difficultés, telles que rechutes dépressives ou inquiétudes dévorantes liées à des maladies graves[16]. Ou pour leur permettre de surmonter des problèmes de personnalité[17].

Les thérapies basées sur la pleine conscience se présentent comme une série d'exercices simples destinés à nous amener peu à peu à « garder notre esprit ici et maintenant ». On s'assied, on ferme les yeux et on s'aperçoit… que notre esprit part dans tous les sens ! Alors, on ne s'en agace pas, on considère que c'est normal, c'est juste comme ça que l'esprit fait, parce que notre vie lui en a donné l'habitude ; et, d'ailleurs, cela nous rend souvent service, cet esprit en mouvement, qui cherche partout des choses à faire et à penser, des actions à déclencher. On ne s'irrite pas, donc, contre ces vagabondages, qui en général nous arrangent. Mais là, ils nous dérangent. Alors, on ne s'agace pas, et on recommence.

Il y a évidemment beaucoup de variantes et d'approfondissements : se centrer sur sa respiration, les bruits qui nous entourent, les sensations qui viennent de notre propre corps, observer le mouvement de ses pensées, leurs apparitions et disparitions, là vers où elles voudraient nous conduire. Ne pas les suivre. Revenir à l'exercice : *juste être là*. Et faire tout cela dans une attitude intérieure de curiosité calme et bienveillante : ne pas juger, ne pas chercher à repousser ou à susciter. Simplement tout accepter, tout observer.

Souvent, ces plongées en nous-même sont douloureuses : juste être là dans son corps vivant nous fait prendre conscience qu'on est mal dans ce corps, qu'il est douloureux, tendu, que notre respiration est oppressée. On comprend alors que nous fuyons toutes ces sensations par l'action, la distraction…

Parfois, nous proposons des exercices étranges aux yeux de nos patients, comme l'*exercice des deux oreilles* : on s'agenouille, on ferme les yeux, on laisse notre respiration aller et venir tranquillement, on se met en régime de pleine conscience (accueillir sans filtre ce qui arrive à notre esprit et à nos sens) et on observe les sons qui nous arrivent. On les détaille, on ne cherche pas tant ce qu'ils *signifient* (si ces bruits de moteur me dérangent, si les pas que j'entends sont ceux d'une personne qui va soudain ouvrir la porte de la salle de méditation) que ce qu'ils *sont* (forts ou légers, aigus ou graves, isolés ou répétés, s'approchant ou s'éloignant, si je les perçois différemment à mon oreille droite ou gauche, puis comment mon cerveau fait la synthèse, etc.).

Pourquoi ces exercices ont-ils à voir avec la paix de mon âme, avec ma capacité à mieux vivre ? Parce qu'ils vont me permettre de mieux comprendre comment fonctionne mon esprit : en tentant sans cesse de s'échapper (penser à autre chose), de juger (« cet exercice est absurde » ; « en plus il m'énerve, je n'y arrive pas »), en se dispersant (sans arrêt être happé par d'autres pensées). Méditer en pleine conscience va alors me permettre de mieux accepter que c'est normal, c'est juste comme ça que nos esprits font : partir dans tous les sens. Et que cet exercice de recentrage patient sur ce que j'ai choisi d'examiner (les bruits) est un apprentissage à multiples facettes : accepter, ressentir, approfondir… Il y aura de toute façon d'autres exercices décalés : dégustation de raisins secs, marche lente en pleine conscience, etc.

Comme ce livre n'est pas un traité de méditation, je vous renvoie aux grands classiques qui expliquent et détaillent tout cela[18].

Trois remarques me semblent nécessaires, à ce stade de notre réflexion.

La première est que la méditation est avant tout une pratique, non une mystique, et qu'il faut « démystifier la méditation », selon les mots mêmes d'un grand méditant, Matthieu Ricard[19]. Pour Matthieu, qui sait de quoi il parle, il s'agit avant tout d'une forme d'*entraînement de l'esprit*. Cet entraînement dont nous avons besoin pour ne pas laisser notre âme en friche, et pour nous aider à aller bien : « On apprend tout dans la vie, pourquoi n'apprendrait-on pas à mieux faire fonctionner son esprit ? »

La deuxième est que la méditation peut être une pratique laïque. Même si elle fait partie intégrante de toutes les grandes traditions religieuses. La méditation proposée par les thérapeutes est évidemment exempte de toute dimension religieuse. Mais non pas spirituelle : une « spiritualité sans Dieu » est évidemment possible, comme l'a parfaitement montré André Comte-Sponville[20], qui rappelle volontiers notre nature d'« êtres éphémères ouverts sur l'éternité ».

La troisième est que la méditation n'est évidemment pas une forme de fuite de la réalité. Elle encourage au contraire à une confrontation sereine avec *toute* la réalité. Lucrèce recommandait ainsi : « Tout regarder l'esprit paisible[21]. »

Bénéfices de la méditation

Car si la méditation nous intéresse tant, nous les soignants, c'est qu'elle offre à ses pratiquants de multiples bénéfices. Le mot d'ordre officiel des différentes écoles est en général de ne rien attendre de la méditation. De simplement la faire et voir ce qui se passe. J'ai toujours eu du mal avec ce néant des attentes. Du moins sur le long terme. Sans doute suis-je trop occidental. J'ai bien compris qu'il ne faut rien attendre d'une séance en particulier (à la différence de la relaxation dont on attend qu'elle nous détende) : le plus souvent, on ne se sentira pas plus clair ou plus serein ensuite.

Parfois, au contraire, les séances de méditation n'auront révélé qu'une chose : notre difficulté à méditer à ce moment. Mais ce n'est pas grave : il fallait le faire, comme le musicien fait ses gammes, le sportif ses exercices, le moine ses prières, sachant que cela a un sens. Je reconnais même que renoncer à des attentes immédiates est très pédagogique pour nous autres Occidentaux. Et que tolérer, ou plutôt pleinement accepter, les séances difficiles ou qui nous paraissent « ratées » augmente probablement notre tolérance à l'imperfection et aux échecs dans notre vie en général. Ce qui, vu le monde dans lequel nous évoluons, est une hygiène salutaire, et une vaccination vitale.

Mais tout de même, pour le reste, nous pouvons beaucoup attendre de la méditation, sur le long terme, et si nous comprenons qu'il s'agit d'un travail. Voici donc ce que la méditation peut nous apporter, mais – chut ! – sans que nous l'attendions.

La méditation nous aide à comprendre la nature de la pensée. En réalité nous ne *pensons* pas : notre esprit produit des pensées, que nous choisissons et sélectionnons, ou qui s'imposent à nous. Nous ne faisons que subir et choisir. La production nous échappe, nous n'arrivons qu'en aval. Méditer nous rend plus conscients de cela : notre cerveau comme un robinet à pensées, ouvert sans cesse pour le meilleur et pour le pire. Et méditer nous aide donc à mieux choisir, et moins subir, parmi le flot de ces pensées. Plus la pratique méditative est régulière, moins il existe de tendances à la rumination[22].

La méditation enrichit les états d'âme et aide à leur régulation. La méditation aide à la prise de conscience de nos états d'âme, à mieux comprendre leurs liens avec nos sensations physiques, à déceler aussi comment nos états du corps (tension, douleur, faim, fatigue) influent sur nos états d'âme. De ce fait la pratique de la pleine conscience peut aider par exemple à la prise de décisions (dans les situations complexes notamment) car elle améliore notre discernement des « marqueurs somatiques », ces petites sensations corporelles à la source de l'intuition[23]. Le petit pincement que l'on ressent lorsqu'on s'apprête à dire oui alors qu'on pense non, ou le malaise face à quelqu'un qui nous ment ou cherche à nous imposer une décision, ou l'inconfort à prendre une décision qui paraît logique mais qui nous met mal à l'aise pourtant : nous pouvons être mieux à même de prêter l'oreille, ou plutôt le corps, à tout cela. De même, il est probable que la méditation, en facilitant les états cérébraux de synthèse[24], facilite aussi les processus de résolution de problème, conscients et inconscients : ces mécanismes par lesquels, ayant réfléchi tranquillement à une question, la réponse nous arrive un peu plus tard.

La méditation permet de meilleures capacités de concentration pour travailler ou réfléchir. Même si cela se situe aux antipodes de ce pour quoi elle a été mise au point : pas du tout pour nous rendre plus performants… Il est probable que la pleine conscience permet de nous amener à plus de créativité, par moins d'autocensure. Qu'elle nous aide à réfléchir portes et fenêtres de l'esprit grandes ouvertes : à tout accueillir avant de décider.

La méditation est corrélée au bien-être, et semble associée chez ses pratiquants à une fréquence plus grande d'états d'âme positifs, et moindre de négatifs. Sans doute que la vie en pleine conscience nous aide à mieux ouvrir les yeux sur les petits bonheurs du quotidien. L'effet global sur l'ensemble des états d'âme est d'autant plus intéressant que l'attention sélective au *positif* n'est pas un objectif de la méditation de pleine conscience, qui prône simplement l'observation et l'accueil de *tous* les états d'âme : mais cette simple position d'observation bienveillante, qui permet ensuite l'examen et la mise à plat des états d'âme, semble suffisante pour rééquilibrer leur balance de manière favorable[25]. Et la méditation facilite aussi de cette manière les processus naturels de réparation et de digestion de nos souffrances : lorsque nous sommes tourmentés, s'asseoir, fermer les yeux et s'adonner à la pleine conscience de l'instant présent.

La méditation facilite le changement d'attitude et de conviction. Parce qu'elle entraîne à l'ouverture, à la curiosité et à l'accueil de ce qui est. Elle facilite la tolérance à la différence et la compréhension d'autrui, mieux que la simple information : car l'information ne marche qu'auprès de gens souples au préalable, réceptifs. Une étude avait ainsi montré qu'une forme particulière de psychothérapie basée sur l'acceptation et la pleine conscience (dont nous avons parlé) permettait de mieux faire évoluer les préjugés[26].

La méditation aide à savourer l'existence. Non seulement parce qu'elle nous rend davantage capables de ne pas nous noyer dans nos ruminations, que nous identifions plus vite. Mais aussi parce qu'elle nous aide à mieux savourer les bons moments, auxquels elle nous rend plus profondément présents. L'étude la plus drôle sur ce thème avait été conduite autour d'une dégustation de chocolat : en rendant les participants plus attentifs à ce qu'ils dégustaient, on leur permettait de ressentir plus de plaisir que ceux à qui on offrait des distractions dans le même temps[27].

Méditer pour se soigner

En raison de ces différents bénéfices, la méditation a logiquement été proposée en médecine pour aider les patients à mieux faire face aux douleurs et aux maladies du corps, mais aussi plus largement en psychiatrie, pour l'aide aux soins psychologiques. Il existe à ce jour un nombre assez important d'études convaincantes, même si le niveau de preuve doit encore être amélioré[28]. Si on étudie attentivement la littérature, on voit qu'il s'agit souvent d'études de thérapeutes pionniers et charismatiques : les mêmes résultats seront-ils retrouvés lors de la généralisation de ces pratiques ? C'est ce que nous devons attendre, mais il est clair que le temps qui passe apporte régulièrement son lot de confirmations[29].

Pour initier les patients à la pratique de la pleine conscience, il existe plusieurs protocoles mis au point pour s'adapter au monde de la médecine et de la psychothérapie : il s'agit principalement de la MBSR (*Mindfulness Based Stress Reduction*), et de la MBCT (*Mindfulness Based Cognitive Therapy*). Actuellement, ces programmes ont montré une efficacité dans la prévention des rechutes dépressives et des états dépressifs chroniques, ce qui est normal, car ce sont des patients qui sont devenus de grands ruminateurs[30], et dans la prévention des récurrences anxieuses[31]. Tout cela est logique, vu les nombreux pilotes automatiques et programmes d'émotions et d'états d'âme pathologiques chez les anxieux et déprimés en rémission. Mais la méditation n'a pas été évaluée lors des périodes aiguës de ces maladies : il est probable que ce serait alors plus dur, voire impossible (les exercices ne sont pas si simples et, surtout, ils doivent être pratiqués régulièrement), et qu'il est légitime de la considérer comme un outil de prévention des rechutes et de maintien en bonne santé psychique. Ce qui est déjà beaucoup. Et très utile, car c'est souvent là que les soignants sont démunis : que conseiller après la guérison ou la rémission ?

Pratique de la vie en pleine conscience

« Au lieu d'être ici avec mon corps, ailleurs avec ma tête et sourd à mon cœur, j'apprends peu à peu à habiter pleinement toute activité, quelle qu'elle soit[32]. » L'objectif de l'apprentissage de la méditation est de modifier le rapport au quotidien : il ne s'agit pas seulement de disposer d'un outil, mais aussi d'un nouvel état d'esprit. Cet état d'esprit peut se résumer en une formule : le plus souvent possible, le plus régulièrement possible, vivre pleinement l'instant présent. Faire tout ce que l'on a à faire, mais ne pas oublier de vivre *aussi* au présent. Le programme n'est pas nouveau, et Montaigne le rappelait malicieusement à un interlocuteur imaginaire : « Je n'ai rien faict d'aujourd'huy. — Quoy ? Avez-vous pas vescu ? C'est non seulement la fondamentale, mais la plus illustre de vos occupations... » Parfois nous ne faisons rien, mais toujours nous vivons. Dans son bel essai *N'oublie pas de vivre*, Pierre Hadot rappelle lui aussi cette belle formule, dont Goethe fut l'auteur, car le *memento vivere* était central dans son œuvre[33]. Voici donc quelques pistes de réflexion pour ne pas oublier de vivre...

Apprendre à attendre : il n'y a pas de temps perdu, que du temps vécu

Au lieu de s'agacer des files d'attente, des salles d'attente, des embouteillages, se dire qu'il n'y a pas de temps perdu, que du temps vécu. Vivre est une chance qui nous a été donnée, et une expérience qui nous sera retirée un jour. Au lieu de vouloir déjà être ailleurs, après, autrement, soyons ici. Pleinement. Dans la file, dans la salle d'attente, désormais, je respire, je sens ce qui se passe dans mon corps. Puisque je ne peux pas « faire » quelque chose, je peux « être » : être là, être ce que je suis, penser à Montaigne et à Goethe et aux autres encore, qui, il y a des siècles, avaient compris cela. Je peux faire autre chose de ma conscience que m'agacer contre l'attente (par exemple si mes mails arrivent lentement ou si ma page Internet met du temps à se charger). Certes, l'impatience des Occidentaux a été un facteur de progrès (quoique…). Mais ces progrès sont allés plus vite que notre sagesse, et ont pris l'ascendant sur nous, nous ont rendus esclaves. Libérons-nous de nos impatiences inutiles. Et gardons les autres, s'il en reste…

Présence à la vie quotidienne, aux petits gestes

Lorsque je mange, lorsque je fais la cuisine, range, bricole, répare… Ne pas le faire en me disant que je pourrais, au lieu de cela, faire autre chose de mieux, de plus important, de plus urgent. C'est peut-être vrai et, dans ce cas, il y aura un temps pour y réfléchir et décider d'organiser ma vie différemment. Mais, en attendant, inutile de polluer mon présent avec cela. Je me sens vivant. J'habite pleinement ce que je fais en ce moment : je cherche à réduire la place de ce sentiment de faire les choses « en attendant » de pouvoir passer à autre chose. Lorsque je lis son histoire du soir à mon enfant, alors que j'ai encore du travail, des mails, alors que je n'ai pas encore dîné : je me recale ici et maintenant. Je suis avec mon enfant, et ce qui est important c'est que je sois complètement avec lui, pleinement. Que, pendant que je raconte l'histoire, je la raconte vraiment, pour lui. Pas en pensant à autre chose, en espérant être ailleurs. Cet instant, comme tous les instants de vie, est une chance et une bénédiction. Si je ne suis pas présent à ces instants, je les pleurerai plus tard. Comme dans le poème d'Apollinaire, *À la Santé* : « Tu pleureras l'heure où tu pleures / Qui passera trop vitement / Comme passent toutes les heures ».

S'arrêter

Arrêter une activité, comme ça, en plein mouvement. Et observer ce qui était en train de se passer en nous : quel état de notre corps, de nos pensées ? Je m'efforce souvent à cet exercice dans les périodes où je suis sous pression : quand il y a dans ma vie trop de choses à faire, trop de sollicitations auxquelles je me suis engagé à répondre. Comme tout le monde, je me sens étouffer. Alors, lorsque le sentiment d'urgence est au plus fort (« quelques minutes ? quelques secondes ? vite, faire, agir, accélérer, *gagner* du temps ! »), je m'arrête. Je me force à respirer calmement, à tourner mon esprit vers un détail important : le ciel, les nuages, ma respiration encore, le visage de quelqu'un que j'aime, une pensée issue d'une lecture récente et ce qu'elle a suscité en moi. Je m'arrache à l'*urgent* pour prendre une bouffée d'*important*. Puis je me remets à courir, évidemment. Mais je me sens comme une baleine qui a repris son souffle, avant de plonger à nouveau vers les fonds où elle doit aller chercher sa nourriture. S'arrêter pour faire respirer notre esprit, surtout lorsque nous sommes pressés…

Repérer le pilote automatique

Je comprends ce qu'il est : c'est ce programme mental qui se déclenche dans les gestes routiniers, dont je peux m'absenter. Pour me brosser les dents, prendre ma douche, accomplir certains trajets, certaines tâches, manger, je n'ai pas besoin de tout mon cerveau. Je peux laisser cela se faire tout seul, en roue libre : c'est le boulot du pilote automatique.

Le pilote automatique a des avantages : il est un système d'économie d'énergie par économie d'investissement de conscience. Il est effectivement inutile de mettre *toute* ma conscience et *tout* mon cœur, *tous* les matins, dans le brossage de mes dents (mon dentiste m'a, par contre, expliqué l'importance de les brosser *toutes*…).

Mais il a aussi des inconvénients : il facilite notamment, à certaines périodes, l'ouverture d'un autre programme automatique, celui des ruminations. Si je ne suis pas présent à ce que je fais, dans les périodes de stress ou d'agacement ou de déprime, cela aspire et appelle les ruminations (« Ohé ! Venez ! Il n'y a personne ! La place est libre ! »). Les activités que je conduis en pilotage automatique sont alors envahies de ruminations : je rumine en me brossant les dents, en allant à mon bureau, en travaillant…

Le pilote automatique peut aussi me faire m'absenter du présent : alors, je tombe dans l'escalier avec mon plateau parce que je pensais à autre chose, grâce à mon pilote automatique de montée d'escalier ; ou bien je ne sais plus où j'ai mis mes clés, parce que ce n'est pas moi qui les ai posées quelque part, c'est mon pilote automatique de rangement (et il a fait comme il a voulu).

La pleine conscience m'incite et m'aide à débrancher régulièrement (pas toujours, mais régulièrement) tous ces programmes automatiques[34]. À choisir, de temps en temps, de me brosser les dents en pleine conscience, de monter l'escalier en pleine conscience, de manger en pleine conscience, etc. À faire vraiment ce que je fais, même si ce n'est *que* faire la vaisselle. Même pour sortir la poubelle : le faire en pleine conscience, c'est bon pour mon âme.

Désobéir aux injonctions inconscientes

De mon passé, de la société. J'apprends à repérer tous les « donneurs d'ordre » tapis en moi. Suis-je obligé de m'énerver et de m'affoler lorsque je ne trouve pas la solution à un problème ? Suis-je vraiment obligé d'ouvrir une revue dans cette salle d'attente ? Obligé de regarder mes mails tous les jours ? De quitter mon travail si tard ? De ne pas « perdre mon temps » ? Pessoa, grand rêveur et grand observateur des mouvements de l'âme humaine, parlait de rester « fidèle à quelque serment oublié[35] » pour décrire ces instants où nous perpétuons des automatismes appris du passé, mais qu'il n'est peut-être plus nécessaire de faire vivre en nous, du moins sous forme d'automatismes, justement.

Changer son temps

Pratiquer des cures de lenteur. Comprendre qu'il doit y avoir dans nos vies des périodes de « temps rapide » et d'autres de

« temps lent ». Comme nos modes de vie actuels nous imposent souvent le premier, nous accorder le second, régulièrement. Marcher plus lentement dans la rue. S'arrêter plus souvent pour regarder autour de nous. Laisser des temps libres dans nos emplois du temps, et accepter de n'y rien faire.

Protéger la continuité de nos expériences

Chaque fois que possible, se méfier des interruptions. Cela concerne souvent l'environnement de travail : ne pas travailler à son ordinateur avec sa boîte à mails ouverte, débrancher son portable. S'accorder dans la journée de travail au moins une période d'une ou deux heures où on ne répond pas au téléphone, ni évidemment aux mails et SMS. On a pu montrer à quel point les interruptions amoindrissent notre efficacité au travail, les comparant même, en termes d'effets sur notre QI, à la prise d'un joint de marijuana[36]. Et, à la différence de la marijuana, les interruptions ont plutôt un effet stressant. S'accorder le luxe gratuit de la continuité.

Provoquer de petits décalages dans son quotidien

Par exemple, rester chez soi seul dans une pièce, à un horaire inhabituel, où on n'est en général pas là, ou pas en train de ne rien faire ; ou à un endroit inhabituel de la pièce. Par exemple, seul dans la chambre de ses enfants ; se mettre dans leur lit pour voir ce qu'ils voient au plafond et autour d'eux quand ils se couchent. Ou rester debout en respirant tranquillement, dans l'entrée où on ne fait que passer. Laisser venir les états d'âme : souvenirs, sons, pensées, anticipations, goût du présent et du passé qui se mélangent.

Se demander si on a vraiment envie

Vraiment envie de regarder la télé, de lire ce magazine, de reprendre de la nourriture, du vin, du café ? Ou une cigarette ? Vraiment *envie*, ou juste automatisme, habitude ? Ou *besoin*, parce qu'on ne se sent pas bien, parce qu'on cherche ainsi, sans trop avoir à y penser, à régler un autre problème, parce qu'on se sent triste, mal, seul, en échec, pas aimé… Ne pas forcément chercher à régler ce problème tout de suite, si on n'en a pas le temps, ou si on sent qu'on va ruminer. Mais réagir pour l'empêcher de prendre le contrôle de cet instant de notre vie. Se dire : non, je n'ai pas envie de ça. Alors, je fais autre chose. Respirer, marcher, par exemple, en pleine conscience. On ne le fait jamais assez.

Fréquenter la nature

« Pouvoir regarder le soleil se lever ou se coucher chaque jour, afin de nous relier à un phénomène universel, préserverait notre santé pour toujours[37] », écrivait Thoreau. Le ciel, la campagne, les fleuves qui passent, les fontaines, les rivages, les collines et les montagnes, la pluie qui tombe, le vent qui souffle : tout cela nous aide. Aller solliciter plus souvent le pouvoir cicatrisant du lien à la nature. Aller porter sa souffrance (ou sa joie) en offrande à la nature, la diluer dedans. Sans doute que nous confronter à quelque chose d'éternel, qui nous a précédés et nous survivra, mais aussi dont nous faisons partie, dont nous venons et vers quoi nous retournerons, nous aide inconsciemment à recalibrer nos souffrances.

La pleine conscience pour se reconnecter à soi et au monde, à sa nature animale, à son statut d'être vivant et de morceau d'univers. Pour éprouver une abolition transitoire de ce qui nous sépare de ce qui nous entoure, abolition dont nous ressortirons plus tranquilles. Lucrèce, là encore, nous montre la voie : « Ces ténèbres de l'âme, il faut que les disperse, / Non les traits du soleil ni la clarté du jour, / Mais notre raison seule observant la nature. »

Prendre du temps avant de répondre à une question

Parfois, la vie consciente provoque en nous des attitudes, ou des envies inhabituelles. Par exemple, face à certaines questions que l'on nous pose, oser dire : « C'est difficile, je prends un peu de temps pour réfléchir, si vous le permettez. » Et on s'arrête pour réfléchir. Au lieu de répondre tout de suite avec du prêt-à-penser pas forcément adapté. Pourquoi ne le fait-on pas plus souvent ? Pas seulement parce que c'est délicat socialement de faire attendre les autres. Pas seulement parce qu'on n'est pas sûr qu'attendre et réfléchir va nous aider à trouver la réponse, si elle n'était pas déjà dans un des tiroirs prêts à l'emploi de notre mémoire. Pas seulement parce qu'on craint que notre interlocuteur ne nous trouve

– tout de même – un peu bizarre. Non, on répond tout de suite parce que c'est comme ça, que c'est ce qui se fait et dont on a l'habitude. Mais alors, ça veut dire qu'on ne sortira jamais des rails, qu'on ne sera jamais surpris ou enrichi par une question ! Que nos réponses ne seront que des réponses déjà données ailleurs ! Que la question ne nous fera pas vraiment réfléchir ! Réfléchir, ce n'est pas toujours chercher une réponse.

En réalité, on fait souvent ce travail après coup, de se dire : tiens, c'était bizarre, cette question m'a intrigué, déstabilisé, touché. Mais parfois, on aurait intérêt à se le dire en temps réel, intérêt à en parler avec la personne. Mais cela prend du temps, de réfléchir davantage…

Se reconnecter à ses sens

Exercice classique de méditation : s'arrêter pour regarder, écouter, ressentir, toucher, savourer, renifler… Et chercher à n'être plus qu'une « pure présence ». L'accès à la pleine conscience passe souvent ainsi par l'attention et l'accueil de tout ce qui nous est offert par nos sens[38]. L'immersion complète dans les sons. L'ancrage dans la matière par le toucher. La dissolution des limites intérieur-extérieur par le goût : comme c'est bizarre, quand on y pense, cet aliment venu du dehors qui entre et se dissout en nous. Le lien animal au monde par l'odorat. Et le ravissement de la vision, cette fenêtre ouverte sur le monde. Régulièrement s'apercevoir de toutes les richesses que nos sens nous offrent.

Cultiver la capacité de présence, de recueillement

Face à un spectacle, une pensée, un souvenir, un moment important, avant d'agir, de faire, de dire : suspendre son mouvement vers l'action, respirer et prendre conscience de ce que nous vivons. Un peu comme durant la minute de silence (devenue souvent une poignée de secondes) lors des cérémonies ou dans les stades. La pratiquer dans nos journées, qui vont trop vite, toujours. Le matin, à son travail, rester debout quelques instants devant son bureau : quel est le sens de ce que j'ai à faire ? Suis-je prêt à le faire pleinement et sereinement ? Juste à l'instant de commencer un repas. De retrouver un ami. Lorsque j'accueille un patient, je m'efforce de me rappeler à quel point notre rencontre est importante, non pour me motiver et me mettre la pression, comme le ferait un sportif soucieux de réussir son match, mais pour rassembler le maximum de mes pensées, de mes émotions et de mes énergies autour de notre rencontre. Ce sera mieux pour le patient et mieux pour moi. Puisque nous sommes là pour ça, soyons vraiment là, et vraiment pour ça.

Planifier des instants de conscience programmée

Se demander : « En ce moment que m'arrive-t-il ? Quelle est cette situation ? ces objets ? Quels états d'âme défilent en moi, se composent et se recomposent ? » Ou bien : « Si c'était le dernier moment de ma vie, la dernière seconde ? Si c'était le premier ? S'il me fallait le décrire à un aveugle, un disparu, un extraterrestre ? » Descendre en soi-même juste pour voir ce qui s'y passe.

Accueillir l'adversité

La pleine conscience nous aide aussi à affronter différemment l'adversité, nous aide à pratiquer l'acceptation, dont nous avons parlé. C'est la métaphore du nageur : s'il est pris par un courant qui l'entraîne au large (comme dans les baïnes des Landes), que faire ? Ne pas s'affoler, ne pas tenter de rejoindre en force le rivage : on risque de s'épuiser et de se noyer. Il faut simplement continuer de nager, non pas pour aller quelque part, mais pour rester à la surface, accepter que le courant est plus fort que nous. L'acceptation, ce n'est pas se laisser couler, mais nager dans le courant. Le courant s'arrête au bout d'un moment : on sera posé sur le rivage à quelques kilomètres de là. C'est l'acceptation active, souvent la seule solution à certains moments de notre vie. Il faut bien sûr disposer d'autres attitudes, plus énergiques, plus combatives. Parfois refuser. Mais l'acceptation aussi doit faire partie de notre kit de survie.

Accepter les moments pénibles

Comprendre et accepter que la souffrance fait partie de la vie humaine. L'accepter sincèrement, et pas d'un « oui » de principe distrait ou hypocrite, en espérant que ce ne sera vrai que pour les autres, et que ce ne le sera pas pour nous. Poser ce livre et se poser la question *pour de vrai* : suis-je prêt à accepter la souffrance dans ma vie ? À l'accepter aussi pour les personnes que j'aime ? Pour mes enfants ? Ou bien est-ce que je rêve d'un monde sans souffrance ? Même si je ne veux pas qu'elle existe, la souffrance est là, elle viendra, reviendra. C'est peut-être pour cela que, pour certaines personnes, il est préférable d'avoir pour but la conscience plutôt que le bonheur (même s'il me semble que ce n'est pas incompatible). Comme l'écrivait Camus[39] : « Ce n'est plus d'être heureux que je souhaite maintenant, mais seulement d'être conscient. »

Passer du mode « faire » au mode « être »

Ce que nous enseignent petit à petit tous ces efforts, c'est l'intérêt de régulièrement provoquer dans sa vie des moments où l'on s'extrait du *faire* pour aller vers l'*être*. Les thérapeutes praticiens de la pleine conscience parlent de *Doing mode (to do)* par rapport au *Being mode (to be)*. Dans le mode « faire », on est toujours en lutte pour réduire l'écart entre les choses telles qu'elles sont, et ce qu'elles devraient être selon nous. Dans le mode « être », on commence par accepter d'abord ce qui est, et par l'observer avec attention et si possible bienveillance. On ne cherche pas d'emblée à changer nos pensées, mais d'abord le rapport à nos pensées. Dans le mode « faire », lorsqu'un souci se présente à notre esprit, il s'accompagne aussitôt d'une sensation de pression douloureuse parce qu'il est *obligatoire* de lui trouver une solution. Dans le mode « être », on considère d'abord le souci pour ce qu'il est : une pensée qui apparaît à notre esprit. On se dit qu'on ne va pas chercher tout de suite à le résoudre, mais à écouter vraiment, jusqu'au bout, ce qu'il nous dit, et s'il a raison de nous dire ça. À ressentir ce qu'il nous fait, à tout son impact dans notre corps. À l'examiner tranquillement, lucidement. Bref à le « dégonfler » un peu. Nous avons besoin, aussi, du mode « faire » : sans lui, nous n'arriverions nulle part. Mais nous ne pouvons pas nous passer du mode « être » : sans lui, nous arriverons tellement fatigués, stressés, abattus qu'on se demandera tout le temps ce qu'on fait dans cette galère…

Ne rien faire

« Le véritable bonheur, c'est l'état de conscience sans référence à rien, sans objet, où la conscience jouit de l'immense absence qui la remplit[40]. » Ne rien faire : le dernier luxe ? Oui, le luxe suprême de cette époque d'agitation et de pragmatisme. Cette époque passionnante et féconde. Mais que nous ne pourrons savourer pleinement que si nous savons aussi, à certains moments, ne rien faire. Je me souviens d'un jour où je travaillais à ce chapitre, et où, passant devant la chambre d'une de mes filles qui apparemment ne faisait pas ses devoirs, comme je le lui avais demandé, je lui lançai : « Dis donc, mon amie, tu fais quoi ? – Ben, euh, rien… » Et au moment de lui répondre : « Quoi ? Comment ? Et tes devoirs ? », je me souviens de ce que je suis en train d'écrire, et je m'entends lui dire : « Tu ne fais rien ? Excellent ! » Ça l'a fait rire. Il faudra que j'en reparle avec elle dans quelques années : je lui ai peut-être fait vivre une expérience d'éveil…

Vivre en pleine conscience : il y a quelqu'un là-dedans ?

La vie consciente, c'est la vie normale, tout simplement. Mais avec une permanence d'ouverture et de sensibilité. Une permanence d'accueil pour le banal et l'exceptionnel. La vie consciente, c'est la vie maintenant. Compliquée, confuse, imparfaite, bancale. Nous avons parfois tendance à penser que la vie, la *vraie*, la *bonne,* ne commence qu'une fois tous nos problèmes résolus. Non, elle est déjà là, sous nos problèmes et nos insatisfactions. Prête à accueillir le bonheur et la grâce. J'aime bien cette phrase de Maître Eckhart : « Dieu nous rend souvent visite, mais la plupart du temps, nous ne sommes pas chez nous[41]… » Je me dis que je peux bien prendre trois minutes, trois fois par jour, pour vérifier où je suis, et pour répondre *oui* à la question : « Il y a quelqu'un là-dedans ? »

Oui, je suis là. Vivant. Présent.

Conscient…

CHAPITRE 15

Compassion, autocompassion et force de la douceur

« Et, en voyant cette multitude d'hommes, il fut ému de compassion pour eux, parce qu'ils étaient harassés et abattus, comme des brebis qui n'ont pas de pasteur. »

Évangile de SAINT MATTHIEU.

Louise, 12 ans, durant la période où son grand-père meurt d'un cancer. Elle m'avoue un jour, alors que je viens l'embrasser avant la nuit, que tous les soirs, une fois que nous avons éteint la lumière, elle passe plusieurs minutes à se retenir de respirer. Elle se dit que chaque seconde où elle suspend son souffle donne une journée de vie de plus à son grand-père. Elle me dit qu'elle ne compte plus tout le temps qu'elle a gagné pour lui, mais que ça commence à faire beaucoup, et qu'elle est bien contente si ça peut l'aider. Elle me précise qu'elle n'en est pas tout à fait sûre, que ça puisse l'aider, mais qu'elle pense que oui, quand même. Ce sera la seule de ses trois sœurs à trouver le courage d'aller le voir avant sa mort, alors qu'il est très affaibli, très amaigri, et qu'il fait un peu peur à voir. Lors de sa dernière visite, elle est si gentille avec lui, sans solennité, sans jouer à la petite fille modèle et affligée, mais en restant elle-même, rigolote et vivante, que j'en suis complètement ébranlé. Ni sa tristesse ni sa compassion ne l'empêchent d'être, tout de même, heureuse de parler à ce grand-père qu'elle aime beaucoup.

Nous avons besoin de la douceur et de la force de la compassion.

Plus on est lucide sur ce monde, plus on accepte de le voir tel qu'il est, et plus on se rend à cette évidence : nous ne pouvons rencontrer toutes les souffrances que l'on rencontre dans une vie d'humain, sans cette force et sans cette douceur. Cela ne suffira peut-être pas, et il faudra d'autres énergies encore, mais sans l'énergie joyeuse et vivante de la compassion, nous aurons envie de fuir la violence du monde au lieu de nous en rapprocher pour l'adoucir.

Toutes les blessures que nous observons autour de nous, toutes celles que les psychothérapeutes recueillent dans le secret de leurs consultations, sont liées au manque d'amour, créées ou amplifiées par lui. Manque de douceur, de compréhension, de gentillesse, de bonté. Manques d'hier, qui nous ont blessés ; manques d'aujourd'hui, qui réveillent ces blessures. Leurs guérisons seront liées à toutes les formes et toutes les expressions de la compassion.

C'est aussi simple que ça.

Nous avons besoin de la douceur

Les racines de la douceur pour autrui et pour soi-même se trouvent dans la compassion, ce « sentiment qui porte à plaindre et à partager les maux d'autrui ». Et qui est une forme d'amour, comme le note Fénelon dans son *Dialogue des morts* : « La compassion est un amour qui s'afflige du mal de la personne qu'on aime. » La compassion, c'est « souffrir de la souffrance de l'autre[1] ».

Bien que la compassion soit au cœur de la relation de soin, et que je sois médecin, donc concerné par elle, il ne m'était jamais venu à l'esprit qu'elle pouvait être, sous ses différentes formes, non pas seulement une nécessité de toute démarche de soin, mais aussi un outil pour aller soi-même mieux. Les discussions avec Matthieu Ricard, la lecture de ses maîtres bouddhistes m'ont ouvert les yeux à ce propos. Dans le bouddhisme[2] est émis le souhait que tous les êtres sensibles soient libérés de leurs souffrances.

La compassion y est ainsi le centre de nombreuses pratiques méditatives.

La compassion est une démarche et un sentiment à la fois plus vaste et plus positif que la pitié que nous pouvons ressentir face à la souffrance d'autrui. Il y a dans la pitié une distance que la compassion ignore. Elle est ainsi plus proche de la « charité » originelle des chrétiens : un amour joyeux et désintéressé du prochain, quel qu'il soit. La dimension joyeuse et heureuse de la compassion est indispensable : comment résister sinon à la constance de la souffrance, à son universalité et à son intensité ? Nous avons besoin de la joie pour éviter que notre cœur ne se brise. Une autre façon de nommer la compassion chez les chrétiens est la *miséricorde* : qui signifie littéralement « avoir le cœur sensible à la misère ». Sa dimension proactive est fondamentale aussi : la compassion ne peut pas n'être qu'une émotion ou une intention. Elle doit s'incarner dans l'action. C'est ce que l'on nomme la bonté, ou la gentillesse : ce désir de faire tranquillement du bien à l'autre, sans ostentation ; cette attention à lui épargner de la peine inutile, ou plutôt à l'alléger ; ce message d'affection sobre et de respect souriant pour les autres humains.

La compassion n'est la compassion que dans l'action gratuite, elle n'est pas – jamais – un investissement en attente de retour. Sinon elle débouchera, tôt ou tard, sur l'amertume et le ressentiment. Gratuité absolue, sans autre attente que celle de se sentir en règle, en paix, d'avoir fait son « métier d'être humain », selon les mots de Marc Aurèle.

Mais la souffrance est aussi en nous, et les maltraitances viennent aussi de nous. C'est pourquoi nous avons aussi besoin d'autocompassion, besoin d'avoir de la compassion pour nous-même. Pourquoi ajouter soi-même aux souffrances que la vie nous apporte ? La compassion, c'est vouloir le bien de *tous* les humains, soi compris.

Le manque de compassion pour soi (et son impact sur les états d'âme)

Le manque d'autocompassion est une grande source de souffrance, car il rajoute aux problèmes déjà proposés par l'existence quotidienne. De plus, ce manque d'autocompassion s'accompagne en général d'états d'âme de ressentiment envers soi, de honte, de culpabilité, qui entraînent une sorte de « suppuration de la souffrance » : ce manque est une entrave aux processus de réparation et de cicatrisation de nos plaies psychiques, parce que nous ne nous réconfortons pas, mais aussi parce que nous n'acceptons pas le réconfort des autres. Ces états d'âme auto-agressifs empêchent aussi le temps qui passe de jouer son rôle apaisant car ils ramènent toujours à notre conscience échecs supposés ou manquements passés, ils nous ramènent inlassablement à ce qui ne va pas en nous. Ils nous incitent à ne pas prendre en compte, ne pas accepter, ne pas respecter notre souffrance.

Cela peut prendre les visages d'attaques contre soi à grands coups de reproches, des *self-attacks* violentes que l'on retrouve dans tant de problèmes psychologiques[3], ou d'une autopersécution insidieuse et constante – sous le masque de l'objectivité et du constat : se faire des reproches, se dénigrer, se dévaloriser au moindre incident. « Je commence d'abord par m'en vouloir, me sentir responsable, coupable, minable ; puis une fois calmée, j'essaie de réfléchir ; le plus souvent je continue de trouver des raisons de m'accuser, mais c'est un peu moins violent, alors qu'au début, je serais prête à me frapper ou à me défenestrer… »

Dans les cas semblables, des séquences spécifiques de travail sur l'autocompassion sont nécessaires en psychothérapie et s'avèrent efficaces[4]. En effet, ces *self-attacks*, quelle que soit leur intensité, sont de véritables habitudes mentales d'agression et de dévalorisation de soi, qui s'imposent automatiquement à nous[5]. La notion d'habitude ne concerne pas que nos comportements mais aussi nos pensées et états d'âme. Une habitude mentale se caractérise par quatre points : elle est automatique, elle est répétée, elle échappe – au moins au début – à notre conscience (on ne les voit pas, ou plus, ou trop tard, alors qu'elles ont déjà commencé à s'installer et agir) et elle a un impact sur nous (nos états d'âme et nos comportements). Perdre l'habitude de se critiquer va donc nécessiter un vrai travail de déracinement de ces automatismes ; afin de les affaiblir, puis, le temps aidant, d'espérer qu'ils disparaissent à force de n'être plus sollicités. La première étape de ce travail va être celle d'une prise de conscience régulière de l'existence des pensées négatives : plus elles passent inaperçues, plus leur impact sera grand. Or, comme elles sont douloureuses, on tente souvent de les fuir, leur laissant ainsi une totale marge de manœuvre.

Ces habitudes d'autodévalorisation peuvent bien sûr provenir de notre passé[6], mais elles se retrouvent aussi comme séquelles dépressives, et sont alors loin d'être anodines. Une étude chez des adolescents déprimés avait par exemple montré que ceux qui, lors des états d'âme dysphoriques – c'est-à-dire des périodes de cafard –, avaient le plus haut niveau de pensées d'autodévaluation étaient ceux qui un an plus tard présentaient le risque le plus élevé de chronicisation de leur épisode dépressif[7]. Ces habitudes persistent aussi après guérison, comme des « cicatrices dépressives », chez des adultes ayant été déprimés : en décrivant une expérience dysphorique récente, les personnes qui ont été déprimées présentent davantage de pensées autodévaluatives que celles qui n'ont jamais été déprimées. Et ce, à intensité de dysphorie comparable : malgré les apparences, ce ne sont pas les mêmes cafards. Ceux des anciens déprimés risquent davantage de contenir en germe le désamour de soi, qui est au cœur de la souffrance dépressive, de son maintien, et de ses résurgences[8].

Le déficit d'autocompassion existe aussi chez chacun de nous, lors de certaines formes de tristesse : dans les états d'âme de culpabilité ou de remords par exemple. Bien avant les psychiatres, les philosophes avaient identifié le phénomène. Montaigne : « De toutes les maladies, la plus sauvage, c'est de mépriser notre être. » Et il y a plus longtemps encore, notre cher et mystérieux Lucrèce : « Chacun cherche à se fuir, personne n'y parvient, / On reste prisonnier du moi que l'on déteste. »

Je me souviens du rêve bizarre que m'avait raconté un patient, qui justement était en train de progresser en matière d'autocompassion. Il allait mieux, mais ce rêve était en retard sur sa réalité psychologique, il était non plus prémonitoire, mais *post-monitoire.* Un rêve fantôme, un rêve séquelle, un rêve cicatrice. Je précise à mes lecteurs compassionnels que, malgré ce rêve, il n'a pas rechuté. « C'est un rêve où je suis désespéré : je me roule par terre, je cherche à me frapper. Mais je n'y arrive même pas. Ça me désespère encore plus car, dans mon rêve, j'ai le sentiment que je les mérite, ces coups, et qu'il faut absolument que je me les porte. Je me dis : tu le mérites, tu le mérites ! Et je cherche à me frapper, de plus en plus fort, à me faire mal. C'est très important pour moi, que je me fasse mal. Du coup, je m'agite, je balance des terribles coups de pied dans le lit, et je finis par me réveiller, plus que perplexe. Ce n'est pas un cauchemar : pas d'effroi, pas de sueurs, pas de cœur battant. Juste un rêve presque froid, où ce qui domine, c'est : fais-toi mal, tu l'as mérité. Je n'ai pourtant rien fait de méchant à personne, ces temps-ci ! »

Ne vous faites pas de mal. Jamais. La vie s'en occupe…

Il faut avoir de la compassion pour soi

Autocompasoigne-toi…

L'autocompassion consiste à être attentif à ses souffrances (au lieu de les ignorer), à vouloir les alléger (au lieu de vouloir se punir ou s'enfoncer), à se montrer gentil et compréhensif avec soi-même (au lieu de se traiter avec distance, dureté, mépris ou violence).

Ce sur quoi repose l'autocompassion ? Il s'agit simplement de considérer qu'il est normal de prendre soin de soi ; d'avoir le sentiment que ce qui nous arrive et ce que nous ressentons est une expérience humaine universelle (inutile donc de se blâmer, inutile de se punir) ; de se montrer capable d'acceptation envers ses échecs ou difficultés (ne pas se juger trop vite, ne pas se suridentifier à ses problèmes ou ses oscillations d'états d'âme).

Elle est clairement associée à l'équanimité (*égalité d'âme*) : de nombreuses études montrent que la bienveillance avec soi est globalement très favorable au bien-être psychologique[9]. Elle joue aussi un rôle important dans la résilience, cette capacité à retrouver goût à la vie après violences et épreuves. Sur le long terme, c'est-à-dire dans la vie, et non plus seulement dans les laboratoires de psychologie, cet élément est décisif : l'autocompassion permet tout simplement des autoréparations régulières face à l'adversité, car on est son allié au lieu d'être son ennemi et son persécuteur[10].

Elle intervient sans doute dans la guérison de certaines dépressions, lorsque les patients cessent de s'autopersécuter, notamment en arrêtant de se comparer aux autres. À ce moment de leur amélioration, ils passent d'une préoccupation fragilisante : la restauration de l'estime de soi (se convaincre qu'ils ne sont pas inférieurs aux autres) à une démarche sécurisante, celle de l'autocompassion (se dire que ces histoires d'être mieux ou moins bien que les autres, on s'en fiche, et qu'on doit simplement prendre soin de soi en attendant de pouvoir reprendre soin des autres[11]).

Les capacités d'autocompassion, lorsqu'on les étudie de près, sont en général corrélées à une moins grande importance accordée à l'échec (ce qui est logique), mais aussi au succès : les personnes semblent avoir placé en priorité existentielle le recul par rapport aux pressions et aux jugements, et le souci de ne pas s'affliger parce que l'on a perdu certaines compétitions sociales.

Certains patients sont inquiets lorsque nous leur parlons d'avoir de la compassion pour soi : « Ne peut-il pas exister des risques de démission, d'autocomplaisance ou d'auto-apitoiement ? » Apparemment non, cela reste compatible avec une bonne adaptation psychosociale et un bon niveau de fonctionnement[12]. Et au contraire, l'autocompassion entraîne en général un plus grand sentiment de responsabilité personnelle (on endosse les problèmes s'il y a lieu, au lieu de s'en défendre et de les nier) mais sans pour autant faire sombrer dans la culpabilité[13].

Concepts proches de l'autocompassion

Ces patients qui ont du mal à comprendre l'autocompassion ne sont pas sans excuses : il ne s'agit pas d'une idée si familière à nos esprits. Elle peut aussi ressembler à d'autres concepts[14].

L'estime de soi : « J'ai de la valeur et des compétences. »

Il existe à la fois des différences et des similitudes entre autocompassion et estime de soi[15]. Le souci majeur de l'autocompassion est davantage le réconfort et le respect de soi en tant que personne, que la performance et la reconnaissance sociales. Le sentiment d'appartenance et de connexion aux autres (« Nous souffrons tous des mêmes blessures et de la même façon ») plutôt que celui de la différence (« Nous essayons tous de nous faire une place »). Mais plutôt que de vouloir les opposer, on peut plus simplement considérer l'autocompassion comme une composante majeure de la bonne estime de soi. Les estimes de soi *stables*, celles vers lesquelles il faut tendre, sont aussi autocompassionnelles[16], car cette stabilité ne peut s'obtenir que par la mise en œuvre de l'autocompassion : elle résulte de la manière dont nous nous réconfortons et encourageons après des échecs et des difficultés. Sans cette bienveillance, nous aurons tendance la fois d'après à éviter par la fuite la douleur d'un nouvel échec. Si nous nous sommes réconfortés, il nous sera plus facile de tenter à nouveau, en tenant compte de ce que nous avons appris.

Une estime de soi haute mais à laquelle manque cette dimension autocompassionnelle ne protégera pas aussi bien du risque dépressif : en cas d'adversité importante, toutes les forces qui poussent à être performant pourront devenir des forces d'autodestruction. On a plusieurs fois montré que l'instabilité de l'estime de soi, plus que son niveau, est un meilleur prédicteur du risque de dépression ultérieure[17]. Et l'autocompassion est un des grands stabilisateurs de l'ego. De plus, les études montrent également qu'être accepté pour ce qu'on *est* s'avère bien plus bénéfique pour l'estime de soi qu'être accepté pour ce qu'on a *fait* et réussi[18].

L'acceptation de soi : « Même imparfait(e), même au-delà de ce que je fais, je mérite d'exister et d'être aimé(e). »

L'acceptation de soi est sans doute plus proche de l'idée d'autocompassion : il s'agit d'avoir avec soi-même un rapport apaisé, où l'on accueille toutes les caractéristiques de sa personnalité, les « positives » et les « négatives ». On cherche à s'accepter comme on est, avec bienveillance. Et lorsqu'on voit ce qu'on souhaite changer en nous, on le fait sans violence, avec patience : on est capable d'accueillir inlassablement ses difficultés et sa lenteur à changer, parce qu'on sait (là encore par sentiment d'appartenance au genre humain) que c'est difficile de changer. Mais cette autobienveillance nous permet de garder notre énergie pour les efforts de changement, au lieu de la gaspiller dans de vaines et douloureuses colères contre soi.

L'autocompassion : « Je n'ai pas à me faire de mal lorsque je souffre, à me punir lorsque j'échoue. Dans ces moments, je mérite au contraire attention et réconfort, comme tous les humains. »

La compassion s'écarte toujours de la notion de jugement, que l'on en dépende encore comme dans l'estime de soi, ou que l'on commence à s'en affranchir, comme dans l'acceptation de soi. Elle s'oriente vers une approche plus « soignante » en ce sens qu'elle est attentive à réduire la douleur en nous, et désireuse de bien. Elle est seule capable d'éviter les dérapages de la culpabilité (sentiment d'avoir fait quelque chose de mal : jugement sur ses comportements) et de la honte (sentiment d'être méprisable : jugement sur sa personne globale). Elle ne dispense pas de la culpabilité ou de la honte, mais de leurs excès : l'autocompassion nous en fait accepter la blessure, comme un rappel à l'ordre éventuel, et nous pousse alors à l'examiner, et voir que faire.

Compassion et autocompassion

Existe-t-il des liens entre autocompassion et compassion ?

Les humains d'exception nous rappellent, et nous montrent par leurs vies, que la compassion est encore plus importante que l'autocompassion, et sans doute à sa source. Ainsi Etty Hillesum : « Je ne cesse de faire cette expérience intérieure : il n'existe aucun lien de causalité entre le comportement des gens et l'amour qu'on éprouve pour eux. L'amour du prochain est comme une prière élémentaire qui vous aide à vivre[19]. » La compassion qui nous *aide à vivre*… Ce n'est ainsi pas un hasard si elle se retrouve au cœur de toutes les grandes religions. Saint Augustin écrivait : « Si la charité vient à manquer, à quoi sert tout le reste ? »

De fait, la tranquillité de l'âme a besoin de la compassion, sinon elle n'est que du détachement. À quoi bon ? Mais inversement, la compassion a besoin de l'égalité d'âme, sinon elle induit trop de douleur. Chez la plupart d'entre nous, humains ordinaires, la compassion ne peut s'appuyer, sur la durée et non comme attitude occasionnelle ou exceptionnelle, que sur un minimum de bien-être personnel : trop de souffrances rendent inapte à la compassion. Les souffrances personnelles excessives et non régulées entraînent alors plutôt de la distance (« Je suis trop fragile, déjà assez de mal avec moi-même, trop de soucis, je ne m'en sors déjà pas tout seul… »), ou du ressentiment (« Ils ne méritent pas ma compassion »). On a ainsi étudié ce qui se passe lors des états d'âme hostiles : la colère tend à faire juger plus négativement les personnes, là où la tristesse fait juger négativement plutôt les situations[20]. On a montré aussi que la dépression entraînait une tendance à un déficit de compassion[21]. Si nous portons trop de tristesse en nous, il nous sera évidemment difficile de ressentir la joie et l'élan nécessaires à la compassion.

Il est manifeste que ces deux démarches, la recherche de la paix intérieure et celle de la compassion, n'ont pas à être opposées, et doivent au contraire être menées conjointement. Il n'y a pas d'un côté la compassion, pour prendre soin des autres, et de l'autre l'autocompassion, pour prendre soin de soi. En réalité, dans la compassion, nous prenons aussi soin de nous-mêmes. Et dans l'autocompassion, un peu soin des autres, qui auront, demain, besoin de nous…

Histoires de compassion

Dans son dernier sermon, prononcé à Memphis, la veille de son assassinat, Martin Luther King[22] évoque la parabole du Bon Samaritain, cet homme qui s'était arrêté sur le chemin de Jéricho pour secourir un inconnu agressé par des brigands, après que deux autres passants l'avaient ignoré : « C'est une route dangereuse. Au temps de Jésus, on appelait cet endroit la "passe sanglante". Vous savez, il est possible que le prêtre et le lévite aient vu cet homme allongé et se soient demandé si les brigands n'étaient pas encore dans les parages. Peut-être même ont-ils cru que l'homme faisait seulement semblant. Qu'il feignait d'avoir été dévalisé et blessé pour les piéger sur-le-champ, les tromper pour se saisir d'eux tout soudain et plus aisément. Oh, oui ! Aussi, la première question que le lévite s'était posée était-elle : "Si je m'arrête pour aider cet homme, que va-t-il m'arriver ?" Mais le Bon Samaritain était alors passé. Et il avait posé la question à l'envers : "Si je ne m'arrête pas pour aider cet homme, que va-t-il lui arriver ?" »

Tout est dit : face à l'épreuve, vers qui se tournent mes pensées ?

Naissance de la compassion chez les enfants. Ma fille aînée Faustine qui me parle de sa professeur de latin, qui est aussi poète, et qui publie une revue de poésie[23]. Comme elle semble galérer pour la faire vivre (inutile de vous dire que les revues de poésie n'ont jamais beaucoup de lecteurs), Faustine me raconte l'histoire, en ajoutant, sincèrement touchée : « La pauvre ! » C'est la première fois que je la vois exprimer de la compassion pour un adulte qui n'est pas un proche. Elle grandit…

Un jour, j'avais garé mon scooter sur un trottoir de Paris, me disant bêtement : « Ça ne gêne personne, les piétons peuvent passer sans problème. » Je commence à m'éloigner de quelques pas, lorsque je vois une dame aveugle qui bute dessus avec sa canne, qui se coince dans la roue. Mort de honte, je me précipite et lui propose mon aide. Elle me demande de la conduire à l'arrêt de bus le plus proche, au bout de la rue. Elle aurait pu me demander de la conduire n'importe où, je l'aurais fait, tant je me sentais coupable. Pendant un long moment ensuite, je suis confus, en proie à des états d'âme de tristesse, et de colère contre moi. Ces états d'âme font leur boulot : ils me délivrent leur leçon, douloureuse, et l'impriment dans ma tête. J'ai compris. Maintenant, quand je gare mon scooter, je perds souvent un peu de temps pour chercher une place ailleurs que sur les trottoirs. Et quand je le fais tout de même (à Paris, c'est dur parfois...) je vérifie toujours : si un aveugle passe par là, il ne risque pas de se cogner ?

Une sortie au petit restaurant japonais de notre quartier avec Céleste, la plus jeune de mes filles. Dans la rue, passe une vieille dame qui a du mal à porter un sac à provisions trop lourd. Nous lui proposons notre aide et la raccompagnons jusqu'à son immeuble. En chemin, elle nous raconte son enfance dans le quartier, comment tout a changé, comment elle vit seule depuis des années. Céleste l'écoute attentivement. Je vois à sa tête (et à ses questions les jours suivants) qu'en quelques minutes elle a compris ce que c'était que vieillir. Et qu'il fallait aider les mamies solitaires. Il y a aussi des jours où la compassion de Céleste me semble excessive, ou du moins bien lourde à porter. Dès que j'ai l'air soucieux ou triste, elle s'inquiète : « Ça va, papa ? » J'aimerais bien parfois qu'elle soit plus égoïste, je sens qu'elle va en souffrir. Mais je sais aussi que cela va lui apporter plus de bonheurs que de souffrances. Un jour, sa copine Maya déchire à l'école son manteau tout neuf. Elle est inquiète et affolée, car sa mère est sévère. Alors Céleste, 9 ans, élabore un plan : elle lui prend son manteau pour que sa mère à elle le recouse le soir à la maison. Elle lui donne le sien pour que Maya puisse dire qu'elles ont échangé leurs manteaux à l'école : si ses parents la grondent, ce sera toujours moins que si elle rentre avec son manteau déchiré.

Une de mes anciennes patientes de Toulouse m'envoie une invitation pour un vernissage (elle est peintre). Je ne peux pas y aller, trop loin, trop compliqué. Mais tracas léger, tout l'après-midi. Je m'arrête pour réfléchir. Non, il ne me semble pas que c'est de la culpabilité. Puis je comprends : je vois l'image dans ma tête : j'ai peur pour elle qu'il n'y ait pas grand monde à son vernissage. Compassion triste. Mais mon vieux, ta compassion est virtuelle et inutile : elle a plein d'amis, c'est une extravertie, il y aura sûrement beaucoup de monde, même sans toi ! Quand même, je vais lui envoyer un petit mot…

Franz Kafka et ses tourments infinis, compassionnel jusqu'à la névrose. Quand son père, un homme rugueux et violent, traîne ses employés dans la boue, c'est Franz qui ressent de la compassion et du remords à sa place : « Et même si, moi, insignifiante créature que j'étais, je leur avais léché les pieds, cela n'aurait pas compensé la façon dont toi, le maître, tu les avais tancés[24]. »

Encore une histoire de cécité. Un jeune garçon, moniteur de colonie de vacances, a hérité d'une petite fille aveugle dans son groupe d'enfants. Lors d'une promenade dans un bel endroit, il lui raconte, à sa demande, le paysage. Elle est ravie, lui pose et lui repose des questions, et lui s'emballe et oublie, et décrit à quel point ce que l'on voit est beau. Tout à coup un silence : elle ne dit plus rien. Il comprend ce qui se passe. À force de vouloir la faire voir avec ses yeux à lui, il a fini par lui rappeler qu'elle ne voyait rien. En faisant du bien, il a aussi fait mal[25]. Rien à regretter : il a bien fait d'agir ainsi, de raconter, de faire vivre ce paysage pour la petite fille. Mais pourtant, tristesse. Compassion.

Mon cher Alexandre Jollien, philosophe au cœur tendre et à l'esprit affûté, qui me raconte l'histoire de cet homme qui ramasse des étoiles de mer échouées sur la plage : un passant lui dit que ça ne fera pas grand-chose, il y en a tellement d'autres échouées, partout. En remettre quelques-unes à la mer, ça ne change rien. « Oui, oui, répond l'homme, c'est vrai. Mais celles que je remets à l'eau, ça change tout pour elles… »

L'impossibilité pour toi désormais de faire du mal de façon prolongée, répétée, autrement que par hâte ou par maladresse. La culpabilité comme tristesse d'avoir fait souffrir quelqu'un. L'intolérable idée que quelqu'un quelque part puisse t'en vouloir, parce que tu lui as fait du mal ; même un inconnu ; même un salaud. La conscience très claire de l'absolue nécessité d'interrompre la chaîne de la souffrance.

Pratiques compassionnelles

Comment faire venir un monde plus doux sans que ce soit un monde mou, qui renonce à changer et à évoluer ? Simplement en travaillant sur la compassion. La compassion telle que nous l'avons décrite : acceptation que la souffrance existe, désir de la soulager chez les autres et en soi, et engagement dans cette démarche avec des états d'âme de contentement. Auto- et hétérocompassions relèvent des mêmes efforts, et je n'ai pas voulu séparer ceux-ci dans tout ce qui va suivre. Il y a à mes yeux une grande proximité des deux démarches, et lorsque ce n'est pas le cas, une complémentarité, l'une aidant et préparant l'autre.

S'intéresser aux souffrances de nos frères humains lorsque nous allons bien

Le bonheur est une richesse à partager et à redistribuer, pour apporter plus de douceur et de gentillesse dans ce monde abondamment garni en occasions de souffrir. De nombreux travaux ont ainsi montré que le bien-être personnel, loin de pousser à l'égoïsme, conduisait naturellement à vouloir aider autrui[26].

Se connecter à ces souffrances lorsque nous allons mal

Pas pour nous dire : « Ne te plains pas, il y a pire que toi », mais plutôt : « Ce qui te fait souffrir, d'autres en souffrent aussi, en ce moment. Et il y a aussi toutes celles et ceux qui en ont souffert avant toi, qui en souffriront après toi. Cette souffrance est partagée et fait partie de notre condition d'humain. » La souffrance n'est pas supprimée, ce n'est pas le but, mais elle est comme diluée dans un plus grand contenant que notre seule personne.

Face à l'adversité, ne pas chercher à se revaloriser mais à se consoler

Une étude parmi tant d'autres avait élégamment montré cela[27] : on demande à des volontaires de penser à un événement récent qui les a fait souffrir et moins s'aimer (on suscite donc des états d'âme centrés par les sentiments d'échec, d'humiliation, de rejet). Puis on leur suggère de se remonter le moral en s'engageant soit sur la piste de l'estime de soi : faire par écrit la liste de toutes ses qualités, expliquer en quoi ce n'était pas totalement de notre faute, montrer que l'événement n'est pas révélateur de notre valeur globale ; soit sur la piste de l'autocompassion : toujours par écrit, souligner qu'il s'agit d'un événement que beaucoup d'autres êtres humains ont connu et traversé, rédiger à propos de cet événement le type de consolation qu'on proposerait à un ami mais en se l'adressant à soi-même, prendre du recul envers l'événement en le décrivant de manière dépassionnée et non jugementale. Les résultats montraient clairement que les participants de la condition « induction d'autocompassion » ressentaient après l'évocation de l'événement douloureux moins d'états d'âme négatifs que ceux du groupe « induction d'estime de soi ». Avec d'ailleurs un petit paradoxe : ils allaient mieux malgré le fait qu'ils endossaient davantage leurs responsabilités dans la survenue de l'événement ; ce n'était donc pas grâce à un mécanisme de défense comme le déni (« Je n'y suis pour rien, ce n'est pas ma faute, ce n'est pas un problème de toute façon, etc. »). Bien sûr rien n'empêche d'utiliser les deux stratégies : se consoler et se revaloriser. Mais rester sur le seul terrain de l'estime de soi remet simplement sur pied pour de futures compétitions ; y associer la compassion rappelle qu'il faut toujours garder de la distance avec l'aspect violent et déshumanisant de toutes les compétitions que la vie nous propose, ou que nous croyons parfois voir en elle.

Accéder à la compassion par la gratitude

En prêtant encore et toujours attention aux efforts faits par les autres pour embellir nos vies. C'est la démarche de la gratitude : en écoutant sa musique, penser à Bach qui, au lieu d'aller à la pêche ou de se promener un peu plus longtemps avec ses enfants, s'installe à son pupitre pour composer tous ces déluges de beauté métronomique, dont je profite plusieurs siècles plus tard. Se réjouir qu'il ait existé et travaillé. Car la compassion doit aussi déboucher sur un intérêt pour les autres, même non souffrants, sur un intérêt pour leurs réalisations. Et sur la joie d'être un humain, et sur la gratitude pour ceux qui ont permis que cette joie existe en nous. La démarche est la même pour nous : pratiquer l'autocompassion à notre égard, la reconnaissance et la compréhension de nos souffrances, mais aussi la conscience de tous les biens, grands et petits, que nous avons faits aux autres. Conscience de nos milliers de sourires, de paroles et de gestes de réconfort ; ceux dont nous étions conscients, et ceux, plus nombreux et plus beaux encore, que nous avons dispensés sans nous rendre compte qu'ils faisaient du bien à quelqu'un, quelque part.

Pratiquer bienveillance et tolérance

Avoir un regard bienveillant sur les autres humains permet de faire de la place en nous pour la compassion : si quelqu'un nous irrite ou nous dérange, avant d'agir, ou après, au moins, ne pas oublier de réfléchir à la blessure ou la faiblesse qui a provoqué le comportement qui nous irrite. Et puis, tolérer les imperfections des autres, en comprendre les sources, cela aura un effet *boomerang* sur nos propres imperfections, et nos capacités à l'autocompassion. Mais le plus intéressant et le plus joyeux dans cette gymnastique de l'esprit – « comprendre avant de juger » –, c'est qu'elle va nous rendre l'existence plus agréable. Nous étonner et même nous attendrir devant les bizarreries, excès ou incohérences des autres humains va nous faire vivre dans un monde plus léger et plus lisible, plus compréhensible, plus proche. Cela fait partie de la sagesse, dont nous parlerons bientôt. Et comme toujours, cela ne dispense pas d'agir ; mais cela permet d'agir avec mesure. C'est l'essence de la bienveillance : avant de railler ou de critiquer, on a été ému. Alors on pourra bien se moquer ensuite, ou juger, si c'est plus fort que nous, s'il faut le faire. Mais il s'agira d'humour attendri et non d'ironie cruelle. De jugement et non de châtiment.

Méditer sur la compassion

« Les textes bouddhistes conseillent de cultiver quatre pensées ou attitudes particulières et de les accroître sans limites. Il s'agit de l'amour altruiste, de la compassion, de la joie devant le bonheur d'autrui et de l'impartialité[28]. » Ces quatre attitudes sont destinées à s'équilibrer les unes les autres. L'amour altruiste (vouloir le bien de tous les êtres) peut être équilibré par l'impartialité (cela ne doit pas dépendre de nos attachements personnels, et ne concerner que ceux que l'on aime ou qui nous ont fait du bien). La joie devant le bonheur d'autrui peut être balancée par la compassion : pour s'écarter d'une euphorie irréaliste, penser aux souffrances qu'ils ont aussi traversées ou qui les attendent. Et ainsi de suite... Le fait de pratiquer régulièrement des exercices de méditation sur la compassion et ses attitudes associées permet de les garder à notre esprit comme des valeurs vivantes. Permet aussi de mieux passer des intentions aux actes. Et permet enfin d'aller bien : ces méditations sur la compassion « musclent » probablement, de manière indirecte, les voies d'activation des émotions positives[29]. D'autres recherches sont actuellement en cours pour évaluer l'intérêt des approches centrées sur l'autocompassion en psychothérapie[30]. Je suis plutôt tranquille quant aux résultats...

Disposer de mantras autocompassionnels

Dans les traditions bouddhistes et hindouistes, le mantra est une phrase très ramassée que l'on va répéter régulièrement pour s'en imprégner. C'est un mot issu du sanscrit, qui signifie en gros « outil de protection de l'esprit » (*manas* : arme ou outil de l'esprit, et *tra* : protection). Nous pouvons disposer de mantras personnels tels que : « Prends soin de toi », « Ne te fais pas de mal », « Inutile de t'agresser », « Pas de double peine », « Fais ce que tu as à faire », « Ne te déteste pas ». Cela risque évidemment de paraître un peu naïf ou rigide, mais dans la pratique, de telles phrases peuvent représenter des petits automatismes de rappel à l'ordre, lorsque nos démons intérieurs font apparaître à notre esprit des formules opposées, des « mantras autodestructifs » : « Tu es nul », « C'est la catastrophe », « Tu n'y arriveras jamais », « Tu ne le mérites pas », etc. Avoir régulièrement fait tourner ces mantras autobienveillants dans notre esprit lors d'exercices de méditation peut aussi aider à les automatiser. Non pas pour devenir des robots, mais de manière que les autres automatismes, ceux que notre passé a déposés en nous, se trouvent limités, le temps que nous puissions y réfléchir calmement. Cette approche n'a été à ma connaissance l'objet d'aucune étude de validation (ou d'invalidation) scientifique. Simplement, nombre de patients semblent l'avoir spontanément adoptée : « Maintenant, j'ai une petite voix dans la tête qui me dit : ne te fais pas de mal. » Victor Hugo avait dit cela de manière plus solennelle dans *Les Contemplations* : « De quelque mot profond tout homme est le disciple. »

Disposer – aussi – de mantras hétérocompassionnels

Dans la même démarche, pour peu à peu antagoniser nos réflexes à juger ou agresser, se rappeler : « Les gens font ce qu'ils peuvent », « Une personne qui agresse est une personne qui va mal, ou qui a peur », « Respire avant de répondre ». Et pour des proches : « Cette personne t'aime, même si elle est en train de t'agresser. »

Pratiquer des exercices progressifs d'extension de la compassion

Il est plus facile au début de s'attacher à être sensible aux souffrances des personnes qu'on aime, puis de s'attacher à ressentir de la compassion pour celles qu'on connaît, puis pour les personnes inconnues. De même, s'entraîner à la compassion pour ceux qui nous font du bien, puis ceux qui ne nous font ni bien ni mal, puis ceux qui nous ont fait du mal et ceux qui nous en font encore. La compassion a pour vocation de s'étendre ainsi le plus largement possible. Inutile de chercher à devenir une sainte ou un saint : ressentir la compassion, c'est comme le pardon, dont nous avons parlé, cela ne nous oblige pas à tout subir. Mais c'est simplement avoir compris que notre bien et celui du monde ne peuvent reposer sur le ressentiment et sur le refus de voir les souffrances autour de nous. Même celles d'une seule personne, comme le rappelle Marc Aurèle : « Un rameau ne peut pas être coupé d'un rameau contigu sans être aussitôt coupé de l'arbre tout entier. De même, l'homme séparé d'un seul homme est aussi détaché de la communauté tout entière[31]. »

Passer aux actes de douceur active : consolations

Lors des séances de thérapie de groupe telles que notre petite équipe les pratique dans le service de l'hôpital où je travaille, j'ai toujours été frappé par la sensibilité des patients participants à la compassion et à la gentillesse qu'ils y recevaient : ce qui les touche et les aide le plus, ce dont ils reparlent des années après, c'est l'ambiance de compréhension et de compassion du travail de groupe, les petits mots et les petits gestes venant d'eux ou des thérapeutes, qui montrent le respect de leurs souffrances et difficultés, mais sans apitoiement aucun, dans le contexte d'incitation à l'action qui est celui de nos thérapies (que je définirai comme comportementalistes-humanistes). La douceur, la gentillesse sont de puissants moteurs pour le changement psychologique durable. Intérioriser ces expériences de partage affectif me semble avoir une grande valeur réparatrice (des douleurs passées) et dynamisante (pour les efforts à venir). Pas forcément suffisante, il faudra d'autres efforts, mais motivante : « Cette douceur est possible, je peux la rechercher et je peux la créer dans ma vie. » La psychothérapie s'est un temps éloignée de la notion de consolation, alors qu'elle ne peut en réalité s'en passer. D'où mes désarrois lorsque, jeune psychiatre, je découvris la psychanalyse et sa position qui était de ne pas s'engager dans des démarches de réconfort et de consolation. À cette époque, la psychiatrie s'était fourvoyée en exportant du cadre de la cure psychanalytique (où elle a sa place) l'attitude de neutralité, même « bienveillante ». Pour les personnes qui souffrent, la neutralité, c'est de la froideur. J'ai donc bifurqué vers d'autres approches, parce que je ne voulais pas que ma pratique ressemble à ce vers de Musset : « Tu me plains sans me consoler. » Consoler sans plaindre : voilà qui m'apparaissait comme un but préférable ! La consolation est contenue dans la compassion : il nous faut de l'énergie et de la joie pour consoler, et consoler c'est encourager à agir. Mais plaindre me semble contenir plutôt de la pitié, qui n'incite guère à changer les choses…

Exercices quotidiens de gentillesse

Avoir des gestes ou des paroles ou des regards qui feront un peu de bien. « Un peu de douceur dans un monde de brutes », disait il y a quelques années une publicité (pour du chocolat si je me souviens bien). En voiture, s'arrêter à tous les passages cloutés dès qu'il y a un piéton à l'horizon, même si on est pressé, même s'ils se sont arrêtés pour nous laisser passer. On les verra alors hésiter (un automobiliste qui s'arrête sans y être obligé ?) et souvent remercier d'un petit geste en passant. Ce n'est pas si compliqué[32]. On peut aussi, au moins quelques jours par mois, décider de donner à *tous* les mendiants que l'on va croiser. Vous pouvez essayer, vous verrez, ce n'est pas si cher. Observez dans quel état ça vous met de vous être débarrassé des états d'âme d'hésitation (« Je donne ? Je ne donne pas ? Pourquoi à lui plus qu'à un autre ? ») ou de culpabilité « (J'aurais dû lui donner »). Observez ce que cela vous fait de regarder dans les yeux en donnant, de sourire, de montrer que vous êtres content de donner, au lieu de donner sans regard, à contrecœur. Ce n'est pas grand-chose par rapport à la misère du monde ? Non, ce n'est pas grand-chose. Comme dans le poème d'André Breton : « Une étoile, rien qu'une étoile / Perdue dans la fourrure de la nuit. »

Écologie compassionnelle

Les humains d'aujourd'hui acquièrent, peu à peu, une conscience écologique de la planète : le moindre sac plastique que nous jetons est un mal ; et le moindre sac que nous ramassons est un bien, même microscopique. Y prendre garde, ce n'est pas une fatigue bien grande, ni une responsabilité si lourde à porter, vu les bénéfices immenses pour nous tous.

Le même argument vaut pour développer aussi une conscience compassionnelle universelle : nous sommes responsables de la propagation de la compassion, de la gentillesse et de la douceur, par nos attitudes quotidiennes. Nous sommes, chacun, responsables du climat humain qui règne sur cette Terre. La compassion et l'autocompassion font des sociétés meilleures. Une des raisons en est sans doute qu'elles désactivent les désirs de dominance et de différenciation, pour replacer la personne dans une perspective fraternelle et horizontale, centrée sur la similitude et la collaboration entre humains, plus que sur la domination et la compétition. La compassion est un outil d'égalité et de fraternité[33].

Et finalement, elle est le remède universel à toutes nos blessures, qui sont toujours au fond des blessures ou des déceptions avec l'amour et le lien. Tous nos chagrins sont des chagrins d'amour, avec un grand A ou des petits *a*. Et les seuls remèdes qui vaillent sont – aussi – des remèdes d'amour. C'est pour cela que Thoreau, dans son Journal, écrivait : « Il n'y a qu'un remède à l'amour : aimer davantage. » Aimer davantage, pas forcément la même personne : mais ne jamais renoncer à aimer, au-delà de ce qui nous a déçu ou fait souffrir, au lieu de ne plus vouloir aimer. Oui, il n'y a qu'un remède à l'amour : aimer davantage.

Inlassablement.

CHAPITRE 16

Bonheurs

> « Trop de discours sur le bonheur,
> Frères et sœurs,
> Trop de maximes
> Et trop de rimes
> Qui disent tout et son contraire :
> Il n'est qu'au Ciel ! – Non, sur la Terre !
> Alors j'ai décidé
> De m'en passer. »
>
> (de la citation, pas du bonheur.)

À la fin de son chef-d'œuvre, le long poème philosophique *De la nature*, Lucrèce aborde la question de la mort et de la nécessité d'accepter d'abandonner tout ce qui a fait notre bonheur ici-bas : « Désormais, il n'y aura plus de maison joyeuse pour t'accueillir, plus d'épouse excellente, plus d'enfants chéris pour courir à ta rencontre se disputer tes baisers et pénétrer ton cœur d'une douceur secrète. Tu ne pourras plus assurer la prospérité de tes affaires et la sécurité des tiens. Ô malheur ! disent-ils, ô malheureux, tant de joies de la vie, il a suffi d'un seul jour funeste pour te les arracher toutes[1]. »

Elle a traversé tranquillement les siècles, cette évocation d'un papa romain, arrivant chez lui en toge, et se réjouissant de voir courir vers lui ses enfants, de retrouver son épouse. Elle est restée si forte qu'elle me bouleverse chaque fois que je la relis. C'était il y a plus de deux mille ans, mais ce sont les mêmes bonheurs que les nôtres, les mêmes états d'âme… Et en quelques lignes, Lucrèce nous dit tout et nous fait tout ressentir : l'éternelle aspiration des humains au bonheur, son caractère tragique et poignant, sa beauté périssable. Et, du fait de tout cela, son absolue nécessité.

Il ne nous reste plus qu'à réfléchir sur le legs de Lucrèce : c'est à nous maintenant de penser aux paroles du maître.

C'est quoi le bonheur ?

« Le bonheur est l'état de la conscience pleinement satisfaite. »

Tous les mots de cette définition importent.

La *satisfaction*, bien sûr, puisqu'il y a dans le bonheur une dimension hédoniste, liée à la satisfaction de nos désirs et de nos besoins. L'hédonisme, qui fait du plaisir le souverain bien, correspond à cette maxime de Chamfort : « Jouis et fais jouir, sans faire de mal ni à toi ni à personne, voilà, je crois, toute la morale. » Cela nous rappelle justement que notre sentiment de bonheur repose sur cette multitude de petites satisfactions avec l'existence, ces « petits bonheurs » anonymes, dont aucun isolément n'a pour vocation de devenir « mémorable », mais dont l'absence empêche la vie heureuse. La disponibilité à accueillir ces microbonheurs est un soubassement indispensable à notre bonheur global. Cela pourtant ne saurait suffire.

Il y a aussi la *plénitude*. Le bonheur est l'objectif de toutes les entreprises humaines : lorsque nous voulons être aimés, exceller, progresser, nous enrichir, c'est parce que nous pensons et espérons que cela va nous rendre heureux. Nous supposons que cela va nous permettre enfin d'atteindre cette plénitude reposante, dans laquelle nous n'aspirerons plus à rien d'autre qu'à vivre et savourer l'instant présent. Cette dimension de plénitude est importante elle aussi : elle nous rappelle que rien ne compte davantage que le bonheur, qui doit ainsi être placé au plus haut de ce que nous avons à respecter et rechercher, et aussi à transmettre. Nous retrouvons parfaitement cette plénitude lorsque nous nous sentons heureux, au travers des états d'âme d'harmonie et de lien qui nous habitent alors. La douleur sépare et assèche, le bonheur rattache et remplit.

Il y a enfin la *conscience*. Car on peut toute sa vie passer à côté du bonheur. Non pas que ses conditions soient absentes de notre existence, mais parce que prétendre au bonheur suppose de prendre conscience des instants heureux lorsqu'ils surviennent. Conscience de leur existence et de leur importance. Si nous ne sommes pas conscients, nous ne vivrons que des bonheurs perdus, des bonheurs d'après coup, comme dans le poème de Raymond Radiguet, *Les Adieux du coq* : « Bonheur, je ne t'ai reconnu / Qu'au bruit que tu fis en partant. » C'est ce qui fait que le bonheur est une forme de transcendance du bien-être : par le mouvement de notre conscience, nous élevons notre bien-être (se sentir détendu, au calme, goûter à de belles choses...) vers quelque chose de plus fort encore.

Mais cette conscience, qui nous permet de ressentir la plénitude du bonheur, qui nous fait accéder aux bouffées d'immortalité qu'il procure, c'est aussi elle qui nous en fait percevoir le caractère éphémère et donc tragique. Et nous sommes ainsi coincés entre les extrêmes du bonheur : entre son caractère trivial, parfois un peu niais à force de tendresse et de simplicité, et son côté impressionnant, intimidant, grandiose, car il nous fait toucher à l'essentiel de la vie et de la mort.

Entre le grandiose et le minuscule, j'ai choisi pour les pages qui viennent d'aborder le bonheur par ce qui semble anodin : sourires et états d'âme. C'est là qu'il nous offre son profil le plus humain. Et c'est aussi là qu'il nous est le plus accessible, le plus proche, le plus à même, aussi, de nous aider à changer. Ce qui est bien notre quête, n'est-ce pas ?

Des états d'âme au bonheur en passant par le sens de la vie

La plupart des études sur le sentiment d'avoir une vie heureuse montrent que ce sentiment est lié à une fréquence et une répétition de petits états d'âme agréables, à des bouffées de

« petits » bonheurs, plutôt qu'à de grands mouvements émotionnels, de forts moments de joie[2]. C'est le tissu de nos instants de bonne humeur qui compose la trame de notre bonheur : moment passé avec un proche, balade dans un bel endroit, lecture stimulante, musique qui nous touche…

Il y a de nombreux états d'âme liés au bonheur : allégresse, légèreté, confiance, force, harmonie, plénitude, paix intérieure, sérénité ; sentiments d'appartenance, de fraternité, et tous les états d'âme liés aux liens sociaux. Le bonheur ressemble ainsi à un tableau impressionniste : tous ces états d'âme positifs en composent les touches minuscules, mais il y a aussi, nous le verrons, des touches plus sombres d'états d'âme négatifs, qui font que le résultat final n'est pas rose bonbon. Il n'est même *jamais* rose bonbon, du moins dans la vraie vie. Les poètes romantiques sont là pour nous le rappeler, comme Chateaubriand[3] : « Les danses s'établissent sur la poussière des morts, et les tombeaux poussent sous les pas de la joie. » Toujours la proximité du bonheur et du tragique : il ne peut y avoir, durablement, de bonheur inconscient ou insouciant.

D'où les limites à ne voir le bonheur que comme une accumulation et une répétition des plaisirs. Nous devons aussi voir le bonheur comme le résultat d'une vie pleine de sens. Ces deux voies se complètent et se renforcent, et plus encore sont nécessaires l'une à l'autre. Le bonheur repose sur des instants heureux, mais n'est pas que cela : il est aussi l'intégration de ces instants heureux dans une vision de son existence au service d'un sens donné. Cependant, à moins d'être exceptionnel, il faut, pour bâtir une vie pleine de sens, de l'énergie, de la persévérance, de la confiance. D'où nous peuvent venir cet élan et cette constance, sinon du plaisir d'exister, de ces états d'âme positifs dont nous avons vu qu'ils nous aidaient à avoir une vision d'ensemble de nos instants de vie ?

C'est ce que la science démontre aujourd'hui : les états d'âme positifs facilitent le sentiment de cohérence personnelle, et aident à percevoir le sens de sa vie. Grâce aux états d'âme positifs, on est capable de voir la forêt dans son ensemble plus que les arbres isolément[4]. Et on est aussi capable d'entendre la forêt qui pousse et pas seulement l'arbre qui tombe. Les études qui comparent fréquence des états d'âme positifs et sens de la vie aboutissent à la conclusion qu'un lien étroit existe entre les deux[5] : un des meilleurs prédicteurs du sentiment que nous pouvons avoir à un moment donné que notre vie a un sens est la présence, à la période où nous nous posons la question, d'états d'âme positifs.

De plus, lorsqu'on est confronté à une tâche, nos états d'âme positifs permettent de mieux distinguer ce qui a du sens et ce qui n'en a pas, en nous donnant un plaisir accru lorsque le sens est là, mais plus de perplexité lorsqu'il n'y est pas ; là où les états d'âme négatifs feront qu'on sera moins rebuté par une tâche dépourvue de sens. Dans une expérience portant sur cette question[6], on faisait lire à des volontaires un texte de spiritualité, en leur demandant soit d'en méditer la portée (tâche ayant du sens), soit de compter le nombre de fois où la diphtongue « es » apparaissait dans le texte (tâche ayant, effectivement, peu de sens). Le niveau de leur humeur jouait un rôle dans le jugement qu'ils portaient sur les tâches : plus leurs états d'âme étaient positifs, plus ils en percevaient fortement l'existence ou l'absence de sens. La bonne humeur ne rend pas stupide, et semble avoir au contraire un effet amplificateur et discriminant envers ce qui compte dans nos vies.

À côté de ces études soulignant l'importance des états d'âme positifs sur le sentiment que notre vie a un sens, il existe aussi, en sens inverse, des travaux montrant que donner du sens à sa vie est un instrument important de stabilité personnelle, notamment face à l'adversité, et que cela nous permet de retourner plus vite au calme après les épreuves[7].

Mais quittons, comme prévu, les grandes questions, et revenons-en au minuscule…

Des petits détails, vraiment ?

C'est une histoire de photo de classe : vous vous souvenez, on se met tous ensemble, sur deux ou trois rangées de bancs, le prof assis au milieu au premier rang ; le photographe nous demande de sourire, et hop ! Voici un souvenir de nos jeunes années ! Une photo qui jaunit peu à peu, sur laquelle certains visages sourient, d'autres non. Est-ce que ces visages adolescents qui sourient vont donner des vies adultes plus heureuses ? C'est exactement cette question, bizarre à première vue, que s'est posée une équipe de chercheurs[8].

Dans une de ces études de « suivi de cohorte » comme il y en eut beaucoup dans les années 1950 et 1960 aux États-Unis, des chercheurs voulurent comparer la tête que l'on adopte sur la photo de classe avec le destin que l'on va ensuite rencontrer. Drôle d'idée, n'est-ce pas ? Comment, l'espace d'un instant, l'expression de notre visage, le temps d'un déclic photographique, pourrait-elle avoir un lien avec ce qui va nous arriver durant le reste de notre vie ? Mais il n'y a pas de questions absurdes en sciences...

À partir de leurs photos de classe, prises entre 1958 et 1960, cent quarante et une étudiantes d'environ 20 ans à l'époque furent ainsi suivies pendant trente ans à trois âges de leur vie : 27, 43 et 52 ans. Les chercheurs furent surpris de découvrir que celles qui souriaient le plus sur la photo (on avait eu recours à un système de décodage strict, par des observateurs extérieurs ne connaissant pas les jeunes filles) étaient celles qui : 1) au moment de la photo présentaient, d'après leurs réponses aux questionnaires à la même époque, les scores d'émotions négatives les plus bas ; 2) qui des années plus tard, étaient le plus souvent mariées et contentes de l'être, et avaient un sentiment de vie heureuse.

Perplexes, les chercheurs vérifièrent s'il n'y avait pas de causes d'erreur ou de distorsion : s'il y avait par exemple un lien avec le désir de plaire ou de faire bonne figure (ce qu'on nomme « désirabilité sociale ») ou avec l'apparence physique (qui pourrait rendre plus attractif un visage, et le faire percevoir plus souriant). Mais non, le sourire sur la photo était tout simplement un assez bon prédicteur des capacités de bonheur ultérieur des jeunes filles photographiées. En moyenne en tout cas : bien évidemment, certaines des bougonnes avaient fini heureuses, et certaines des souriantes, malheureuses. Mais sur le nombre, le sourire était plus que l'expression de l'état d'âme d'un instant : il reflétait une aptitude durable.

Je me souviens de mes propres états d'âme face à cette étude. Perplexité d'abord : j'ai alors regardé de quelle université elle venait. Ah, de Berkeley ! Je me suis dit alors : tout de même, ils charrient ces Américains ! Des Californiens, en plus, avec leur obsession du sourire qui agace même les autres Américains, comme Woody Allen, le New-Yorkais. Puis, de l'inquiétude : je me disais (cherchant à me souvenir de mes propres photos de classe…) que c'était bien déprimant pour tous ceux qui ne sourient pas. Puis finalement, une touche de réjouissance : mince, c'est si simple, finalement, de sourire ! Si ça peut compter à ce point, c'est plutôt une bonne nouvelle. Essayez, là, tout de suite : facile, non ?

Finalement, tout cela est plus logique que ça n'en a l'air : le sourire sur la photo de classe est associé au fait de se sentir bien en général, et à ce moment en particulier (être content de se trouver là au lieu d'être en cours !), associé aussi à la capacité de sourire dans les circonstances sociales, et de souhaiter faire bonne impression. Comme il y a aussi la notion de feed-back facial que nous allons bientôt aborder (sourire met de meilleure humeur que faire la gueule), et le fait qu'on est plus apprécié des autres si on est souriant, on voit vite comment peu à peu, ce qui n'est qu'un détail peut prendre de l'importance au fil des années. Un détail qui finit par peser lourd… Sourire attire (sans les garantir) de bonnes choses, en tout cas de meilleures que ne pas sourire. C'est donc aussi simple que ça. Comme marcher met de meilleure humeur que ne pas marcher (sans le garantir non plus). Et bien d'autres petites choses encore. Ainsi, le sourire n'est pas seulement un *marqueur*, qui exprime que l'on va bien, il est aussi un *inducteur*, qui nous fait aller bien, ou légèrement mieux.

Précision importante : l'étude portait seulement sur des jeunes filles. Ce sont elles, d'ailleurs, qui présentent les visages les plus stables : si elles tendent à être souriantes, cela se retrouvera sur les photos de classe d'année en année, alors que les garçons ont des expressions en général plus changeantes. Personnellement (je pense que vous ferez la même chose), je suis allé les voir, ces photos : ma tête dépendait vraiment des années, entre celles où j'avais l'air grave et celles où je faisais le clown ; mais souvent, j'avais un sourire inquiet. Ce n'est pas si loin que ça de mes états d'âme face à l'existence, finalement : sourires et inquiétudes…

Quoi qu'il en soit, d'autres études ont été conduites pour voir ce qu'annonçaient de leur côté les photos des jeunes mâles quant à leur avenir, pour prédire notamment s'ils allaient devenir des leaders. Et c'est l'effet inverse que l'on découvrit : moins le mâle sourit, plus il a de chances de devenir un chef. Notamment dans une étude conduite dans la plus célèbre école militaire des États-Unis : à West Point, on devient plus gradé et on fait plus d'enfants si on ne rigole pas sur la photo[9] ! D'accord, être un chef militaire, père de famille nombreuse, ce pas forcément l'idéal de vie de tout le monde, mais c'est intéressant, non ?

Tout cela nous renseigne aussi, au passage, sur nos stéréotypes sociaux : dans les années 1950 et 1960, en termes d'avenir des étudiants, on se demandait si les femmes seraient heureuses et mariées, et si les hommes seraient des chefs. Mais ce sexisme ne dure-t-il pas encore aujourd'hui ? Le bonheur c'est pour les femmes, les honneurs pour les hommes.

Sourire et serrer les dents

Nous avons évoqué tout à l'heure un phénomène bien connu des spécialistes des émotions : le *feed-back facial*, qui fait que sourire augmente légèrement les états d'âme positifs.

Ainsi, la petite feuille photocopiée que l'on voit dans tant de secrétariats et d'administrations : « Sourire mobilise quinze muscles mais faire la gueule en sollicite quarante. Reposez-vous : souriez ! », s'appuierait donc sur des bases neuropsychologiques approfondies. À mes yeux, avoir fait ce genre d'études sur l'impact du sourire sur nos états d'âme, c'est du pur esprit scientifique : plus marqué par la curiosité (« et s'il y avait un truc de vrai là-dedans ? ») que par l'esprit de censure et de jugement *a priori* (« trop stupide pour être vrai ! »).

Les plus amusantes études de ce type consistent à vous faire regarder des dessins animés tout en tenant un crayon soit entre les dents (essayez : vous verrez que cela vous force à une grimace qui ressemble à un sourire), soit entre les lèvres (la grimace devient une mimique triste). Les dessins vus sous sourire, même un peu forcé, sont jugés plus drôles que ceux vus avec les commissures labiales rabaissées[10]. Nous apprécions davantage la vie en souriant qu'en nous renfrognant…

On comprend mieux, face à ces études, comment « faire la gueule » peut être un mécanisme actif de défense : ce n'est pas qu'on ne *peut* pas ressentir d'états d'âme agréables, c'est qu'on ne *veut* pas, parfois. Parce que ce n'est pas comme ça qu'on veut voir la vie : il *faut* qu'elle soit triste. Parce qu'on veut punir les autres : en leur montrant que ce qu'ils nous ont fait nous empêche désormais de profiter de l'existence. Ou bien encore parce qu'on veut montrer qu'on est un chef, un leader, un humain dominant (souvenez-vous de nos études sur les photos de classe de jeunes mâles) : comme on a plein de responsabilités et de soucis, on adopte le masque sombre de la *personne-qui-a-des-responsabilités*, face aux visages souriants des inconscients et des irresponsables.

On peut noter d'ailleurs que nos états d'âme sont ainsi corrélés à l'ensemble de ce qui se passe dans notre corps. Dans la lignée de ces travaux, la même équipe fit évaluer à des volontaires leur sentiment de satisfaction avec la vie, au travers de questionnaires qu'ils remplissaient soit debout en s'appuyant sur un pupitre haut (position de « fierté »), soit contraints de s'avachir sur une table basse et inconfortable (position de « déprime ») : évidemment, la position haute et droite procurait des réponses de plus grande satisfaction avec son existence[11]. Tous ces travaux incitent donc à penser que la manière d'habiter notre corps a un effet réel, quoique modéré, sur nos humeurs. Même notre manière de respirer joue un rôle dans notre équilibre émotionnel[12], d'où l'importance dans les troubles anxieux et dépressifs des exercices portant sur la respiration, qui sont inclus dans les approches basées sur la relaxation et la méditation. Et d'où l'importance aussi accordée par les maîtres orientaux à la posture à adopter lors des exercices de méditation (« droite et digne ») et dans la vie quotidienne en général. D'accord, ça nous rappelle un peu notre enfance, « tiens-toi droit et souris à la dame ». Mais puisque c'est la science qui nous le dit…

Il-ne-faut-pas-po-si-ti-ver !

En tout cas, pas tout le temps, et pas n'importe comment.

Je suis obsédé par la psychologie du bonheur. En tant que psychiatre : c'est un intéressant outil de prévention des rechutes de mes patients. Et en tant qu'humain : je me sens tellement mieux heureux que malheureux, que mon choix est vite fait. Mais, globalement, je n'aime guère les slogans du type : « Il faut positiver ! » Je ne dis jamais à mes patients qu'il faut positiver, jamais comme ça en tout cas. Même si, au fond, je pense qu'il faut plus ou moins le faire, et qu'en tout cas je pense que ceux qui le font ont raison. Mais ces injonctions à positiver soulèvent deux questions : 1) si positiver c'est nier l'existence des problèmes et de la souffrance, si c'est leur refuser d'exister en nous, le remède est pire que le mal, nous en avons largement parlé ; 2) c'est parfois obscène de le dire comme ça : autant « chercher à se rapprocher du bonheur » me semble un effort digne et grave, compatible avec le deuil et la souffrance, autant « positiver » me paraît une quête sans dignité ni réalisme.

Ne pas chercher à positiver donc, bêtement et mécaniquement. Mais pas question non plus de se laisser sombrer dans la détresse et d'ajouter à nos peines par notre démission. Que faire alors ? Accepter, ressentir, observer, et puis, tout de même, sourire…

« Un matin de septembre, tout gris et tout doux, mon médecin m'appelle pour m'annoncer de mauvais résultats à mes examens hématologiques, ma maladie s'aggrave tout doucement. Il me rassure et, effectivement, il n'y a pas de quoi hurler de terreur, je ne vais pas mourir sur-le-champ ni dans les mois qui viennent, mais quelque chose d'inexorable semble en marche. Alors s'allument en moi des états d'âme : tristesse, inquiétude pour l'avenir, déception (à chaque examen de contrôle, on espère toujours un petit miracle). Je sombre d'abord dans un petit temps de rumination, dont je vois bien après quelques minutes qu'il tourne en rond, à vide, en boucle. Alors, la tentation de passer à autre chose, de me changer les idées. J'essaie de lire un magazine, de téléphoner, de travailler.

Mais ça ne marche pas, évidemment. Comment prétendre se changer les idées alors que quelque chose a réveillé en nous l'idée qu'on est mortel ? Alors je m'assieds, je respire, puis je décide d'aller marcher dehors, seule, tranquille. D'accepter la mauvaise nouvelle : "Que ça te plaise ou non, c'est la réalité, ça existe." Je travaille à m'apaiser, à respirer, à me recentrer sur le présent, à ne pas juger si c'est affreux ou injuste, à ne pas anticiper ce qui va se passer. Pas maintenant, pas sous l'emprise de l'émotion. Je vais envisager ce qu'il est possible de faire. De faire : pas d'imaginer, ruminer, fantasmer. Je vais aller chercher de nouvelles infos sur le Net, je vais préparer ma liste de questions au médecin spécialiste qui me suit. Je vais repenser que je ne suis pas le seul humain à être malade. Je décide de bien vivre en attendant. De laisser ma maladie à sa place de maladie. De bien rester, moi, dans mon rôle de vivante. Et pas de future morte, ou de morte vivante dans l'inquiétude. À la fin, j'arrive même à sourire, doucement, tranquillement. Bizarre ce sourire qui monte en moi comme une évidence : que faire d'autre que vivre et sourire ? »

Sourire dans sa tête

Autre étude sur le rôle des sourires faciaux, mais aussi mentaux[13]. Oui, on peut sourire *dans sa tête*, et ça peut même se voir et se mesurer.

On montre donc à des volontaires des films drôles ou tristes (pour induire en eux un petit mouvement d'humeur vers le haut ou le bas). Puis on leur demande de monologuer pendant cinq minutes sur les états d'âme positifs et négatifs qu'ils éprouvent dans leur vie actuelle, face à un interlocuteur qui les écoute, en silence mais avec attention et gentillesse. Durant l'entretien, qui est filmé, on code la présence de sourires, et la qualité de ces sourires : « vrais » ou « faux » ? En effet, le sourire « plaqué » est facile à identifier par les chercheurs spécialistes de l'expression des émotions : figé, raide, il ne correspond à rien d'intérieur, rien d'autre que le désir de jouer le jeu des convenances sociales. À l'opposé, le vrai sourire (dit « sourire de Duchenne », du nom du neurologue français du XIXe siècle, Duchenne de Boulogne, qui le découvrit, et inspira Darwin dans ses travaux) concerne l'ensemble du visage et pas seulement la bouche, et implique notamment des muscles périorbitaux qu'il est à peu près impossible de contracter volontairement de manière symétrique. Il correspond d'ailleurs aussi à un état cérébral particulier, que l'on peut identifier si on dispose du matériel adéquat[14].

Un an après, les personnes qui avaient exprimé de vrais sourires avaient un niveau supérieur de bien-être et d'intégration sociale. Mais cela concernait seulement le fait d'avoir souri *sincèrement* et *après le film triste* : les sourires après le film gai, vrais ou faux, n'avaient pas de rôle prédicteur du bien-être psychologique et social un an plus tard. Ce qui est logique : la capacité de sourire dans la tristesse est le marqueur extérieur de capacités psychologiques plus profondes : préserver une part de douceur et de capacité au bonheur en soi (il fallait que ce soient de vrais sourires) malgré le spleen. Tandis que les sourires survenus après un film gai, même s'ils sont *vrais*, ne sont pas révélateurs de notre intériorité : ils sont simplement induits par les circonstances.

Il est probable que les effets du sourire s'expliquent par deux mécanismes : un effet interpersonnel (sourire amène davantage de bénéfices sociaux, et donc aide à notre bien-être) et un effet intrapersonnel (sourire a aussi une fonction et un impact internes). On sourit à la vie, à soi dans le pétrin, à l'avenir. Et lorsqu'on sourit vraiment, *à la Duchenne*, ce n'est pas seulement pour neutraliser ses états d'âme négatifs, mais aussi comme le signe qu'on a intégré la complexité de l'existence.

« Je mets mon masque de bonne humeur », me disait un patient. Et il ajoutait : « Et certains jours, j'arrive à oublier qu'il ne s'agit que d'un masque, et le goût de ma vie ainsi abordée, sourire aux lèvres, me fait peu à peu me sentir mieux. » C'est le philosophe Alain qui écrivait : « Comme la fraise a goût de fraise, ainsi la vie a goût de bonheur[15]. » Mais pour sentir ce goût, il faut ouvrir la bouche, par un sourire. Sourions et croquons…

Smiling in the Rain : plus qu'une posture ou un slogan creux

« Lors des funérailles de ma compagne, malgré les montées inexorables de larmes, j'ai toujours essayé de sourire dans ma tête. Pas pour chercher à *annuler* la douleur, mais pour lui *associer* du bonheur : je me disais qu'il était important, dans le courant violent de la tristesse, de me souvenir des moments heureux, de recomposer doucement mes états d'âme, de les enrichir. De les conduire vers l'évidence : se réjouir d'avoir vécu des moments heureux avec elle, se réjouir qu'elle ait vécu plein de bonheurs, se réjouir de voir toutes les personnes qui l'ont aimée réunies ici, pas pour l'hommage mais parce que cela veut dire, encore, qu'elle a passé avec ces gens des moments heureux… »

Nous connaissons tous la chanson *Singing in the Rain*. Dans notre vie, nous ne sommes pas obligés de chanter sous la pluie, mais sourire ce ne serait déjà pas si mal : *Smiling in the Rain* ! À condition, nous l'avons dit, qu'il ne s'agisse pas d'une posture de façade, adoptée parce qu'il y a un public, ou d'un comportement plaqué, sans ressenti authentique. Mais d'une attitude sincère, correspondant à de véritables états d'âme.

On a ainsi montré dans une belle et touchante étude[16], que les personnes veuves depuis peu (environ six mois) qui arrivent à sourire sincèrement en évoquant leur conjoint disparu seront souvent celles qui se seront mieux remises deux ans plus tard. Sans doute parce que, malgré la tristesse et l'absence, elles savaient se souvenir des belles choses et des moments heureux. Là encore, cet effet protecteur de la capacité à sourire malgré la tristesse n'existe que si le sourire est sincère et correspond à des états d'âme authentiques[17].

Cette capacité à *sourire de l'âme* dans le courant violent de la tristesse, c'est de l'intelligence plus que de l'inconscience, contrairement à ce que croient les tristes et les pessimistes. Mais il faut évidemment que ce soit un libre choix et une libre pratique. Il faut qu'ait eu lieu un déclic, à la suite d'un événement de vie, d'une expérience d'éveil parfois. Puis il faut un entraînement au quotidien : prendre l'habitude de sourire (ou de rester accessible aux états d'âme positifs) face aux petits ennuis, se bagarrer pour ne pas laisser les soucis nous empêcher de savourer la beauté ou les bons moments avec nos proches, s'efforcer d'extraire d'un quotidien tout gris les instants de grâce, quelles que soient nos contraintes et obligations (je ne parle même pas de soucis ou de souffrances).

« Il m'aura fallu avoir des enfants pour apprendre à savourer, malgré les tracas et les retards, les cinq minutes de piano de mon fils, le matin juste avant de partir à l'école. Il avait pris l'habitude de jouer ses petites mélodies apprises en cours, en attendant que je sois prête pour l'accompagner. Et peu à peu j'ai été saisie par la grâce de ces instants, j'ai compris qu'ils étaient uniques, bouleversants et éphémères (d'ailleurs l'année suivante, il en avait marre du piano et il a arrêté). Progressivement, j'ai pris l'habitude de m'asseoir à distance et de l'écouter en souriant dans ma tête, mais sans trop lui montrer ; je ne voulais pas transformer ces instants en petits concerts où il aurait eu à me montrer ses talents ou à me faire plaisir. »

Pour conclure, rappelons que les états d'âme positifs, qu'ils soient ou non associés au sourire, sont non seulement agréables et nécessaires pour donner du sens à notre existence, mais servent aussi à limiter les effets du stress et des états d'âme négatifs[18]. Par exemple, après avoir soumis des volontaires à des situations désagréables, le fait de leur faire visionner un film drôle ou plaisant ramène plus rapidement leur rythme cardiaque à la normale que s'ils voient un film triste ou neutre[19]. Il semble que les sujets dits *résilients* soient particulièrement capables de procéder ainsi, en recherchant des expériences réparatrices après leurs difficultés[20]. Ce qui semble logique mais qui est déjà une stratégie de régulation des états d'âme intéressante : beaucoup de personnes, lorsqu'elles sont en difficulté, ont plutôt le réflexe de se replier sur elles et de cesser de rechercher des gratifications dans leur environnement.

Cette leçon des sujets résilients est importante : les états d'âme positifs ne sont pas là pour *annuler* les soucis, ou nous rendre aveugles à eux (« la vie n'est *que* belle »), mais pour nous donner la force de les supporter lorsqu'ils arrivent, ou de nous en remettre après. Comme nous l'avons vu avec les travaux sur le bonheur, l'importance de ces petits états d'âme agréables répétés, parsemant notre quotidien, s'avère plus grande encore que celle de grandes bouffées de joie isolées. Et leur effet est augmenté encore, nous l'avons vu, par la prise de conscience de leur importance et de leur nécessité.

Le demi-sourire

Quand c'est trop dur de sourire, on peut ne sourire qu'à moitié…

L'enseignement du maître bouddhiste Tich Nhat Han encourage à la pratique du « demi-sourire » : non pas en réalité une « moitié de sourire », mais un sourire discret, léger et profond en même temps, une expression du visage qui correspond à une sérénité tranquille et une acceptation du réel. Au début, cette histoire de demi-sourire que m'expliquaient mes amis bouddhistes m'arrachait un peu d'incrédulité (disons que ça me faisait sourire moi-même, ce qui était déjà une bonne chose). Mais j'ai fini par comprendre ensuite qu'il s'agissait d'un véritable outil d'homéostasie intérieure : « Je me souris par bienveillance envers moi-même, pour bien prendre soin de moi, pour me donner de l'amour. Je sais que si je ne prends pas soin de moi, je ne pourrai pas prendre soin d'autrui[21]. » Le modèle en est évidemment le sourire du Bouddha, qui lui aussi peut éveiller la perplexité, comme le nota Tich Nhat Han lui-même : « Du temps où j'étais novice, je ne comprenais pas comment le Bouddha pouvait avoir un si beau sourire alors que le monde souffrait tant. Cela ne le perturbait donc pas ? J'ai compris plus tard que le Bouddha […] pouvait sourire à la souffrance car il savait comment en prendre soin et la transformer[22]. »

Juste un demi-sourire pour empêcher l'emballement de notre spleen, de nos inquiétudes, de nos ressentiments…

Le droit d'être malheureux

Nous avons évidemment le droit d'être malheureux. C'est même plus qu'un droit, c'est un destin : le malheur et l'adversité font pleinement partie de l'existence, et ne manqueront pas de s'inviter dans nos vies. Mais la revendication d'un *droit au malheur*, comme s'il s'agissait d'une liberté fondamentale, est plus étonnante.

De fait, lorsqu'on dit que l'on préfère le bonheur et que l'on a envie de le rencontrer plus souvent, certains interlocuteurs se sentent menacés, comme si on allait leur retirer leur *droit au malheur*.

Au début ça m'agaçait. Puis j'ai compris leur inquiétude : c'est l'inquiétude de se trouver « obligé » de quelque chose, l'inquiétude d'être soumis à une idéologie dominante, qu'en démocratie on appelle vite dictature ; ici celle du sourire et du bonheur obligés. D'où leurs imprécations contre le bonheur, comme dans le livre biblique du prophète Amos, dont le sixième verset commence par un retentissant : « Malheur à ceux qui vivent tranquilles… » et se termine par : « Finie, la confrérie des avachis. »

En réalité, le danger ne réside pas tant dans une éventuelle dictature que dans celui d'une réelle inégalité.

Car l'expression du bonheur et de la bonne humeur semble donner un net avantage social aux souriants sur les grognons. C'est en partie injuste, mais en partie moral : et les efforts des souriants pour ne pas incommoder avec leurs soucis ? pour tenter de rester disponibles au bonheur ? et sensibles aux autres, que l'on ne fait pas reculer par notre masque renfrogné de tristesse ?

Si, de tout temps, la compagnie des visages souriants a été préférée à celle des visages sombres, il y a une raison : ils nous « contaminent » souvent, surtout si les sourires sont légers, discrets, s'ils sont de *disponibilité* au bonheur et à l'échange, et pas de *démonstration* et d'affichage.

Et la contamination en sens inverse existe aussi, d'où peu à peu le vide qui se fait autour des personnes moroses et dépressives. Les études sur ce thème montrent[23] : 1) que le contact avec des personnes tristes augmente les états d'âme négatifs chez tout le monde, 2) qu'en plus, il abaisse les états d'âme positifs chez ceux qui se sentent les plus « connectés » aux autres humains. Afficher sa tristesse fait donc de la peine à tout le monde, et éteint la joie des humains altruistes et compassionnels.

Mais revenons à nos premières réflexions : être malheureux, au-delà d'être un *droit*, n'est-ce pas aussi un *besoin* ? Les états d'âme négatifs nous sont-ils nécessaires ?

« Tous les lundis matin, je pars au travail triste et inquiète, et tous les lundis soir je reviens soulagée, la semaine a commencé, je me sens capable de l'affronter. Et bizarrement, ces lundis soir sont peut-être les meilleures soirées de la semaine, avec les vendredis. Comme si le fait d'avoir été au plus bas le matin donnait plus de saveur à mon soulagement… »

De fait, il existe une raison supplémentaire pour ne pas réprimer ou interdire les états d'âme négatifs : ils mettent les états d'âme positifs en valeur. D'ailleurs, on a montré (et chacun de nous le ressent bien) que plus le niveau moyen de bien-être est important, moins les événements positifs contribuent à ce bien-être[24]. C'est ce que j'appelle l'effet « démocratie et douche chaude ». Lorsqu'on vit en démocratie, le fait de voter nous remplit de moins de joie que si c'est le premier vote au sortir d'une dictature. Lorsqu'on est habitué à bénéficier d'une douche chaude tous les matins, elle ne nous fait pas chanter de joie, sauf lorsque nous sortons d'une longue panne de chaudière. Quand nous vivons dans le bien-être, ce qui fait notre bonheur devient *banal*, le positif devient *normal*. Il faut alors soit réactiver notre lucidité, et éprouver le bonheur de l'intérieur par notre effort de conscience (« bénis chaque jour tes chances ! »), soit recevoir une petite dose de malheur pour se recalibrer (à condition là encore d'en faire l'effort). Le bonheur – ce n'est pas poétique – obéit sur ce plan aux mêmes lois que l'argent : plus on en a, moins en avoir *davantage* nous rend heureux. Alors que quand on en a peu (parce qu'on est pauvre ou qu'on est un enfant) quelques dizaines d'euros de plus nous réjouiront beaucoup.

On peut aussi considérer ce « recalibrage par l'adversité » comme une hygiène de bonheur. Nous pouvons ainsi, lorsque nous allons bien, avoir intérêt à revenir parfois sur nos expériences négatives passées. Non pour les ruminer à nouveau, non pour les minimiser et nous moquer de nous-mêmes (ce qui ne manquerait pas d'intérêt toutefois), mais pour les accepter, les relativiser, les examiner profondément, et les relire à la lumière de notre joie actuelle. Puis revenir doucement au bonheur présent. Le chercheur en neurosciences Antonio Damasio nous rappelle ainsi dans son ouvrage *Spinoza avait raison*[25] que le philosophe préconisait pour notre salut ce type d'exercice : « Spinoza recommande la répétition mentale des stimuli émotionnels négatifs afin de développer la tolérance aux émotions négatives. » Si Spinoza le dit, comment ne pas suivre les conseils d'un génie ?

Accepter le bonheur comme une expérience tragique

Le bonheur humain est lié à un mouvement double et indissociable de notre conscience.

La première face de ce mouvement est tournée vers le bien-être : le bonheur comme acte de conscience de se sentir agréablement exister, dans des environnements favorables.

La seconde est tournée vers la mort : nous sommes des *morituri*, des *qui-vont-mourir*, et surtout nous sommes conscients de l'être, mortels. Ce bonheur est alors notre antidote à la crainte obsédante de la mort, car il offre des bouffées d'immortalité, des bouffées de temps suspendu, arrêté, absent même. Mais il est aussi un puissant et déstabilisant message de fugacité : le bonheur finit toujours par disparaître et les humains par mourir. Dans un de ses poèmes, Nietzsche écrit ainsi : « Mais la joie veut l'éternité, / Veut la profonde, profonde éternité[26] ! »

Le bonheur est donc un sentiment « tragique ». Au sens où le tragique est associé à ces moments où l'on prend conscience d'un destin ou d'une fatalité qui pèsent sur nous. Le tragique c'est l'acceptation et l'intégration de l'adversité de la condition humaine : la souffrance, la mort. Et le bonheur est la réponse à cette interrogation tragique : comment vivre avec ça ?

André Comte-Sponville[27] écrit que « le tragique, c'est tout ce qui résiste à la réconciliation, aux bons sentiments, à l'optimisme béat ou bêlant ». Ouille ! Puis : « C'est la vie telle qu'elle est, sans justification, sans providence, sans pardon. » D'accord, d'accord... Et enfin, il précise : « C'est le sentiment que le réel est à prendre ou à laisser, joint à la volonté joyeuse de le prendre. » Ouf, on respire. Il ajoute ailleurs[28] : « Quant à ceux qui prétendent que le bonheur n'existe pas, cela prouve qu'ils n'ont jamais été vraiment malheureux. Ceux qui ont connu le malheur savent bien, par différence, que le bonheur aussi existe. » La pragmatique du bonheur et du malheur s'éprouve dans la chair...

Oui, la vie est tragique, le monde est tragique. Mais nous préférons sourire quand même et avancer, lucides, que rester figés dans un rictus, incapables de nous réjouir. Peut-être d'ailleurs que le bonheur n'est pas tragique mais simplement *lesté* de tragique, et ce lest lui donne toute sa valeur, sa saveur, et nous rappelle son impérieuse nécessité. Une de mes amies anglaises, dans la période de sa vie où elle devint maman de plusieurs enfants, faisait souvent des cauchemars atroces de nazis ou de barbares faisant irruption dans des écoles et massacrant les enfants qui s'y trouvaient ; ou faisant irruption chez elle et les tuant, elle et sa famille. Elle m'expliquait qu'au début, cela remettait en question pour elle l'idée même de bonheur. Car cela introduisait un état d'âme de culpabilité dans son bonheur actuel. Puis qu'en y réfléchissant, en y travaillant, elle était arrivée à intégrer cela dans son bonheur : que l'horreur existe ne lui interdisait plus d'être heureuse, mais ajoutait à la sonorité de son bonheur des harmoniques plus graves, comme à un instrument dont on a modifié l'accordage.

Un autre philosophe, Clément Rosset[29], nous rappelle ceci : « Tout l'acquiescement au réel est dans ce mélange de lucidité et de joie, qui est le sentiment tragique [...] seul dispensateur du réel, et seul dispensateur de la force capable de l'assumer, qui est la joie. » Aspirer durablement au bonheur, à un bonheur qui n'impose pas le retrait du monde dans une citadelle dorée, qui n'impose pas l'abrutissement de nos états d'âme dans l'alcool, les drogues, les jeux vidéo, ou le travail acharné, cela nécessite d'accepter le monde tel qu'il est : tragique. Le bonheur n'est pas une bulle spéculative, dans laquelle on se replierait, basée sur le pari d'un univers qui serait fait pour le bonheur. L'intelligence de nos états d'âme nous aide à comprendre cela : il ne peut exister d'intériorité climatisée, mais seulement une intériorité vivante, où les états d'âme de souffrance mettent en valeur la nécessité des états d'âme de bonheur.

Autre raison pour accepter cette dimension tragique du bonheur : sa fragilité et son caractère éphémère. Lorsqu'on s'est habitué à une certaine fréquence de moments heureux, on souffre évidemment davantage lorsqu'ils nous sont retirés. Le bonheur est comme l'amour : vivre pleinement et éperdument son bonheur, c'est s'exposer à vivre pleinement et éperdument sa disparition. Mais ces états d'âme de tristesse nous enrichissent bien plus que le verrouillage des mécanismes de défense, qui consisteraient préventivement à ne pas se laisser aller au bonheur, à ne pas consacrer d'efforts pour l'acclimater dans notre vie. Venant après des moments de joie, nos tristesses peuvent être fécondes. Mais se succédant les unes aux autres, sans la respiration indispensable du bonheur, elles seront plus souvent stériles et destructrices, nécessitant le recours accru à de nouveaux mécanismes de défense (déni, cynisme, pessimisme) ou de nouvelles fuites (s'assommer de quelque chose pour ne pas voir les problèmes : de certitudes, de drogues…).

La tristesse est donc encore plus grande, sa morsure est plus nettement ressentie, si l'on est heureux. La tristesse survenant sur du malheur fait moins mal. Comme dans la parabole biblique du riche devenu pauvre, où le riche nous est présenté comme plus à plaindre que le pauvre qui l'a toujours été. Cela nous paraît d'abord scandaleux, mais apparaît ensuite relever d'une logique : celle de la souffrance ressentie, de la souffrance liée au changement d'état, une des formes de souffrances traditionnellement recensées par le bouddhisme[30]. Par exemple, si l'on vit habituellement de bonnes relations avec les autres, il y aura évidemment une plus grande douleur immédiate en cas de conflit avec eux. Si on ne les voit pas souvent, si on a de mauvaises relations avec eux, alors des mécanismes de défense nous protégeront de ce genre de douleur de perte de lien. Mal, évidemment : nous aurons tout de même des souffrances et des sautes d'humeur inexpliquées, liées au manque chronique de lien, des accès soudains de désespoir ou de dégoût de vivre... Cette tristesse de la dispute est saine : elle témoigne de notre proximité habituelle avec de petits bonheurs. Et surtout elle est fructueuse : elle est une motivation à rétablir le bonheur. Son absence (« nous sommes fâchés mais je m'en fiche ») signe un double manque : celui de la tristesse et celui du bonheur. Elle traduit une sensibilité refrénée qui est une tentative illusoire de nous rendre indépendants d'un besoin psychologique capital. Plus je me sens heureux, moins je supporte les conflits. Mais aussi : plus je me sens heureux et plus j'ai la force, non pas de fuir les conflits, mais de vouloir les réparer, la force de négocier, de pardonner, de m'excuser, de reconstruire.

Une lectrice que j'estime et apprécie beaucoup, et avec qui je parlais de cette dimension tragique de notre bonheur, me fit un jour cette remarque (qu'elle attribuait à Alain) que bien souvent dans nos vies, on n'est jamais heureux que *malgré* : malgré la souffrance, la maladie, les épreuves... Et elle ajouta : « La psychologie positive, ce n'est pas la bibliothèque rose ! »

Accepter le bonheur comme une expérience éphémère : les bonheurs subtils et poignants des dernières fois

Ce sentiment bizarre que la tristesse n'est parfois qu'une joie usée, un bonheur qui a fait son temps...

Si nous nous accrochons à eux, nos bonheurs peuvent devenir tristesses. Il faut accepter de passer son chemin, abandonner ce bonheur mort. Accepter qu'il y ait ainsi des tas de cadavres de petits ou grands moments heureux derrière nous. Accepter qu'ils ne survivent que sous forme de souvenirs. Ne pas s'attacher ni s'agripper à eux précisément, à ces instants, mais à l'idée même de bonheur.

L'intensité et la douleur du bonheur résident ainsi dans son caractère éphémère. Notre expérience personnelle est là pour nous le montrer, mais aussi beaucoup de recherches. Lorsqu'on demande par exemple à des volontaires d'imaginer qu'ils se trouvent dans un endroit qu'ils aiment, mais que c'est pour la dernière fois, leurs états d'âme seront certes positifs, mais plus subtils et plus mixés que ceux des volontaires à qui on a juste demandé de s'imaginer dans cet endroit sans autre consigne[31]. La richesse et la subtilité de nos expériences émotionnelles avec le bonheur viennent, davantage que de grands bonheurs pleins, francs (et un peu « bêtes », animaux, logiques), de l'existence de ces états d'âme liés à la conscience de la finitude de nos bonheurs, de leur caractère mortel et périssable. C'est cette conscience de la dimension intermittente du bonheur qui permet aussi l'extension de l'expérience de l'instant à des horizons temporels élargis : c'est pourquoi un seul instant de bonheur peut nous donner un goût d'éternité.

C'est pourquoi aussi l'accueil des états d'âme complexes, et l'attention qu'on va leur porter, est fondamental : cela nous aide à ressentir des bonheurs plus nombreux, plus fins. C'est un peu comme la culture et le développement du goût : mieux vaut pour chacun de nous sortir des goûts standardisés (vins « internationaux », plats cuisinés prévisibles, cuisine des chaînes de restaurants…) pour accéder à une diversité et une saveur bien plus grandes. Vive les bonheurs « bio », compliqués, mélangés, *versus* les bonheurs industriels, nettoyés, aseptisés !

D'autres travaux montrent que, de façon générale, plus on a conscience que le temps nous est compté, même banalement, sans dramatisation, comme lors d'une expérience de laboratoire que l'on nous demande d'effectuer en temps limité, plus on recherche et on préfère les activités ayant du sens[32]. Bonne voie de recyclage de nos inquiétudes existentielles (celle à laquelle nous incitons nos patients, d'ailleurs) : plus je m'angoisse, plus j'ai intérêt à me tourner vers ce qui compte vraiment dans ma vie, pour agir, m'en rapprocher, le savourer dans l'instant.

Tout cela est évidemment lié à la conscience accrue du temps qui passe et ne repassera pas forcément. Au fur et à mesure que l'on avance en âge (mais, pour certains, le phénomène existe depuis toujours), on a davantage conscience que certains bonheurs ne se reproduiront plus. Par exemple avec des parents qui vieillissent, des enfants qui grandissent, ou lors des dernières années de lycée ou d'université avec des camarades que l'on va bientôt quitter.

Il y a dans notre vie beaucoup de dernières fois dont nous n'avons pas conscience : dernière fois que nous voyons un ami, un lieu, que nous entendons une voix. Cette inconscience est heureuse, et nous allège considérablement. Si nous avancions dans l'existence avec l'obsession de nous poser la question : « Est-ce la dernière fois que je viens de faire, vivre, voir cela ? », nous aurions du mal. Mais à partir d'un certain âge, l'évidence de ces dernières fois devient énorme : on ne peut plus les ignorer. Une de mes patientes me parlait ainsi de son émotion à vivre sa *dernière* grossesse, à choyer son *dernier* enfant resté à la maison. Une autre me parlait de son dernier grand amour de femme *jeune*, « avant la ménopause », car pour elle « ce seraient ensuite des amours de vieille dame ».

Ainsi, en avançant en âge, nous commençons à vivre des rencontres, des voyages ou des événements dont nous savons parfaitement qu'ils seront les derniers. Serons-nous pour autant condamnés au malheur ?

Bonheur et vieillissement : le bonheur comme intelligence de vie et les statistiques sur le summum du bonheur

Un de mes oncles, approchant ses 80 ans, avait entamé une tournée d'adieux auprès de ses « amis d'existence » : amis d'enfance, collègues de travail, anciens voisins, et bien sûr cousins et proches. Il souhaitait le faire tant qu'il se sentait encore assez vigoureux pour accomplir tous les voyages nécessaires et surtout pour les savourer. Comme je l'interrogeais (précautionneusement, pour ne pas le froisser) sur la part de tristesse qu'il y avait peut-être derrière ces rencontres, il me répondit : « Oui, ce sera aussi très triste. Mais cette tristesse sera balayée par le bonheur des retrouvailles, des évocations des bons moments, et aussi du fait que ce seront encore de bons moments, au présent, pas au passé. Nous sommes toujours vivants, alors, il y a toujours de la place pour du bonheur et de l'émotion. D'ailleurs, j'ai déjà commencé à me réjouir à l'avance en préparant ces voyages. Pour moi, le temps qui s'écoule est une motivation à savourer le temps qui est là, et non à pleurer le temps passé. »

Ces bonheurs poignants des dernières fois sont sans doute les plus beaux et les plus complexes que je puisse personnellement imaginer. Et c'est aussi ce que démontrent les statisticiens de l'Insee[33]. Dans une étude portant sur l'analyse d'une série d'enquêtes d'opinion, ceux-ci montrent que, pour la plupart des personnes, le sentiment de bien-être psychologique décline lentement à partir de l'âge de 20 ans jusqu'à atteindre un minimum entre 35 et 45 ans (période où les revenus financiers sont pourtant, en général, les plus hauts…), puis remonte lentement et atteint son summum durant la soixantaine.

Évolution du sentiment de bien-être au cours de la vie

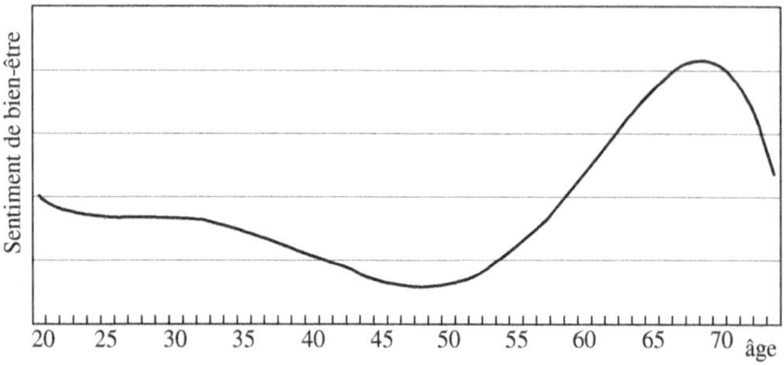

Lecture : en moyenne, un individu est sensiblement moins heureux entre 45 et 50 ans qu'aux environs de 20 ans, et nettement plus heureux aux alentours de 65 ans.
Champ : France métropolitaine.
Source : Eurobaromètres 1975-2000.

Certains se sont étonnés de ces données. Mais, en réalité, elles sont logiques : dans nos sociétés, on arrive aujourd'hui à la soixantaine en bon état physique, et avec des revenus assurés (pour l'instant...) par le système de retraite, on n'a plus les soucis et stresseurs de milieu de vie (construire sa carrière, essayer d'acquérir son logement, assurer l'éducation de ses enfants...). Et on a aussi compris un certain nombre de choses sur ce qui rend heureux, comme en attestent d'autres travaux.

On a ainsi montré que, de 18 à 94 ans, il n'y a pas de diminution des états d'âme positifs avec l'âge[34]. Il est important de préciser que ces données étaient retrouvées par des méthodes de *sampling* (c'est-à-dire d'échantillonnage temporel), où on évaluait à intervalles réguliers les états d'âme des personnes suivies sur une assez longue période ; cette approche est plus fiable qu'une évaluation globale et unique, plus dépendante d'événements de vie « parasites » et aléatoires. Les capacités de bonheur de l'instant restent donc comparables aux différents âges de la vie. Mais on retrouve aussi que les périodes d'états d'âme positifs sont plus susceptibles de durer longtemps chez les âgés ! Les petits bonheurs semblent plus stables avec l'âge.

En ce qui concerne les états d'âme négatifs, ils sont à leur maximum chez les adultes en milieu de vie, par rapport aux plus jeunes et aux plus âgés : cela confirme le lien, que nous avons déjà évoqué, de ces états d'âme négatifs avec les stresseurs existentiels, qui sont importants à l'âge adulte, où l'on s'attache à construire son quotidien, son avenir, et celui de ses enfants éventuels.

D'autres études montrent comment vieillir peut donner plus d'aptitude au bonheur et par quels mécanismes proches de la sagesse : par exemple, par le fait de se tourner sur son passé en le considérant sous la forme d'un apprentissage et d'un développement continu. En faisant cela, on se rapproche de l'essentiel : ce n'est pas de vieillir qui est une chance, c'est d'avoir vécu, et vécu beaucoup d'expériences, pleinement, d'y avoir réfléchi, de s'en être réjoui et enrichi[35].

On s'aperçoit aussi que, chez beaucoup de personnes, l'usage des mots se modifie avec l'âge : on utilise plus de mots positifs, moins de mots négatifs, on fait moins référence à soi, on se sert davantage de verbes au futur qu'au passé[36]. On manifeste une préférence spontanée et automatique pour les images et les mots positifs avec l'âge, on s'en souvient mieux, ils activent plus fortement nos amygdales cérébrales (zones chargées d'analyser les informations à charge émotionnelle) que les images et mots négatifs[37].

Bref, le processus de maturité et de vieillissement, qui nous fait malheureusement si peur aujourd'hui, où tout le monde veut à tout prix rester jeune, apporte donc beaucoup d'outils de nature à augmenter le bonheur. Pourquoi vouloir à tout prix « rester jeune », comme nous y incite notre société ? Mieux vaudrait essayer de rester en bon état de marche, et s'attacher plutôt à devenir sage.

Mais la diminution des états d'âme négatifs cesse vers 60 ans, et ils tendent plutôt ensuite à augmenter doucement. C'est alors l'arrivée des problèmes spécifiques à la vieillesse, liés à la diminution des capacités physiques notamment et à l'approche de la mort, non plus abstraite mais incarnée par les deuils de proches de plus en plus répétés que nous commençons alors à subir. Il faudra à ce moment s'engager dans de nouveaux efforts pour continuer de vivre heureux.

Par chance, nos capacités à ressentir ces états d'âme subtils et mixés (comme la mélancolie, ce « bonheur d'être triste », selon Hugo), augmentent clairement avec l'âge[38]. On considère[39] qu'il s'agit d'une compétence psychologique utile pour accepter la vie telle qu'elle est, compliquée et mêlant positif et négatif, souvent à propos d'un même événement ou d'une même période. Ainsi, lors du mariage d'un de ses enfants ou lors de son départ de la maison, vont coexister ces dimensions de joie (voir son destin s'accomplir) et de tristesse (comprendre que ce destin se fera désormais sans nous et peut-être loin de nous).

Peut-on augmenter ses capacités à ressentir du bonheur ?

L'hérédité et le passé comptent pour beaucoup en matière d'aptitudes au bien-être psychologique[40]. Et il y a en matière de bonheur les mêmes inégalités que pour toutes les dimensions de la personne humaine (beauté, santé, intelligence…). Mais, comme pour ces inégalités, des efforts réguliers permettent de réduire grandement les écarts. Là encore, c'est la même chose que dans d'autres domaines : la beauté est en grande partie génétique, mais pas le charme ; la santé aussi a des bases génétiques, mais on peut compenser cela par la pratique des comportements de santé ; l'intelligence est également en partie héritée, mais pas l'humilité de travailler pour progresser…

C'est la même chose pour le bonheur, et les analyses des grandes études scientifiques semblent montrer la répartition suivante : environ 50 % de nos aptitudes à nous sentir heureux ne dépendent pas de nous, mais de notre génétique et de notre passé ; environ 10 % n'en dépendent que peu, puisqu'il s'agit de l'environnement matériel dans lequel nous évoluons (démocratie ou dictature, pays gris ou ensoleillé, campagne ou banlieue…) ; mais environ 40 % dépendent de nos efforts réguliers[41]. Ce qui n'est pas si mal.

D'autre part, dans les 50 % qui ne dépendant pas, ou plus, de nous *a priori*, il ne s'agit que de tendances acquises du passé, sortes de réflexes et de systèmes de pilotage automatique se mettant en marche spontanément. Tendances certes puissantes, mais qu'on peut apprendre à moduler. Nous avons bien hérité, en tant que primates, de tendances biologiques à hurler et à cogner si on nous contrarie, ou à prendre si on a envie : et ces tendances-là, la plupart d'entre nous arrivons à les contrôler la plupart du temps ! De même, une fois que l'envie de se faire du mal, ou de se rendre malheureux ou de se tenir à l'écart du bonheur a pris naissance en nous (et cela, c'est parfois dur de l'empêcher), nous avons ensuite une marge de manœuvre pour ne pas obéir à ces « ordres » venus de notre passé, même si nous n'avons pas été au départ « bien servis par la vie[42] ».

Pourquoi ce petit détour par la génétique du bonheur ? Pour mieux vous convaincre de ne pas être fatalistes dans ce domaine : on peut toujours augmenter son bonheur…

Se rendre heureux : raisons et arguments

J'ai rencontré une fois un professeur de bonheur : tout ce qu'il y avait de plus sérieux, ce collègue psychologue avait un boulot de rêve, enseigner la psychologie du bonheur aux étudiants de Harvard[43]. En écoutant une de ses conférences, j'avais été amusé et surtout intéressé par une de ses comparaisons économiques : la *banqueroute affective*, qui nous rappelle que notre âme humaine peut faire faillite, comme une entreprise. Pour demeurer solvable, cette dernière doit faire des bénéfices : il faut que, au moins sur la durée sinon à chaque instant, ses recettes soient supérieures à ses dépenses. Il en est de même avec notre esprit : tant que les états d'âme agréables sont plus fréquents ou significatifs que les états d'âme désagréables, nous aurons le sentiment que notre vie vaut la peine d'être vécue. Dans le cas inverse, ce sera plus difficile…

D'où l'intérêt, pour celles et ceux qui souhaitent muscler les 40 % de leur bonheur qui dépendent d'eux-mêmes, de travailler à s'en rapprocher. On peut décider de *travailler* à son bonheur. C'est ce que Spinoza appelle : « Rechercher la joie par décret de la raison[44]. » Et, contrairement à ce que beaucoup de personnes pensent ou affirment, bien des changements sont toujours possibles[45]. De même, les efforts pour conduire le changement sont bénéfiques *en eux-mêmes*. On a par exemple pu montrer que les personnes engagées dans des voies du développement personnel vivent mieux et plus longtemps[46]. Nos efforts pour nous rapprocher du bonheur nous font eux-mêmes du bien. C'est sans doute pour cela que Jules Renard disait : « Le bonheur, c'est de le chercher. »

Quels sont les efforts à faire ? Quels sont les trucs ? En réalité, vous savez déjà tout ce qu'il faut savoir. La plupart des personnes savent *parfaitement* ce qui est important pour leur bonheur, au moins intuitivement. Lorsqu'elles sont forcées d'y réfléchir, le plus souvent à cause d'un drame dans leur vie (une maladie sérieuse ou le décès d'un proche), elles ne « découvrent » pas ce qui fait le bonheur, mais elles prennent simplement conscience qu'elles auraient dû s'en occuper plus tôt. La construction du bonheur ne passe pas par des découvertes (de ce qu'on ignorait) mais des prises de conscience (de l'importance de ce que l'on savait déjà). Un petit exemple[47] : dans une étude sur de jeunes mères, on s'était aperçu que le temps passé avec leurs enfants n'était pas, d'après les recueils émotionnels en temps réel, très riche en états d'âme positifs. Pour la simple raison qu'elles n'étaient pas avec leurs enfants « dans leur tête », parce qu'elles essayaient de faire d'autres choses en même temps (ménage, courses, coups de téléphone...) et que leurs rejetons les gênaient alors. D'où ce paradoxe : le temps passé avec leurs enfants en arrivait à être pénible, saturé en états d'âme négatifs. Alors que nos enfants sont notre bien le plus précieux, nous les percevons souvent, dans l'instant, comme des complicateurs ou des stresseurs, parce que, lorsque nous sommes avec eux, nous voudrions aussi faire d'autres choses.

Les pratiques du bonheur sont ainsi, le plus souvent, une histoire de bon sens.

Se rendre heureux : pratiques

Il existe bien une sagesse du bonheur. Son observation attentive montre que la plupart des conseils pour se rendre heureux sont universels et plutôt anciens[48]. Et qu'ils portent sur des démarches très simples. Et donc faciles à caricaturer ou dévaloriser. Mais on a le droit de rêver de bonheur et de douceur, non ? En tout cas ceux qui en rêvent me sont toujours apparus plus sympathiques que ceux qui en ricanent. Et m'ont toujours paru aller mieux. Mais évidemment, quand on dit qu'il faut pratiquer et ritualiser pour être plus heureux, et que c'est comme pour le brossage des dents, à faire tous les jours...

Les pensées positives du soir

Cet exercice est un classique de la psychologie positive. Il consiste à se demander chaque soir peu avant de s'endormir : quels bons moments ai-je vécus aujourd'hui ? Souvent, les personnes à qui l'on propose ce travail commencent par chercher non pas de *bons* moments mais des *grands* moments, des grandes joies. En fait, ce sont simplement des petits bonheurs que l'on suggère d'évoquer, dans une démarche simple. Nous disposons de travaux montrant les bénéfices de ces exercices[49]. Bénéfices qui semblent plus clairs encore lorsqu'on demande de centrer ces pensées positives sur des états d'âme de gratitude : en quoi ces bons moments que j'ai vécus sont-ils dus à d'autres personnes ? Penser alors aux gestes directs dont j'ai bénéficié, mais aussi indirects : les humains qui ont créé et entretenu le sentier sur lequel j'ai marché, ceux qui ont écrit et joué la musique que j'ai écoutée, fait pousser le fruit que je mange…

Se soutenir dans les bons moments

Non, ce n'est pas une erreur, vous avez bien lu, c'est bien : « dans les *bons* moments ». En général, on pense que le soutien doit être accordé à nos proches plutôt dans les moments difficiles. C'est vrai, mais cela ne suffit pas. Dans une démarche originale, des chercheurs ont voulu étudier les importances respectives du soutien face à l'adversité et face aux bonnes choses[50]. De jeunes couples (ensemble depuis en moyenne deux ans) étaient invités à se parler à tour de rôle tantôt d'événements positifs, tantôt d'événements négatifs. On évaluait en filmant ces entretiens la manière dont chacun soutenait et écoutait son conjoint. Les événements en question devaient être personnels : il ne s'agissait pas de vacances passées ensemble (pour les positifs) ou de soucis financiers affrontés ensemble (pour les négatifs). Mais d'événements personnels, auxquels l'autre n'était pas directement associé (réussite professionnelle ou universitaire, bons moments passés avec des camarades ou lors de loisirs…). En réévaluant ces couples quelques mois plus tard, il apparaissait que le meilleur prédicteur de leur degré de satisfaction à être ensemble était le soutien reçu de l'autre alors qu'on lui parlait de nos bonheurs personnels, même s'ils ne le concernaient pas directement ! Davantage que le soutien reçu alors que nous lui parlions de nos soucis. Un peu contre-intuitif : nous avons l'image du couple conçu pour affronter l'adversité. Cependant, même si cela marche peut-être pour l'adversité communément endurée, se réjouir sincèrement des bonheurs de son partenaire même lorsqu'ils ne viennent pas de nous, ou même si nous n'y sommes pas associés, c'est bon pour le couple. C'était encore meilleur pour les hommes d'ailleurs, toujours dans leur éternel besoin de reconnaissance ; les femmes étaient plus également partagées entre besoins de soutiens positifs et négatifs. L'amour altruiste et exprimé de son conjoint comme ciment du couple, c'est logique, après tout ! On sait bien que le partage social des émotions est un régulateur de celles-ci[51] : à la baisse pour les négatives (par un effet de soutien) et à la hausse pour les positives (les exprimer permet de les encoder avec plus de force dans notre mémoire, et d'en faire ensuite des ressources plus fortes et plus disponibles pour affronter les adversités à venir).

Dans la même lignée de recherches, nous disposons aussi de travaux montrant la meilleure récupération post-stress, psychologique et biologique, grâce la culture d'états d'âme positifs dans le couple[52]. Cela vaut vraiment la peine de s'attacher à savourer les bons moments ensemble !

Connaître ses besoins de bonheur

Les ingrédients du bonheur sont multiples, et parfois opposés : bonheurs de solitude et bonheurs de lien, d'action et de recul, d'agitation et de calme… Ce sont les mêmes pour tout le monde, mais avec des proportions variant d'une personne à l'autre. Et pour une même personne, d'un jour à l'autre ou d'une période de vie à l'autre. Pour certains, cela va être 70 % de bonheurs de solitude et 30 % de bonheurs de lien ; pour d'autres, 90 % de lien et 10 % de solitude. Or nous tendons à nous emprisonner dans des habitudes de bonheur et à ne pas assez les varier et les ajuster. Ou à nous contenter des bonheurs commerciaux qu'on nous vend. Encore et toujours un manque de conscience envers nos besoins. Régulièrement réfléchir à ce que l'on aime…

Ne jamais perdre de vue ses priorités

Souvenez-vous de cette étude où l'on montrait que ce qui au quotidien stressait le plus les mères, c'étaient leurs propres enfants. Parce qu'elles étaient absorbées et stressées par des urgences quotidiennes : arriver à l'heure à l'école, à leur travail, préparer les repas, ranger la maison, etc. C'est l'éternelle réflexion sur la différence fondamentale entre l'urgent et l'important. Ce qui est souvent urgent : faire les courses, le ménage, faire réparer la voiture en panne, faire réciter leurs leçons aux enfants, faire la cuisine, travailler… Ce qui est important : rire avec ses proches, voir ses amis, regarder les nuages passer dans le ciel… En général, l'urgent est bruyant et nous mobilise ; difficile de lui résister. Tandis que l'important est silencieux, et se laisse oublier, sans bruit, tout doucement. Mais le négliger nous donnera peu à peu un profond sentiment de frustration ou de vide existentiel, dont nous ne saisissons pas très bien le pourquoi. Jusqu'à ce que l'on comprenne enfin : ça fait combien de temps que je n'ai pas regardé les étoiles ? Combien de temps que je ne me suis pas baladé avec mes enfants dans les bois ? Combien de temps que je n'ai pas passé un dimanche après-midi au coin du feu à bavarder avec mes amis ? Longtemps ? Mmm-mmm… Et si c'était ça, ma maladie ?

Prier ?

Ceci ne concerne pas que les croyants. La pratique religieuse est bonne pour la santé du corps et de l'âme, nous disent toutes les études. Mais encore faut-il que ce soit une pratique religieuse joyeuse et librement choisie, et non sinistre et contraignante. « La prière de l'homme triste n'a jamais la force de monter jusqu'à Dieu. » C'est Cioran[53] qui rapporte cette sentence, qu'il attribue à un gnostique du IIe siècle. Et il ajoute ensuite : « Comme on ne prie que dans l'abattement, on en déduira qu'aucune prière jamais n'est parvenue à destination. » Alors, prions aussi, et surtout même, dans la joie ; prions pour remercier, pas seulement pour demander. Mais la prière peut aussi concerner les personnes qui aspirent à une « spiritualité sans Dieu[54] ». Sourire dans l'adversité, décider de se réjouir de vivre, de se tourner vers les autres même lorsqu'on est malheureux, tout cela m'est toujours apparu comme une forme subtile de spiritualité. Et le recueillement peut aussi se faire sans prière. C'est Etty Hillesum, pourtant follement croyante, qui écrivait dans son journal : « J'ai en moi un bonheur si complet et si parfait ! Ce qui l'exprime encore le mieux, ce sont ces mots : "se recueillir en soi-même". C'est peut-être l'expression la plus parfaite de mon sentiment de la vie : je le recueille en moi-même. Et ce moi-même, cette couche la plus profonde et la plus riche en moi, où je me recueille, je l'appelle Dieu. »

Faire figurer le bonheur parmi ses valeurs personnelles

Pour que quelque chose nous rende heureux, il faut que cela corresponde à nos valeurs personnelles. Ce qui est logique. Mais on peut aussi réactiver ce qui nous rend heureux à distance, par les souvenirs. Et, là encore, on mémorise d'autant mieux un état d'âme saturé en émotions que ces émotions sont associées à nos valeurs[55]. Si on valorise le pouvoir, on se souviendra mieux de ses succès. Si c'est l'argent que nous chérissons, on se souviendra évidemment des gains et enrichissements obtenus dans notre vie. Et si c'est le bonheur, le souvenir des bons moments nous sera plus facile. Et, comme le bonheur est bon pour la santé, ce que ne sont ni le goût du succès et de la compétition, ni celui de l'argent, il vaut mieux, si aller bien vous intéresse, adopter le bonheur comme valeur.

Le bonheur est contagieux ?
Contaminons notre entourage !

Ce qu'il y a peut-être de meilleur, dans tous ces petits efforts de bonheur, c'est qu'ils sont contagieux : en nous rendant un peu plus heureux, nous allons rendre un peu plus heureuses les personnes que nous côtoyons et rencontrons. Nous disposions déjà de pas mal de travaux en ce sens, mais une vaste étude, auprès de cinq mille personnes suivies pendant vingt ans, vient de le confirmer[56]. Quelle heureuse nouvelle ! Elle montre que le bonheur est doucement contagieux, et se transmet par notre réseau social : une personne heureuse *contamine* les autres jusque dans le troisième cercle de ses connaissances. C'est-à-dire que votre bonheur va bénéficier à vos amis, aux amis de vos amis, et que son influence sera encore perceptible chez les amis des amis de vos amis. Au-delà, évidemment, il n'y a plus grand-chose : le bonheur n'obéit pas aux lois de l'homéopathie. Attention : pour que cet effet d'induction soit tangible, il faut que la personne que vous touchez habite près de chez vous (un à deux kilomètres) et que vous la croisiez régulièrement : votre bonheur ne fera pas de bien à qui habite trop loin de vous, ou ne vous voit pas assez souvent.

Les analyses savantes des résultats de cette étude ont confirmé qu'il s'agissait bien d'un mécanisme de cause à effet : ce qui explique qu'on retrouve plus de gens heureux autour des personnes heureuses, ce n'est pas le principe « qui se ressemble s'assemble » (les heureux s'agglutineraient car ils partagent la même vision du monde et les mêmes goûts) mais une induction de bonheur chez autrui. On en connaissait les rouages, c'est la première fois qu'ils sont démontrés à vaste échelle : contagion émotionnelle (par les sourires et les propos), plus grande fréquence d'actes de gentillesse et de partage, moindre tendance aux conflits et agressions… Toutes choses qui augmentent le bien-être de qui nous fréquente (et qui augmentent le nôtre lorsque nous fréquentons beaucoup de gens heureux).

Cette contagion du bonheur n'est pas surprenante pour les psychosociologues : on a aussi montré qu'il existait d'autres contaminations sociales autour de phénomènes moins désirables, comme le surpoids[57] ou le tabagisme[58], mais aussi la dépression[59]. Mais elle fait drôlement plaisir : qui pourrait continuer de prétendre que le bonheur est égoïste ?

Se souvenir des belles choses ? D'accord, mais comme des bêtes...

Assez spontanément, nous aimons nous rappeler les bonnes choses. Et lorsque nous ne nous souvenons plus très bien, nous avons plutôt tendance à enjoliver nos souvenirs, du moins pour la plupart d'entre nous (90 % des personnes, les 10 % restant étant probablement subdépressives) car cela nous procure des états d'âme plus agréables, d'embellir ainsi le passé[60]. Ce que montrent aussi les études, c'est qu'il n'est pas utile de *réfléchir* à ses moments de bonheur lorsqu'ils viennent d'avoir lieu pour tenter d'en comprendre les mécanismes, mais qu'il vaut mieux les *ressentir* à nouveau, si l'on souhaite en prolonger l'effet. Plutôt que de disséquer et décortiquer nos bonheurs, mieux vaut les savourer alors de manière animale, primitive, élémentaire ; « paléolithique », dirait Joseph Delteil.

Accueillir des surprises dans sa vie

Autre argument pour ne pas trop disséquer nos bonheurs à chaud (quelle idée, d'ailleurs ! plutôt les ressentir encore plus intensément, ou s'attacher à renifler et observer leurs volutes finissantes) : l'imprévu et la surprise jouent un rôle dans nos petits bonheurs.

Ce que montrait une amusante étude conduite aux États-Unis[61] : on abordait des passants dans une bibliothèque, en leur offrant une carte sur laquelle était fixée une pièce de un dollar, et en leur disant : « Bonjour, c'est pour vous, passez une bonne journée. » Pour que la personne ne trouve pas cela trop bizarre et unique, l'abordeur procédait ostensiblement de même avec d'autres personnes un peu plus loin. Sur la carte, il y avait tantôt des explications claires : « Nous sommes une association pour la promotion des actes gratuits de bienveillance[62] et voici pourquoi nous faisons cela... », et tantôt des explications moins claires. En interrogeant les bénéficiaires peu après, on s'apercevait que l'incertitude sur les origines de leur dollar tombé du ciel faisait durer leur plaisir plus longtemps. Les cadeaux surprises et mystères sont les meilleurs !

Ceci est d'autant plus intéressant que si, dans ce genre d'études, on donne le choix aux gens, ils préfèrent toujours savoir d'où leur viennent les bonnes choses, et prédisent d'ailleurs que le savoir les rendra alors plus contents. Erreur : le plaisir est plus grand si on lui associe une petite touche de surprise. Encore un argument en faveur des états d'âme mixtes.

D'autant qu'on dispose aussi d'études montrant le rôle négatif des attentes excessives en matière de bonheur et de bien-être : ces attentes induisent souvent de la déception. Ainsi, écouter de la musique en essayant de se sentir heureux en l'écoutant gâche évidemment le plaisir[63]. Franchement, quelle idée, aussi...

« Triste comme un sapin de Noël un 3 janvier »

J'aime la tristesse pédagogique des lendemains de fête : fatigués, tout emplis d'émotions, nous sommes dans une condition propice aux états d'âme. De la tristesse et de la nostalgie ? Oui. Le souci de la vie ordinaire qui va reprendre ? Bien sûr. Mais aussi la certitude des bonheurs passés. Et celle des bonheurs à venir. Tu aurais préféré quoi ? Que Noël n'existe même pas ? Cette tristesse qui te prend n'est pas une *punition* pour avoir cherché à échapper à ta condition de mortel malheureux, elle n'est pas un *rappel à l'ordre*, mais juste le remous du bout de vie, intense et joyeux, que tu viens de vivre…

Se réveiller heureux ?

« Je m'éveille le matin avec une joie secrète ; je vois la lumière avec une sorte de ravissement. Tout le reste du jour, je suis content. » Ce veinard de Montesquieu[64] ! Personnellement, ça ne m'arrive pas souvent de m'éveiller le matin avec une joie secrète. Mais ce n'est pas grave, j'aime bien y travailler quand même, obstinément. Je m'obstinais, depuis des années, lorsque je suis un jour tombé, je ne sais où, sur cette formule qui m'a ravi : « L'obstination à être heureux. »

C'est ça, c'est exactement ça…

Et ça marche.

Souvent.

CHAPITRE 17

Sagesses

« L'homme n'est pas en possession de la sagesse. Il ne fait qu'y tendre et peut avoir seulement de l'amour pour elle, ce qui est déjà assez méritoire. »

Emmanuel KANT.

J'aime l'idée de sagesse. Je l'aime naïvement, sans doute comme on peut aimer un concept lorsqu'on n'y connaît pas grand-chose. Les philosophes d'aujourd'hui mettent volontiers en garde contre l'idée de sagesse, son utilité, l'intérêt de sa recherche. Ils soulignent la méfiance qu'il convient d'avoir envers quiconque adopte une posture de sage[1]. « Qui veut faire l'ange fait la bête », disait Pascal. De même, semble suggérer notre époque, qui veut devenir sage n'est qu'un fou, ou un naïf. Finalement, un peu comme avec le bonheur, le terme de sagesse est presque devenu un gros mot, à laisser aux sots, aux incultes, aux balourds, ou aux exploitants de la naïveté humaine.

Pourtant, aux yeux de la plupart d'entre nous, la sagesse est un chemin que l'on voudrait emprunter : on ne veut pas se dire « sage », mais devenir – après pas mal d'efforts puis d'expériences de vie qui permettront de le vérifier – « plus sage », ce qui n'est pas pareil. On voudrait se sentir progresser vers quelque chose de meilleur : ainsi, nos erreurs et nos errances auraient un sens, celui de nous rapprocher du mieux, c'est-à-dire du moins de souffrance.

D'ailleurs, nous pressentons bien l'immensité de la tâche, et nous sommes spontanément prudents avec la sagesse : qui parmi nous oserait se dire pleinement sage ? Qui se sentirait sage pour toujours ? Qui n'aurait pas conscience qu'il ne s'agit que d'un état transitoire ?

Par contre, pourquoi renoncer à vouloir l'être davantage ?

Qu'est-ce que la sagesse ?

Une des plus belles définitions est peut-être celle d'André Comte-Sponville : « Le maximum de bonheur dans le maximum de lucidité[2]. » La sagesse, c'est une forme de recherche du bonheur qui tente de ne pas nier le réel.

En voici une autre, d'un maître zen, Daisetz Teitaro Suzuki : « Le savoir regarde au-dehors, la sagesse en dedans[3]. » *En dedans* : c'est que la sagesse ne peut se passer de la connaissance de soi, une connaissance humble et exigeante. C'est pourquoi nul n'ose se dire sage devant ses proches. On peut toujours le faire croire devant un public qui ne partage pas notre intimité, mais pas à ceux qui vivent avec nous au quotidien : ils nous ont vus tant de fois ne pas être sages ! Mais accepter cela, au lieu de le cacher c'est bien de la sagesse, non ? Je me souviens à ce propos d'un petit dessin du *New Yorker*[4] qui montrait la femme de Confucius – LE sage par excellence – houspiller son mari, en référence à ses maximes sur le registre « le sage a dit... » : « Et à moi, Confucius, tu ne dis rien ? » Le dessin ne montrait pas ce que répondit Confucius, mais les conjoints des « sages » en ont certainement pas mal à raconter sur les difficultés qu'il y a à être sage chaque jour...

Une dernière définition, dont j'ai oublié l'auteur, désolé, mais que j'ai trouvée recopiée dans un des carnets où je collecte tout mon bric-à-brac mental : « Le savoir : accroître ses connaissances sur soi. La sagesse : savoir comment les utiliser. » La sagesse n'est pas seulement un discours, mais elle est aussi et surtout une pratique. Elle ne se juge pas au brillant du verbe et de la rhétorique, mais sur le terrain. Ou plutôt, sur le chemin, comme Proust l'écrit, dans *À l'ombre des jeunes filles en fleurs* : « On ne reçoit pas la sagesse, il faut la découvrir soi-même, après un trajet que personne ne peut faire pour nous, ne peut nous épargner. » Il reprend la position de Montaigne : « Quand bien même nous pourrions être savants du savoir d'autrui, au moins sages ne pouvons-nous être que de notre propre sagesse. » La sagesse ne peut se contenter de cours, il lui faut aussi des travaux pratiques. Comme la musique ou le sport, ou finalement, n'importe quel apprentissage. Ces mises en pratique vont nous permettre d'accéder au discernement, qui est partie prenante de la sagesse : les meilleurs préceptes de sagesse ne sont pas forcément applicables en tout temps et en tout lieu. Mais pour le savoir, il faut avoir agi.

Il y aurait ainsi trois étapes dans notre quête de la sagesse : celle de la connaissance, qui répond à la question du « quoi ? ». Puis celle de la pratique, c'est la question du « comment ? ». Et enfin celle du discernement, avec notamment la question du « quand ? ».

Se rapprocher de la sagesse est une quête évidemment très ancienne : on raconte que Pythagore[5] aurait inventé le terme *philosophos*, c'est-à-dire *celui qui aime la sagesse*, par modestie, pour ne pas prétendre au titre de *sophos*, le déjà *sage* ! La sagesse est donc une valeur et un but : cela suppose que l'on agisse pour se rapprocher d'elle, que l'on se mette en route. Mais vers quoi ?

De quoi est composée la sagesse ?

La tradition philosophique[6] nous apprend que la sagesse est composée de nombreux « ingrédients » : la tranquillité d'âme : *ataraxia* ; la liberté intérieure : *autarkeia* ; le sentiment d'une unité joyeuse avec le réel : *amor fati*.

On peut aussi dire avec Marc Aurèle qu'elle repose sur trois pratiques[7] : vigilance sur la pensée (non pas *contrôle*, non pas *maîtrise*, mais *vigilance* : être comme un veilleur aux portes de son esprit, observant qui entre et sort) ; consentement aux événements imposés par le destin (non pas *soumission*, non pas *abdication*, mais consentement : accepter que ce qui est soit ; puis voir qu'en faire) ; devoir d'agir toujours au service de la communauté humaine (égoïsme et sagesse sont incompatibles).

En réalité, les savoirs et les pratiques philosophiques concernant la sagesse sont d'une variété infinie. On peut juste noter que les « préceptes » de sagesse se trouveront davantage du côté des philosophes antiques que chez les modernes. Car, comme le remarque Pierre Hadot, alors que « la philosophie antique propose à l'homme un art de vivre, au contraire la philosophie moderne se présente avant tout comme la construction d'un langage technique réservé à des spécialistes[8] ». Hadot nous rappelle aussi que, pour les Anciens, on pouvait être considéré comme un philosophe sans rien écrire, et même sans professer, simplement en se comportant comme un sage. Et quiconque pouvait essayer de l'être avec ses moyens, à son niveau. Nous voici donc rassurés…

Du point de vue des psychologues qui s'y intéressent, qui sont souvent comportementalistes et cognitivistes[9], la sagesse est une capacité *intégrative*[10], une sorte de « système expert » de gestion de nos connaissances, de nos perceptions, de nos souvenirs, qui va nous aider à affronter les problèmes forcément complexes du quotidien.

Parmi les critères de ce qui compose la sagesse au regard des recherches en psychologie positive[11], deux sont non spécifiques : *avoir des connaissances et de l'expérience*. Les *connaissances* nous aident à mieux comprendre les situations complexes ou déconcertantes : savoir – parce que j'ai lu des études ou qu'on me l'a enseigné – que les personnes timides peuvent être agressives lorsqu'elles se forcent à demander quelque chose peut m'aider à avoir la sagesse de ne pas me sentir agressé moi-même par leur agressivité. Et l'*expérience* non seulement me donne des repères, comme la connaissance, mais aussi des réflexes : si j'ai déjà eu à apaiser des personnes en colère, je sais comment il faut d'abord les écouter, tout en ne les laissant pas dépasser certaines limites, et leur montrer qu'on souhaite résoudre ce qui leur apparaît comme un problème, etc. Si je l'ai déjà fait, je ne serai pas « perdu », et pourrai éviter de réagir trop émotionnellement, ou de manière trop rigide. Mais on considère que connaissance et expérience, même utiles à la sagesse, ne lui sont pas spécifiques, car elles sont en fait nécessaires à l'ensemble des activités humaines.

Trois critères sont par contre plus spécifiques de la sagesse : le *contextualisme*, d'abord, qui consiste à être capable, avant de rendre un jugement ou de s'engager dans une action, de tenir compte du contexte ; André Comte-Sponville fait ainsi remarquer que ce n'est sans doute pas la même chose que d'être sage à Auschwitz ou dans un salon parisien. Il y a des sagesses de temps calme, et des sagesses d'adversité ; il n'est pas sûr qu'il s'agisse des mêmes. Ou du moins les secondes ont-elles fait leurs preuves, là où les premières sont en attente de les faire, mais ont le mérite d'exister et la vertu de – peut-être – nous préparer.

Deuxième critère, le *relativisme des valeurs* : accepter que ce qui semble pertinent et adapté ici et maintenant ne le sera pas forcément ailleurs ou en d'autres temps. La sagesse, c'est la capacité de *transposer* sa pensée : à d'autres personnes, d'autres lieux, d'autres temps.

Enfin, le troisième critère est la *tolérance à l'incertitude* : la sagesse implique de ne pas avoir un appétit trop grand pour les certitudes et les avis tranchés, si souvent remis en question par les faits. Je me souviens d'une phrase de Michel Foucault : « Paix aux faits et guerre aux généralités. » *Parole de sagesse !* comme on le dit dans la Bible…

La sagesse ne concerne pas que nos capacités intellectuelles, elle va aussi s'appuyer sur nos états d'âme. Depuis les travaux de Damasio, on sait à quel point nos émotions et intuitions, même subtiles et discrètes, interviennent dans les processus qui nous permettent de comprendre, de juger, de prendre des décisions au quotidien[12]. Et peuvent donc les perturber ou les améliorer. On considère qu'une bonne régulation des émotions et états d'âme facilite globalement la sagesse[13]. En facilitant par exemple une capacité de discernement envers les états d'âme négatifs qui peuvent obscurcir notre conscience et notre intelligence. Mais il y a aussi la culture de la compassion…

Discussion avec Jean, un cousin en train de divorcer, et qui se dit perdu : « Je ne sais pas si j'ai raison de tout casser comme ça. » Perdu, mais très en colère contre sa peut-être future ex-épouse. Trop en colère pour y voir clair dans ses atermoiements. Je lui dis, tentant de le pousser vers la sagesse (il est toujours plus facile d'y pousser les autres que de s'y pousser soi-même) : « Quoi que tu fasses, fais-le calmement. Pense à la suite. Ne la déteste pas, ne lui fais pas de mal, ne dis pas de mal d'elle. Même si elle t'agresse et raconte vos problèmes partout : elle le fait parce qu'elle souffre, qu'elle va mal, et qu'elle s'affole de voir que tu t'apprêtes à partir. Sois attentif à garder de la compassion pour elle. Pour le reste, fais ce que tu as à faire. Limite la place de ton ressentiment, attache-toi à la compassion. C'est le seul moyen pour toi qui te dis "perdu" de savoir où tu veux vraiment aller, sans parasitage d'émotions trop fortes. C'est ton ressentiment qui t'empêche d'accéder à cette intuition après laquelle tu cours et qui te fuit, l'intuition pour guider ton choix de divorcer ou de revenir. Plus tu lui en veux, plus tu te noies dans ton ressentiment, moins tu y vois clair. Si tu dois partir, pars. Mais pas avec l'aide du ressentiment, pas avec cet alibi de la détestation. Reste dans la compassion : elle seule peut te permettre d'y voir clair. » À ce jour, Jean vit à nouveau avec son ex-future-ex-épouse, et a repris le dialogue. J'ignore absolument le rôle qu'a pu jouer notre discussion. Mais je suis heureux qu'elle ait eu lieu.

À quoi et à qui doit servir la sagesse ?

La sagesse n'est pas l'équanimité permanente : la lucidité et l'empathie qu'elle apporte peuvent aussi, à l'inverse, faire réagir plus fortement à une situation dont la personne sage voit clairement la signification. La sagesse, c'est de comprendre à quel point certains détails discrets ont du sens : être sage, c'est rester profondément sensible à de tout petits signes de bonté, à de toutes petites scènes d'humiliation. Et intervenir alors… Elle n'est pas là pour nous pousser à un grand renoncement ni à un retrait du monde comme dans cette boutade de Cocteau[14] : « La sagesse serait de dormir jusqu'à cette gare terminus (la mort). Mais, hélas, le trajet nous enchante, et nous prenons un intérêt si démesuré à ce qui ne devait nous servir que de passe-temps qu'il est dur, le dernier jour, de boucler nos valises. »

Elle consiste au contraire à nous aider à résoudre les difficultés, problèmes et énigmes de la vie humaine : deuils, abandons, infortunes, injustices, conflits, maladies, morts, partages… Face à tous ces événements, nous avons besoin d'un peu plus de force et de lucidité que d'habitude. Mais il n'y a pas que ce qu'on appelait autrefois les *revers de fortune* : face à nos chances, nos succès, nos bonheurs, nos *fortunes*, nous avons aussi besoin de la sagesse, pour savourer sans se tromper ni s'emballer.

Et finalement, c'est dans tous nos actes quotidiens que nous devrions l'appeler, pas seulement lorsque nous sommes déstabilisés. D'où la nécessité de s'entraîner à comprendre et pratiquer la sagesse par temps calme, afin qu'elle puisse nous servir par gros temps. C'est pourquoi nous n'avons pas à mépriser les *petites* sagesses, les efforts sapientiaux ordinaires.

La pratique de la sagesse va nous aider dans nos propres existences. Mais, de gré ou de force, nos éventuels moments de sagesse vont aussi pouvoir servir à d'autres, à ceux qui nous écouteront ou nous regarderont alors. On est parfois dans la vie, à tort ou à raison, le sage de quelqu'un d'autre. Le sage ou l'antisage, d'ailleurs, puisqu'on peut aussi apprendre en observant les autres faire ce qu'il ne faut surtout pas faire…

Apprendre la sagesse auprès de grands maîtres ?

Il y avait autrefois des maîtres de sagesse qui s'assumaient comme tels, c'était bien pratique.

Aujourd'hui, la prudence est de mise. Pour de bonnes raisons : certains de ces maîtres n'étaient pas si sages. Et pour de mauvaises : un certain relativisme face aux savoirs et aux sagesses (relativisme selon lequel rien n'est vrai ou bon *dans l'absolu*) pouvant aller jusqu'à l'extrême, c'est-à-dire la dérobade face à toute prise de position.

La posture moderne du « je n'ai rien à vous apprendre, rien à vous transmettre » me gêne, car elle me semble plus égoïste, paresseuse ou « à la mode », que réellement humble. Elle me rappelle cette histoire que l'on raconte sur Socrate et Antisthène : ce dernier, qui avait choisi de vivre libre de toutes formes de contraintes, notamment matérielles, affichait ce courageux choix de vie en portant par tout temps un vieux manteau usé et percé de mille trous. Ce manteau était célèbre à Athènes, et symbolisait sa cohérence – « je vis ce que je prône ». Il le rappelait parfois aux passants richement vêtus qui déambulaient sur l'agora, les saluant en agitant ironiquement son manteau pour en dévoiler les trous. Il voulut un jour en faire de même avec Socrate, qui passait par là vêtu d'un manteau neuf. On raconte que Socrate regarda longuement, sans mot dire, Antisthène et son manteau. Puis il s'éloigna en lançant : « C'est ta vanité que je vois à travers les trous de ton manteau[15]. » Grâce à Socrate, il me semble voir souvent, derrière l'humilité de la posture « pas de conseils », l'orgueil de vouloir montrer qu'on est précisément trop sage pour conseiller...

Bref, pour toutes ces raisons, avoir des maîtres de sagesse est devenu chose compliquée. L'heure est plutôt aux *experts*, qui disposent d'un savoir « froid » dans un domaine précis. Pourtant, nous aspirons à disposer de sages, nous avons besoin de modèles qui nous inspirent pour la conduite de nos propres vies : c'est presque un besoin psychologique[16]. Alors, nous cherchons tout de même des figures de sages autour de nous.

Une étude sur « les quinze personnes les plus sages » conduite auprès d'étudiants nord-américains avait ainsi abouti au classement suivant[17] : Gandhi venait en premier, suivi de Confucius, Jésus, Martin Luther King, Socrate, mère Teresa, Salomon, Bouddha, le pape... Au bout d'un moment, ça se gâtait, avec l'apparition d'Oprah Winfrey, célébrissime animatrice de télé américaine, peut-être vraiment sage – qui sait ? – mais dont la place dans ce hit-parade devait apparemment plus à la fréquence de ses apparitions médiatiques qu'à la puissance de sa sagesse. Cependant, de ce joyeux et hétéroclite mélange de noms, émergeaient quelques évidences : sans rien y connaître, on associe spontanément la sagesse à la compassion et à l'engagement pour faire bouger les choses. Pas si mal vu ! Ce que nous enseigne aussi ce « top 15 de la sagesse », c'est que les sages sont plutôt rares, difficiles d'accès et appartiennent souvent à des époques passées. Vers qui se tourner alors ? Vers tout le monde !

Petits maîtres de sagesse

Chaque humain peut dispenser des paroles ou adopter des conduites de sagesse, à certains moments de son existence. Observer les actes sages ou les sages paroles de l'ensemble de l'humanité, c'est presque aussi bien que de se rallier aveuglément à certains maîtres, supposés sages mais qui ne le sont pas forcément dans toutes les dimensions et à tous les moments de leur existence.

C'est d'ailleurs l'un des courants de recherche les plus intéressants de cette « psychologie de la sagesse » dont nous avons parlé : au lieu de trop discourir sur la sagesse, on l'observe en train de s'exprimer.

Voici, pour mieux incarner cette démarche, deux exemples de réponses données lors d'une étude sur la sagesse[18], dont l'une jugée sage et l'autre moins. Les participants à l'étude devaient se prononcer sur le cas suivant : *une jeune fille de 15 ans souhaite se marier, maintenant*. On ne nous en dit pas davantage. Qu'en penser ?

Exemple de réponse jugée peu sage : « Non, se marier à 15 ans, ce n'est pas une bonne idée. Il faut lui dire que ce genre de mariage, ce n'est pas possible… »

Exemple de réponse jugée sage : « En apparence, c'est simple. De manière générale, le mariage à 15 ans, ce n'est pas une bonne idée. Mais c'est tout de même quelque chose à quoi songent pas mal de jeunes filles lorsqu'elles tombent amoureuses pour la première fois. Et puis, il y a souvent des situations dans la vie où on ne peut pas raisonner "en général". Peut-être que, dans ce cas, il se passe des choses particulières, peut-être que la jeune fille a une maladie mortelle et n'en a plus pour longtemps. Ou qu'elle vient de perdre ses parents. Ou qu'elle vit dans un autre pays, avec une autre culture. Ou à une autre époque de l'histoire ? »

On voit que la réponse sage traduit un plus grand recul, et surtout consiste, face aux incertitudes et aux informations manquantes, à tenir compte de nombreuses possibilités avant de prendre position : savoir qui est cette jeune fille, quelle est sa situation précise, où vit-elle, etc. Au quotidien, cela peut consister par exemple à écouter et comprendre nos interlocuteurs avant de les juger. Évident ? Hum… En pratique, pour beaucoup d'entre nous, écouter l'autre, c'est juste préparer nos réponses et nos arguments.

La sagesse suppose ainsi un certain degré de transcendance de soi : se dégager de ses intérêts immédiats et de ses opinions, les considérer comme des regards personnels et non comme des évidences universelles[19].

Observer attentivement les attitudes quotidiennes qui nous semblent sages est donc une bonne source d'enseignement. Une petite fille (6 ans) assiste à la dispute de ses deux sœurs aînées (8 et 10 ans) pour être assises aux bonnes places arrière dans la voiture familiale : celles près des fenêtres, et non celle du milieu. Voyant que le conflit s'éternise, et que les parents commencent à s'énerver, elle se *sacrifie* : « Je prends la place du milieu pour démarrer le voyage. » Alors qu'elle aussi préfère les places près du bord. Les motivations de son geste sont multiples et intéressantes. Quelle est dans sa décision la part du renoncement par sensibilité : « Je ne supporte pas ces disputes, ça rend tout le monde malheureux » ? La part de l'intelligence : « Elles sont en train de mettre les parents de mauvais poil, et quand les parents sont de mauvais poil, les voyages se passent mal » ? Et celle de la sagesse : « Après tout, ces histoires de place, c'est absurde, on n'est pas mal au milieu » ? Est-ce que les parents doivent s'inquiéter de voir « la plus petite se sacrifier pour les plus grandes » ? Ou doivent-ils se réjouir pour elle, de cette capacité à faire preuve de sagesse ? Car peu après, une fois le conflit calmé, elle négociera en douceur des permutations avec ses sœurs, obtenant de ne pas faire tout le voyage à la « mauvaise » place. Et finalement, elle aura fait l'économie émotionnelle d'un conflit, tout en obtenant une solution équitable.

Autre leçon (j'adore recevoir des leçons de sagesse) : il y a quelques années, j'avais été appelé par une agence de communication médicale pour rédiger dans l'urgence un gros travail sur les maladies dépressives. C'était un jeudi, et il s'agissait de le leur remettre le lundi : cela signifiait tout un week-end passé à travailler, jour et nuit. Évidemment, vu l'urgence et la masse de travail, c'était très bien payé. Après pas mal d'hésitations, je me résolus à dire non : mon week-end était déjà bien chargé en événements familiaux et tout annuler me paraissait à la fois frustrant et compliqué. Je proposai alors le travail à un ami de Sainte-Anne, en soulignant que l'occasion financière était intéressante. Il m'écouta poliment, puis, une fois qu'il eut connaissance des délais, n'hésita pas une seconde : c'était non. Et il ajouta même dans un sourire : « Moi, je serais même plutôt prêt à payer cette somme pour *ne pas* faire ce boulot dans de telles conditions ! » Finalement, nous avons pu trouver parmi nos confrères, un jeune célibataire qui avait du temps et de l'énergie, et ne pénalisait personne en pulvérisant son week-end par deux nuits blanches sous caféine. Mais la sagesse de mon premier confrère m'a fait réfléchir longtemps après : sans hésiter, il avait préféré pour le week-end à venir s'enrichir de bonheur, pas d'argent…

Comment choisir ses maîtres de sagesse, grands ou petits ?

« Je n'ai rien à dire de personnel sur la sagesse. Si elle m'habite, c'est uniquement sous forme d'un élan inquiet qui me pousse inlassablement à la rechercher chez les hommes qui sont réputés l'avoir accueillie définitivement. » Ainsi répondait un homme prudent, interrogé à propos de la sagesse[20].

Première recommandation pour cette quête de maîtres, même transitoires, celle d'un sage latin, Sénèque[21] : « Longue est la voie des préceptes, courte et infaillible celle des exemples. » L'exemple, c'est-à-dire la mise en pratique par le maître, est la meilleure preuve de l'utilité d'un conseil de sagesse. George Steiner, philosophe contemporain nous le rappelle aussi[22] : « En allemand, *deuten*, qui signifie "montrer du doigt", est inséparable de *bedeuten*, "signifier, vouloir dire". […] Pour ce qui est de la morale, la vie réelle du maître possède, seule, une valeur démonstrative. Socrate et les saints enseignent en existant. » Et il ajoute : « la seule chose qui puisse être fructueuse est une “instruction vivante”, un enseignement de l'âme entière, de toute la personne, de la vie. »

Seconde recommandation, celle d'un maître indien, le Bouddha : « Vous devez accepter mes paroles, non pas à cause du respect que vous avez pour moi, mais après les avoir minutieusement examinées[23]. » Autrement dit : ne m'écoutez pas mais testez mes idées, évaluez mes enseignements en les mettant en pratique. C'est pourquoi les maîtres qui acceptent de se reconnaître comme tels professent toujours que leurs enseignements ne sont que le *début* de la sagesse.

Les « grandes platitudes »

Talmud, traité des principes (IV, 1) : « Quel est le vrai sage ? C'est celui qui ne dédaigne les leçons de personne. » Puis (en V, 7) : « Sept choses distinguent le sage de celui qui ne l'est pas : 1) Il ne prend pas la parole en présence de celui qui le dépasse en sagesse ; 2) Il n'interrompt pas celui qui parle ; 3) Il ne répond pas avec précipitation ; 4) Il interroge avec méthode et répond avec justesse ; 5) Il discute les questions dans l'ordre dans lequel elles ont été posées ; 6) Quand il ne comprend pas une chose, il le dit ; 7) Et il rend hommage à la vérité[24]. »

Pour ma part, j'adore lire de tels préceptes, observer leurs échos en moi, et plus encore, savoir qu'ils ont été imaginés, professés, soumis à l'épreuve des faits depuis tant et tant d'années. Mais certains n'y voient que banalités et généralités.

La plupart des conseils de sagesse que l'on retrouve en tout temps et en tout lieu ont effectivement un côté simple et évident : certains les ont appelés les « grandes platitudes[25] ». *Grandes* parce que, tout de même, elles ont été énoncées par de grands esprits, et ont traversé les siècles pour continuer de nous concerner aujourd'hui encore. *Platitudes* parce que effectivement, à les lire, on a le sentiment de ne rien découvrir. Mais c'est finalement très bien qu'il en soit ainsi, puisqu'il s'agit d'attitudes à appliquer quotidiennement : il faut bien que cela soit simple, pour être pratiqué par des humains ordinaires. Car la sagesse a pour vocation d'être une valeur et une pratique universalisables, et non élitistes. D'où l'importance, comme le notait Marc Aurèle, de disposer de « maximes brèves pour aider à la vie ». Qu'il s'agisse de celles des stoïciens, du zen, ou du tao, les paroles de sagesse vont d'ailleurs toujours au-delà de ce qu'elles semblent dire au premier abord. On le réalise en s'attachant à les mettre en œuvre chaque jour de notre vie : on découvre bien vite que ce n'est pas chose facile. On sort alors de ce qui n'était en mots qu'une platitude, et qui devient en actes un exercice de sagesse. Pratiquons donc les grandes platitudes, avant de les juger si plates…

Pratique de la sagesse

Être sage, c'est du concret ! Arriver à ne pas se mettre en colère si on vient de rater son avion ou son train ; alors qu'on a des soucis au travail, se réjouir de retrouver le soir sa famille ou ses amis, sans laisser ces soucis empêcher ce plaisir ; sourire de soi lorsque l'étagère que nous tentons de fixer au mur s'effondre pour la troisième fois… Tous ces instants sont des occasions de tester notre état de sagesse, ou les efforts à faire pour nous en rapprocher. Pour que notre vie se passe mieux. Si la sagesse a été prise comme objet de recherche par la psychologie scientifique[26], c'est simplement parce qu'on suppose qu'il y a des bénéfices à en retirer en termes de santé mentale, et qu'il est possible de la développer (ce qui était aussi la conviction des philosophes grecs et romains). Voici quelques remarques – plates, à défaut d'être grandes – à propos de cette « sagesse psychologique pratique ».

Écouter ses états d'âme surtout s'ils sont inconfortables et désagréables

Être sourd à ses états d'âme, c'est s'écarter de la sagesse. Ils représentent un rappel à l'ordre de la réalité, dont elle ne peut se passer. Écoutons notre culpabilité, qui nous signale peut-être que nous sommes allés trop loin, campés sur nos convictions que nous avions raison. Écoutons notre tristesse, qui nous rappelle que quelque chose ne va pas dans notre vie : soit dans ce qui nous arrive, soit dans ce qui ne nous arrive pas. Écoutons notre agacement : il nous montre que quelque chose nous agresse et nous frustre : mais ce quelque chose qui nous fait souffrir, est-ce nos propres exigences, ou est-ce la vie ? Accepter d'être dérangé par ses états d'âme, c'est accepter que nous n'avons peut-être pas fait les bons choix, ou que nous n'avons pas le bon regard sur la réalité. Et c'est une des composantes de la sagesse. Mieux vaut procéder ainsi que d'espérer que la sagesse nous permettra d'éviter souffrances, colères, tristesses ou anxiétés. À l'inverse, parmi les gains qui existent au fur et à mesure que nous avançons en âge, et donc, *a priori*, en sagesse, apparaît clairement une meilleure capacité à lire en ses états d'âme, à les réguler, et ce, même de manière anticipée : on a pu montrer que plus un adulte est âgé, plus il est capable de savourer par avance des moments de bien-être programmés, et plus il est capable aussi de ne pas se soucier à l'avance de difficultés prévisibles[27]. Ce qui est une sagesse ordinaire appréciable.

Accepter la tristesse et se nourrir d'elle, plutôt que de la laisser se nourrir de nous

La sagesse n'empêche pas la tristesse. On peut même constater que tristesse et sagesse entretiennent un très ancien et très profond compagnonnage. Nous avons parlé du livre de *Qohélet*, dans la Bible, où est ainsi mentionné[28] : « Beaucoup de sagesse, beaucoup de chagrin. » Plus on est sage, plus on a d'occasions de souffrir ; mais aussi de capacités à se réparer. Dans une étude où l'on projetait de petits films tristes (sur le deuil ou la maladie) à des volontaires dont on avait au préalable évalué le niveau de sagesse, on s'apercevait que les sujets préalablement évalués comme sages se sentaient plus tristes à la suite de ces films[29]. La sagesse ne protège pas de la tristesse, elle n'est pas faite pour cela. Elle repose au contraire sur un socle où figurent des états d'âme tristes ou douloureux (pour la lucidité et la prudence) et aussi, bien sûr, des états d'âme positifs (pour l'énergie). Elle a besoin d'avoir éprouvé la fragilité de toutes choses et de tous jugements. Pour être sage, il faut s'être trompé et avoir été déçu, avoir vu quelques-uns de ses rêves brisés. Bref, avoir vécu au moins un peu, et non passé sa vie à fuir ou se protéger.

Ne jamais considérer la sagesse comme un état stable et acquis

Il n'y a pas de « sages », il n'y a que des personnes qui cherchent la sagesse, qui tentent de s'en rapprocher, et qui savent que ce n'est possible que si l'on fait des efforts réguliers. Je me souviens par exemple de ces propos fort sages d'un journaliste politique[30] : « Je ne crois pas en l'objectivité mais en la maîtrise de la subjectivité. » La phrase est très pertinente pour nos jugements en général car, au quotidien, nous sommes en permanence entraînés vers le contraire de la sagesse : la rapidité et la subjectivité de nos avis, le confort de nos certitudes. Et revoici la nécessité de l'humilité dans le travail sur soi : nous ne pouvons pas faire disparaître nos défauts, mais nous pouvons en devenir moins dupes. Acceptons de ce fait les sagesses incomplètes, intermittentes, oscillantes selon nos humeurs et nos énergies.

La sagesse demande des efforts : simplement faire ces efforts

La sagesse est incompatible avec la paresse de pensée : si on adopte le prêt-à-penser de son milieu, de son époque, des interlocuteurs qui nous impressionnent par leur intelligence ou leur prestige, on n'est pas sage, on est juste accepté par tous ceux qui se trompent avec nous. Seule solution : partir du principe que tout le monde peut se tromper, même les plus brillants. Il ne doit pas y avoir de vaches sacrées. Comme disait Coluche : « Ce n'est pas parce qu'ils sont nombreux à avoir tort qu'ils ont raison[31] ! »

Se frotter aux autres

Le sage, un solitaire ? Pas forcément. Et même : plutôt pas ! Voici, à ce propos, les paroles du rabbin Pauline Bebe[32] : « Le solitaire, l'isolé, l'égoïste, le misanthrope ne peuvent être sages. C'est du frottement à l'autre que l'étincelle du bien peut jaillir et l'humanité avancer. » Elle ajoute ensuite : « La sagesse consiste donc à transformer toute confrontation en un apprentissage. » Vouloir être sage seul, quel manque de sagesse ! Car il n'y a pas que les « frottements », il y a aussi les liens d'affection et d'affiliation. Dans un sympathique paradoxe, on a pu montrer ceci : accepter et reconnaître ce qu'on doit aux autres, et à quel point nous sommes liés à eux, débouche non sur plus de dépendance, mais sur une indépendance accrue[33]. La sagesse, c'est de ne jamais oublier à quel point nous sommes liés à tous les autres humains. Et c'est cette même pensée qui nous donnera l'énergie pour les comprendre, toujours, et aussi pour ne pas les suivre, parfois.

Rester ouverts

La sagesse n'est pas que maîtrise, elle est aussi ouverture et curiosité : c'est-à-dire acceptation de ce qui est inconnu, de ce qui dérange, de ce qui surprend, de ce qui heurte ou déconcerte au premier abord, face à quoi on a la sagesse de ne pas juger trop vite. Il y a aussi la nécessité de l'amour et de la bienveillance pour écouter et accueillir la parole du prochain. Sa parole et tout le reste... Un exemple de sage en action : Montaigne, qui, en voyage à travers l'Europe, regrette de ne pas avoir emmené son cuisinier avec lui. Parce qu'il n'aimait pas les cuisines locales ? Et qu'il aurait aimé que ce dernier lui concocte de bons petits plats du Sud-Ouest ? Nenni ! C'est exactement l'inverse : il aurait aimé que son cuisinier apprenne les recettes étrangères, pour pouvoir en régaler ses amis une fois revenu à la maison[34]. L'esprit d'ouverture et la sagesse se nichent parfois dans des petits détails. D'ailleurs, dans les études conduites sur ce thème, chez les humains ordinaires, l'ouverture à la nouveauté apparaît nécessaire à la sagesse[35].

Être toujours prêt à avoir tort

La sagesse n'évite pas de commettre des erreurs (les sages en commettent peut-être autant que les non-sages, par curiosité et esprit d'ouverture), mais elle aide à ne les commettre qu'une fois (ou peu de fois, ou pas trop souvent !) : la personne sage tire les conclusions de ses erreurs. Finalement la sagesse, c'est peut-être l'art de l'après-coup : au lieu de passer à autre chose, on prend d'abord le temps de réfléchir à ce qui a eu lieu, sans craindre que cela nous déstabilise, ni nous fasse souffrir.

Il y a aussi dans la sagesse le fait d'être toujours prêt à dire « je n'ai pas compris », parce qu'on considère que c'est un droit fondamental de l'être humain, parce qu'on sait que c'est comme cela qu'on va – justement – comprendre. Je soigne beaucoup de patients qui souffrent d'états d'âme d'imposture, comme cette patiente qui, petite à l'école, faisait toujours semblant d'avoir compris, alors qu'évidemment, comme les autres, elle ne comprenait pas toujours tout. Elle a ainsi traversé sa scolarité comme un petit fantôme, tremblant de peur que l'imposture ne soit dévoilée. Nous avons travaillé cela en thérapie. À la fin de notre travail, elle avait dépassé ses peurs. Mais il me semble aussi qu'il ne s'agissait alors pas que d'un recul de ses symptômes : à force de réflexion sur ses craintes et d'exercices pour les faire reculer et dégonfler, elle avait acquis un peu plus de lucidité sur le fait que souvent ses peurs venaient d'elle, un peu plus de liberté par rapport au jugement éventuel d'autrui et à ses éventuelles conséquences, et un peu plus de fatalisme à l'idée qu'il puisse aussi exister des personnes qui la mépriseraient. Bref, elle avait acquis un peu plus de sagesse. Aucune thérapie ne prétend faire grandir un patient en sagesse. Mais force est de constater que certains « profitent » de ce qu'ils ont fait en thérapie pour devenir plus sages.

Faire preuve de prudence avec les certitudes, les « toujours » et les « jamais »

Nous avons vu à quel point notre allergie à l'incertitude était impliquée dans nos états d'âme d'inquiétude et d'anxiété. Je me souviens d'avoir entendu l'actrice Judith Godrèche dire un jour : « J'ai mis longtemps à *perdre* confiance en moi[36]. » Sagesse de Judith ! Lorsque nous sentons l'incertitude, nous préférons la remplacer par des certitudes, même exagérées ou erronées. Or la sagesse, ce n'est pas d'avoir des certitudes, mais c'est de tolérer nos incertitudes. On les examine, on y réfléchit, mais on en accepte l'existence et l'évidence.

Attention, parfois ne pas vouloir s'engager ni donner son avis, ce n'est pas de la sagesse mais de la paresse. Par exemple, au nom du relativisme : « Tout se vaut ; donc je n'ai rien à dire, et je ne prends pas position. » Être sage, c'est aussi avoir le courage de ses opinions, tout en sachant qu'on peut se tromper. Mais en sachant aussi que sans conviction, aucune action n'est possible. Et qu'alors, le monde ne changera jamais. C'est pour ça que la sagesse est plus proche de la science que de la foi : elle accepte et même elle aime, d'une certaine façon, avoir tort. Du moment que cela lui permet de mieux comprendre (et comprendre ses erreurs, c'est déjà mieux que de ne rien comprendre).

Accepter la complexité et l'incertitude. Et agir quand même

Sagesse lorsque nous n'avons pas recours à la dichotomie, cette catégorisation du monde en deux (le bien et le mal, les amis et les ennemis, le désirable et l'indésirable...) pour nous permettre de penser et d'agir de manière complexe : secourir des ennemis, reconnaître qu'une personne antipathique a raison, etc. Sagesse lorsque nous acceptons de laisser des questions sans réponse, mais là encore sans renoncer à agir : c'est le principe de la foi, où l'on agit en fonction de ses convictions (« Je ne sais pas si j'ai raison, mais j'ai décidé d'être toujours gentil avec les gens ») et non de ses certitudes (« On gagne toujours à être gentil »). Sagesse lorsque nous sommes capables de nous appuyer sur des « hypothèses transitoires » pour agir : « Je ne sais pas ce qu'ils pensent, alors je vais faire comme s'ils m'aimaient, et j'aviserai en fonction de leurs réactions », plutôt que : « Tant que je ne suis pas sûr, je ne bouge pas. »

Aimer la simplicité

Dans la plupart des traditions, la sagesse passe par la simplicité. Pour une raison que Paul Valéry a parfaitement saisie : « Ce qui est simple est toujours faux. Ce qui ne l'est pas est inutilisable. » Car il existe deux sortes de simplicité : l'une est pauvre, l'autre est riche ; l'une est paresse, l'autre approfondissement ; l'une est restée en deçà de la complexité, l'autre est allée au-delà.

La première forme de simplicité n'a pas pris le temps de la réflexion : elle n'est que platitudes et affirmations gratuites ou passe-partout, ne reposant sur rien ou presque. Elle peut d'ailleurs se dissimuler derrière un jargon savant, derrière la « fausse profondeur » dont se moquait le même Paul Valéry. La seconde forme de simplicité est celle qui est issue d'une quête, d'une réflexion, et d'une pratique répétée, partagée. C'est de cette simplicité que Léonard de Vinci disait qu'elle était le « raffinement suprême ». Et face aux conseils simples de sagesse, l'intelligence, ce n'est pas de dire « C'est trop simple » et d'en rester aux arguments de principe, mais c'est d'avoir l'honnêteté d'essayer : « Je l'ai fait ou pas ? » et de conclure sur les faits, non d'en rester aux jugements.

Être toujours prêt à reconnaître ses limites

Lu un jour dans l'*American Journal of Psychiatry*, au fil d'un article : « *A wise man once said that a conclusion is simply the place where someone got tired of thinking*[37]. » Traduction maison : « Un homme sage dit un jour que la conclusion vient simplement parce qu'on commence à être fatigué de réfléchir. » On croyait être parti pour lire de la psychiatrie, et on tombe sur une de ces maximes de petite sagesse qui font du bien à notre âme.

S'appuyer sur ses folies pour construire sa sagesse

« Qui vit sans folie n'est pas si sage qu'il croit. » La maxime de La Rochefoucauld est belle et mémorable, c'est son but. Mais elle est aussi profonde, car elle permet de réfléchir dans toutes les directions. Que signifie-t-elle pour vous ? Elle m'évoque personnellement ces mots de Svâmi Prajnânpad, maître spirituel indien[38] : « Ne cherchez pas à supprimer vos désirs. Cela mène inévitablement au désastre. » Nos déséquilibres intimes sont comme autant de rappels à l'ordre et de moyens pour nous donner inlassablement de quoi nous exercer à nos résolutions de sagesse. Et puis, tant d'histoires de sages ressemblent à des histoires de fous ! Comme celle-ci, que je raconte souvent à mes patients timides, lorsque nous travaillons sur l'affirmation de soi : c'est à Athènes, vers 350 avant notre ère. Le philosophe Diogène est immobilisé devant une statue, à qui il tend la main depuis des heures. Un attroupement commence à se former, et les passants l'interpellent : « Diogène, pourquoi fais-tu ça ? » Et lui de répondre : « Pour m'entraîner au refus[39]. » Fou ou sage ?

Voir la sagesse comme un humanisme

L'humanisme est ce courant de pensée qui prend pour but et pour valeur prioritaires la personne humaine et son épanouissement (autres exemples de valeurs : le marché, la vérité...). L'humanisme n'est pas une foi aveugle (ce serait imprudent vu les imperfections de la nature humaine) mais une fidélité pragmatique, pas une croyance mais une volonté[40]. La sagesse est un humanisme car elle préfère et prône les valeurs universelles et universalisables, dont tous peuvent profiter : l'amour, l'intelligence, la paix. Il y a d'autres valeurs possibles : le pouvoir ou la domination, par exemple. Mais, comme le note Tzvetan Todorov : « Tous ne peuvent être victorieux en même temps, alors que tous peuvent vivre en paix : cette valeur est donc universalisable, à la différence de l'aspiration à la suprématie[41]. » Amour, ouverture, respect, écoute sont les valeurs de la sagesse et sont universels : tous les humains peuvent être sages ensemble...

Nous changer pour changer le monde

Un dernier argument pour nous inciter à la pratique de la sagesse. Cette remarque d'Etty Hillesum[42] : « Je ne crois pas que nous puissions corriger quoi que ce soit dans le monde extérieur que nous n'ayons d'abord corrigé en nous. » Si nous souhaitons que le monde soit plus sage...

Des émotifs qui veulent devenir sages

Dans un entretien[43] l'actrice Julie Depardieu disait un jour : « Je suis une émotive qui veut devenir sage. » Nous aussi, avec elle. Nous voulons grandir en sagesse. Nous voulons que les érosions et les tristesses liées au temps qui passe s'accompagnent aussi de joies et d'illuminations. Nous voulons que les prises de conscience de toutes nos imperfections s'accompagnent aussi d'acceptations et de tolérances à ces imperfections. Nous voulons sentir en nous des cohésions et des clartés. Sans avoir à rien renier de nos états d'âme, quels qu'ils soient. Nous voulons sentir que nous avançons, même doucement. Nous sentir demain arrivés au pied de la montagne : nous avons fait la marche d'approche, cheminé, avancé. Nous ne sommes qu'en bas, tout en bas, mais il nous semble déjà apercevoir le sommet.

CONCLUSION

À demain, la vie

Un soir de l'automne où je termine ce livre. Je suis en train de m'endormir.

Comme toujours, tournicotage de bribes, morceaux de demi-rêves et de demi-pensées qui commencent à se mélanger. Des citations se confondent avec des souvenirs. Paroles entendues ou phrases lues ? Des choses dites. Des scènes vécues. Mais quand ? Il y a du vent dehors, vvvvvouh ! j'entends les arbres du bois qui soupirent.

Voici Lucrèce qui s'approche. Il a la tête de mon copain André Comte-Sponville, mais je reste calme. Il passe en regardant au loin, levant le bras, la main ouverte : « Il fait toujours nuit quelque part. Et toujours un soleil se lève à l'horizon[1]. » J'ai envie de répéter la phrase à voix haute, moi aussi, j'aime sa musique. Mais je laisse tomber, je sens que je m'endors trop fort pour parler. Une question se met à tourner dans ma tête pendant plusieurs minutes, ou quelques secondes. Juste une question, à laquelle je ne cherche même pas de réponse : quand, exactement, commence la nuit et finit le jour ?

Quelques vagues de sommeil. Elles se retirent un instant et un bout de conscience émerge à nouveau. Je me souviens avoir entendu, cet après-midi, l'interview d'un auteur dont je n'ai pas lu le livre, et qui disait ceci : « Je me suis toujours demandé quand commençait le "reste de la vie". C'est à ce moment-là, quand on sait que tout n'adviendra désormais qu'à titre de répétition, que commence ce reste de la vie[2]. »

Il y a de la musique. Un sirtaki. Celui de la scène finale du film *Zorba le Grec* (vous vous souvenez : « *Teach me to dance, will you ?* »). Je vois, en noir et blanc, Zorba qui danse sur la plage[3]. Je me rappelle tous ces mois et ces mois – des années à la fin ? – passés en Grèce, lorsque j'étais étudiant.

Je marche sur le chemin du collège avec ma fille Louise, que j'aime bien accompagner le matin, nous bavardons. Elle me dit qu'une de ses copines a fugué hier après-midi ; pas très loin, puis elle est revenue. Louise me confie alors que sa sœur aînée, Faustine, lui avait raconté un de ses projets de fugue, il y a quelques années, alors qu'elle avait 7 ou 8 ans : elle s'était préparé un petit sac avec des gâteaux au chocolat, une culotte de rechange et une flûte. Louise lui avait demandé : « Pourquoi la flûte ? — Pour jouer dans le métro et gagner de l'argent. — Mais tu ne sais pas en jouer ! — Pas grave : ils auront pitié et me donneront quand même des sous… » J'adore ces petites histoires d'enfants. Mais non, ce sont des histoires d'adultes. C'est pareil.

Pessoa dans une rue de Lisbonne, avec son regard triste, son chapeau et sa petite moustache : « Je m'apaise enfin, oui, je m'apaise. Un calme profond, aussi doux qu'une chose inutile, descend jusqu'au tréfonds de mon être. […] Cela ne vient pas du jour doux et lent, tendre et nuageux. Ni de cette brise à peine ébauchée – presque rien, à peine plus que l'air qu'on sent déjà frémir. Ni de la teinte anonyme du ciel, tacheté de bleu ici ou là, faiblement[4]… » Moi aussi je m'apaise drôlement. Je sens tout mon corps qui respire, ça va jusque dans mes orteils.

Deux mots : « Sérénité conquise[5]. » Sérénité conquise : ça serait bien, ça, pour le titre de mon livre. Il fait de plus en plus noir, ici.

Je m'apaise enfin, oui, je m'apaise.

À demain, la vie.

À demain.

…

Notes

PREMIÈRE PARTIE

Existences

CHAPITRE PREMIER
États d'âme : pour comprendre

1. Pessoa F., *Le Livre de l'intranquillité*, Paris, Christian Bourgois, 1988, p. 55.

2. Proust M., *Le Temps retrouvé*, Paris, Gallimard, « Bibliothèque de la Pléiade », tome IV, 1989, p. 450.

3. Damasio A., *Le Sentiment même de soi*, Paris, Odile Jacob, 1999.

4. Polivy J., « On the induction of emotion in the laboratory : discrete moods or multiple affects states ? », *Journal of Personality and Social Psychology*, 1981, 41, p. 803-817.

5. *Grand Robert de la langue française*, Paris, Dictionnaires Le Robert, 2001. Sauf mention contraire, les définitions proposées dans ce livre sont issues de ce dictionnaire.

6. Voir la collection « Le Parnasse de la viole », chez Alia Vox. Par exemple Marin Marais, *Pièces de viole du second livre*, 1701, par Jordi Savall et coll.

7. Proust M., *Du côté de chez Swann*, Paris, Gallimard, « Bibliothèque de la Pléiade », tome I, 1987, p. 13.

8. Cité par Ron Charach dans sa critique du livre *Poets on Prozac : Mental Illness, Treatment, and the Creative Process*, Baltimore, Johns Hopkins University Press, 2008. *In American Journal of Psychiatry*, 2008, 165, p. 1617.

9. Silvia P. J., « Interest, the curious emotion », *Current Directions in Psychological Science*, 2008, 17, p. 57-60.

10. Dans son savoureux blog *L'Autofictif*, à la date du 1er octobre 2008 : http://l-autofictif.over-blog.com/

11. Citée par Lemasson A., « Virginia Woolf, la hantise du moi », *Le Magazine littéraire*, hors série mars-avril 2007, n° 11, p. 79.

12. Cité par Pierre Assouline dans son blog, *La République des lettres*, le 18 septembre 2008 : « Une affaire d'assurance ». Voir : http://passouline.blog.lemonde.fr/livres.

13. L'expression est de Simone Weil, qui parlait ainsi de Dieu.

14. Comte-Sponville A., *Dictionnaire philosophique*, Paris, Presses universitaires de France, 2001.

15. Davidson R. J., « On emotion, mood, and related affective constructs », *in* Ekman P. et Davidson R. J., *The Nature of Emotion. Fundamental Questions*, Oxford, Oxford University Press, 1994, p. 51-55.

16. Rimé B., *Le Partage social des émotions*, Paris, Presses universitaires de France, 2005.

17. Je vous recommande la version des *Âmes mortes* illustrée par le peintre Marc Chagall, parue en 2005 à Paris, aux éditions du Cherche Midi.

18. Thibon G., *L'Illusion féconde*, Paris, Fayard, 1995.

19. Les perturbations psychologiques du syndrome prémenstruel sont assez stables sur la vie entière (Bloch M. et coll., « Premenstrual syndrome : evidence for symptom stability across cycles », *American Journal of Psychiatry*, 1997, 154, p. 1741-1746), ne semblent pas reliées à un risque accru de trouble psychique (Kenneth S., Kendler K. S. et coll., « Longitudinal population-based twin study of retrospectively reported premenstrual symptoms and lifetime major depression », *American Journal of Psychiatry*, 1998, 155, p. 1234-1240) et peuvent être améliorées par l'utilisation intermittente de médicaments antidépresseurs (Freeman E. W. et coll., « Continuous or intermittent dosing with sertraline for patients with severe premenstrual syndrome or premenstrual dysphoric disorder », *American Journal of Psychiatry*, 2004, 161, p. 343-351).

20. Nezleck J. B. et coll., « Appraisal-emotion relationships in daily life », *Emotion*, 2008, 8, p. 145-150.

21. Étude citée *in* Damasio A., *Le Sentiment même de soi*, *op. cit.*, p. 292.

22. Voir, pour revue, Billand C., *Psychologie du menteur*, Paris, Odile Jacob, 2004.

23. Frijda N. H., « Moods, emotions episodes, and emotions », *in* Lewis M. et Havilland J. M. (éd.), *Handbook of Emotions*, New York, Guilford Press, 1993, p. 381-403.

24. Rimé B., « Vulnérabilité : impact des épisodes émotionnels », *in* Rouillon F. (éd.), *Vulnérabilité et troubles de l'adaptation*, Paris, John Libbey Eurotext, 2008, p. 55-68.

25. Watson D., *Mood and Temperament*, New York, Guilford Press, 2000. Voir notamment p. 15.

26. Watson D., *Mood and Temperament*, *op. cit.* Voir notamment p. 9.

27. Hergueta S., « Les animaux meurent aussi », *in* « Apprivoiser la mort pour mieux apprendre à vivre », *Le Nouvel Observateur*, hors série n° 62, avril-mai 2006, p. 16-17.

CHAPITRE 2
Douleurs et douceurs des états d'âme

1. Grandjean D., Scherer K. R., « Unpacking the cognitive architecture of emotion processes », *Emotion*, 2008, 8, p. 341-351.

2. Les extraits de Lucrèce que je propose dans ce livre correspondent à la belle traduction d'André Comte-Sponville, dans son livre *Le Miel et l'Absinthe*, Paris, Hermann, 2008. Pour une traduction complète, voir la version bilingue d'Alfred Ernout, Paris, Les Belles Lettres, 2003.

3. Pessoa F., *Le Livre de l'intranquillité, op. cit.*, p. 209.

4. Huston N., *Professeurs de désespoir*, Arles, Actes Sud, 2004.

5. Schrauf R. W., Sanchez J., « The preponderance of negative emotion words across generations and across cultures », *Journal of Multilingual and Multicultural Development*, 2004, 25, p. 266-284.

6. Dijksterhuis A., Aarts H., « On wildebeasts and humans : the preferential detection of negative stimuli », *Psychological Science*, 2003, 14, p. 14-18.

7. Öhman A. et coll., « The face in the crowd revisited : a threat advantage with schematic stimuli », *Journal of Personality and Social Psychology*, 2001, 80, p. 381-396.

8. Hajcak G., Olvet D. M., « The persistence of attention to emotion : brain potentials during and after picture presentation », *Emotion*, 2008, 8, p. 250-255.

9. Unkelbach C. et coll., « Why positive information is processed faster : the density hypothesis », *Journal of Personality and Social Psychology*, 2008, 95, p. 36-49.

10. Zeigarnik B., « Das Behalten erledigter und unerledigter Handlungen », *Psychologische Forschung*, 1927, 9, p. 1-85.

11. Post R. M., « Transduction of psychosocial stress into the neurobiology of recurrent affective disorder », *American Journal of Psychiatry*, 1992, 149, p. 999-1010.

12. Baumeister R. F. et coll., « Bad is stronger than good », *Review of General Psychology*, 2001, 5, p. 323-370.

13. Voir synthèse dans Watson D., *Mood and Temperament*, *op. cit.* Notamment le chapitre « Situational and environmental influences on mood », p. 62-103.

14. Gasper K., Clore G. L., « Attending to the big picture : mood and global *versus* local processing of visual information », *Psychological Science*, 2002, 13, p. 34-40.

15. Tipples J., « Negative emotionality influences the effects of emotions on time perception », *Emotion*, 2008, 8, p. 127-131.

16. Fredrickson B. L., « The role of positive emotions in positive psychology : the broaden-and-build theory of positive emotions », *American Psychologist*, 2001, 56, p. 218-226.

17. Chrétien J.-L., *La Joie spacieuse. Essai sur la dilatation*, Paris, Éditions de Minuit, 2007.

18. Raghunathan R., Trope Y., « Walking the tightrope between feeling good and being accurate : mood as a resource in processing persuasive messages », *Journal of Personality and Social Psychology*, 2002, 83, p. 510-525.

19. Schwarz J., Pollack P. R., « Affect and delay of gratification », *Journal of Research in Personality*, 1977, 11, p. 147-164.

20. Fishbach A., Labroo A. P., « Be better or be merry : how mood affects self-control », *Journal of Personality and Social Psychology*, 2007, 92, p. 58-173.

21. Trope Y., Netter E., « Reconciling competing motives in self-evaluation : the role of self-control in feed-back seeking », *Journal of Personality and Social Psychology*, 1994, 66, p. 646-657.

22. Briñol P. et coll., « Happiness *versus* sadness as a determinant of thought confidence in persuasion : a self-validation analysis », *Journal of Personality and Social Psychology*, 2007, 93, p. 711-727.

23. Goetz M. C. et coll., « What's the use of being happy ? Mood states, useful objects and repetition priming effects », *Emotion*, 2007, 7, p. 675-679.

24. Schwarz N., Clore G. L., « Mood, misattributions and judgments of well-being : informative and directive functions of affective states », *Journal of Personality and Social Psychology*, 1983, 45, p. 513-523.

25. Schwarz N., Clore G. L., « Feelings as phenomenal experiences », *in* Higgins E. T. et Kruglanski A. (éd.), *Social Psychology. Handbook of Basic Principles*, New York, Guilford Press, 1996, p. 433-465.

26. Propos de Daniel Kahneman, rapportés par Löwy I., « La nouvelle économie du bonheur », *Mouvements des idées et des luttes*, 2008, n° 54, p. 78-86. Je n'ai pas pu retrouver l'étude originale.

27. Thayer R. E., « Problem perception, optimism, and related stress as a function of time of day (diurnal rythm) and moderate exercise », *Motivation and Emotion*, 1978, 11, p. 19-36.

28. MacDonald B., Davey G. C. L., « Inflated responsibility and perseverative checking : the effect of negative mood », *Journal of Abnormal Psychology*, 2005, 114, p. 176-182.

29. Jones F. et coll., « Impact of daily mood, work hours, and iso-strain variables on self-reported health behaviors », *Journal of Applied Psychology*, 2007, 92, p. 1731-1740.

30. Tice D. M. et coll., « Emotional distress regulation takes precedence over impulse control : if you feel bad, do it ! », *Journal of Personality and Social Psychology*, 2001, 80, p. 53-67.

31. Voir une revue de ces études *in* Zemack-Rugar Y. et coll., « The effects of non-consciously priming emotion concepts in behavior », *Journal of Personality and Social Psychology*, 2007, 93, p. 927-939.

32. McFarland C. et coll., « The impact of negative moods on self-enhancing cognitions : the role of reflective *versus* ruminative mood orientations », *Journal of Personality and Social Psychology*, 2007, 93, p. 728-750.

33. Pizzagalli D. A. et coll., « Increased perceived stress is associated with blunted hedonic capacity. Potential implications for depression research », *Behaviour Research and Therapy*, 2007, 45, p. 2742-2753.

34. Cité par Momus E., *Je hais les écrivains*, Paris, Éditions du Rocher, p. 69.

35. Verhaegen P. et coll., « Why we sing the blues : the relation between self-reflective rumination, mood and creativity », *Emotion*, 2005, 5, p. 226-232.

36. Il existe de très nombreuses études sur ce thème de la créativité et de la maladie mentale. Voir par exemple, Andreasen N. C., « Creativity and mental illness : prevalence rates in writers and their first-degree relatives », *American Journal of Psychiatry,* 1987, 144, p. 1288-1292 ; ou bien Ludwig A. M., « Mental illness and creative activity in women writers », *American Journal of Psychiatry,* 1994, 151, p. 1650-1656. À noter aussi la synthèse en français de Brenot P., *Le Génie et la Folie*, Paris, Odile Jacob, 2007.

37. Friedman R. S., Förster J., « The effects of promotion and prevention cues on creativity », *Journal of Personality and Social Psychology,* 2001, 81, p. 1001-1013.

38. Hirt E. R. et coll., « I want to be creative : exploring the role of hedonic contingency theory in the positive mood-cognitive flexibility », *Journal of Personality and Social Psychology,* 2008, 94, p. 214-230.

39. De Dreu C. K. W. et coll., « Hedonic tone and activation level in the mood-creativity link : toward a dual pathway to creativity model », *Journal of Personality and Social Psychology,* 2008, 94, p. 739-756.

40. Hayes S. C., *Get out of your Mind and into your Life*, Oakland, New Harbinger, 2005.

41. Van Dijk W. W. et coll., « When people fall from grace : reconsidering the role of envy in Schadenfreude », *Emotion*, 2006, 6, p. 1156-1160.

42. Goleman D., *Surmonter les émotions destructrices*, Paris, Robert Laffont, 2003, p. 218-223.

43. Celli N., *Le Bouddhisme*, Paris, Hazan, 2006.

CHAPITRE 3
Ruminations et dérapages

1. Cioran E. M., *Cahiers 1957-1972*, Paris, Gallimard, 1997, p. 433.

2. Tiedens L. Z., Linton S., « Judgment under emotional certainty and uncertainty : the effects of specific emotions on information processing », *Journal of Personality and Social Psychology,* 2001, 81, p. 973-988.

3. Wenze S. J. et coll., « Influence of dysphoria on positive and negative cognitive reactivity to daily mood fluctuations », *Behaviour Research and Therapy*, 2007, 45, p. 915-927.

4. André C., *Vivre heureux. Psychologie du bonheur*, Paris, Odile Jacob, 2003.

5. Koster E. H. W. et coll., « Mood-congruent attentional bias in dysphoria : maintained attention to and impaired disengagement from negative information », *Emotion*, 2005, 5, p. 446-455.

6. Caseras X. et coll., « Biases in visual orienting to negative and positive scenes in dysphoria : an eye movement study », *Journal of Abnormal Psychology,* 2007, 116, p. 491-497.

7. Holmes E. A. et coll., « Prospective and positive mental imagery deficits in dysphoria », *Behaviour Research and Therapy,* 2008, 46, p. 976-981.

8. Neher A., *Notes sur Qohélet*, Paris, Éditions de Minuit, 1951.

9. Dans la traduction de la *Bible de Jérusalem*, Paris, Éditions du Cerf, 1961.

10. Cottraux J., *La Force avec soi*, Paris, Odile Jacob, 2007.

11. Cioran E. M., *Cahiers 1957-1972*, *op. cit.*, p. 961.

12. Miranda R., Nolen-Hoeksema S., « Brooding and reflection : rumination predicts suicidal ideation at 1-year follow-up in a community sample », *Behaviour Research and Therapy*, 2007, 45, p. 3088-3095.

13. Papageorgiou C., Wells A. (éd.), *Depressive Rumination. Nature, theory and treatment*, Chichester, John Wiley, 2004, p. 22.

14. Lyubomirsky S., Tkach C., « The consequences of dysphoric rumination », *in* Papageorgiou P. et Wells A. (éd.), *Depressive Rumination. Nature, theory and treatment*, *op. cit.*, p. 21-41.

15. Raes F. et coll., « A "triple W"-model of rumination on sadness : Why am I feeling sad, What's the meaning of my sadness, and Wish I could stop thinking about my sadness », *Cognitive Therapy and Research*, 2008, 35, p. 526-541.

16. Moberly N. J. et Watkins E. R., « Ruminative self-focus and negative affect : an experience sampling study », *Journal of Abnormal Psychology*, 2008, 117, p. 314-323.

17. Papageorgiou C., Wells A., « Positive beliefs about depressive rumination : development and preliminary validation of a self-report scale », *Behaviour Therapy*, 2001, 32, p. 13-26.

18. Raes F. et coll., « Non-ruminative processing reduces overgeneral autobiographical memory retrieval in students », *Behaviour Research and Therapy*, 2008, 46, p. 748-756.

19. Rippere V., « What's the thing to do when you're feeling depressed ? A pilot study », *Behaviour Research and Therapy*, 1977, 15, p. 185-191.

20. Wells A. et coll., « Chronic PTSD treated with metacognitive therapy : an open trial », *Cognitive and Behavioral Practice*, 2008, 15, p. 85-92.

21. Nolen-Hoeksema S. et coll., « Reciprocal relations between ruminations and bulimic, substance abuse and depressive symptoms in female adolescents », *Journal of Abnormal Psychology*, 2007, 116, p. 198-207.

22. Smyth J. M. et coll., « Daily and momentary mood and stress are associated with binge eating and vomiting in bulimia nervosa patients in the natural environment », *Journal of Consulting and Clinical Psychology*, 2007, 75, p. 629-638.

23. Franko D. L. et coll., « Food, mood and attitude : reducing risk for eating disorders in college women », *Health Psychology*, 2005, 24, p. 567-578.

24. Greeno C. G., Wing R. R., « Stress-induced eating », *Psychological Bulletin*, 1994, 115, p. 444-464.

25. Voir Baumeister R. F., Vohs K. D., *Handbook of Self-Regulation. Research, theory, and applications*, New York, Guilford Press, 2004, notamment les chapitres de Sayette M. A., « Self-regulatory failure and addiction », p. 447-465, et de Hull J. G., Slone L. B., « Alcohol and self-regulation », p. 466-491. Ainsi que Curtin J. J., Lang A. R., « Alcohol and emotion : insights and directives from affective science », *in* Rottenberg J., Johnson S. L., *Emotion and Psychopathology. Bridging affective and clinical science*, Washington DC, American Psychological Association, 2007, p. 191-213.

26. Gwaltney C. J. et coll., « Situational correlates of abstinence self-efficacy », *Journal of Abnormal Psychology*, 2005, 114, p. 649-660.

27. Pine D. S. et coll., « Adolescent depressive symptoms as predictors of adult depression : moodiness or mood disorder ? », *American Journal of Psychiatry*, 1999, 156, p. 133-135.

28. Selby E. A. et coll., « Understanding the relationship between emotional and behavioral dysregulation : emotional cascades », *Behaviour Research and Therapy*, 2008, 46, p. 593-611.

29. Watson D., *Mood and Temperament*, New York, Guilford Press, 2000, p. 103.

30. Tice D. M. et coll., « Emotional distress regulation takes precedence over impulse control : if you feel bad, do it ! », *Journal of Personality and Social Psychology*, 2001, 80, p. 53-67.

31. Midal F., *Quel bouddhisme pour l'Occident ?*, Paris, Seuil, 2006.

32. Ricard M., *Plaidoyer pour le bonheur*, Paris, NiL Éditions, 2003.

33. Rilke R. M., *Lettres à un jeune poète*, Paris, Grasset, 1937, p. 85-87.

CHAPITRE 4
Introspections

1. Hume D., *Enquête sur l'entendement humain suivi de Principes de la morale*, Paris, Flammarion, 2008 (*Treatise Concerning Human Understanding*, 1739 ; *Principles of Morals*, 1751).

2. McGaugh J. L., « Significance and remembrance : the role of neuromodulatory systems », *Psychological Science*, 1990, 1, p. 15-25.

3. Damasio A., *Le Sentiment même de soi*, *op. cit.*, p. 283-284.

4. *Ibid.*, p. 309.

5. *Ibid.*, p. 63.

6. Saint Augustin, *Les Confessions*, Paris, Garnier, 1960.

7. Jerphagnon L., « La conscience mise à nu », *Le Magazine littéraire*, 2002, n° 409, p. 24-26.

8. Montaigne, *Essais*, III, 9.

9. Compte-Sponville A., *Dictionnaire philosophique*, *op. cit.*

10. Rousseau J.-J., *Discours sur les sciences et les arts. Discours sur l'origine et les fondements de l'inégalité parmi les hommes*, Paris, Flammarion, 2008, p. 40.

11. Pajak F., *Le Chagrin d'amour*, Paris, Presses universitaires de France, 2000, p. 323.

12. McFarland C. et coll., « The impact of negative moods on self-enhancing cognitions : the role of reflective *versus* ruminative orientations », *Journal of Personality and Social Psychology*, 2007, 93, p. 728-750.

13. L'ouvrage en français le plus concret pour travailler personnellement sur ce thème est : Emmons R., *Merci ! Quand la gratitude change nos vies*, Paris, Belfond, 2008. Belle préface du philosophe Alexandre Jollien.

14. Edwards M., *De l'émerveillement*, Paris, Fayard, 2008.

15. Mansfield K., *Félicité*, Paris, Mille et Une Nuits, 2005.

16. À la date du 11 mai 1894.

17. Pennebaker J. W., *Opening up : the Healing Power of Expressing Emotions*, New York, The Guilford Press, 1997.

18. Lepore S. J., « Expressive wrinting moderates the relation between intrusive thoughts and depressive symptoms », *Journal of Personality and Social Psychology*, 1997, 73, p. 1030-1037.

19. Sloan D. M., Marx D. P., « A closer examination of the structured written disclosure procedure », *Journal of Consulting and Clinical Psychology*, 2004, 72, p. 165-175.

20. Sloan D. M., Marx B. P., « Exposure through written emotional disclosure : two cases examples », *Cognitive and Behavioral Practice*, 2006, 13, p. 227-234.

21. Gortner E. M. et coll., « Benefits of expressive writing in lowering rumination and depressive symptoms », *Behavior Therapy*, 2006, 37, p. 292-303.

22. Lyubomirsky S. et coll., « The costs and benefits of writing, talking and thinking about life's triumphs and defeats », *Journal of Personality and Social Psychology*, 2006, 90, p. 692-708.

23. Jacques Van Rillaer rapporte cependant dans son ouvrage *Psychologie de la vie quotidienne* (Paris, Odile Jacob, 2001, p. 67), l'exemple de l'écrivain suisse Amiel, écrivant un journal intime de 14 500 pages imprimées, et qui finit lui-même par considérer que l'exercice de son *Journal* intime s'avère un piège peu productif.

24. Niederhoffer K. G., Pennebaker J. W., « Sharing one's story : on the benefits of writing or talking about emotional experiences », *in* Snyder C. R. et Lopez S. J., *Handbook of Positive Psychology*, Oxford, Oxford University Press, p. 573-583.

25. Mirabel-Sarron C., Blanchet A., « Analyse des discours de patients déprimés », *Psychologie française*, 1992, 37, p. 277-289.

26. Niederhoffer K. G., Pennebaker J. W., « Sharing one's story. On the benefits of writing or talking about emotional experience », *in* Snyder C. R. et Lopez S. J., *Handbook of Positive Psychology*, *op. cit.*, p. 573-583.

27. Pennebaker J. W., « Writing about emotional experiences as a therapeutic process », *Psychological Science*, 1997, 8, p. 162-166.

28. Watkins E., « Adaptative and maladaptative ruminative self-focus during emotionnal processing », *Behaviour Research and Therapy*, 2004, 42, p. 1037-1052.

29. Sloan D. M. et coll., « Expressive writing buffers against maladaptive rumination », *Emotion*, 2008, 8, p. 302-306.

30. Langens T. A., Schüler J., « Effects of written emotional expression : the role of positive expectancies », *Health Psychology*, 2007, 26, p. 174-182.

31. Jean-Louis Chrétien dans son ouvrage *La Joie spacieuse*, *op. cit.*

32. Maître Eckhart, *Conseils spirituels*, Paris, Payot & Rivages, 2003.

DEUXIÈME PARTIE

Souffrances

CHAPITRE 5
États d'âme douloureux

1. L'homme fut appelé Ötzi parce qu'on l'avait trouvé dans la vallée de l'Ötztal, en Autriche.

2. Musset A. de, *Premières poésies, Poésies nouvelles*, Paris, Gallimard, 1976.

3. Dalaï-Lama, *The Four Noble Truths*, New Delhi, HarperCollins, 1997.

4. Droit R.-P., *Le Culte du néant. Les philosophes et le Bouddha*, Paris, Seuil, 1997.

5. Montaigne, *Essais* II, 12.

CHAPITRE 6
Inquiétudes

1. Shalom H. et coll., « Worries and values », *Journal of Personality*, 2000, 68, p. 309-346.

2. Nietzsche F., *Le Crépuscule des idoles*, Paris, Flammarion, « Le Monde de la philosophie », 2008, p. 483.

3. Cioran E. M., *Cahiers 1957-1972*, *op. cit.*, p. 602.

4. Pessoa F., *Le Livre de l'intranquillité*, *op. cit.*, p. 47.

5. Cioran E. M., *Cahiers 1957-1972*, *op. cit.*, p. 240.

6. Clarke P. et coll., « Prepared for the worst : readiness to acquire threat bias and susceptibility to elevate trait anxiety », *Emotion*, 2008, p. 145-150.

7. Hofmann S. G. et coll., « The worried mind : autonomic and prefrontal activation during worrying », *Emotion*, 2005, 5, p. 464-475.

8. Davey G. C. L. et coll., « What ends a worry bout ? An analysis of changes in mood and stop rule use across the catastrophising interview task », *Behaviour Research and Therapy*, 2007, 45, p. 1231-1243.

9. Rosset C., *Le Monde et ses remèdes*, Paris, Presses universitaires de France, 2000 (2e édition), p. 47.

10. Startup H. M., Davey G. C. L., « Inflated responsibility and the use of stop rules for catastrophic worrying », *Behaviour Research and Therapy*, 2003, 41, p. 495-503.

11. Sugiura Y., « Responsibility to continue thinking and worrying : evidence for incremental validity », *Behaviour Research and Therapy*, 2007, 45, p. 1619-1628.

12. Twenge J. M., « The age of anxiety ? Birth cohort change in anxiety and neuroticism, 1952-1993 », *Journal of Personality and Social Psychology*, 2000, 79, p. 1007-1021.

13. Hong R. Y., « Worry and rumination : differential associations with anxious and depressive symptoms and coping behaviors », *Behaviour Research and Therapy*, 2007, 45, p. 277-290.

14. Watkins M. et coll., « Comparisons between rumination and worry in a non-clinical population », *Behaviour Research and Therapy*, 2005, 43, p. 1577-1585.

15. Berenbaum H. et coll., « The relation between worrying and concerns : the importance of perceived probability and cost », *Behaviour Research and Therapy*, 2007, 45, p. 301-311.

16. Geraerts E. et coll., « Long term consequences of suppression of intrusive anxious thoughts and repressive coping », *Behaviour Research and Therapy*, 2006, 44, p. 1451-1460.

17. Allen W., *Pour en finir une bonne fois pour toutes avec la culture. Opus 2*, Paris, Solar, 1973.

18. Maner J. K., Schmidt N. B., « The role of risk avoidance in anxiety », *Behaviour Therapy*, 2006, 37, p. 181-189.

19. Leahy R. L., « Emotional schemas and resistance to change in anxiety disorders », *Cognitive and Behavioral Practice*, 2007, 14, p. 36-45.

20. Cioran E. M., *Syllogismes de l'amertume*, Paris, Gallimard, 1980, p. 131.

21. Borkovec T. D., Roemer L., « Perceived functions of worry among generalized anxiety disorders subjects », *Journal of Behaviour Therapy and Experimental Psychiatry*, 1995, 26, p. 25-30.

22. Kotov R. et coll., « Personality traits and anxiety symptoms : the multilevel trait predictor model », *Behaviour Research and Therapy*, 2007, 45, p. 1485-1503.

23. Perkins A. M., Corr P. J., « Can worriers be winners ? The association between worrying and job performance », *Personality and Individual Differences*, 2005, 38, p. 25-31.

24. Stein M. B., Heimberg R. G., « Well-being and life satisfaction in generalized anxiety disorder : comparison to major depressive disorder in a community sample », *Journal of Affective Disorders*, 2004, 79, p. 161-166.

25. Mennin D. S. et coll., « Preliminary evidence for an emotion dysregulation model of generalized anxiety disorder », *Behaviour Research and Therapy*, 2005, 43, p. 1281-1310.

26. Parker G. et coll., « The influence of anxiety as a risk to early onset of major depression », *Journal of Affective Disorders*, 1999, 52, p. 11-17.

27. Fava G. A. et coll. « Sequential treatments of mood and anxiety disorders », *Journal of Clinical Psychiatry*, 2005, 66, p. 1392-1400.

28. Paquet Y., « Relation entre *locus of control*, désir de contrôle et anxiété », *Journal de thérapie comportementale et cognitive*, 2006, 16, p. 97-102.

29. Koerner N., Dugas M. J., « An investigation of appraisals in individuals vulnerable to excessive worry : the role of intolerance of uncertainty », *Cognitive Therapy and Research*, 2008, 32, p. 619-638.

30. Nombreux travaux sur ce thème de l'allergie à l'incertitude : Tiedens L. Z., Linton S., « Judgment under emotional certainty and uncertainty : the effect of specific emotions on information processing », *Journal of Personality and Social Psychology*, 2001, 81, p. 973-988 ; Hsu M. et coll., « Neural systems responding to degrees of uncertainty in human-decision making », *Science*, 2005, 310, p. 1680-1683 ;

Carleton N. et coll., « Anxiety sensitivity and intolerance of uncertainty : requisites of the fundamental fears ? », *Behaviour Research and Therapy*, 2007, 45, p. 2307-2316.

31. Cervone D. et coll., « Mood, self-efficacy, and performance standards : lower moods induce higher standards for performance », *Journal of Personality and Social Psychology*, 1994, 67, p. 499-512.

32. Gosselin P. et coll., « Inquiétude et résolution de problèmes sociaux : le rôle de l'attitude négative face au problème », *Journal de thérapie comportementale et cognitive*, 2002, 12, p. 49-58.

33. Voir par exemple : Ladouceur R. et coll., *Arrêtez de vous faire du souci pour tout et pour rien*, Paris, Odile Jacob, 2003. Dès le début, avec Joseph Wolpe et les techniques dites de « désensibilisation systématique », les comportementalistes ont travaillé sur la confrontation avec des images pénibles. Wolpe J., *Psychotherapy by reciprocal inhibition*, Stanford University Press, 1958. Voir aussi : Stampfl T. G., Levis D. J., « Essentials of implosive therapy : A learning-theory-based psychodynamic behavioral therapy », *Journal of Abnormal Psychology*, 1967, 72, p. 496-503.

34. Yalom I., *Thérapie existentielle*, Paris, Galaade, 2008. Voir notamment le chapitre « Mort et psychothérapie », p. 219-289.

35. Borkovec T. D. et coll., « Avoidance theory of worry and generalized anxiety disorder », *in* Heimberg R. G. et coll. (éd.), *Generalized Anxiety Disorder, Advances in research and practice*, New York, Guilford Press, 2004, p. 77-108.

36. Blog *L'Autofictif*, d'Éric Chevillard, 15 novembre 2008.

CHAPITRE 7
Ressentiments

1. Bukowski C., *Souvenirs d'un pas grand-chose*, Paris, Grasset, 1992.

2. Bushman B. J. et coll., « Do people aggress to improve their moods ? Catharsis beliefs, affect regulation opportunity, and aggressive responding », *Journal of Personality and Social Psychology*, 2001, 18, p. 17-32.

3. Cioran E. M., *Cahiers 1957-1972, op. cit.*, p. 242.

4. Ellsworth P. C., Smith C. A., « From appraisal to emotion : differences among unpleasant feelings », *Motivation and Emotion*, 1998, 12, p. 271-302.

5. Dans son *Journal*, à la date du 9 avril 1894.

6. Cioran E. M., *Syllogismes de l'amertume, op. cit.*, p. 80.

7. Tiedens L. Z., « Anger and advancement *versus* sadness and sujugation : the effect of negative emotion expressions on social status conferral », *Journal of Personality and Social Psychology*, 2001, 80, p. 86-94.

8. Van Dijk E. et coll., « A social functional approach to emotions in bargaining : when communicating anger pays and when it backfires », *Journal of Personality and Social Psychology*, 2008, 94, p. 600-614.

9. Verona E., Sullivan E. A., « Emotional catharsis and agression revisited : heart rate reduction following agressive responding », *Emotion*, 2008, 8, p. 331-340.

10. Voir Rosenman R. et coll., « Coronary heart disease in the Western Collaborative Group Study : final follow-up experience of 8 1/2 years », *Journal of the Ame-*

rican Medical Association, 1975, 233, p. 872-877 ; Blumenthal J. et coll., « Type A behavior pattern and coronary atherosclerosis », *Circulation*, 1978, 58, p. 634-639 ; Zyzanski S. J. et coll., « Psychological correlates of coronary angiographic findings », *Archives of Internal Medicine*, 1975, 136, p. 1234-1237 ; Shekelle R. B. et coll., « The Multiple Risk Factor Intervention Trial behavioral pattern study : type A behavior pattern and incidence of coronary heart disease », *American Journal of Epidemiology*, 1985, 122, p. 559-570.

11. Voir Dembroski T. et coll., « Antagonistic hostility as a predictor of coronary heart disease in the Multiple Risk Factor Intervention Trial », *Psychosomatic Medicine*, 1989, 51, p. 514-522 ; Denollet J. et coll., « Personality as independant predictor of long-term mortality in patients with coronary heart disease », *The Lancet*, 1996, 347, p. 417-421.

12. Chödrön P., *La voie commence là où vous êtes*, Paris, La Table ronde, 2000.

13. Wimalaweera S. W., Moulds M. L., « Processing memories of anger-eliciting events : the effect of asking "why" from a distance », *Behaviour Research and Therapy*, 2008, 46, p. 402-409.

14. Ray R. D. et coll., « All in the mind's eye ? Anger rumination and reappraisal », *Journal of Personality and Social Psychology*, 2008, 94, p. 133-145.

15. Cioran E. M., *Cahiers 1957-1972*, *op. cit.*, p. 800.

16. Fischer A. H., Roseman I. J., « Beat them or ban them : the characteristics and social functions of anger and contempt », *Journal of Personality and Social Psychology*, 2007, 93, p. 103-115.

17. Gagnaire C., *Versiculets et texticules*, Paris, Laffont, 1999, p. 227.

18. Beck A. T., *Prisonniers de la haine*, Paris, Masson, 2002.

19. Dans son blog fin et drolatique, *L'Autofictif* : http://l-autofictif.over-blog.com/ à la date du 4 août 2008.

20. Jacobson N. S. et coll., « Integrative behavioral couple therapy : an acceptance-based, promising new treatment for couple discord », *Journal of Consulting and Clinical Psychology*, 2000, 68, p. 351-355.

21. Rosenberg M. B., *Les mots sont des fenêtres. Introduction à la communication non violente*, Paris, La Découverte, 2002.

22. Averill J. R., *Anger and Agression : An Essay on Emotion*, New York, Springer-Verlag, 1982.

23. Ellsworth P. C., Tong E. M. W., « What does it mean to be angry at yourself ? Categories, appraisals, and the problem of language », *Emotion*, 2006, 6, p. 572-586.

24. Parkinson B., « Relations and dissociations between appraisal and emotion ratings of reasonable and unreasonable anger and guilt », *Cognition and Emotion*, 1999, 13, p. 347-385.

25. Dans la traduction d'André Pézard. Dante, *Œuvres complètes*, Paris, Gallimard, « Bibliothèque de la Pléiade », 1965.

26. Deffenbacher J. L. et coll., « Characteristics and treatment of high anger drivers », *Journal of Counseling Psychology*, 2000, 47, p. 5-17.

27. Deffenbacher J. L. et coll., « Anger, agression, risky behavior, and crash-related outcomes in three groups of drivers », *Behaviour Research and Therapy*, 2003, 41, p. 333-349.

28. Erwin B. A. et coll., « Anger experience and expression in social anxiety disorder », *Behavior Therapy*, 2003, 34, p. 331-350.

29. Engel S. G. et coll., « The relationship of momentary anger and impulsivity to bulimic behavior », *Behaviour Research and Therapy*, 2007, 45, p. 437-447.

30. Weisman M. M. et coll., « Clinical evaluation of hostility in depression », *American Journal of Psychiatry*, 1971, 128, p. 261-266.

31. Quartana P. J., Burns J. W., « Painful consequences of anger suppression », *Emotion*, 2007, 7, p. 400-414.

32. *Kirikou et la sorcière*, film de Michel Ocelot, 1998.

33. Quartana P. J. et coll., *op. cit.*

34. Mallick S. K., McCandless B. R., « A study of catharsis of aggression », *Journal of Personality and Social Psychology*, 1966, 4, p. 591-596.

35. Wilkowski B. M., Robinson M. D., « Guarding against hostile thoughts : trait anger and the recruitment of cognitive control », *Journal of Personality and Social Psychology*, 2008, 8, p. 578-583.

36. Voir par exemple l'ouvrage de référence : Baumeister R. F. et Vohs K. D. (éd.), *Handbook of Self-Regulation. Research, theory, and applications*, New York, Guilford, 2004.

37. Amine P., *Petit Éloge de la colère*, Paris, Gallimard, « Folio », 2008.

38. Les deux meilleurs en langue française sont à mes yeux : Van Rillaer J., *Les Colères*, Meschers, Bernet-Danilo, 1999 ; et Pleux D., *Exprimer sa colère sans perdre le contrôle*, Paris, Odile Jacob, 2006.

39. Voir notamment le site : www.angerbusters.com

40. Verona E., Kilmer A., « Stress exposure and affective modulation of agressive behavior in men and women », *Journal of Abnormal Psychology*, 2007, 116, p. 410-421.

41. Fanget F., Rouchouse B., *L'Affirmation de soi : une méthode de thérapie*, Paris, Odile Jacob, 2007.

42. Calmes C. A., Roberts J. E., « Rumination in interpersonal relationships : does co-rumination explain gender differences in emotional distress and relationship satisfaction among college students ? », *Cognitive Therapy and Research*, 2008, 32, p. 577-590.

43. Hayes S. C., *Get out of Your Mind and Into Your Life*, Oakland, New Harbinger, 2005.

44. *La Psychologie du pardon*, 25e Journées scientifiques régionales de l'Association française de thérapie comportementale et cognitive, Aix-en-Provence, 30 et 31 mai 2008.

45. De Waal F., *De la réconciliation chez les primates*, Paris, Flammarion, 1992.

46. De Sairigné G., *Mille pardons*, Paris, Robert Laffont, 2006.

47. Voir Ferro M., *Le Ressentiment dans l'histoire*, Paris, Odile Jacob, 2007 ; et aussi McMullen R., *Les Émotions dans l'histoire, ancienne et moderne*, Paris, Les Belles Lettres, 2004.

48. Enright R. D. et coll., « Le pardon comme mode de régulation émotionnelle », *Journal de thérapie comportementale et cognitive*, 2001, 11, p. 123-135.

49. Worthington E. L. (éd.), *Handbook of forgiveness*, New York, Routledge, 2005.

50. Enright et coll., *op. cit.*

51. Zechmeister J. S., Romero C., « Victim and offender accounts of interpersonal conflict », *Journal of Personality and Social Psychology*, 2002, 82, p. 675-686.

52. Fincham F. D., Beach S. R. H., « Forgiveness in marriage : implications for psychological agressions and constructive communication », *Personal Relationships*, 2002, 9, p. 239-251.

53. Exline J. J. et coll., « Not so innocent : Does seeing one's own capability for wrongdoing predict forgiveness ? », *Journal of Personality and Social Psychology*, 2008, 94, p. 495-515.

54. Karremans J. C. et coll., « When forgiving enhances psychological well-being : The role of interpersonal commitment », *Journal of Personality and Social Psychology*, 2003, 84, p. 1011-1026.

55. McCullough M. E. et coll., « Rumination, emotion, and forgiveness : three longitudinal studies », *Journal of Personality and Social Psychology*, 2007, 92, p. 490-505.

56. Voir pour synthèse Worthington E. L. et coll., « Compassion and forgiveness : implications for psychotherapy », *in* Gilbert P. (éd.), *Compassion : Conceptualisation, Research and Use in Psychotherapy*, Hove (GB), Routledge, 2005, p. 168-192.

57. Berry J. W. et coll., « Forgivingness, vengeful rumination, and affective traits », *Journal of Personality*, 2005, 73 (1), p. 183-225.

58. Chiaramello S. et coll., « Seeking forgiveness : Factor structure, and relationships with personality and forgivingness », *Personality and Individual Differences*, 2008, 45, p. 383-388.

59. Thibon G., *L'Illusion féconde*, *op. cit.*

CHAPITRE 8
Tristesses

1. Cioran E. M., *Cahiers 1957-1972*, *op. cit.*, p. 682.

2. *Ibid.*, p. 220.

3. Jean Roudaut, « Feuilles séchées d'ancolie », *in Le Magazine littéraire*, n° 244, 1987, p. 43-45.

4. Comte-Sponville A., *Dictionnaire philosophique*, *op. cit.*, p. 369.

5. Bobin C., *L'Autre Visage*, Paris, Lettres vives, 1991.

6. Solomon A., *Le Diable intérieur. Anatomie de la dépression*, Paris, Albin Michel, 2002, p. 481.

7. Cioran E. M., *Cahiers 1957-1972, op. cit.*, p. 46.

8. Alloy L. B., Abramson L. Y., « Judgment of contingency in depressed and nondepressed students : sadder but wiser ? », *Journal of Experimental Psychology*, 1979, 108, p. 441-485.

9. Steiner G., *Dix raisons (possibles) à la tristesse de pensée*, Paris, Albin Michel, 2005, p. 13.

10. Comte-Sponville A., *Dictionnaire philosophique, op. cit.*

11. Voir Spasojevic J., Alloy L. B., « Rumination as a common mechanism relating depressive risk to depression », *Emotion*, 2001, 1, p. 25-37 ; ainsi que Nolen-Hoeksema S., « The role of rumination in depressive disorders and mixed anxiety/ depressive symptoms », *Journal of Abnormal Psychology*, 2000, 109, p. 504-511.

12. Voir Evans J. et coll., « Negative self-schemas and the onset of depression in women : a longitudinal study », *British Journal of Psychiatry*, 2005, 186, p. 302-307 ; et aussi Sheppes G. et coll., « Cognitive mechanisms underlying implicit negative self concept in dysphoria », *Emotion*, 2008, 8, p. 386-394.

13. Voir notamment Rosenbaum A., *La Peur de l'infériorité. Aperçu sur le régime moderne de la comparaison sociale*, Paris, L'Harmattan, 2005 ; et De Botton A., *Du statut social*, Paris, Mercure de France, 2004.

14. Giordano C. et coll., « Depressive personality styles, dysphoria, and social comparisons in everyday life », *Journal of Personality and Social Psychology*, 2000, 79, p. 438-451.

15. Klein D. N. et coll., « Ten-years prospective follow-up study of the naturalistic course of dysthymic disorder and double depression », *American Journal of Psychiatry*, 2006, 163, p. 872-880.

16. Voir pour revue Hammen C., « Stress and depression », *Annual Review of Clinical Psychology*, 2005, 1, p. 293-319.

17. Monroe S. M. et coll., « Major life events and major chronic difficulties are differentially associated with story of major depressive episodes », *Journal of Abnormal Psychology*, 2007, 116, p. 116-124.

18. L'OMS considère qu'au rythme actuel, la dépression sera en 2020 la deuxième cause d'invalidités dans le monde, juste après les maladies cardio-vasculaires. Voir le site de l'OMS : www.who.int/mental_health/management/depression/definition/en/

19. Voir Gilbert P., « Evolution and depression : issues and implications », *Psychological Medicine*, 2006, 36, p. 287-297 ; et aussi Nesse R. M., « Is depression an adaptation ? », *Archives of General Psychiatry*, 2000, 57, p. 14-20.

20. Kendler K. S. et coll., « Life events dimensions of loss, humiliation, entrapment and danger in the prediction of onsets of major depression disorder and generalized anxiety », *Archives of General Psychiatry*, 2003, 60, p. 789-796.

21. Keller M. C., Nesse R. M., « The evolutionary significance of depressive symptoms : different adverse situations lead to different depressive symptoms patterns », *Journal of Personality and Social Psychology*, 2006, 91, p. 316-330.

22. France A., *Le Lys rouge*, Paris, Calmann-Lévy, 2007.

23. Styron W., *Face aux ténèbres*, Paris, Gallimard, 1990, p. 69.

24. Cioran E. M., *Cahiers 1957-1972, op. cit.*, p. 43.

25. *Ibid.*, p. 894.

26. Brochier J.-J., « André Gide : la conquête de la liberté », *Le Magazine littéraire*, hors série n° 11, 2007, p. 68-70.

27. Fitzgerald F. S., *La Fêlure*, Paris, Gallimard, 1963.

28. Voir pour synthèse Lôo H., Gourion D., *Les Nuits de l'âme*, Paris, Odile Jacob, 2008.

29. Gotlib I. H. et coll., « Attentional biases for negative interpersonal stimuli in clinical depression », *Journal of Abnormal Psychology*, 2004, 113, p. 127-135.

30. Leyman L. et coll., « Attentional biases for angry faces in unipolar depression », *Psychological Medicine*, 2007, 37, p. 393-402.

31. Joorman J., Gotlib I. H., « Is this happiness I see ? Biases in the identification of emotional facial expressions in depression and social phobia », *Journal of Abnormal Psychology*, 2003, 115, p. 705-714.

32. Fu C. H. Y et coll., « Neural responses to happy facial expressions in major depression following antidepressant treatment », *American Journal of Psychiatry*, 2007, 164, p. 599-607.

33. Erickson K. et coll., « Mood-congruent bias in affective Go/No Go performance of unmedicated patients with major depressive disorder », *American Journal of Psychiatry*, 2005, 162, p. 2171-2173.

34. Kellough J. L. et coll., « Time course of selective attention in clinically depressed young adults : an eye tracking study », *Behaviour Research and Therapy*, 2008, 46, p. 1238-1243.

35. Donaldson C. et coll., « Rumination and attention in major depression », *Behaviour Research and Therapy*, 2007, 45, p. 2664-2678.

36. Papageorgiou C., Wells A., « Metacognitive beliefs about rumination in recurrent major depression », *Cognitive and Behavioral Practice*, 2001, 8, p. 160-164.

37. Jones N. P. et coll., « Effects of rumination and initial severity on remission to cognitive therapy for depression », *Cognitive Therapy and Research*, 2008, 32, p. 591-604.

38. Reed L. I. et coll., « Impact of depression on response to comedy : a dynamic facial coding analysis », *Journal of Abnormal Psychology*, 2007, 116, p. 804-809.

39. Rehman U. S. et coll., « A context-informed approach to the study of negative-feedback seeking in depression », *Behaviour Research and Therapy*, 2008, 46, p. 239-252.

40. Matt G. E. et coll., « Mood-congruent recall of affectively toned stimuli : a meta-analytic review », *Clinical Psychology Review*, 1992, 12, p. 227-255.

41. Lyubomirsky S. et coll., « Effects of ruminative and distracting responses to depressed mood on retrieval of autobiographical memories », *Journal of Personality and Social Psychology*, 1998, 75, p. 166-177.

42. Lyubomirsky S., Nolen-Hoeksema S., « Self-perpetuative properties of dysphoric rumination », *Journal of Personality and Social Psychology*, 1993, 65, p. 339-349.

43. Joorman J. et coll., « Remembering the good, forgetting the bad : intentional forgetting of emotional material in depression », *Journal of Abnormal Psychology*, 2005, 114, p. 640-648.

44. Bergouignan L. et coll., « Field perspective deficit for positive memories characterizes autobiographical memory in euthymic depressed patients », *Behaviour Research and Therapy*, 2008, 46, p. 322-333.

45. Sutherland K., Bryant R. A., « Rumination and overgeneral autobiographical memory », *Behaviour Research and Therapy*, 2007, 45, p. 2407-2416.

46. Patel T. et coll., « Intrusive images and memories in major depression », *Behaviour Research and Therapy*, 2007, 45, p. 2573-2580.

47. Pour une synthèse des données actuelles sur le rêve en psychothérapie, voir Montangero J., *Comprendre ses rêves pour mieux se connaître*, Paris, Odile Jacob, 2007.

48. Rosset C., *Route de nuit*, Paris, Gallimard, 1999.

49. Von Hecker U., Meiser T., « Focused attention in depressed mood : evidence from source monitoring », *Emotion*, 2005, 5, p. 456-463.

50. Brinkmann K., Gendola G. H. E., « Does depression interferes with effort mobilization ? Effects of dysphoria and task difficulty on cardiovascular response », *Journal of Personality and Social Psychology*, 2008, 94, p. 146-157. Avec une corrélation en neuro-imagerie, Harvey P. et coll., « Cognitive control and brain resources in major depression », *NeuroImage*, 2005, 26, p. 860-869.

51. Compton R. J. et coll., « Error detection and posterior behavior in depresses undergraduates », *Emotion*, 2008, 8, p. 58-67.

52. Rottenberg J. et coll., « Emotion context insensitivity in major depressive disorder », *Journal of Abnormal Psychology*, 2005, 114, p. 627-639.

53. Lethbridge R., Allen N. B., « Mood induced cognitive and emotional reactivity, life stress, and the prediction, of depressive relapse », *Behaviour Research and Therapy*, 2008, 46, p. 1142-1150.

54. Guyotat P., *Coma*, Paris, Mercure de France, 2006, p. 229.

55. Solomon A., *Le Diable intérieur, op. cit.*, p. 481.

56. Dagerman S., *Le Serpent*, Paris, Denoël, 1966.

57. Styron W., *Face aux ténèbres, op. cit.*, p. 117.

58. Even C., « Clinique des troubles dépressifs », *in* Guelfi J. D. et Rouillon F., *Manuel de psychiatrie*, Paris, Flammarion, 2007, p. 257-265.

59. Vos T. et coll., « The burden of major depression avoidable by longer-term treatment strategies », *American Journal of Psychiatry*, 2004, 61, p. 1097-1103.

60. Fava G. A. et coll., « The concept of recovery in major depression », *Psychological Medicine*, 2007, 37, p. 307-317.

61. Voir notamment Dozois D. J. A., Dobson K. S. (éd.), *The Prevention of Anxiety and Depression*, Washington DC, American Psychological Association, 2004. Voir aussi le numéro spécial de *Cognitive and Behavioral Practice*, 2008, vol. 15, n° 1, p. 1-52, « Prevention of mental disorders » ; ainsi que Cuijpers P. et coll., « Preventing the onset of depressive disorders : a meta-analytic review of psychological interventions », *American Journal of Psychiatry*, 2008, 165, p. 1272-1280.

62. Sheline Y. I. et coll., « Depression duration but not age predicts hippocampal volume loss in medically healthy women with recurrent major depression », *Journal of Neurosciences*, 1999, 19, p. 5034-5043.

63. Watkins E. et coll., « Rumination-focused cognitive behaviour therapy for residual depression : a case series », *Behaviour Research and Therapy*, 2007, 45, p. 2144-2154.

64. Segal Z. V. et coll., « Cognitive reactivity to sad mood provocation and the prediction of depressive relapse », *Archives of General Psychiatry*, 2006, 63, p. 749-755.

65. Ramel W. et coll., « Amygdala reactivity and mood-congruent memory in individuals at risk for depressive relapse », *Biological Psychiatry*, 2007, 61, p. 231-239.

66. Sheppard L. C., Teasdale J. D., « How does dysfunctional thinking decrease during recovery from major depression ? », *Journal of Abnormal Psychology*, 2004, 113, p. 67-71.

67. Parmi les meilleurs manuels disponibles en français : Mirabel-Sarron C., *La Dépression, comment s'en sortir*, Paris, Odile Jacob, 2002 ; et aussi : Cungi C. et Note Y. D., *Faire face à la dépression*, Paris, Retz, 2004.

68. Papageorgiou C., Wells A., *Depressive Rumination. Nature, theory, and treatment*, Chichester, Wiley, 2004.

69. Powers D. V. et coll., « The benefits of using psychotherapy skills following treatment for depression : an examination of "afterwork" and a test of the skills hypothesis in older adults », *Cognitive and Behavioral Practice*, 2008, 15, p. 194-202.

70. Voir pour synthèse Fanget F., *Toujours plus. Psychologie du perfectionnisme*, Paris, Odile Jacob, 2006.

71. Shafran R., Mansell W., « Perfectionism and psychopathology : a review of research and treatment », *Clinical Psychology Review*, 2001, 21, p. 879-906.

72. Rosset C., *Route de nuit*, *op. cit.*, p. 15.

73. Spadone C., « Rémission cognitive et rémission clinique de la dépression », *L'Encéphale*, 2008, 34, p. 211-213.

74. Pronin E., Wegner D., « Manic thinking : independent effects of thought speed and thought content on mood », *Psychological Science*, 2006, 17, p. 807-813.

75. Cioran E. M., *Cahiers 1957-1972*, *op. cit.*, p. 219.

CHAPITRE 9
Désespoirs

1. Guillon C., Le Bonniec Y., *Suicide mode d'emploi : histoire, technique, actualité*, Paris, Éditions Alain Moreau, 1982.

2. Voir le site d'Isalou Regen : http://www.365mornings.com/blog365/

3. Cioran E. M., *Cahiers 1957-1972*, *op. cit.*, p. 626.

4. Les deux citations sont à retrouver dans *Le Magazine littéraire* consacré aux « Suicidés de la littérature », 1998, n° 256, p. 60-61.

5. Dans une lettre à M. Mariott, datée du 26 février 1767.

6. Paykel E. S. et coll., « Suicidal feelings in the general population : a prevalence study », *British Journal of Psychiatry*, 1974, 124, p. 460-469.

7. Voir Kerr D. et coll., « Suicidal ideation and its recurrence in boys and men from early adolescence to early adulthood : An event history analysis », *Journal of Abnormal Psychology*, 2008, 117, p. 625-636. Et aussi Marcenko M. O. et coll., « Reexamining adolescent suicidal ideation : a developmental perspective applied to a diverse population », *Journal of Youth and Adolescence*, 1999, 28, p. 121-138.

8. Meehan P. J. et coll., « Attempted suicide among young adults : progress toward a meaningful estimate of prevalence », *American Journal of Psychiatry*, 1992, 149, p. 41-44.

9. Bruce M. L. et coll., « Reducing suicidal ideation and depressive symptoms in depressed older primary care patients : a randomized controlled trial », *Journal of the American Medical Association*, 2004, 291, p. 1081-1091.

10. O'Connor R. C., Noyce R., « Personality and cognitive processes : self-critism and different types of rumination as predictors of suicidal ideation », *Behaviour Research and Therapy*, 2008, 46, p. 392-401.

11. Witte T. K. et coll., « Naturalistic evaluation of suicidal ideation : variability and relation to attempt status », *Behaviour Research and Therapy*, 2006, 44, p. 1029-1040.

12. Zlotnick C. et coll., « Affect regulation and suicide attempts in adolescents inpatients », *Journal of the American Academy of Child and Adolescent Psychiatry*, 1997, 36, p. 793-797.

13. Miranda R., Nolen-Hoeksema S., « Brooding and reflection : rumination predicts suicidal ideation at 1-year follow-up in a community sample », *Behaviour Research and Therapy*, 2007, 45, p. 3088-3095.

14. Rudd M. D. et coll., « Relationships among suicide ideators, attempters, and multiple attempters in a young-adult sample », *Journal of Abnormal Psychology*, 1996, 105, p. 541-550.

15. Chamfort, *Maximes et pensées*, Paris, Gallimard, « Folio », 1982.

16. Thibon G., *L'Illusion féconde*, *op. cit.*, p. 17.

17. Styron W., *Face aux ténèbres*, *op. cit.*

18. L'article de référence sur les états d'âme des personnes suicidaires est clairement : Baumeister R. F., « Suicide as escape from self », *Psychological Review*, 1990, 97, p. 90-113.

19. Tolstoï L., *Confession*, Paris, Pygmalion, 1998.

20. Turvill J. L. et coll., « Change in occurrence of paracetamol overdose in UK after introduction of blisters packs », *The Lancet*, 2000, 355, p. 2048-2049.

21. Bennewith O. et coll., « Effects of barriers on the Clifton suspension bridge, England, on local patterns of suicide : implications for prevention », *British Journal of Psychiatry*, 2007, 190, p. 266-267.

22. Terra J.-L., « Prévenir le suicide : repérer et agir », *Actualités et dossiers en santé publique*, 2004, 45, p. 20-25.

23. Remarquable article d'investigation sur ce sujet, Anderson S., « The urge to end it », *New York Times*, 6 juillet 2008.

24. Enns M. W. et coll., « Childhood adversities and risk for suicidal ideation and attempts : a longitudinal population-based study », *Psychological Medicine*, 2006, 36, p. 1769-1778.

25. Cheng A. T. A. et coll., « The influence of media reporting of a celebrity suicide on suicidal behavior in patients with a history of depressive disorder », *Journal of Affective Disorders*, 2007, 103, p. 69-75.

26. Yip P. S. et coll., « The effects of a celebrity suicide on suicide rates in Hong-Kong », *Journal of Affective Disorders*, 2006, 93, p. 245-252.

27. Séguin M. et coll., « Life trajectories and burden of adversity : mapping the developmental profiles of suicide mortality », *Psychological Medicine*, 2007, 37, p. 1575-1583.

28. Sarwer D. B. et coll., « Cosmetic breast augmentation and suicide », *American Journal of Psychiatry*, 2007, 164, p. 1006-1013.

29. Harwood D. M. J. et coll., « Life problems and physical illness as risk factors for suicide in older people : a descriptive and case-control study », *Psychological Medicine*, 2006, 36, p. 265-1274.

30. « Le 4 novembre 1954, Dagerman s'enferma dans son garage, fit tourner le moteur de sa voiture et se laissa asphyxier. Il semble qu'il ait fait un dernier effort pour arrêter le moteur et sortir, mais il était trop tard. » Voir la postface à son ouvrage *Le Serpent*, Paris, Gallimard, « L'Imaginaire », p. 255.

31. Guelfi J.-D., Rouillon F., *Manuel de psychiatrie, op. cit.*, p. 477-480.

32. Sokero T. P. et coll., « Prospective study of risk factors for attempted suicide among patients with DSM-IV major depressive disorder », *British Journal of Psychiatry*, 2005, 186, p. 314-318.

33. Fairweather A. K. et coll., « Factors distinguishing suicide attempters from suicide ideators in a community sample : social issues and physical health problems », *Psychological Medicine*, 2006, 36, p. 1235-1245.

34. Jollant F. et coll., « Orbitofrontal cortex response to angry faces in men with histories of suicide attempts », *American Journal of Psychiatry*, 2008, 165, p. 740-748.

35. Mann J. J., « Neurobiology of suicidal behavior », *Nature Reviews Neurosciences*, 2003, 4, p. 819-828.

36. Voir synthèse dans Estryn-Béhar M., *Risques professionnels et santé des médecins*, Paris, Masson, 2002, notamment « Taux de suicide », p. 42-47.

37. Gourdon G., « Bernanos : la mort en ce jardin », *Le Magazine littéraire* consacré aux « Suicidés de la littérature », 1998, n° 256, p. 44-45.

38. Terra J.-L., *Prévenir le suicide : repérer et agir, op. cit.*

39. Voir Granier E., *Idées noires et tentatives de suicide*, Paris, Odile Jacob, 2006 ; et aussi Guillerm L.-C. et Marc B., *Le Mal de vivre*, Paris, Odile Jacob, 2007.

40. Voir Goldston D. B. et coll., « Predictors of suicide attempts : state and components », *Journal of Abnormal Psychology*, 2006, 115, p. 842-849 ; et aussi Lau M. A. et coll., « Teasdale's differential activation hypothesis : implications for mechanisms of depressive relapse and suicidal behaviour », *Behaviour Research and Therapy*, 2004, 42, p. 1001-1017.

41. Cioran E. M., *Cahiers 1957-1972, op. cit.*, p. 29.

42. Voir Williams J. M. G. et coll., « Problem solving deteriorates following mood challenge in formerly depressed patients with a history of suicidal ideation », *Journal of Abnormal Psychology*, 2005, 114, p. 421-431 ; et aussi Jollant F. et coll., « Impaired decision making in suicide attempters », *American Journal of Psychiatry*, 2005, 162, p. 304-310.

43. Johnson J. et coll., « An investigation of aspects of the cry of pain model of suicide risk : the role of defeat in impairing memory », *Behaviour Research and Therapy*, 2008, 46, p. 968-975.

44. Raust A et coll., « Prefrontal cortex dysfunction in patients with suicidal behavior », *Psychological Medicine*, 2006, 37, p. 411-419.

45. Dagerman S., *Le Serpent, op. cit.*, postface, p. 276.

46. Blog *L'Autofictif*, vendredi 3 octobre 2008.

47. Dervic K. et coll., « Religious affiliation and suicide attempt », *American Journal of Psychiatry*, 2004, 161, p. 2303-2308.

48. Cité dans *Famille chrétienne* n° 1498, 30 septembre 2006, p. 19-28.

49. Midal F., *ABC du bouddhisme*, Paris, Grancher, 2008.

50. Cioran E. M., *De l'inconvénient d'être né*, Paris, Gallimard, 1973.

51. Cioran E. M., *Syllogismes de l'amertume*, *op. cit.*, p. 74.

52. Beck A. T. et coll., « Hopelessness and eventual suicide : a 10-year prospective study of patients hospitalized with suicidal ideation », *American Journal of Psychiatry*, 1985, 142, p. 559-563.

TROISIÈME PARTIE

Équilibres

CHAPITRE 10
Fragilités

1. Selon l'expression de l'écrivaine Anna Gavalda dans son roman *Ensemble, c'est tout*, Paris, Le Dilettante, 2004.

2. Lee W. L. et coll., « The protective role of trait anxiety : a longitudinal cohort study », *Psychological Medicine*, 2006, 36, p. 345-351.

3. Feeney B. C., « The dependency paradox in close relationships : accepting dependence promotes independence », *Journal of Personality and Social Psychology*, 2007, 92, p. 268-285.

4. Rosset C., *Loin de moi*, Paris, Éditions de Minuit, 1999, p. 92.

5. Les deux principaux ouvrages traduits en langue française sont Kagan J., *La Part de l'inné*, Paris, Bayard, 1999 ; et Aron E. N., *Ces gens qui ont peur d'avoir peur*, Montréal, Éditions de l'Homme, 1999.

6. Aron E. N., *Ces gens qui ont peur d'avoir peur*, *op. cit.*, p. 28-29.

7. Brenot P., *Le Génie et la Folie*, Paris, Odile Jacob, 2007.

8. Kramer P., *Prozac, le Bonheur sur ordonnance*, Paris, First, 1994.

9. Cité par Ron Charach dans sa critique du livre *Poets on Prozac : Mental illness, treatment, and the creative process* (Baltimore, Johns Hopkins University Press, 2008), *in American Journal of Psychiatry*, 2008, 165, p. 1617.

10. Lewis G., *Sunbathing in the Rain. A Cheerful Book about Depression*, Londres, Flamingo, 2002.

11. Colman T. et coll., « Psychiatric outcomes 10 years after treatment with antidepressants or anxiolytics », *British Journal of Psychiatry*, 2008, 193, p. 327-331.

12. Knutson B. et coll., « Selective alteration of personality and social behavior by serotonergic intervention », *American Journal of Psychiatry*, 1998, 155, p. 373-379.

13. Ekselius L., Knorring L. von, « Changes in personality traits during treatment with sertraline or citalopram », *British Journal of Psychiatry*, 1999, 147, p. 444-448.

14. Norbury R. et coll., « Short-term antidepressant treatment and facial processing », *British Journal of Psychiatry*, 2007, 190, p. 531-532.

15. Voir Harmer C. J. et coll., « Toward a neuropsychological theory of antidepressant drug action : increase in positive emotional bias after potentiation of norepinephrine activity », *American Journal of Psychiatry*, 2003, 160, p. 990-992 ; et aussi Harmer C. J. et coll., « Increased positive *versus* negative affective perception and memory in healthy volunteers following selective serotonin and norepinephrine reuptake inhibition », *American Journal of Psychiatry*, 2004, 161, p. 1256-1263.

16. Hariri A. R., Holmes A., « Genetic of emotional regulation : the role of the serotonin transporter in neural function », *Trends in Cognitive Sciences*, 2006, 10, p. 182-191.

17. Hariri A. R. et coll., « Serotonin transporter genetic variation and the response of the human amygdala », *Science*, 2002, 297, p. 400-403.

18. Osinsky R. et coll., « Variations in the serotonin transporter gene modulate selective attention to threat », *Emotion*, 2008, 8, p. 584-588.

19. Voir Pezawas L. et coll., « 5-HTTLPR polymorphism impacts human cingulate-amygdala interactions : a genetic susceptibility mechanism for depression », *Nature Neuroscience*, 2005, 8, p. 828-834 ; et aussi Booij L., Van des Does A. J. W., « Cognitive and serotoninergic vulnerability to depression : convergent findings », *Journal of Abnormal Psychology*, 2007, 116, p. 86-94.

20. Kilpatrick D. G. et coll., « The serotonin transporter genotype and social support and moderation of posttraumatic stress disorder and depression in Hurricane-exposed adults », *American Journal of Psychiatry*, 2007, 164, p. 1693-1699.

21. Voir Wilhelm K. et coll., « Life events, first depression onset and the serotonin transporter gene », *British Journal of Psychiatry*, 2006, 188, p. 210-215 ; et aussi Kendler K. S. et coll., « The interaction of stressful life events and a serotonin transporter polymorphism in the prediction of episodes of major depression. A replication », *Archives of General Psychiatry*, 2005, 62, p. 529-535 ; ou bien Zalsman M. D. et coll., « Association of a triallelic serotonin transporter gene promoter region (5-HTTLPR) polymorphism with stressful life events and severity of depression », *American Journal of Psychiatry*, 2006, 163, p. 1588-1593.

22. Seligman M. E. P. et coll., « Group prevention of depression and anxiety symptoms », *Behaviour Research and Therapy*, 2007, 45, p. 1111-1126.

23. Wichers M. et coll., « Genetic risk of depression and stress-induced negative affects in daily life », *British Journal of Psychiatry*, 2007, 191, p. 218-223.

24. Fitzgerald F. S., *La Fêlure*, *op. cit.*, p. 485.

25. Roffman J. L. et coll., « Neuroimaging and the functional neuroanatomy of psychotherapy », *Psychological Medicine*, 2005, 35, p. 1385-1398.

26. Johnson W., Krueger R. F., « Higher perceived life control decreases genetic variance in physical health : evidence from a national twin study », *Journal of Personality and Social Psychology*, 2005, 88, p. 165-173 ; et aussi Taylor S. E. et coll., « Are self-enhancing cognitions asociated with healthy or unhealthy biological profiles ? », *Journal of Personality and Social Psychology*, 2003, 85, p. 605-615.

27. Cité par Jackie Pigeaud dans son ouvrage *Melancholia*, Paris, Payot, 2008, p. 11.

28. Sémelin J., *J'arrive où je suis étranger*, Paris, Seuil, 2007.

29. Rilke R. M., *Les Cahiers de Malte Laurids Brigge*, Paris, Gallimard, « Folio », 1991.

CHAPITRE 11
Le calme et l'énergie

1. Classiquement attribué au médecin lyonnais René Leriche, 1936.

2. Voir pour synthèse Thayer R. E., *The Origin of Everyday Moods. Managing energy, tension and stress*, Oxford, Oxford University Press, 1996.

3. À la date du 30 janvier 1889.

4. Thayer R. E., « Problem perception, optimism, and related states as a function of time of day (Diurnal rhythm) and moderate exercise : Two arousal systems in interaction », *Motivation and Emotion*, 1978, 11, p. 19-36.

5. J'avais trouvé un jour sur un paquet de biscuits pour enfants cet encouragement à dépenser en s'agitant l'excès de calories absorbées en consommant trop de ces friandises trop sucrées…

6. Voir par exemple la nouvelle revue exclusivement consacrée à ces liens entre activité physique et santé mentale, Taylor A., Faulkner G., « Inaugural editorial », *Mental Health and Physical Activity*, 2008, 1, p. 1-8.

7. Voir par exemple Thayer R. E. et coll., *The Influence of Waking on Mood, Diet and Sleep*, communication au Congrès annuel de l'Association for Psychological Science, New York, 2006 ; ou bien Thayer R. E. et coll., *Amount of Daily Waking Predicts Energy, Mood, Personality and Health*, communication au Congrès annuel de l'American Psychological Association, Washington DC, 2005.

8. Watson D., *Mood and Temperament*, *op. cit.*, p. 87.

9. Otto M. W. et coll., « Exercise for mood and anxiety disorders », *Journal of Clinical Psychiatry*, 2007, 68, p. 669-676.

10. Blumenthal J. A. et coll., « Effects of exercise training on older patients with major depressions », *Archives of Internal Medicine*, 1999, 159, p. 2349-2356.

11. Mather A. S. et coll., « Effects of exercise on depressive symptoms in older adults with poorly responsive depressive disorder », *British Journal of Psychiatry*, 2002, 180, p. 411-415.

12. Broman-Fulks J. J. et coll., « Effects on aerobic exercise on anxiety sensitivity », *Behaviour Research and Therapy*, 2004, 42, p. 125-136.

13. Kubesch S. et coll., « Aerobic endurance exercise improves executive functions in depressed patients », *Journal of Clinical Psychiatry*, 2003, 64, p. 1005-1012.

14. De Moor M. H. M. et coll., « Testing causality in the association between regular exercise and symptoms of anxiety and depression », *Archives of General Psychiatry*, 2008, 65, p. 897-905.

15. McCrone P. et coll., « Cost-effectiveness of cognitive behavioural therapy, graded exercise and usual care for patients with chronic fatigue in primary care », *Psychological Medicine*, 2004, 34, p. 991-999.

16. Novotney A., « Get your clients moving », *Monitor on Psychology*, 2008, 39 (7), p. 68-69.

17. Expertise collective Inserm, *Activités physiques. Contextes et effets sur la santé*, Paris, Éditions Inserm, 2008. Résumé disponible en ligne : http://ist.inserm.fr/basisrapports/activite-physique/activite-physique_synthese.pdf/

18. Cascua S., *Le sport est-il bon pour la santé ?*, Paris, Odile Jacob, 2002.

19. Manzoni et coll., « Relaxation training for anxiety : a ten-years systematic review with meta-analysis », *BMC Psychiatry*, 2008, 8, p. 41. Disponible sur Internet : http://www.pubmedcentral.nih.gov/articlerender.fcgi?artid=2427027.

20. Jorm A. F. et coll., « Relaxation for depression », *Cochrane Database of Systematic Reviews*, 2008, Issue 4, CD007142. DOI : 10.1002/14651858.CD007142.pub2.

21. Del Vecchio T., O'Leary K. D., « Effectiveness of anger treatments for specific anger problems : A meta-analytic review », *Clinical Psychology Review*, 2004, 24, p. 15-34.

22. Voir par exemple Servant D., *Relaxation et méditation. Retrouver son équilibre émotionnel*, Paris, Odile Jacob, 2007 ; ou encore Cungi C., Limousin S., *Savoir se relaxer*, Paris, Retz, 2003.

23. Gailliot M. T. et coll., « Self-control relies on glucose as a limited energy source : willpower is more than a metaphor », *Journal of Personality and Social Psychology*, 2007, 92 (2), p. 325-336.

24. Thayer R. E., *The Origin of Everyday Moods, op. cit.*, p. 28.

25. *Ibid.*, p. 242.

26. Omvik S. et coll., « Night-time thoughts in high and low worriers : reaction to caffeine-induced sleeplessness », *Behaviour Research and Therapy*, 2007, 45, p. 715-727.

27. Voir par exemple Servan-Schreiber D., *Guérir*, Paris, Robert Laffont, 2003 ; et aussi Presles P., Solano C., *Prévenir : cancer, alzheimer, infarctus, et vivre en forme plus longtemps*, Paris, Robert Laffont, 2006.

28. Schwarzer R. et coll., « Social-cognitive predictors of physical exercise adherence : three longitudinal studies in rehabilitation », *Health Psychology*, 2008, 27 (1), suppl., p. S54-S63.

29. Desharnais R. et coll., « Aerobic exercise and the placebo effect : a controlled study », *Psychosomatic Medicine*, 1993, 55, p. 149-154.

30. Crum A. J., Langer E. J., « Mind-set matters : exercise and the placebo effect », *Psychological Science*, 2007, 18 (2), p. 165-171.

31. Cité *in* Lake J. H. et Spiegel D., *Complementary and Alternative Treatments in Mental Health Care*, Arlington, American Psychiatric Publishing, 2007.

CHAPITRE 12
Régulation des états d'âme

1. Casagrande C., « Quand la mélancolie était un péché », *L'Histoire*, 2004, n° 290 *bis*, p. 10-12.

2. Carver C. S., Scheier M. F., « Origins and functions of positive and negative affects : a control-process view », *Psychological Bulletin*, 1990, 97, p. 19-35.

3. Schwarz R. M., Garamoni G. L., « Cognitive balance and psychopathology : evaluation of an information processing model of positive and negative states of mind », *Clinical Psychology Review*, 1989, 9, p. 271-274.

4. Schwarz N., Strack F., « Evaluating one's life : A judgment model of subjective well-being », *in* Strack F., Argyle M., Schwarz N. (éd.), *The Science of Well-Being*, Oxford, Pergamon Press, 1991, p. 27-47.

5. Kuppens P. et coll., « The role of positive and negative emotions in life satisfaction judgment across nations », *Journal of Personality and Social Psychology*, 2008, 95, p. 66-75.

6. Shiota M. N., « Silver linings and candles in the dark : differences among positives coping strategies in predicting subjective well-being », *Emotion*, 2006, 6, p. 335-339.

7. Gross J. J. (éd.), *Handbook of Emotion Regulation*, New York, Guilford, 2007.

8. Voir l'article de référence : Larsen R. J., « Towards a science of mood regulation », *Psychological Inquiry*, 2000, 11, p. 129-141. Voir également : Target C., *Pratique de la préparation mentale*, Paris, Chiron, 2002, p. 162-189.

9. Hemenover S. H. et coll., « Individual differences in negative affects repair », *Emotion*, 2008, 8, p. 468-478.

10. Tamir M. et coll., « Implicit theories of emotion : affective and social outcomes across a major life transition », *Journal of Personality and Social Psychology*, 2007, 92, p. 731-744.

11. Van Rillaer J., *La Gestion de soi*, Liège, Mardaga, 1992, p. 186.

12. Larsen R. J., « Towards a science of mood regulation », art. cit.

13. Koster E. H. W. et coll., « The paradoxical effect of suppressing anxious thoughts during imminent threat », *Behaviour Research and Therapy*, 2003, 41, p. 1113-1120.

14. Pessoa F., *Le Livre de l'intranquillité*, *op. cit.*, p. 88.

15. Voir pour synthèse Sher K. J. et Grekin E. R., « Alcohol and affect regulation », *in* J. J. Gross (éd.), *Handbook of Emotion Regulation*, New York, Guilford, 2007, p. 560-580.

16. Steel C. M., Josephs R. A., « Alcohol myopia : its prized and dangerous effects », *American Psychologist*, 1990, 45, p. 921-933.

17. Hull J. G., « A self-awareness model of the causes and effects of alcohol consumption », *Journal of Abnormal Psychology*, 1981, 90, p. 586-600.

18. Cooper M. L. et coll., « Drinking to regulate positive and negative emotions. A motivational model of alcohol use », *Journal of Personality and Social Psychology*, 1995, 69, p. 990-1005.

19. Voir pour synthèse de ces travaux Hull J. G. et Slone L. B., « Alcohol and self-regulation », *in* Baumeister R. F., Vohs K. D., *Handbook of Self-Regulation. Research, theory, and applications*, New York, Guilford Press, 2004, p. 466-491.

20. Voir pour synthèse de ces travaux : Sayette M. A., « Self-regulatory failure and addiction », *in* Baumeister R. F., Vohs K. D., *Handbook of Self-Regulation. Research, theory, and applications*, p. 447-465.

21. Thayer R. E., *The Origins of Everyday Moods*, *op. cit.*, p. 68.

22. Brian L., Carter B. L. et coll., « Real-time craving and mood assessments before and after smoking », *Nicotine & Tobacco Research*, 2008, 10, p. 1165-1169.

23. Van Dillen L. F., Koole S. L., « Clearing the mind : a working memory model of distraction from negative mood », *Emotion*, 2007, 7 (4), p. 715-723.

24. Lejoyeux M., *Overdose d'infos. Guérir des névroses médiatiques*, Paris, Seuil, 2006.

25. Coifman K. G. et coll., « Does repressive coping promote resilience ? Affective-autonomic response during bereavement », *Journal of Personality and Social Psychology*, 2007, 92, p. 745-758.

26. Campbell-Sills L. et coll., « Acceptability and suppression of negative emotion in anxiety and mood disorders », *Emotion*, 2006, 6, p. 587-595 ; et aussi Kashdan T. B. et coll., « Experiential avoidance as a generalized psychological vulnerability : comparisons with coping and emotion regulation strategies », *Behaviour Research and Therapy*, 2006, 44, p. 1301-1320.

27. Cioffi D., Holloway J., « Delayed costs of suppressed pain », *Journal of Personality and Social Psychology*, 1993, 64, p. 274-282.

28. Koster E. H. W. et coll., « The paradoxical effects of suppressing anxious thoughts during imminent threat », *Behaviour Research and Therapy*, 2003, 41, p. 1113-1120.

29. Liverant G. et coll., « Emotion regulation in unipolar depression : the effects of acceptance and suppression of subjective emotional experience on the intensity and duration of sadness and negative affect », *Behaviour Research and Therapy*, 2008, 46, p. 1201-1209.

30. Gross J. J., John O. P., « Individual differences in two emotions regulation processes : implications for affects, relationships and well-being », *Journal of Personality and Social Psychology*, 2003, 85, p. 348-362.

31. Kashdan T. B. et coll., « Experiential avoidance as a generalized psychological vulnerability : comparisons with coping and emotion regulation strategies », *Behaviour Research and Therapy*, 2006, 44, p. 1301-1320.

32. Wegener D., *White Bears and Other Unwanted Thoughts. Suppression, obsession and the psychopathology of mental control*, New York, Viking, 1989.

33. Gratz K. L. et coll., « A laboratory-based study of the relationship between childhood abuse and experiential avoidance among inner-city susbstance users : the role of emotional non-acceptance », *Behavior Therapy*, 2007, 38, p. 256-268.

34. Berking M. et coll., « Emotion regulation skills as a treatment target in psychotherapy », *Behaviour Research and Therapy*, 2008, 46, p. 1230-1237.

35. Voir notamment Hayes S. C. et coll., *Acceptance and Commitment Therapy. An experiential approach to behavior change*, New York, Guilford, 1999.

36. « Accepter » vient du latin *accipere* : « recevoir, accueillir, admettre ». Voir Hayes S., « Comment l'acceptation et l'engagement deviennent thérapeutiques », *in* Meyer C. et coll., *Les Nouveaux Psys. Ce que l'on sait aujourd'hui de l'esprit humain*, Paris, Les Arènes, 2008, p. 778.

37. Masedo A. I., Esteve M. R., « Effects of suppression, acceptance and spontaneous coping on pain tolerance, pain intensity and distress », *Behaviour Research and Therapy*, 2007, 45, p. 199-209.

38. Low C. A. et coll., « Effects of acceptance-oriented *versus* evaluative emotional processing on heart rate recovery and habituation », *Emotion*, 2008, 8, p. 419-424.

39. Marcks B. A., Woods D. W., « A comparison of thought suppression to an acceptance-based technique in the management of personal intrusive thought : a controlled evaluation », *Behaviour Research and Therapy*, 2005, 43, p. 433-445.

40. Watkins E. et coll., « Processing mode causally influences emotional reactivity : distinct effects of abstract *versus* concrete construal on emotional response », *Emotion*, 2008, 8, p. 364-378.

41. Campbell-Sills L. et coll., « Effects of suppression and acceptance on emotional responses of individuals with anxiety and mood disorders », *Behaviour Research and Therapy*, 2006, 44, p. 1251-1263.

42. Forman E. M. et coll., « A comparison of acceptance and control-based strategies for coping with food-craving : an analog study », *Behaviour Research and Therapy*, 2007, 45, p. 2372-2386.

43. Twohig M. P. et coll., « Increasing willingness to experience obsessions : acceptance and commitment therapy as a treatment for obsessive-compulsive disorder », *Behavior Therapy*, 2006, 37, p. 3-13.

44. Vowles K. E. et coll., « Effects of pain acceptance and pain control strategies on physical impairment in individuals with chronic low back pain », *Behavior Therapy*, 2007, 38, p. 412-425.

45. McMullen J. et coll., « Acceptance *versus* distraction : brief instructions, metaphors and exercises in increasing tolerance for self-delivered electric shocks », *Behaviour Research and Therapy*, 2008, 46, p. 122-129.

46. « Clément Rosset dans l'œil du cyclone », propos recueillis par Didier Raymond, interview dans *Le Magazine littéraire*, 2002, n° 411, p. 18-22.

47. Cioran E. M., *Cahiers 1957-1972*, *op. cit.*, p. 433.

48. Lopes P. N. et coll., « Emotion regulation abilities and the quality of social interaction », *Emotion*, 2005, 5, p. 113-118.

49. Rimé B., *Le Partage social des émotions*, Paris, Presses universitaires de France, 2005.

50. Pasquier A. et coll., « Anxiété, dépression et partage social des émotions : des stratégies de régulation émotionnelle interpersonnelles spécifiques », *Journal de thérapie comportementale et cognitive*, 2008, 18, p. 2-7.

51. Langston C. A., « Capitalizing on and coping with daily-life events : expressive responses to positive events », *Journal of Personality and Social Psychology*, 1994, 67, p. 1112-1125.

52. Dunn E. W. et coll., « Misunderstanding the affective consequence of everyday social interactions : the hidden benefits of putting one's best face forward », *Journal of Personality and Social Psychology*, 2007, 92, p. 990-1005.

53. Wilson T. D. et coll., « When to firee : anticipatory *versus* post-event reconstrual of uncontrollable events », *Personality and Social Psychology Bulletin*, 2004, 30, p. 340-351.

54. Winkielman P., Cacioppo J. T., « Mind at ease puts a smile on the face : psychophysiological evidence that processing facilitation elicits positive affects », *Journal of Personality and Social Psychology*, 2001, 81, p. 989-1000.

55. Joorman J. et coll., « Mood regulation in depression : differential effects of distraction and recall of happy memories on sad mood », *Journal of Abnormal Psychology*, 2007, 116, p. 484-490.

CHAPITRE 13
Guérir de la maladie matérialiste

1. Voir l'excellent site officiel : http://www.cdc.gov/nccdphp/dnpa/obesity/trend/maps/

2. C'est l'expérience dite des « rats de cafétéria », rapportée par Gérard Apfeldorfer dans son livre *Vivre mince* (Paris, Robert Laffont, 1983, p. 12) : « Des rats qui disposent en permanence d'une nourriture riche, agréable au goût, mais peu variée ne deviennent pas obèses. Ils ne surconsomment que si l'expérimentateur leur propose chaque jour plusieurs plats différents. Dans ces conditions ils deviennent obèses en six semaines. Ils le restent pour autant qu'ils continuent à disposer en grande quantité d'une nourriture *diversifiée*... Voilà qui explique pourquoi l'obésité est rare dans les pays où la nourriture, abondante en quantité, est pauvre en variété. C'est loin d'être notre cas, nous, habitants des pays privilégiés d'Occident, qui avons accès à tous les aliments que notre globe est capable de produire. »

3. Adès J., Lejoyeux M., *La Fièvre des achats*, Paris, Les Empêcheurs de penser en rond, 2002.

4. Voir synthèse dans Faber R. J., Vohs K. D., « To buy or not to buy ? Self-control and self-regulatory failure in purchase behavior », *in* Baumeister R. F., Vohs K. D., *Handbook of Self-Regulation. Research, theory, and applications*, *op. cit.*, p. 509-524.

5. Rook D. W., Gardner M. P., « In the mood : impulse buying's affective antecedents », *Research in Consumer Behavior*, 1993, 6, p. 1-28.

6. Christenson G. A. et coll., « Compulsive buying : descriptive characteristics and psychiatric comorbidity », *Journal of Clinical Psychiatry*, 1994, 55, p. 5-11.

7. Voir pour synthèse Kasser T., *The High Price of Materialism*, Cambridge, MIT Press, 2002 ; et aussi Bauman Z., *S'acheter une vie*, Paris, Jacqueline Chambon, 2008.

8. Lipovetsky G., *Le Bonheur paradoxal. Essai sur la société d'hyperconsommation*, Paris, Gallimard, 2006.

9. Rosenbaum A., *La Peur de l'infériorité. Aperçu sur le régime moderne de la comparaison sociale*, Paris, L'Harmattan, 2005.

10. Vohs K. D. et coll., « Making choices impairs susbsequent self-control : a limited-resource account of decision making, self-regulation and active initiative », *Journal of Personality and Social Psychology*, 2008, 94, p. 883-898.

11. Girard C., « Pour une télé-vision de la télévision », *Le Monde* du 24 octobre 2008, p. 12.

12. Cohen P., Cohen J., *Life Values and Adolescent Mental Health*, Mahwah, Erlbaum, 1996.

13. Kasser T., Ahuvia A. C., « Materialistic values and well-being in business students », *European Journal of Social Psychology*, 2002, 32, p. 137-146.

14. Nickerson C. et coll., « Zeroing in on the dark side of the american dream : a closer look at the negative consequences of the goal for financial success », *Psychological Science*, 2003, 14, p. 531-536.

15. Sheldon K. M. et coll., « What is satisfying about satisfying events ? Testing 10 candidate psychological needs », *Journal of Personality and Social Psychology*, 2001, 80, p. 325-339.

16. Voir revue dans De Angelis T., « Consumerism and its discontents », *Monitor on Psychology*, juin 2004, p. 25-54.

17. Kasser T., Sheldon K. M., « Of wealth and death : materialism, mortality salience, and consumption behavior », *Psychological Science*, 2000, 11 (4), p. 267-351.

18. Voir revue dans DeAngelis T., « Too many choices ? », *Monitor on Psychology*, juin 2004, p. 56-57.

19. Schwartz B., *The Paradox of Choice : Why more is less*, London, HarperCollins, 2005.

20. Schwartz B. et coll., « Maximizing *versus* satisficing : hapiness is a matter of choice », *Journal of Personality and Social Psychology*, 2002, 83, p. 1178-1197.

21. Iyengar S. S., Lepper M. R., « When choice is demotivating : can one desire too much of a good thing ? », *Journal of Personality and Social Psychology*, 2000, 79, p. 995-1006.

22. Sagi A., Friedland N., « The cost of richness : the effect of the size and diversity of decision sets on post-decision regrets », *Journal of Personality and Social Psychology*, 2007, 93, p. 515-524.

23. Kabat-Zin J., *Où tu vas, tu es*, Paris, J'ai lu, 2004, p. 69.

24. Cryder C. E. et coll., « Misery is not miserly : sad and self-focused individuals spend more », *Psychological Science*, 2008, 19 (6), p. 525-530.

25. Cité par Patrick Modiano, dans son introduction à Rilke R. M., *Cahiers de Malte Laurids Brigge*, *op. cit.*, p. 9.

26. Thoreau H. D., *La Vie sans principes*, Paris, Mille et Une Nuits, 2004, p. 38.

27. Thoreau H. D., *Walden ou la Vie dans les bois*, Paris, Aubier bilingue, 1967.

28. Dans la troisième des *Considérations intempestives*. Cité par Pierre Hadot dans *Le Magazine littéraire* consacré au souci, 1996, n° 345, p. 18-23.

29. Lawrence D. H., *Le Serpent à plumes*, Paris, Le Livre de Poche, 1997.

30. Cioran E. M., *Cahiers 1957-1972, op. cit.*, p. 628.

31. Folope V. et coll., « Carences nutritionnelles liées à la chirurgie de l'obésité », *Gastroentérologie clinique et biologique*, 2007, 31, p. 369-377.

32. Cette citation de Bernard Charbonneau, philosophe plus ou moins oublié, pionnier de l'écologie politique, est rapportée par Gustave Thibon dans *L'Illusion féconde*, *op. cit.*, p. 95.

33. De Botton A., *Les Consolations de la philosophie*, Paris, Mercure de France, 2001, p. 75.

34. Kasser T., *The High Price of Materialism*, *op. cit.*, p. 10.

35. Vohs K. D., Mead N. L., Goode M. R., « The psychological consequences of money », *Science*, 2006, 314, p. 1154-1156.

36. Singer P., « La corruption invisible », *Philosophie Magazine*, 2008, n° 23, p. 42-43.

37. Van Boven L. et coll., « Egocentric empathy gaps between owners and buyers : misperception on the endowment effect », *Journal of Personality and Social Psychology*, 2000, 79, p. 66-76.

38. Kasser T., *The High Price of Materialism, op. cit.*, p. 61.

39. *Ibid.*, p. 43.

40. *Ibid.*, p. 73.

41. Rosenbaum A., *La Peur de l'infériorité. Aperçu sur le régime moderne de la comparaison sociale, op. cit.*, p. 86.

42. De Angelis T., « America : a toxic lifestyle ? », *Monitor on Psychology*, avril 2007, p. 50-52.

43. Thoreau H. D., *La Vie sans principes, op. cit.*, p. 10.

44. Sheldon K. M., McGregor H., « Extrinsic values orientation and the tragedy of commons », *Journal of Personality*, 2000, 68, p. 383-411.

45. Richins M.L., Dawson S. A., « Consumer values orientation for materialism and its measurement : scale development and validation », *Journal of Consumer Research*, 1992, 19, p. 303-316.

46. Éric Chevillard, blog *L'Autofictif*, samedi 11 octobre 2008.

47. Yongey Mingyour Rinpoché, *Bonheur de la méditation*, Paris, Fayard, 2007, p. 143.

48. Ruys K., Stapel D. A., « How to heat up from the cold : examining the preconditions for (unconscious) mood effects », *Journal of Personality and Social Psychology*, 2008, 94, p. 777-791.

49. *in* Guéguen N., *Cent Petites Expériences de psychologie du consommateur. Pour mieux comprendre comment on vous influence*, Paris, Dunod, 2005, p. 36.

50. Swami V., Tovée M. J., « Does hunger influence judgments of female physical attractiveness ? », *British Journal of Psychology*, 2006, 97, p. 353-363.

51. Nordgren L. F. et coll., « Evaluating Eve : visceral states influence the evaluation of impulsive behavior », *Journal of Personality and Social Psychology*, 2007, 93, p. 75-84.

52. Voir pour synthèse le livre de Guégen N., *Cent Petites Expériences de psychologie du consommateur, op. cit.*

53. Novotney A., « What's behind american consumerism ? », *Monitor on Psychology*, 2008, 39 (7), p. 40-42.

54. Bateson M et coll., « Cues of being watched enhance cooperation in a real-world setting », *Biology Letters*, 2006, 2, p. 412-414.

55. Joule R.-V., Beauvois J.-L., *La Soumission librement consentie*, Paris, Presses universitaires de France, 1998.

56. Elster J., *Agir contre soi. La faiblesse de volonté*, Paris, Odile Jacob, 2007, p. 35.

57. Ben Shahar T., *L'Apprentissage du bonheur*, Paris, Belfond, 2007.

58. Van Boven L., Gilovitch T., « To do or to have ? That is the question », *Journal of Personality and Social Psychology*, 2003, 85, p. 1193-1202.

59. Parmi les nombreux livres consacrés à ces exercices de simplification de nos existences : Loreau D., « L'art de la simplicité », Paris, Marabout, 2005 ; et Maeda J., *De la simplicité*, Paris, Payot, 2007.

60. La Boétie É. de, *La Servitude volontaire*, Paris, Arléa, 2007.

61. Kahneman D., « New challenges to the rationality assumption », *Journal of Institutional and Theoretical Economics*, 1994, 150, p. 18-36.

62. Voir, par exemple, « Les Bhoutanais heureux comme des démocrates », *Courrier international*, 2007, supplément « Alors, heureux ? » aux n°s 874-875-876, p. 21.

63. Voir « De quoi avons-nous (vraiment) besoin ? Bonheur, consommation, capitalisme », *Mouvements des idées et des luttes*, 2008/2, n° 54.

64. Layard R., *Happiness. Lessons from a new science*, New York, Penguin, 2005.

65. Diener E., Suh E. M. (éd.), *Culture and Subjective Well-Being*, Cambridge (États-Unis), MIT Press, 2000.

66. Delteil J., *La Cuisine paléolithique*, Paris, Éditions de Paris, 2007.

67. Des Forêts L.-R., *Pas à pas jusqu'au dernier*, Paris, Mercure de France, 2001.

QUATRIÈME PARTIE

Éveils

CHAPITRE 14
La vie en pleine conscience

1. Monestès J.-L., *Faire la paix avec son passé*, Paris, Odile Jacob, 2009.

2. Dans la traduction d'André Comte-Sponville, reproduite dans *Le Miel et l'Absinthe, op. cit.*, p. 86.

3. Éric Chevillard, blog *L'Autofictif, op. cit.*

4. Yalom I., *Thérapie existentielle, op. cit.*, p. 576.

5. Voir par exemple le récit autobiographique de Fritz Zorn, *Mars*, Paris, Gallimard, 1979. Ou les livres de Thierry Janssen, *La Solution intérieure*, Paris, Fayard, 2006.

6. Philippe Aries, *L'Homme devant la mort*, Paris, Seuil, « Points », 1985.

7. Donne J., *Devotions upon Emergent Occasions*, 1624.

8. Entretien avec Christine Ferniot, « Christian Bobin, à la pointe du vivant », *Lire*, décembre 2007, n° 361, p. 28-29.

9. Celli N., *Le Bouddhisme*, Paris, Hazan, 2007, p. 234.

10. Comte-Sponville A., *Dictionnaire philosophique*, *op. cit.*, p. 395.

11. Cité dans le blog de Pierre Assouline, *La République des livres*, à la date du 10 septembre 2008 : « Le jour où Boutès sauta ».

12. Todorov T., *Face à l'extrême*, Paris, Seuil, « Points », 1994, p. 99.

13. Citée par Jean Vanier, fondateur de la communauté de l'Arche, dans un entretien avec Marguerite Lena et Luc Adrian, dans *Famille chrétienne*, numéro hors série « N'ayez pas peur », 2009.

14. Darnall K. T., « Contemplative psychotherapy : integrating Western psychology and Eastern philosophy », *Behavior Therapist*, 2007, 30, p. 156-159.

15. Germer C. K. et coll. (éd.), *Mindfulness and Psychotherapy*, New York, Guilford, 2005.

16. Kabat-Zinn J., *Full Catastrophe Living*, New York, Delta, 1990.

17. Linehan M., *Traitement cognitivo-comportemental du trouble de personnalité état-limite*, Genève, Médecine et Hygiène, 2000.

18. Notamment Kabat-Zinn J., *Où tu vas, tu es*, *op. cit.* ; et aussi Williams M. et coll., *Méditer pour ne plus déprimer*, Odile Jacob, à paraître en 2009.

19. « Démystifier la méditation », entretien avec Florence Evin, *Le Monde*, 22 octobre 2008, p. 26.

20. Comte-Sponville A., *L'Esprit de l'athéisme. Introduction à une spiritualité sans Dieu*, Paris, Albin Michel, 2006.

21. Lucrèce, *De la nature*, Paris, Flammarion, « Le Monde de la philosophie », 2008, p. xx.

22. Frewen P. A. et coll., « Letting go : mindfulness and negative automatic thinking », *Cognitive Therapy and Research*, 2008, 32, p. 758-774.

23. Nielsen L., Kasniak A. W., « Awareness of subtle emotional feelings : a comparison of long terme meditators and non-meditators », *Emotion*, 2006, 6, p. 392-405.

24. Lutz A. et coll., « Long-term meditators self-induce high-amplitude gamma synchrony during mental practice », *PNAS*, 2004, 101, p. 16369-73.

25. Brown K. W., Ryan R. M., « The benefits of being present : mindfulness and its role in psychological well-being », *Journal of Personality and Social Psychology*, 2003, 84, p. 822-848.

26. Masuda A. et coll., « Impact of acceptance and commitment therapy *versus* education on stigma toward people with psychological disorders », *Behaviour Research and Therapy*, 2007, 45, p. 2764-2772.

27. LeBel J. L., Dubé L., « The impact of sensory knowledge and attentional focus on pleasure and on behavioral responses to hedonic stimuli », article présenté à 13e convention annuelle de l'American Psychological Society, Toronto, 2001.

28. Rosenfeld F., *Méditer c'est se soigner*, Paris, Les Arènes, 2007.

29. Berghmans C. et coll., « Méditation de pleine conscience et psychothérapie : état des lieux théorique, mesure et pistes de recherche », *Journal de thérapie comportementale et cognitive*, 2008, 18, p. 62-71.

30. Kenny M. A., Williams J. M.G., « Treatment-resistant depressed patients show a good response to Mindfulness-Based Cognitive Therapy », *Behaviour Research and Therapy*, 2007, 45, p. 617-625.

31. Ostafin B. D. et coll., « Intensive mindfulness training and the reduction of psychological distress : a preliminary study », *Cognitive and Behavioral Practice*, 2006, 13, p. 191-197 ; et aussi Twohig M. P. et coll., « Increasing willingness to experience obsessions : acceptance and commitment therapy as a treatment for obsessive-compulsive disorder », *Behaviour Therapy*, 2006, 37, p. 3-13.

32. Témoignage d'un internaute sur la méditation Vipassana, sur le site psychologies.com/

33. Hadot P., *N'oublie pas de vivre. Goethe et la tradition des exercices spirituels*, Paris, Albin Michel, 2008.

34. Williams J. M. G., « Mindfulness and modes of mind », *Cognitive Therapy and Research*, 2008, 32, p. 721-733.

35. Pessoa F., *Le Livre de l'intranquillité*, *op. cit.*, p. 49.

36. Selon une méta-analyse de Glenn Wilson, professeur au King's College de Londres : http://www.newscientist.com/article/mg18624973.400-infooverload-harms-concentration-more-than-marijuana.html/

37. Thoreau H. D., *La Vie sans principe*, *op. cit.*, p. 34.

38. Kabat-Zinn J., *Coming to our Senses*, New York, Hyperion, 2005.

39. Camus A., *Le Mythe de Sisyphe*, Paris, Gallimard, 1942.

40. Cioran E. M., *Cahiers 1957-1972, op. cit.*, p. 642.

41. Maître Eckhart, *Conseils spirituels, op. cit.*

CHAPITRE 15
Compassion, autocompassion et force de la douceur

1. Comte-Sponville A., *Dictionnaire philosophique, op. cit.*

2. Depraz N., « Empathie et compassion. Analyse phénoménologique et enseignements bouddhistes », *in* Berthoz A. et Jorland G. (éd.), *L'Empathie*, Paris, Odile Jacob, 2004, p. 183-199.

3. Gilbert P., *Compassion. Conceptualisations, research and use in psychotherapy*, Hove, Routledge, 2003, p. 280-283.

4. Gilbert P., Proctor S., « Compassionate mind training for people with high shame and self-criticism : Overview and pilot study of a group therapy approach », *Clinical Psychology and Psychotherapy*, 2006, 13, p. 353-379.

5. Verplanken B. et coll., « Mental habits : metacognitive reflection on negative self-thinking », *Journal of Personality and Social Psychology*, 2007, 92, p. 526-541.

6. Glassman L. H. et coll., « Child maltreatment, non-suicidal self-injury, and the mediating role of self-criticism », *Behaviour Research and Therapy*, 2007, 45, p. 2483-2490.

7. Park R. J. et coll., « Self-devaluative dysphoric experience and the prediction of persistent first-episode major depressive disorder in adolescents », *Psychological Medicine*, 2005, 35, p. 539-548.

8. Teasdale J. D., Cox S. G., « Dysphoria : self-devaluative and affective components in recovered depressed patients and never depressed controls », *Psychological Medicine*, 2001, 31, p. 1311-1316.

9. Neff K. D. et coll., « An examination of self-compassion in relation to positive psychological functioning and personality traits », *Journal of Research in Personality*, 2007, 41, p. 908-916.

10. Leary M. R. et coll., « Self-compassion and reactions to unpleasant self-relevants events : the implications of treating oneself kindly », *Journal of Personality and Social Psychology*, 2007, 5, p. 887-904.

11. Kelly M. A. R. et coll., « Non-treatment-related sudden gains in depression : the role of self-evaluation », *Behaviour Research and Therapy*, 2007, 45, p. 737-747.

12. Neff K. D. et coll., « Self-compassion and adaptative psychological functioning », *Journal of Research in Personality*, 2007, 41, p. 139-154.

13. Leary M. R. et coll., « Self-compassion and reactions to unpleasant self-relevants events : the implications of treating oneself kindly », *Journal of Personality and Social Psychology*, 2007, 5, p. 887-904. Voir expérience p. 901.

14. Neff K. D., « Self-compassion : moving beyond the pitfalls of a separate self-concept », *in* Wayment H. A. et Bauer J. J. (éd.), *Transcending self-interest. Psychological explorations of the quiet ego*, Washington DC, American Psychological Association, 2008, p. 95-105.

15. Gilbert P., *Compassion, op. cit.*, p. 293.

16. Leary M. R. et coll., « Self-compassion and reactions to unpleasant self-relevants events : the implications of treating oneself kindly », *Journal of Personality and Social Psychology*, 2007, 5, p. 887-904.

17. Franck E., De Raedt R., « Self-esteem reconsidered : unstable self-esteem outperforms level of self-esteem as vulnerability marker for depression », *Behaviour Research and Therapy*, 2007, 45, p. 1531-1541.

18. Schimel J. et coll., « Being accepted for who we are : evidence that social validation of the intrinsic self reduces general defensiveness », *Journal of Personality and Social Psychology*, 2001, 80, p. 35-52.

19. Citée *in* Ricard M., *L'Art de la méditation, op. cit.*, p. 88.

20. Keltner D. et coll., « Beyond simple pessimism : effects of sadness an danger on social perception », *Journal of Personality and Social Psychology*, 1993, 64, p. 740-752.

21. Gilbert P., *Compassion, op. cit.*, p. 250 et 258.

22. Luther King M., *Autobiographie*, textes réunis par Clayborne Carson, Paris, Bayard, 2000, p. 432.

23. http://www.thauma.fr/index.html/

24. Mairowitz D. Z., Crumb R., *Kafka*, Arles, Actes Sud, 1996.

25. Rabagliati M., *Paul a un travail d'été*, Montréal, Éditions de la Pastèque, 2002, p. 109.

26. Voir pour synthèse André C., *Imparfaits, libres et heureux*, Paris, Odile Jacob, 2006.

27. Leary M. R. et coll., « Self-compassion and reactions to unpleasant self-relevants events : the implications of treating oneself kindly », *Journal of Personality and Social Psychology*, 2007, 5, p. 887-904.

28. Ricard M., *L'Art de la méditation*, Paris, NiL, 2008, p. 83.

29. Davidson R. J., « Toward a biology of positive affect and compassion », *in* Davidson R. J. et Harrington A. (éd.), *Visions of Compassion*, Oxford, Oxford University Press, 2002, p. 107-130.

30. Gilbert P., Irons C., « Focused therapies and compassionate mind training for shame and self-attacking », *in* Gilbert P. (éd.), *Compassion. Conceptualisation, research and use in psychotherapy*, Hove, Routledge, 2005, p. 263-325.

31. Marc Aurèle, *Pensées pour moi-même*, XI, 8.

32. Voir pour synthèse et pratique Einhorn S., *L'Art d'être bon*, Paris, Belfond, 2008 ; ainsi que Ferrucci P., *L'Art de la gentillesse*, Paris, Robert Laffont, 2007.

33. Leary M. R. et coll., « Self-compassion and reactions to unpleasant self-relevants events : the implications of treating oneself kindly », *Journal of Personality and Social Psychology*, 2007, 5, p. 887-904.

CHAPITRE 16
Bonheurs

1. Lucrèce, *De la nature*, Paris, Les Belles Lettres, 2002, Livre III, p. 894-903, dans la traduction d'Alfred Ernout.

2. Diener E. et coll., « Happiness is the frequency, not intensity, of positive *versus* negative affect », *in* Strack F., Argyle M., Schwarz N. (éd.), *The Social Psychology of Subjective Well-Being*, Elmsford (NY), Pergamon Press, 1990, p. 119-139.

3. Chateaubriand, *Vie de Rancé*, Paris, Gallimard, « Folio », 1986.

4. Gasper K., Clore G. L., « Attending to the big picture : mood and global *versus* local processing of visual information », *Psychological Science*, 2002, 13, p. 34-40.

5. King L. A. et coll., « Positive affect and the experience of meaning in life », *Journal of Personality and Social Psychology*, 2006, 90, p. 179-196.

6. *Ibid.*

7. Davis C. G. et coll., « Searching for meaning in loss : are clinical assumptions correct ? », *Death Studies*, 2000, 24, p. 497-540.

8. Harker L. A., Keltner D., « Expressions of positive emotion in women's college yearbook pictures and life outcomes across adulthood », *Journal of Personality and Social Psychology*, 2001, 80, p. 112-124.

9. Mueller U., Mazue A., « Facial dominance in *Homo sapiens* as honest signaling of male quality », *Behavioral Ecology*, 1996, 8, p. 569-579.

10. Strack F. et coll., « Inhibiting and facilitating conditions of the human smile : a nonobstrusive test of the facial feed-back hypothesis », *Journal of Personality and Social Psychology*, 1988, 54, p. 768-777.

11. Stepper S., Strack F., « Proprioceptive determinants of affective and non-affective feelings », *Journal of Personality and Social Psychology*, 1993, 64, p. 211-220.

12. Philippot P. et coll., « Respiratory feed-back in the generation of emotion », *Cognition and Emotion*, 2002, 16, p. 605-627.

13. Papa A., Bonnano G. A., « Smiling in the face of adversity : The interpersonal and intrapersonal functions of smiling », *Emotion*, 2008, 8, p. 1-12.

14. Ekman P., Davidson R. J., « Voluntary smiling changes regional brain activity », *Psychological Science*, 1993, 4 (5), p. 342-345.

15. Cité par Comte-Sponville A., *Impromptus*, Paris, Presses universitaires de France, 1996.

16. Bonnanno G. A., Keltner D., « Facial expressions of emotion and the course of conjugal bereavement », *Journal of Abnormal Psychology*, 1997, 106, p. 126-137.

17. Keltner D., Bonnanno G. A., « A study of laughter and dissociation : Distinct correlates of laughter and smiling during bereavement », *Journal of Personality and Social Psychology*, 1997, 73, p. 687-702.

18. Voir Ong A. D. et coll., « Psychological resilience, positive emotions and successful adaptation to stress in later life », *Journal of Personality and Social Psychology*, 2006, 91, p. 730-749. Et aussi : Filkman S., Moskowitz J., « Positive affect and the other side of coping », *American Psychologist*, 2000, 55, p. 647-654.

19. Fredrickson B. L., Levenson R. W., « Positive emotions speed recovery from the cardiovascular sequellae of negative emotions », *Cognition and Emotion*, 1998, 12, p. 191-220.

20. Voir : Tugade M. M., Fredrickson B. L., « Regulation of positive emotions : Emotion regulation strategies that promote resilience », *Journal of Happiness Studies*, 2007, 8, p. 311-333. Et aussi : Tugade M. M., Fredrickson B. L., « Resilient individuals use positive emotions to bounce back from negative emotional experiences », *Journal of Personality and Social Psychology*, 2004, 86, p. 320-333.

21. Tich Nhat Han, *Soyez libres là où vous êtes*, Saint-Jean-de-Braye, Dangles, 2003.

22. Tich Nhat Han, *Le Cœur des enseignements du Bouddha*, Paris, La Table ronde, 2003, p. 221.

23. Paukert A. L. et coll., « The role of interdependence and perceived similarity in depressed affect contagion », *Behaviour Therapy*, 2008, 39, p. 277-285.

24. Oishi S. et coll., « The dynamics of daily events and well-being across cultures : When less is more », *Journal of Personality and Social Psychology*, 2007, 93, p. 685-698.

25. Damasio A., *Spinoza avait raison*, Paris, Odile Jacob, 2003, p. 270.

26. Cité par George Steiner, dans *Maîtres et disciples*, Paris, Gallimard, 2003, p. 186.

27. Comte-Sponville A., *Dictionnaire philosophique*, *op. cit.*, p. 590.

28. Entretien dans *Philosophies Magazine*, n° 14, novembre 2007, p. 52-55.

29. Rosset C., *Le Monde et ses remèdes*, Paris, Presses universitaires de France, 1964.

30. Tich Nhat Han, *Le Cœur des enseignements du Bouddha*, *op. cit.*, p. 31.

31. Ersner-Hershfield H. et coll., « Poignancy : Mixed emotional experience in the face of meaningful endings », *Journal of Personality and Social Psychology*, 2008, 94, p. 158-167.

32. Fung H. et coll., « The influences of time on social preferencies : Implications for life-span development », *Psychology and Aging*, 1999, 14, p. 595-604. Cartensen L. L. et coll., « Taking time seriously : A theory of socioemotional selectivity », *American Psychologist*, 1999, 54, p. 165-181.

33. Dans la série *France portrait social. Édition 2008*, Paris, Insee, 2008. Voir aussi sur leur site : http://www.insee.fr/fr/themes/document.asp?reg_id=0&ref_id=FPORSOC08n/

34. Cartensen L. L. et coll., « Emotional experience in everyday life across the adult life span », *Journal of Personality and Social Psychology*, 2000, 79, p. 644-655. Et aussi : Charles S. T. et coll., « Age-related differences and change in positive and negative affect over 23 years », *Journal of Personality and Social Psychology*, 2001, 80, p. 136-151.

35. Bauer J. J. et coll., « Interpreting the good life : growth memories in the lives of mature, happy people », *Journal of Personality and Social Psychology*, 2005, 88, p. 203-217.

36. Pennebaker J. W., Stone L. D., « Words of wisdom : langage use over the life span », *Journal of Personality and Social Psychology*, 2003, 85, p. 291-301.

37. Carstensen L. L., lecture à la National Academy of Sciences, le 14 novembre 2007, Washington (DC). Voir papier publié dans *Issues in Science and Technology*, hiver 2007 : http://www.issues.org/23.2/carstensen.html/

38. Ong A. D., Bergeman C. S., « The complexity of emotions in later life », *Journal of Gerontology, Psychological Sciences*, 2004, 59B, p. 117-122.

39. Larsen J. T. et coll., « Turning adversity to advantage : On the virtues of the coactivation of positive and negative emotions », *in* Aspinwall L. G. et Staudinger M. (éd.), *A Psychology of Human Strengths : Perspective on an Emerging Field*, Washington (DC), American Psychological Association, 2003, p. 211-216.

40. Davidson R. J., « Well-being and affective style : Neural substrates and biobehavioural correlates », *Philosophical Transactions of the Royal Society*, 2004, 359, p. 1395-1411.

41. Voir : Lyubomirsky S. et coll., « Pursuing happiness : the architecture of sustainable change », *Review of General Psychology*, 2005, 9, p. 111-131. Et aussi : Lyubomirsky S., « Why are some people happier than others ? », *American Psychologist*, 2001, 56, p. 239-249.

42. Nes R. B. et coll., « Subjective well-being : Genetic and environmental contributions to stability and change », *Psychological Medicine*, 2006, 36, p. 1033-1042. Et aussi : Vaillant G. E. et coll., « Natural history of male psychological health, XV : Retirement satisfaction », *American Journal of Psychiatry*, 2006, 163, p. 682-688.

43. Ben Shahar T., *L'Apprentissage du bonheur, op. cit.*

44. Damasio A., *Spinoza avait raison, op. cit.*, p. 267.

45. Roberts B. W., Mroczek D. K., « Personality trait change in adulthood », *Currents Directions in Psychological Science*, 2008, 17, p. 31-35.

46. Mroczek D. K., Spiro A., « Personality change influences mortality in older men », *Psychological Science*, 2007, 18, p. 371-376.

47. Kahneman D. et coll. (éd.), *Well-Being. The Foundations of Hedonic Psychology*, New York, Russell Sage, 1999.

48. Bergsma A., « The advice of the wise : Introduction to the special issue on advice for a happy life », *Journal of Happiness Studies*, 2008, 9, p. 331-340.

49. Seligman M. et coll., « Positive psychology progress. Empirircal validation of interventions », *American Psychologist*, 2005, 60, p. 410-421 ; et pour synthèse Snyder C. R., Lopez S. J., *Handbook of Positive Psychology*, Oxford, Oxford University Press, 2002.

50. Gable S. L. et coll., « Will you be there for me when things go right ? Supportive responses for positive events disclosure », *Journal of Personality and Social Psychology*, 2006, 91, p. 904-917.

51. Rimé B., *Le Partage social des émotions, op. cit.*

52. Saxbe D. E. et coll., « Marital satisfaction, recovery from work, and diurnal cortisol among men and women », *Health Psychology*, janvier 2008, vol. 27 (1), p. 15-25.

53. Cioran E. M., *De l'inconvénient d'être né, op. cit.*, 1973.

54. Selon la formule d'André Comte-Sponville.

55. Oishi S. et coll., « The value-congruence model of memory for emotional experiences : An explanation for cultural differences in emotional self-reports », *Journal of Personality and Social Psychology*, 2007, 93, p. 897-905.

56. Fowler J. H., Christakis N. A., « Dynamic spread of happiness in a large social network : Longitudinal analysis over 20 years in the Framingham Heart Study », *British Journal of Medicine*, 2008. Références : BMJ 2008 ;337:a2338. Article en libre accès : http://www.bmj.com/cgi/content/full/337/dec04_2/a2338/

57. Christakis N. A., Fowler J. H., « The spread of obesity in a large social network over 32 years », *New England Journal of Medicine*, 2007, 357, p. 370-379.

58. Christakis N. A., Fowler J. H., « The collective dynamics of smoking in a large social network over 32 years », *New England Journal of Medicine*, 2008, 358, p. 2249-2258.

59. Howes M. J. et coll., « Induction of depressive affect after a prolonged exposure to a mildly depressed individual », *Personality and Social Psychology*, 1985, 49, p. 110-113.

60. Bahrick H. P. et coll., « Fifty years of memory of college grades : Accuracy and distorsions », *Emotion*, 2008, 8, p. 13-22.

61. Wilson T. D. et coll., « The pleasures of uncertainty : Prolonging positive moods in ways people do not anticipate », *Journal of Personality and Social Psychology*, 2005, 88, p. 5-21.

62. Cette fondation existe d'ailleurs réellement aux États-Unis, c'est la Random Acts of Kindness Foundation, et voici son site : www.actsofkindness.org/

63. Schooler J. et coll., « The pursuit of hapiness can be self-defeating », J. Carillo J. et Brocas I. (éd.), *The Psychology of Economics Decisions*, Oxford, Oxford University Press, 2003, p. 41-70.

64. Montesquieu, *Mes Pensées, in Œuvres complètes*, Paris, Gallimard, « Bibliothèque de la Pléiade », tome I, p. 975.

CHAPITRE 17
Sagesses

1. Voir par exemple le hors-série du *Nouvel Observateur*, « La sagesse aujourd'hui », n° 47, avril-mai 2002.

2. Comte-Sponville A., *Dictionnaire philosophique*, *op. cit.*

3. Cité par Jacques Castermane, *La Sagesse exercée*, Paris, La Table ronde, 2005, p. 22.

4. *The New Yorker, l'intégrale des dessins*, Paris, Les Arènes, 2005.

5. Comte-Sponville A., *La Philosophie*, Paris, Presse universitaires de France, « Que sais-je ? », 2005, p. 121.

6. *Ibid.*, p. 123.

7. Hadot P., *Exercices spirituels et philosophie antique*, Paris, Albin Michel, 2002, p. 303 et 325.

8. *Ibid.*, p. 300.

9. Reiss S., « Epicurus : The first rational-emotive therapist », *The Behavior Therapist*, hiver 2003, p. 405-406.

10. Kunzmann U. et Baltes P., « The psychology of wisdom. Theoretical and empirical challenges », *in* Sternberg R. J., Jordan J. (éd.), *Handbook of Wisdom*, Cambridge, Cambridge University Press, 2005, p. 110-135.

11. Baltes P. B. et coll., « Wisom : Its structure and function in regulating successful life span development », *in* Snyder C. R. et Lopez C. J. (éd.), *Handbook of Positive Psychology*, Oxford, Oxford University Press, 2002, p. 327-347.

12. Damasio A., *L'Erreur de Descartes*, Paris, Odile Jacob, 1995, nouvelle édition en 2006.

13. Voir pour synthèse : Csikszentmihalyi L. et Nakamura J., « The role of emotions in the development of wisdom », *in* Sternberg R. J., Jordan J. (éd.), *Handbook of Wisdom*, *op. cit.*, p. 220-242 ; et aussi Keltner D., Gross J. J., « Functional accounts of emotions », *Cognition and Emotion*, 1999, 13, p. 467-480.

14. Cocteau J., *Le Grand Écart*, Paris, Stock, 1991.

15. Droit R.-P., De Tonnac J. P., *Fous comme des sages*, Paris, Seuil, 2002.

16. Bluck S. et Glück J., « From the inside out : People's implicite theories of wisdom », *in* Sternberg R. J., Jordan J. (éd.), *Handbook of Wisdom*, *op. cit.*, p. 84-109.

17. Paulus D. L. et coll., « Use of exemplar surveys to reveal implicit types of intelligence », *Personality and Social Bulletin*, 2002, 28, p. 1051-1062.

18. Baltes P. B., Staudinger U. M., « The search for a psychology of wisdom », *Current Directions in Psychological Science*, 1993, 2, p. 75-80.

19. Le T. N., Levenson M. R., « Wisdom as self-transcendence : What's love (and individualism) go to do with it ? », *Journal of Research in Personality*, 2005, 39, p. 443-457.

20. Pierre Lory, dans le hors-série du *Nouvel Observateur*, « La sagesse aujourd'hui », *op. cit.*, p. 58-59.

21. « Leçons de vie des philosophes grecs », *Le Nouvel Observateur*, 15-21 juillet 2004, p. 13.

22. Steiner G., *Maîtres et Disciples*, *op. cit.*

23. Cité par Arpi C., « Un moine dans le monde », *Le Nouvel Observateur*, avril-juin 2003, hors-série n° 50, « Le bouddhisme », p. 10-11.

24. Hors-série du *Nouvel Observateur*, « La sagesse aujourd'hui », *op. cit.*, p. 96-97.

25. Entretien avec Rémi Brague, *Le Point*, 2 août 2002, n° 1559, p. 73.

26. Sternberg R. J., Jordan J. (éd.), *Handbook of Wisdom*, *op. cit.*, 2005.

27. Nielsen L. et coll., « Affect dynamics, affective forecasting, and aging », *Emotion*, 2008, 8, p. 318-330.

28. *L'Ecclésiaste* I, 18.

29. Kunzmann U., Grühn D., « Age differences in emotional reactivity : The sample case of sadness », *Psychology and Aging*, 2005, 20, p. 47-59.

30. Interview de Jean-Michel Apathie dans *Télérama*, n° 3061, 10 septembre 2008, p. 157.

31. Bailly S., *Le Meilleur de l'absurde*, Paris, Mille et Une Nuits, 2007, p. 80.

32. Hors-série du *Nouvel Observateur*, « La sagesse aujourd'hui », *op. cit.*, p. 96-97.

33. Feeney B. C., « The dependency paradox in close relationships : accepting dependence promotes independence », *Journal of Personality and Social Psychology*, 2007, 92, p. 268-285.

34. Lacouture J., *Album Montaigne*, Paris, Gallimard, « Bibliothèque de la Pléiade », 2007.

35. Kramer D. A., « Wisdom as a classical source of human strenght : conceptualization and empirical inquiry », *Journal of Social and Clinical Psychology*, 2000, 19, p. 83-101.

36. Interviewée dans *Psychologies Magazine*, mai 2007, p. 22-28.

37. Reus V. I., « An argument for mind », *American Journal of Psychiatry*, 2008, 165, p. 922-923.

38. Voir pour initiation : Comte-Sponville A., *De l'autre côté du désespoir. Introduction à la pensée de Svâmi Prajnânpad*, Paris, L'Originel, 1997. Et aussi : Prakash S., *L'Expérience de l'unité. Dialogues avec Svâmi Prajnânpad*, Paris, L'Originel, 1986.

39. Droit R.-P., De Tonnac J.-P., *Fous comme des sages*, *op. cit.*

40. Comte-Sponville A., *Dictionnaire philosophique*, *op. cit.*, p. 280.

41. Todorov T., *Devoirs et Délices*, *op. cit.*, p. 228.

42. Todorov T., *Face à l'extrême*, *op. cit.* p. 233.

43. Interviewée dans *Psychologies Magazine*, 2006, n° 256, p. 20-28.

CONCLUSION
À demain, la vie

1. Comte-Sponville A., *Le Miel et l'Absinthe*, *op. cit.*, p. 12.

2. Enthoven J.-P., *Ce que nous avons eu de meilleur*, Paris, Grasset, 2008.

3. Il faut revoir le film tout entier. En attendant, si vous êtes pressés : http://www.youtube.com/watch?v=cXNApZ2ALiQ.

4. Cité par Françoise Laye, *Pessoa l'intranquille*, Paris, Éditions Lusophone, 2008, p. 46-47.

5. Hadot P., *N'oublie pas de vivre*, *op. cit.*, p. 36.

Remerciements

Merci du fond du cœur à toutes ces personnes qui ont été à mes côtés ou dans mes pensées pendant l'écriture de ce livre :

Mes parents. Pour l'aptitude aux états d'âme et pour tout le reste. Plus je grandis et plus je découvre ce que je leur dois.

Mes patients, mes proches, ces inconnus écoutés ou observés. Ce qu'ils m'ont confié, dit, ou montré, c'est tout ce qu'il y a d'humain dans ce livre.

Mes relecteurs. Jacques Van Rillaer pour la précision et l'exigence de ses remarques (que je n'ai pas toutes suivies, pardon Jacques !) et Nadine pour l'enthousiasme de son soutien. Séverine Strullu, pour la pertinence de son regard philosophique, et l'exemplarité de ce qu'elle est. Clémence Badault pour la chaleur et la vitalité de ses commentaires. Jany et Valérie Siari pour m'avoir rassuré, fait sourire et réfléchir par leurs remarques.

Mes amis et auteurs de chevet. André Comte-Sponville, pour la rigueur de son intelligence et son souci constant d'être compris de tous. Alexandre Jollien, pour sa sensibilité et sa grâce. David Servan-Schreiber, pour m'avoir appris tant de choses utiles sur l'art de soigner avec douceur. Zindel Segal, Lucio Bizzini et Pierre Philippot, pour m'avoir initié à la méditation psychothérapique. Jon Kabat-Zinn, pour m'avoir révélé, par ses travaux et ses livres, la pleine conscience. Et bien sûr Matthieu Ricard, pour tout ce qu'il m'apporte à chacune de nos rencontres.

Ma famille éditoriale. Odile Jacob et Bernard Gotlieb, pour leur confiance depuis mes débuts. Jean-Luc Fidel pour son regard et son jugement. Cécile Andrier pour son engagement. Gaëlle Fontaine pour ses conseils. Antonia Canioni, Jean-Jérôme Renucci, Carole de Fanti et Viviane Munoz pour l'attention bienveillante et efficace qu'ils portent à la diffusion de mon travail. Claudine Roth-Islert et Dominique Renoux pour leur aide à faire de mes écrits un beau livre de papier.

Ma famille à moi. Pauline, Faustine, Louise et Céleste. Pour tout, évidemment.

Table

QUATRIÈME PARTIE
Éveils

Cet ouvrage a été composé et mis en pages
chez Nord Compo (Villeneuve-d'Ascq)

N° d'édition : 7381-2634-10
N° d'impression : 2064223
Dépôt légal : septembre 2011
Imprimé en France